너와
나의
5·18

다시 읽는
5·18
교과서

너와
나의
5·18

5·18기념재단 기획

김정인, 김정한, 은우근
정문영, 한순미 지음

오월의봄

| 3부. 해석과 실천 |

| 4부. 기억, 증언, 예술 |

11장
공감과 연대:
"내 속의 이 큰 슬픔을 누구에게 말할까?" – 한순미
• 390 •

12장
물음과 선택:
"우리는 왜 총을 들 수밖에 없었는가?" – 한순미
• 428 •

13장
인간의 존엄성과 공동체:
"인간이 무엇이지 않기 위해 우리는 무엇을 해야 하는가" – 한순미
• 456 •

5·18, 우리 역사의 위대한 질문

"우리는 과거를 잊고 싶어 한다. 당연한 일이다, 과거의 어두운
그림자 밑에서는 살아갈 수가 없으니까. 죄와 폭력이 또다시 죄
와 폭력으로 갚아진다면 과거의 끔찍함은 끝이 나지 않을 테니
까. 하지만 과거를 잊는 일은 또한 부당하다. 왜냐하면 우리가
벗어나고 싶어 하는 그 과거는 오늘에도 생생하게 살아 있으니
까, 나치즘은 오늘에도 여전히 살아남아 있으니까."

—아도르노, 〈과거 청산이란 무엇인가〉

어떤 사람은 아직도 5·18을 연구 대상으로 삼아야 하느냐고 묻는다.
뜬금없는 화해를 주장하기도 한다. 5·18은 세계사에서 만날 수 있는 권력
이 저지른 수많은 잔혹한 사건 가운데 하나라고 했던 발언도 있었다. 역사
적 고통에 대한 무감각, '역사에 대한 권태'가 일반화되고 있는 것이다. 국
가폭력에 의한 학살을 어느 시대, 어느 사회에서나 일어날 수 있는 사건으
로 간주할 때, 역사적 고난에서 인간이 겪어야 했던 고통은 극복될 수 없
고, 과거 역시 반성될 수 없다. 더불어 그런 고통을 통한 인간 공동체의 구
체적 변화와 성숙, 그 과정에서 이루어지는 역사의 진보 또한 포착할 수 없

다.

정치인들은 대개 과거 문제를 정치적 통합과 화해의 장애물로 인식한다. 김영삼 대통령은 5·18특별법을 제정할 때 5·18 진상규명은 역사에 맡기자고 했고, 김대중 대통령은 전두환·노태우를 국민 화합의 명분으로 사면했다. 역사적 상처로서 5·18을 부담스럽게 여기는 것이다. 또 대선을 앞둔 2012년 즈음 여야 정치인이 '민주화 세력'과 '산업화 세력'의 화해를 운운하며 박정희, 김대중 두 전직 대통령의 고향과 기념관을 방문하는 정치적 이벤트를 연출했다. 이것은 교만한 태도일 뿐 아니라, 여기에는 과거는 끝난 것이라는 몰역사적 인식이 작용하고 있다. 역사적 행위에 대한 반성 및 용서와 화해는 개별 정치인의 몫이 아니다. 산업화나 민주화의 주체는 정치인 개인이나 정치 세력 따위가 아니라 이 땅의 민중이다. 잘못된 과거에 대한 철저한 반성이 없는 가운데 추진하는 '화해'는 정치 세력 상층 간의 정략적인 통합에 불과할 뿐이다. 개발독재로 통칭되는 민중의 고통으로 이루어진 산업화는 지양의 대상일 뿐 화해의 대상이 아니다.

퇴행적 역사 인식과 성찰 없는 용서·화해 담론

반성·성찰 없는 용서·화해 담론에는 가해자-피해자의 이분법적 사고가 자리 잡고 있다. 과거 문제는 단지 가해자-피해자 양자만의 문제도 아니며 해당 시대에 국한된 것도 아니다. 이런 정략적 화해 코스프레는 극우적 역사 바로 세우기를 돕는 것이다. 이른바 뉴라이트로 통칭되는 우익 세력은 건국→산업화→민주화→선진화 등 한국 현대사를 단계별로 재구성하고자 한다. 이를 통해 과거 매국과 독재의 역사를 정당화하는 것이다. 일제 잔재, 박정희 유신독재, 전두환의 철권통치에 대한 철저한 반성은 하지 않은 채, 잘못된 과거가 정치적 청산으로 마무리됨으로써 그 후과가 극우 세력에 의한 역사 왜곡으로 나타나고 있다.

독재자와 그 협력자들이 정권 창출을 핑계로 또는 정치적 화합의 이름으로 쉽게 용서받을 때 사회 전체적인 반성의 기회를 놓치고 반성을 구조화할 수 없다. 진지한 반성 없이 어떻게 용서가 가능한가? 이런 정치적 타협으로서 용서와 화해 때문에 한국 민주주의가 질곡에 빠지게 된다. 과거와 어정쩡하게 타협해 나타나는 거짓 용서와 화해는 역사의 퇴행을 초래한다. 퇴행적 역사 인식으로는 과거를 극복할 수 없다. 참다운 화해를 위해서는 과거와의 진지한 대면을 회피해서는 안 된다. 용서와 화해가 진실을 묻어두거나 망각함으로써 이루어질 수 없다. 오히려 진실과의 지속적이고 용기 있는 대면을 통해서 우리는 과거를 극복하고 과거의 상처를 치유할 수 있다.

아도르노는 《아우슈비츠 이후의 교육》에서 단지 나치의 반인륜적 만행을 고발한 것만이 아니라, 나치를 가능케 한, 그 만행을 방조한 독일 사회를 총체적으로 반성해야 한다는 필요성을 역설했다. 아도르노는 과거 청산이 제도적·인적 청산에 그쳐서는 안 된다고 주장했다. "과거 청산의 본질적인 문제는 드러내놓고 극우적인 집단에 있는 것이 아니라, 민주주의 '안'에서 살아남아 민주주의를 내부에서 위협하는 권위주의적인 성격에 있다"고 보았기 때문이다. 상명하복의 문화, 위계적 관료제, 토론이 없는 교육 등이 나치의 야만을 잉태했다는 것이다.

경쟁 교육과 전체주의

한나 아렌트는 《예루살렘의 아이히만》에서 '악의 평범성' 개념을 통해 인간이 전체주의와 독재 체제에서 순응하고 억압에 동참하는 과정을 설명한다. 전체주의 체제에서 악은 비범한 형식이 아니다. 전체주의 체제는 개인의 자유를 억압하고 인간으로서의 보편적인 판단 능력을 앗아간다. 인간의 비판적 능력을 거세해버린 전체주의 체제는 순응적인 인간형을 만들어 5·18 학살, 세월호 참사, 국정원 간첩 조작과 같은 범죄에 대해 무관심하게 만든다. 사회의 억압적 분위기와 권력과 부 등 지배적 가치에 물든 인간은 손쉽게 악에 협력한다.

아도르노가 말한 권위주의의 극복과 아렌트가 설파한 '악의 평범성'과 '수용소 사회' 개념은 우리 안의 파시즘에 대한 성찰을 요청한다. 우리 안에 자리 잡은 파시즘은 수십 년간의 오랜 독재 시기뿐 아니라 최근 신자유주의의 양극화 속에서 더욱 강화된 경쟁 교육에 깊이 뿌리내리고 있다. 경쟁은 차이가 아니라 차별을, 개성이 아니라 획일화를 강화시켰다. 타자와의 경쟁에서 이기고 지는 것은 타자와 내가 다르기 때문이 아니라, 열등하거나 우월하기 때문이라고 여긴다. 결국 획일적 기준으로 모두를 비교하는 경쟁은 독립성과 창조성, 궁극적으로 비판적 사고 능력을 거세한다. 이는 전체주의 교육의 효과와 통한다.

경쟁 교육 체제는 한마디로 수용소형 인간, 전체주의적 인간형을 대량 생산하는 공장이다. 동일화/동일성 원리에 기초하는 경쟁 교육은 본질적으로 규격화된 인간을 추구한다. 그러나 해방 이후 오늘에 이르기까지 경쟁 교육에 대한 근본적인 반성은 없었다.

5·18 이후 개인주의적 생활양식과 문화가 전면화되었다. 개인통신 기기(휴대전화), 해외여행 자유화, 아파트 주거문화, 승용차 등이 그것이다. 개인의 외적 자유가 확대되었지만, 시민의식의 성숙과 사회적 연대의식이 발전하지 않은 채 경쟁만 격화되었다. 맹목적인 경쟁 속에서 어떻게 사는 것이 바람직한지 생각하지 못하게 하는 사회, 획일적인 가치, 다르게 생각하고 말하고 행동하는 것을 금기시 여기는 사회, 다양성을 질식시키는 평균화된 인간을 만드는 교육 현실은 구조화된 수용소 사회의 한 측면을 보여준다.

경쟁 만능 신자유주의 원리에 따라 획일적 가치를 주입시키는 교육을 통해 민주주의 주체는 성숙해질 수 없다. 또한 주체의 성숙이 없다면, 형식적, 제도적으로 민주주의가 갖추어졌다 해도 사회가 발전하는 데는 한계가 있다.

일제 식민주의 교육과 이승만-박정희-전두환 시대 교육은 권력에 대한 비판적인 인간이 아닌 순종형 인간을 미화했다. 그래야만 생존할 수 있었을 뿐 아니라 나아가 출세할 수 있었기 때문이다. '생존'과 '출세'가 과거의 친일 독재 교육과 지금의 학벌주의-입시 몰입 경쟁 교육이 추구하는 공통된 가치이다. 그런데 공통점이 또 하나 있다. 그것은 '획일성'이다. 획일주의는 비판 능력을 가진 인격의 양성을 배제한 교육에서 필연적으로 나타날 수밖에 없다. 획일주의는 전체주의와 직결된다.

'가만히 있어라' '복종해라' '중간만 있어라' '모난 돌이 정 맞는다'는 말은 모두 한국 사회라는 수용소에서 통용되는 명령문들이다. 우리는 먹고 살기 위해 어쩔 수 없이 복종해야 한다고 여긴다. 먹고사니즘의 권력이 우리의 삶을 좌우할 때 평범한 사람은 악마가 된다. 먹고사니즘을 숭배하는 전체주의의 수용소 안에 갇혀 있는 것이다.

아도르노가 독일 사회의 권위주의적 성격을 극복하기 위해 강조한 것이 '반권위주의 교육'과 '비판 교육'이었다. 권위 앞에서 쉽게 순종하는 '약한 자아'가 민주주의에 가장 위협적인 요소이기에, 학생들을 비판의식을 지닌 독립적인 시민으로 길러내는 것이 민주주의 교육의 요체라는 것이다. 그는 호르크하이머와 함께 부당한 권력에 굴종하지 않고 맞서는 능력을 키워줄 '저항권 교육'을 강조했다. 우리가 5월 민중의 목숨을 건 투쟁에서 배워야 할 가장 중요한 하나가 바로 이것이다.

5월 민중은 박정희 유신독재와 전두환의 신군부가 구축한 수용소에서 해방되는 것을 추구했던 것이다. 한반도형 복합 수용소 사회에서 인간성 말살은 때로 아주 느리지만 가혹하게 진행되었다. 보도연맹 사건, 4·3 항쟁, 여순사건, 한국전쟁과 5·18민주화운동 그리고 주로 이명박, 박근혜 정권에서 일어난 여러 사건들, 예컨대 용산 참사, 천안함 사건, 가습기 살균제 사건, 세월호 참사, 국정원의 간첩 조작 사건, 국정원과 사이버사령부의 대선 개입과 국정원의 해킹 사건, 그리고 테러방지법 제정 등을 고려하면 한반도는 마치 거대한 수용소, 감시사회를 방불케 한다.

5·18과 촛불혁명은 수용소 사회에서 시민이 '가만히 있어라'라는 권력의 명령에 길들여지지 않을 때, 즉 역사 주체의 각성이 이루어질 때 역사가 발전할 수 있음을 보여주고 있다. 사실 이것이 모든 사회가 향상하기 위한 조건이다. 그런데 촛불혁명은 한반도에서 인간성 유린을 영구히 멈추게 할 수 있을까? 흔쾌히 그렇다고 대답할 수 없는 지점에 5·18 교육의 필요성이 자리하고 있다.

5·18, 우리 역사의 위대한 질문

촛불 시민은 '이게 나라냐?'고 질문했다. 사실 이 질문은 새롭지 않다. 1980년 신군부가 휘두른 국가폭력에 저항했던 5월 민중이 이미 제기했기 때문이다.

> "2009년 1월 새벽, 용산에서 망루가 불타는 영상을 보다가 나도 모르게 불쑥 중얼거렸던 것을 기억한다. 저건 광주잖아. 그러니까 광주는 고립된 것, 힘으로 짓밟힌 것, 훼손된 것, 훼손되지 말았어야 했던 것의 다른 이름이었다. 피폭이 아직 끝나지 않았다. 광주가 수없이 태어나 살해되었다. 덧나고 폭발하며 피투성이로 재건되었다."
>
> ─한강,《소년이 온다》, 207쪽

소설가 한강의 깨달음처럼 5·18 광주에서 드러난 국가폭력의 비인간성은 용산 참사와 세월호 참사, 그리고 국가정보기관이 조작한 수많은 간첩 사건에서 재현되었다. 5월 민중은 직접적으로는 1972년 유신독재 체제가 만든 국가주의 폭력에 저항했다. 그 국가는 53년 체제─휴전을 통해 분단구조가 고착화된 분단체제, 즉 해방과 단독 정부 수립을 초래한 얄타 체제—의 결과물이다. 1980년 군사반란 세력이 장악한 분단체제의 관리자로서 폭력적 국가는 민주주의뿐 아니라 인간성을 파괴했다. 5월 민중은 그와 맨주먹으로 대결했고 그 과정에서 놀라운 공동체를 이루었지만 좌절했다. 세월호의 죽음이 촛불혁명으로 타올라 세상을 바꾸었듯이, 5월 민중의 의로운 희생은 횃불처럼 한국 민주주의의 앞길을 밝혀 6월항쟁으로 나아가게 만들었다.

5·18은 민중이 생명을 바쳐 쓴 서사시이다. 그 주제는 '국가와 인간'이다. 5월 민중은 목숨을 바쳐 부당한 역사에 대한 질문을 던졌다. 우리는 그 질문들이 무엇이며 지금 여전히 살아 있는 것임을 말하려 했다. 5·18은 국가와의 관계에서 민중이 겪은 역사적 고통과 좌절, 그리고 극복에 대한 기록이다. 국가의 모습이 5월 민중이 목숨을 바쳐 이룩한 생명공동체의 빛나는 성취와 일치하지 않는 한, 5·18은 계속되는 현재이다. 5·18의 진실에 대한 왜곡과 폄훼는 5·18이 아직 끝나지 않은 투쟁임을 역설적으로 입증한다. 이 모든 것은 '국가란 무엇인가' '국가가 마땅한 무엇이지 못할 때 인간이 어떻게 고통을 당하는가' '그 고통은 어떻게 극복해야 하는가'와 같은 질문을 던지는 것이기도 하다.

이 책의 구성

우리는 5·18이라는 위대한 민중의 실천 속에서 질문을 찾고자 했다. 그 질문에 대한 이론적 해답을 구하는 것은 이 책의 서술 범위를 벗어나는 일이다. 다만 우리는 이론에 머무르지 않는 역사적 실천이 필요할 것이라 믿고 있다.

이 책은 4부 13장으로 구성되어 있다. 대학의 한 학기가 15주 수업임을 감안해 강의에서 교재로 활용할 수 있게 구성했다.

1부 〈5·18, 배경과 진행〉에서는 5·18 이전의 역사와 배경, 5·18 전개 과정, 5·18 이후 6월항쟁까지의 과정을 서술했다. 2부 〈5·18 이후의 5·18〉에서는 5·18이 남긴 상처와 그 치유의 문제, 5·18 진실의 왜곡과 조작, 5·18의 고통에 대한 공감을 서술했다. 3부 〈해석과 실천〉에서는 5·18이 한국 사회에 미친 영향, 그리고 프랑스, 러시아, 중국 등에서의 변혁운동을 5·18과 비교했다. 5·18의 주체인 평범한 사람들의 저항 윤리 그리고 5·18 공동체의 특징과 의미를 서술했다. 4부 〈기억, 증언, 예술〉에서는 5·18이 문화예술을 통해 어떻게 형상화되었는가를 서술했다. 4부 각 장은 독립적이면서도 1~3부의 내용과 연관되어 있다. 따라서 미리 읽어도 좋고 앞부분의 글과 연관해서 읽어도 좋을 것이다.

5·18기념재단은 일반인도 어렵지 않게 접근할 수 있고, 대학에서 사용할 수도 있는 새로운 5·18 학습 교재가 필요하다는 공감 속에서 2015년부터 연구자들의 뜻을 모았고, 2016년부터 2년 동안 연구가 이루어졌다. 연구보고회에서 이 책의 공동 집필자들과 5·18기념재단이 구성한 위원회의 여러 위원들 사이에 진지하고 열띤 논의가 이루어졌다. 연구가 종료된 이후에도 2018년 1학기 강의 체험을 바탕으로 교수와 학생이 낸 의견을 다시 집필에 반영했다. 이 책은 이런 과정의 산물이다. 일일이 이름을 밝히지는 않겠지만 이 과정에서 수고하신 5·18기념재단의 모든 관계자 여러분 그리고 연구자들과 학생들에게 깊은 고마움을 전한다.

필자들을 대표해 은우근 씀

1부

5·18
배경과
진행

1장

5·18, 왜 일어났을까?

김정인

1. 긴 독재, 불굴의 민주화투쟁

독재, 4월혁명, 그리고 독재

해방이 되고 대한민국 정부가 수립되면서 대통령의 자리에 오른 이승만은 장기 집권을 꿈꾸며 독재자의 길을 걸었다. 그는 제헌헌법을 만들 당시 내각책임제 헌법 초안이 제출되자 크게 반발하여 내각책임제 정부에는 참여하지 않겠다고 공언했다. 결국 제헌헌법은 대통령 중심제와 단원제를 채택했다. 초대 대통령 자리에 오른 이승만은 곧바로 장기 집권을 꿈꾸며 두 번의 개헌을 강행했다. 한국전쟁 와중인 1952년에는 국회에서 대통령을 선출하던 간선제를 직선제로 바꿨다. 1954년에는 중임 제한 철폐를 위한 개헌을 강행했다.

장기 집권을 향한 꿈은 민주주의의 싹을 자르는 방식으로 진행되었다. 국가보안법을 날치기로 통과시켜 정치적 반대 세력을 탄압하는 데 악용했다. 1956년 제3대 정·부통령 선거에서 혁신 세력으로서 평화통일론을 주장하면서 많은 득표를 얻은 진보당 당수 조봉암에게는 간첩 누명을 씌워 사형시켰다. 또한 도지사 이하 시장, 군수, 면장 등을 선거에 동원하기 위해 지방자치법 개정안을 날치기로 통과시켰다. 반정부적 논조가 강한 경향신문은 아예 폐간시키는 언론 탄압을 자행하기도 했다.

마침내 1960년 3월 15일 제4대 정·부통령 선거가 실시되었다. 모든 행정력을 동원한 전대미문의 부정선거로 대통령에 이승만, 부통령에 이기붕이 당선되었다. 그날로 마산에서 부정선거에 분노한 시민들이 시위에 나섰다. 경찰이 총을 쏘아 8명이 사망하고 80여 명이 부상을 당했다. 4월혁명은 4월 11일 마산 앞바다에서 고등

남산에 있던 이승만 동상이 시민들에
의해 철거되고 있다. 이 동상은 당시
아시아에서 제일 규모가 컸다고 한다.

5·16쿠데타 후 육사 생도들의
서울 시가행진. 쿠데타 후 한국은
군인들이 지배하는 세상이 되었다.
ⓒ 국가기록원

학생인 김주열의 시체가 떠오면서 불붙기 시작했다. 4월 18일 고려대 학생들이 시위에 나섰다. 4월 19일에는 서울 대부분 대학의 학생들이 부정선거를 규탄하며 시위를 벌였다. 이후 시위는 전국적으로 확산되었다. 마침내 4월 26일 이승만이 대통령 자리를 내놓았다. 4월혁명은 한국 역사상 처음으로 국민의 힘으로 정권을 교체하고 나아가 세계사적으로는 제2차 세계대전 이후 처음으로 비폭력 시위를 통해 대통령을 사임시킨 시민혁명이었다.

하지만 시민혁명의 여파는 그리 오래가지 않았다. 딱 1년이었다. 이승만의 자유당이 무너진 후 장면이 이끄는 민주당이 정권을 잡았다. 민주당은 양원제와 내각책임제에 기반을 둔 정부를 구성했다. 대통령에는 윤보선, 국무총리에는 장면이 선출되었다. 장면 정부는 삼권분립의 원칙을 분명히 하고 국민기본권 신장에 힘썼다. 언론, 출판, 집회, 결사의 사전 허가제와 검열제를 없앴다. 하지만 4월혁명을 이끈 학생 세력과 다시 목소리를 내기 시작한 혁신 세력은 더 많은 변화를 요구했다. 특히 통일 문제에서 전향적이고 적극적인 태도를 취할 것을 압박했다. 교원노조가 생겨났고 노동쟁의도 활발히 일어났다. 10년이 넘는 이승만 독재에 억눌려 있던 민주주의를 얻고자 하는 목소리가 사방에서 터져나왔다.

박정희가 이끄는 군부 세력은 열린 민주주의 세상을 혼란으로 이해했다. 이승만 정부 말기부터 쿠데타를 계획하던 그들은 장면 정부 1년을 지켜보다가 마침내 1961년 5월 16일 탱크를 앞세우고 한강을 건너 쿠데타를 일으켰다. 장면 정부가 무능하여 국가 안보가 위협을 받고 있다며 반공을 국시로 내세우며 정권을 탈취했다.

5·16쿠데타로 인해 4월혁명으로 얻은 민주주의가 공중분해된 것은 아니었다. 4월혁명은 이후 치열하게 전개된 민주화운동의

서막이었다. 민주주의가 군부 세력에 의해 또다시 질식당할 위기에 처했지만, 야당과 학생 세력은 끈질기게 저항하며 민주주의의 불씨를 살려냈다. 1964년부터 다음 해까지 일어난 한일협정 반대 시위는 박정희 정부가 군대를 동원한 비상계엄령을 실시해야 할 만큼 강력했다. 박정희 정부는 베트남 파병에 반대하는 야당과 학생 세력을 진압할 때에도 역시 위수령을 발동하고 군대를 동원했다. 무엇보다 1969년의 3선 개헌은 박정희가 이승만처럼 장기 집권을 꾀하기 위한 사전 포석이었으므로 민주화 세력은 강렬히 저항했다.

유신독재의 겨울공화국

1970년대의 서막을 알린 것은 노동자 전태일의 분신자살이었다. 많은 사람이 알고 있었지만 외면했던 저임금과 장시간 노동, 열악한 작업 환경을 견뎌내는 노동자의 벼랑 끝 현실을 고발한 이 사건의 사회적 파장은 컸다. 노동쟁의가 증가했고, 언론인은 〈언론 자유수호선언〉을 발표했으며, 대학교수들은 대학 자율화를 요구했다. 이러한 격동과 함께 치러진 1971년 대통령 선거에서 박정희는 야권 후보인 김대중을 물리치고 어렵사리 세 번째 집권에 성공했다. 하지만 다시 네 번째 집권에 성공하리란 보장은 없었다.

박정희는 집권 연장을 목표로 1972년 10월 17일에 유신체제를 선포했다. 열흘 후에는 비상 국무회의를 열어 유신헌법안을 공고했다. 해방 이후 남북이 최초로 합의한 자주·평화·민족대단결의 평화통일 원칙이 7·4남북공동성명으로 발표된 지 불과 3개월 후의 일이었다. 박정희는 7·4남북공동성명을 통해 남북통일에 대한 국민의 기대를 높인 다음, 다가올 남북통일에 효율적으로 대처하고 국가 발전을 꾀하려면 한국인의 체질에 맞는 한국적 민주주의를 운

1968년경 전태일 열사의 모습. 1970년 11월 13일 전태일 열사는 "내 죽음을 헛되이 하지 말라"고 외치며 분신자살했다. 노동자의 벼랑 끝 현실을 고발한 이 사건의 사회적 파장은 컸다.
ⓒ 전태일재단

1972년 10월 18일 서울 중앙청 앞. 유신 쿠데타를 일으킨 군인들 사이로 시민들이 조심스레 걷고 있다.
ⓒ e영상역사관

영해야 한다며 유신체제를 합리화했다. 통일에 대한 국민의 열망을 독재 체제 구축에 활용한 것이다.

'한국적 민주주의'를 내세웠지만 유신체제는 누가 봐도 박정희 1인 지배구조에 불과했다. 우선 대통령의 권한이 막강했다. 유신헌법에 따르면 대통령은 입법, 사법, 행정 등 3부 위에 군림하는 제왕이었다. 대통령의 연임 제한 조항은 없어졌고, 대통령은 국민이 아니라 통일주체국민회의에서 간선으로 선출하도록 했다. 1972년 선거에서 통일주체국민회의 2,359명의 대의원 중 무효 2표를 제외한 2,357명, 즉 99.9퍼센트가 박정희를 지지했다. 1978년의 선거에서는 2,581명이 투표에 참석해 2,577명이 박정희를 지지했다. 민주주의 선거 기준에서 볼 때, 박정희는 사실상 비밀투표가 아닌 공개투표에 해당하는 반민주적 절차를 통해 대통령직을 연명한 셈이었다. 게다가 국민의 손으로 뽑아야 할 국회의원의 3분의 1을 통일주체국민회의의 동의를 얻어 대통령이 임명하도록 했다.

이러한 유신독재에 대한 국민의 저항을 막기 위해 박정희는 '긴급조치권'이라는 위헌적 악법을 남발했다. 긴급조치 1호는 "대한민국 헌법을 부정, 반대, 왜곡 또는 비방하는 일체의 행위를 금한다"는 내용을 담고 있었다. 여기서 대한민국 헌법은 곧 박정희를 의미했다. 정권을 비판하는 것을 결코 용납하지 않겠다는 것이다. 긴급조치 4호를 통해서는 시위 주동자에게 최고 사형을 선고할 수 있도록 했고, 대학을 폐교시킬 수 있다고 천명했다. 긴급조치 9호를 통해서는 유신체제와 유신헌법에 대한 어떠한 비방은 물론이요, 정부에 대한 비판도 유언비어라며 단속했다.

유신공화국은 말 그대로 겨울공화국이었다. "총과 칼로 사납게 옥박지르고 논과 밭에 자라나는 우리들의 뜻을 군홧발로 지근지근 짓밟아대고 밟아대며 조상들을 비웃어대는 지금은 겨울인가 한

밤중인가"라며 유신독재를 겨울공화국이라고 비판한 시인 양성우는 광주 중앙여고 교사에서 해직되었다. 정권 비판은 곧 반역으로 치부되던 시절이었다. 박정희에게 나라는 상부의 엄격한 통제와 하부의 철저한 복종을 통해 일사불란한 태세를 유지하는 군대와 같은 곳이어야 했다. 학교도 예외는 아니었다. 고등학교와 대학에서는 군사교육에 해당하는 교련이 필수과목이 되었다. 매주 월요일마다 운동장에서는 군대처럼 열병식이 열렸다. 초등학교부터 대학까지 반장과 학생회장 선거도 사라졌다. 박정희는 병영국가를 꿈꿨던 것이다.

반유신 민주화운동, 독재를 무너뜨리다

긴급조치와 같은 대국민 협박과 탄압 속에서도 민주화운동은 끊임없이 이어졌다. 민주화 세력의 목표는 오직 하나 유신독재 철폐로 모아졌고, 탄압이 거세질수록 응집력은 더욱 높아져갔다. 유신체제가 선포되자 야당, 재야인사, 학생 세력을 중심으로 유신헌법 철폐 운동이 일어났다. 1973년 10월 서울대 문리대생의 시위를 계기로 '직선제 개헌 청원 100만 인 서명운동'이 일어났다. 이듬해 봄에는 전국의 학생운동 세력이 반유신 시위를 계획했다. 박정희 정부는 '전국민주청년학생총연맹 사건'(이하, 민청학련 사건)을 발표하며 전국적으로 1,000여 명의 학생운동 지도부를 구속했다. '민청학련 사건'은 해방 이후 단일 사건으로는 최대 구속자 수를 기록했다. 이 중 250명이 기소되어 재판을 받았다.

유신독재에 대한 국민의 거부감은 총선을 통해서도 표출되었다. 1978년 국회의원 선거에서 야당인 신민당의 득표율이 여당인 공화당보다 높았다. 이듬해 신민당 총재에 오른 김영삼은 유신

全國民主靑年學生總聯盟事件 被告人寫眞

1974년 4월 3일 유신 정권이 발표한 민청학련 사건 명단.

1979년 12월 8일 열린
공판에 참석한 김재규.
박정희의 18년 독재는
김재규의 총탄에 의해 막을
내렸다. ⓒ e영상역사관

체제에 대한 전면 투쟁을 선언했다. 중앙선거관리위원회는 곧장 총재를 선출한 신민당 전당대회에 불공정 행위가 있었다며 김영삼을 궁지에 몰아넣었다. 그러자 신민당 내 반김영삼파는 전당대회 결과에 대한 무효 소송을 제기했고 법원은 총재직 박탈을 선고했다. 김영삼은 이 모든 과정에 박정희가 개입했다고 보고 《뉴욕타임스》와의 회견에서 미국 정부는 독재정권과 민주주의를 열망하는 한국 국민 중 하나를 선택할 것을 공개적으로 요구했다. 이에 여당은 김영삼이 국가를 모독했다며 의원직을 박탈했다. 국민이 뽑은 국회의원을 박정희를 추종하는 국회 다수 세력이 몰아낸 사건으로 유신독재에 대한 국민들의 거부감은 더욱 높아졌고 마침내 저항으로 표출되었다.

김영삼의 정치적 기반인 부산과 마산 등지에서 1979년 10월 16일부터 학생들과 시민들이 대규모 시위를 벌였다. 부산에서는 5만 명, 마산에서는 1만여 명이 거리로 나서 "유신 철폐, 독재 타도" "김영삼 제명 철회하라"라는 구호를 외쳤다. 박정희 정부는 부산에 계엄령을 선포하고 마산과 창원에 위수령을 발동하면서 공수부대를 비롯한 군인을 투입하여 시위를 진압했다. 부마항쟁은 유신체제 선포 이후 가장 큰 반유신 투쟁이었다. 4월혁명 이후 최대 규모의 시위이기도 했다. 1,563명이 연행되어 이 가운데 89명을 군사재판에 회부해 5명이 실형을 선고받았다. 부마항쟁으로 크게 동요한 건 박정희 권력 내부였다. 정국 운영을 놓고 온건파와 강경파로 갈리며 권력 투쟁이 일어났다. 마침내 부마항쟁이 일어난 지 불과 열흘 만에 온건론을 주장한 김재규 중앙정보부장이 박정희 대통령과 강경파인 차지철 경호실장을 권총으로 쏘았다. 박정희의 18년 독재는 그렇게 총탄에 의해 막을 내렸다.

2. 반공의 이름으로 국가폭력에 희생되다

친일파, 반공주의, 4·3항쟁

친일파는 일본의 36년간 식민 통치가 남긴 적폐였다. 해방이 되자 무엇보다 먼저 청산해야 할 대상이었다. 하지만 친일파는 살아남았다. 그들에게 회생의 기회를 준 것은 미군정과 이승만 정부였다. 친일파는 스스로 반공주의라는 갑옷으로 무장했다. 미군정에게 반공주의는 민주주의에 앞서는 우선적 이념이었고 남한에 반공정권을 수립하고자 했다. 이승만 정부의 가장 강력한 통치 이념 역시 반공주의였다. 친일파는 경쟁적으로 스스로를 반공 투사로 자처하며 좌익은 물론 자신들에게 우호적이지 않은 우익에게까지 반공주의의 이름으로 이념적·물리적 폭력을 휘둘렀다. 이승만은 또한 반공주의로 무장한 친일파를 경찰과 군부에 배치했다. 조선총독부에 의한 군사독재, 즉 파시즘 체제에서 양성된 친일파가 민주주의 세상을 열어줄 리 만무했다. 반민족 행위를 일삼은 친일파를 청산하는 과업은 새로운 민주주의 국가를 열어가는 데 반드시 거쳐야 할 통과의례였다. 하지만 권력은 이를 거부했고, 반공주의의 이름으로 국가폭력을 자행했다. 그리고 많은 민간인이 무고하게 죽어갔다.

먼저 4·3사건으로 제주도민이 희생되었다. 대략 2만 5,000명에서 3만 명에 이르는 무고한 사람들이 죽었는데, 제주도민의 약 10분의 1에 해당하는 숫자였다. 4·3사건으로 인한 민간인 학살은 남로당의 주도로 1948년 4월 3일에 열린 남한만의 단독 정부 수립에 반대하는 무장봉기가 발단이 되었다. 하지만 당시 무장한 사람의 숫자는 300명에 불과했다. 경찰과 군인, 그리고 반공청년단 등을 동원한 진압작전에 수많은 민간인들이 희생되었다. 대한민국 정부 수립 직후인 1948년 10월부터 1949년 3월 사이에 가장 많은 민간인이 학살되었다. 1948년 10월 19일에는 국군 14연대가 여수에서 4·3사건 진압 출동 명령을 거부하며 여수와 순천 지역을 장악했다. 이 여순사건을 진압하는 과정에서도 많은 민간인이 희생되었다.

국가폭력에 의한 무고한 죽음은 1949년 12월 24일 경북 문경 석달마을에서도 일어났다. 국군 제2사단 소속의 2개 소대는 태백산 지구 빨치산 토벌작전을 벌이던 중 석달마을을 지나다가 아무런 근거 없이 마을 주민들을 불러내 86명을 무차별 총살했다. 군인들은 민가에 불을 놓고 뛰쳐나오는 주민들을 닥치는 대로 죽였다. 마을 뒤 산모퉁이에 숨어 있던 청년들과 학교에서 돌아오던 어린이까지 사살했다. 당시 석달마을에는 127명이 살고 있었는데, 이 중 86명이 사망하고, 12명이 중경상을 입었다. 두 가족은 5명 전원이, 한 가족은 4명 전원이 몰살당했다. 학살당한 86명 중 42명이 여성이었고 22명은 10세 이하의 어린이었다. 이 중 5명은 태어난 지 한 살이 되지 않은 갓난아기들이었다. 이 끔찍한 비극은 당시 13세로 9명의 가족을 잃고 형의 시신에 가려져 겨우 살아난 채의진에 의해 세상에 공개되었다. 그는 4월혁명 이후 진실규명을 호소했고 국회는 결의안을 채택하고 조사단을 꾸려 현장 조사를 나왔다. 하지만 5·16쿠데타로 등장한 군사 정부는 진실을 다시 덮었고 채의진은 수배자가 되었다. 이 사건이 다시 알려진 것은 1987년 6월항쟁 이후였다.

반공의 이름으로 저지른 민간인 학살

한국전쟁이 일어나면서 또다시 많은 민간인들이 희생되었다. 좌익과 북한 정권만이 아니라 대한민국 정부가 자행한 학살도

1950년 4월 서울 부근에서
좌익들이 사살되는 장면.
처형을 준비하고, 사격을 가한
뒤, 시체를 확인하고 있다.
이승만 정권은 반공주의의
이름으로 국가폭력을 자행했다.

일어났다. 전쟁이 시작된 직후인 1950년 7월 초순 무렵 전국에서 국민보도연맹원 및 형무소 수감자에 대한 학살이 일어났다. 이승만 정부는 좌익이라며 위험하다고 지목한 인물들을 국민보도연맹을 통해 관리했는데, 전쟁이 일어나자 이들을 곧바로 학살했다. 예비검속 차원에서 일어난 민간인 학살로 최소한 5만 명 이상, 많으면 10만 명 이상이 희생되었을 것으로 추정하고 있다.

1951년 2월 1일부터 경남 산청과 함양에서는 700여 명, 거창에서는 720여 명의 주민이 학살당했다. 당시 9연대 3대대 군인들은 거창에 주둔하는 동안 쌀, 장작, 부식 등을 무상으로 주민에게 거두었고 작전상의 이유로 민가 1,200여 가구를 불태웠다.

인천상륙작전 이후에는 서울 수복 과정에서 당시까지 살아 있던 보도연맹원, 점령 시기 북한 정권과 인민군에 협력했던 부역자들에 대한 대량 학살이 있었다. 인민군 역시 후퇴하는 과정에서 우익과 경찰 가족을 살해했는데, 인민군 치하에서 수난을 당한 우익 단체들은 경찰의 비호를 받으며 부역자들을 색출하여 살해했다. 아직 남아 있는 좌익을 토벌한다는 명목으로 파견된 국군 11사단은 경상도 산청, 함양, 거창과 전라도 남원, 함평, 나주, 보성, 화순 등지에서 빨치산, 즉 공비에게 협조했다고 의심받는 수많은 민간인을 총살했다. 한국전쟁이 끝날 때까지 군인과 경찰, 그리고 우익에 의한 민간인 학살은 계속되었다. 좌익 혹은 빨갱이는 인간이 아니므로 그들은 물론 그들의 가족에게까지 어떤 잔혹한 행동을 해도 괜찮다는 논리로 밀어붙인 끔찍한 학살이었다.

독재의 시대에도 국가폭력에 의한 민간인 학살이 이어졌다. 4월혁명 당시 경찰은 시위대를 향해 총을 쏘았다. 마산과 서울에서 186명의 학생과 청년이 죽었고 6,000여 명이 다쳤다. 그리고 다시 1980년 광주에서 계엄군은 비무장 시위대를 향해 발포하고 대검을 휘둘렀다. 200여 명의 민간인이 사망했고 약 3,300여 명의 부상자가 발생했다.

독재의 시대에 최고의 이념은 반공주의였다. 반공이 곧 국시였다. 독재권력은 한국전쟁을 겪은 국민을 향해 끊임없이 전쟁 공포를 상기시켰다. 그리고 반공주의를 내세워 정적을 제거하며 권력을 공고히 하고자 했다. 독재에 반대한 민주화 세력에게는 대한민국을 해롭게 하고 북한 정권을 이롭게 하는 용공분자라는 꼬리표를 붙였다. 독재 정치의 시대가 오래 이어진 만큼, 반공주의의 생명력도 길었다.

독재 치하 국가폭력이 계속되다

한국전쟁이 끝난 후 이승만과 박정희 정부는 정적이나 정권 위협 세력을 공안기관, 수사기관, 검찰과 사법부를 이용해 투옥하고 처형하고 살해했다. 이승만의 정적이던 최능진과 조봉암, 5·16쿠데타 이후 희생자가 된 조용수, 유신체제 아래에서 간첩으로 조작되어 처형당한 인혁당 관련자들은 모두 반공의 이름으로 자행된 사법 살인의 피해자들이었다. 최능진은 1948년 총선에서 친일 경찰을 중용하는 이승만의 당선을 저지하기 위해 이승만의 지역구에 출마했다가 정치적 탄압을 받았다. 형무소 수감 중 한국전쟁이 일어나자 다른 정치범들과 함께 학살되었다. 조봉암은 1956년 대선에서 이승만의 강력한 정적으로 떠오른 인물로, 혁신 정치와 평화통일론을 내세워 급기야 간첩으로 조작되어 사형당했다. 유신독재 치하에서 중앙정보부에 끌려갔다가 고문 살해당한 최종길 교수 사건(1973), 등산길에 추락해서 사망했다고 알려진 장준하 사망 사건(1975), 비전향 장기수에 대한 살해 등은 사인이 제대로 규명되지 않은 의문사로 남아 있다.

고문 역시 국가에 의한 중대한 인권 침해에 해당한다. 고문은 인간이 겪을 수 있는 최대한의 고통을 줘서 폭력에 굴복시킨 다음 권력이 원하는 정보를 얻거나 각본을 만들어내는 것을 말한다. 잠 안 재우는 고문, 주먹과 각목으로 사정없이 폭행하는 고문, 통닭구 이 하듯이 손과 발을 묶어 매달아 주전자로 얼굴에 물을 붓는 고문, 손가락 사이에 볼펜을 끼우고 짓이기는 고문, 다리 사이에 각목을 끼우고 구둣발로 짓이기는 고문, 시멘트 바닥에 알몸으로 무릎 꿇 게 하고 얼음물을 부어대는 고문 등 수백 가지에 달하는 고문 기술 은 바로 일제 시기부터 형사로 활약한 이들이 전수한 것이었다. 해 방 이후 경찰은 고문 기술을 국민에게 사용했다. 4·3사건 당시 피의 자들에게 고문을 가한 사람들은 일제 고등계 형사 출신이거나 그들 에게서 고문 기술을 배운 경찰이었다. 4·3사건 당시에는 피의자가 재판에 회부되기 이전 공판 조서를 작성하는 과정에서 고문한 것이 아니라 무장대와 내통 가능성이 있는 주민들을 일단 집단 수감한 다음 일상적으로 취조하면서 고문했다. 이후 민주화가 이루어지기 까지 긴 독재 시대에 국방경비법, 반공법, 국가보안법, 긴급조치 관 련 대다수 피의자들은 고문을 당했다. 아마 한국은 20세기에 가장 많은 자국민을 고문으로 고통받게 한 국가일 것이다.

박정희 정부의 국가폭력은 사법 살인, 고문과 더불어 간첩 조 작과 전향 강요로 이어졌다. 박정희 정부에서 중앙정보부는 멀쩡한 사람을 빨갱이로 만들었다. 정권이 위기에 처하면 어김없이 간첩단 사건이 발표되었다. 재일동포 관련 간첩 사건이 유달리 많았다. 일 본에서는 공산당과 사회당 활동이 합법이었고 재일동포 중에는 북 한 국적을 가진 사람들도 있었다. 일본에서 차별을 견디며 살아야 하는 재일동포들은 비록 국적은 남북한으로 갈렸어도 서로 의지하

1959년 진보당 사건으로 구속된 조봉암이 재판을 받는 장면. 이승만 정적이었던
그는 결국 1959년 7월에 사형에 처해졌다. © e영상역사관

1973년 10월 19일 새벽, 중앙정보부 마당에 떨어진 최종길 교수의 주검.
아마 한국은 20세기에 가장 많은 자국민을 고문으로 고통받게 한 국가일 것이다.

면서 살았다. 그런 문화 속에 자란 재일동포 유학생들을 간첩으로 내몰았다. 재일동포 이웃을 만나거나 편지 왕래를 한 것에 국가보안법을 적용했다. 대표적인 것이 서준식·서승 재일교포 형제 간첩단 사건이다. 보안사는 1971년 대선의 승리를 위해 서승·서준식 간첩단 사건을 조작했다. 수사 과정에서 고문을 이기지 못한 서승은 스스로 기름을 끼얹고 난로를 끌어안아 전신 화상을 입었다.

북한에서 간첩으로 내려와 체포되어 오랜 감옥살이를 한 장기수들에게는 전향을 강요하며 고문했다. 북한에 동조하거나 찬양한 사실을 반성하고 앞으로 대한민국 국민으로서 성실하게 살 것을 약속하라며 압박했다. 사실 장기수들은 수십 년의 감옥 생활로 인해 사회에서 잊힌 존재였으므로, 정권 입장에서는 쥐도 새도 모르게 죽여도 문제될 것이 없었다. 그래서 그들에게 가한 고문은 가혹했다. 전향 공작반은 깡패까지 불러들여 혹독한 고문을 가했다. 장기수들은 인권의 사각지대에서 매일 구타와 폭력에 시달렸고 때로는 목숨을 잃기도 했다. 전향 공작반은 승진에 목을 매고 실적을 올려 보상금을 타고자 살인을 불사한 고문을 자행했다.

이처럼 학살과 고문을 서슴지 않는 국가폭력에 의한 빨갱이 조작 역사는 1980년 5월 광주 시민들에게도 반복되었다. 계엄군들은 민간인에게 총을 쏘고 잔혹하게 고문하며 빨갱이로 몰아붙였다.

물리력을 가진 군대, 정치에 동원되다

1961년 군대를 동원한 쿠데타로 군사 정부가 들어섰다. 박정희 정부는 이러한 태생에서 결코 자유롭지 못했다. 정권이 위기에 빠질 때마다 군대를 동원해 저항 세력을 억눌렀다. 5·16쿠데타를 위한 군대 동원은 한미방위조약에 따른 유엔군사령관의 한국군

작전 지휘권을 침해한 것이었다. 이 문제는 쿠데타 직후 바로 불거졌다. 맥그루더 유엔군사령관은 "6군단 포병단과 해병대를 비롯한 서울 진주군"의 즉각 복귀를 요구했다. 쿠데타 세력은 맥그루더에게 쿠데타를 인정할 것과 서울 방위를 위해 5개 중대의 수도방위사령부를 혁명위원회 직속에 둘 것을 제안했다. 결국 미국 정부는 쿠데타를 인정했고, 쿠데타 세력이 장악한 국가재건최고회의는 서울 방위를 담당할 수도방위사령부를 창설했다. 수도방위사령부 설치법에 따르면, 소요·폭동 등으로 경찰력의 치안 유지가 어려울 때는 출동이 가능했다. 실제로 1962년에 일어난 서울대와 고려대 학생들의 '한미행정협정' 체결 요구 시위를 수도경비사령부 병력이 진압했다. 박정희 정부는 한미연합사령부의 통제를 받지 않는 수도방위사령부와 공수부대를 시위 진압에 투입해 정권을 지키는 친위부대로 이용했다. 본래 공수부대는 적을 상대로 한 비정규전이나 대비정규전을 수행하는 공격형 특수부대였으나 그와 무관한 임무에 자주 동원되었다. 공수부대의 정규 훈련 항목에는 폭동 진압 훈련인 충정훈련이 포함되어 있었고 시위 진압 때마다 효력을 발휘했다.

　　박정희 대통령은 1979년 10월 부마항쟁이 발생하자 10월 18일 자로 비상계엄령을 선포했다. 제1공수여단과 제3공수여단을 투입해 시위를 진압했다. 18년 동안 장기 집권을 한 박정희는 죽는 순간까지도 군대에 의존한 통치를 이어나갔던 것이다. 결국 군대를 동원한 강경 진압을 놓고 불거진 권력 내 갈등이 박정희를 죽음으로 몰고 갔다.

3. 서울에서 광주로, 민주화의 꿈이 살아나다

서울의 봄

박정희 대통령이 죽고 바로 다음 날인 1979년 10월 27일에도 제주도를 제외한 전국에 비상계엄령이 선포되었다. 국무총리 최규하가 대통령 권한대행을 맡았다. 육군참모총장 정승화는 계엄사령관에 임명되었다. 정승화 계엄사령관은 대내외적으로 군의 정치적 중립을 천명했다. 최규하 권한대행은 기존 헌법 절차에 따라 대통령 선거를 치를 것임을 약속했다. 기존 헌법이란 바로 박정희가 만든 유신헌법을 가리켰다. 1979년 12월 6일 최규하는 유신헌법에 따라 통일주체국민회의 대의원 대회에서 10대 대통령에 선출되었다. 최규하는 대통령에 취임하면서 긴급조치 9호를 해제하고 김대중의 가택연금을 풀어주었다. 장기 집권한 독재자가 죽었지만, 군인이 나라의 치안을 담당하고 유신헌법이 여전히 작동되는 현실에 민주화 세력은 강한 불만을 표했다.

박정희가 유신독재를 통해 무너뜨린 민주주의는 바로 복원되지 않았다. 여당인 공화당은 김종필을 총재로 선출했다. 야당인 신민당은 김영삼 총재 체제로 돌아갔다. 김대중은 정치 활동을 재개했다. 하지만 모두 계엄 정국을 어떻게 돌파하며 나라를 정상화해야 할지 정하지 못하고 있었다. 군부의 노선은 갈렸다. 민주 정부 수립을 위해 정치적 중립을 지키려는 정승화 계엄사령관을 중심으로 한 세력과 유신체제의 지속을 도모하는 '신군부' 세력이 있었다. 신군부 그룹은 군부 내 비밀조직인 하나회 출신들이었는데, 이들은 유신독재를 거치며 청와대 경호실, 수도경비사령부, 보안사령부 등 군내 요직을 독식했던 실세들이었다. 그 핵심에 전두환, 노태우 등이 있었다. 그들은 결코 기득권을 포기하지 않았고, 쿠데타를 강행했다. 1979년 12월 12일 전두환 보안사령관이 이끄는 신군부 세력은 박정희 죽음에 연루되었다는 이유를 대며 정승화 계엄사령관을 체포하고 군부를 장악했다. 12·12쿠데타는 아직 '겨울공화국'이 끝나지 않았음을 알리는 사건이었다. 해를 넘겨 1980년 1월 19일 연두기자회견에서 최규하 대통령은 입헌기관인 국회가 아니라 행정부 주도로 개헌을 하겠다는 입장을 밝혔다. 이 발언에 국회의원을 비롯한 정치권이 크게 반발했다. 여당과 야당이 함께 대통령 직선제를 골자로 한 개헌을 추진하는 동안 최규하 대통령은 남북 분단을 고려한 권력구조가 만들어져야 한다는 말만 되풀이했다.

그래도 봄이 왔다. 먼저 대학 교정에 민주화의 바람이 불어왔다. 유신독재에 맞서다 학교에서 쫓겨났던 교수와 학생이 돌아온 대학은 전에 없이 활기찼다. 대학생들은 유신독재하에서 억눌렸던 대학의 자치성을 회복하는 데 힘썼다. 학도호국단을 폐지하고 총학생회를 부활시켰다. 학원 민주화운동도 이어졌다. 유신독재를 비호하며 학생을 제적하는 데 앞장섰던 어용 교수 퇴진 운동이 일어났다. 노동자들도 어용 노조를 쫓아내는 등 노동운동에 나섰다. 강원도 사북탄광에서는 어용 노조 위원장 문제로 갈등하면서 광산 노동자들이 사북읍을 4일이나 점령했다. 부산에서는 동국제강 노동자 1,000여 명이 임금 문제로 본사 사무실을 점거했다. 모두 비상계엄 하에서 일어난 일이었다.

대학생과 노동자에게 찾아온 봄은 그리 오래가지 않았다. 신군부의 움직임이 심상치 않았다. 12·12쿠데타 이후 충정훈련을 실시하며 민주화 세력에 대한 진압작전을 준비했다. 주력 부대는 최정예 부대인 공수부대였다. 국민을 적으로 보지 않는 한 해서는 안될 선택이었다. 봄이 되자 신군부는 유신체제 연장을 위해 한 걸음

1980년 4월 16일 최규하 대통령이 전두환을 중앙정보부장 서리에 임명했다.
전두환은 군부에 이어 민간 정보기관까지 장악했다. ⓒ e영상역사관

서울의 봄. 5월 15일 서울역 광장 집회에는 10만여 명의 대학생과 시민이 모여 민주화를 촉구했다.
민주화의 희망이 넘실대는 대규모 시위 광경을 '서울의 봄'이라고 불렀다.

더 나아갔다. 신군부를 이끄는 전두환 보안사령관이 중앙정보부장 서리에 임명된 것이다. 군부를 장악한 전두환 보안사령관이 민간 정보기관을 장악했다는 것은 최규하 대통령은 허수아비로 전락하고 전두환이 곧 최고 권력자가 되었다는 걸 의미했다. 민주화의 길이 보이지 않는 이때의 상황을 사람들은 '안개 정국'이라 불렀다.

대학생들이 거리에 나섰다. 대학생들은 5월 13일부터 5월 16일까지 전국적으로 전두환 퇴진, 계엄령 해제, 직선제 개헌 실시 등을 주장하며 대규모 시위를 벌였다. 서울에서는 5월 13일부터 5월 15일까지 대학생 시위가 일어났다. 5월 15일 서울역 광장 집회에는 10만여 명의 대학생과 시민이 모여 민주화를 촉구했다. 민주화의 희망이 넘실대는 대규모 시위 광경을 '서울의 봄'이라고 불렀다.

하지만 민주화 일정을 방해하려는 신군부에게 반격의 빌미를 주지 않기 위해 당분간 시위를 자제하는 것이 좋겠다는 신중론이 득세하면서 전국 대학의 총학생회 대표자들은 15일 시위를 끝으로 대규모 시위를 중지하기로 결정했다. 신민당은 계엄 해제 촉구 결의안 의결을 위한 국회 소집 요구서를 제출했다. 국회는 5월 17일에 이를 처리하기 위한 임시국회를 5월 20일에 소집한다고 공고했다. 신군부는 즉각 반응했다. 바로 당일, 비상계엄령을 전국적으로 확대 실시한다고 발표했다. 민주화를 요구하는 국민을 향한 선전포고였다.

호남 차별을 딛고 저항의 힘을 키우다

광주에서는 5월 14일부터 5월 16일까지 금남로 일대와 전라남도 도청 앞에서 대규모 민주화 시위가 열렸다. 이 시위들은 최루탄 한 번 터지지 않고 경찰의 보호를 받는 매우 평화로운 집회였다.

그런데 5월 17일 비상계엄령의 전국 확대 이후 5월 18일 오후 광주에 투입된 공수부대는 시위에 참여한 학생만이 아니라 거리에서 눈에 띄는 시민을 향해 무차별적으로 곤봉을 휘둘렀다. 부마항쟁 진압에서 그랬듯이 공포심을 조장하여 시위에 참여하지 못하게 할 속셈이었다. 그러나 광주 시민들은 오히려 군인이 휘두르는 국가폭력에 굴하지 않았다.

목숨을 담보로 한 광주 시민의 저항의 힘은 어디에서 나온 것일까. 먼저 호남은 박정희 정부 시절부터 노골적인 정치적 차별을 받아왔다. 박정희 정부에서 고위 관료의 30퍼센트를 영남 인사가 차지했는데, 이는 호남 인사의 두 배에 달하는 수치였다. 기업들도 박정희 정부의 눈치를 보며 호남 출신의 채용을 기피했다. 군대에서는 호남 출신 장성급 장교가 단 2퍼센트를 차지할 뿐이었다. 지역 차별로 인해 출세와 승진에서 배제되는 경험이 주는 좌절은 마음에 깊은 상처를 남겼다.

박정희 정부의 호남 차별은 경제적 차별로까지 나아갔다. 산업기지개발촉진법을 제정하고 사회간접자본 구축에 집중 투자하면서 서울·경기 지역에 공단을 만들고 동남해안에 공업 벨트를 형성했다. 호남 지역에는 저곡가 정책을 강요했다. 수도권과 영남의 노동자에게 싼 가격에 쌀을 대주기 위한 정책이었다. 주식인 쌀을 싸게 공급하는 것이 노동자의 저임금을 유지하는 데 중요했기 때문이었다. 호남에는 사회간접자본도 제대로 투자하지 않았다. 제1차 경제개발 5개년이 시작된 1963년에 서울-부산 축에 속하는 서울·경기·경상 지역은 종사자의 77퍼센트, 부가가치의 77.3퍼센트를 점유하고 있었다. 1983년에는 각각 87.2퍼센트. 83.2퍼센트로 점유율은 더 높아져 있었다. 농촌은 피폐하고 산업화에서 소외된 호남에서는 인구가 감소했다. 1960년 24퍼센트였던 호남의 인구 비율은

1979년에 16퍼센트로 감소했다. 1980년 당시 광주 시민을 비롯한 호남 사람들은 '한강의 기적'이라 불리는 경제 성장 속에 그 혜택을 제대로 누릴 수 없는 부당한 현실에 직면해 있었다.

　　이러한 호남 소외 속에 김대중이 정치 지도자로 부상했다. 김대중은 1971년 대통령 선거에서 야권 단일 후보로 나서 전북에서 63퍼센트, 전남에서 65퍼센트의 지지를 얻으며 두각을 나타냈다. 영남 지역에서 박정희 후보의 지지는 75퍼센트에 달해 지역 출신 후보에 대한 쏠림 현상은 영남이 더했다. 1973년에 김대중은 일본에서 중앙정보부에 의해 납치되어 죽을 뻔한 고비를 넘기며 유신 반대 운동을 이끄는 정치 지도자로 우뚝 섰다. 해외에서 그는 한국 민주화운동을 상징하는 정치인으로 인정받았다. 호남 차별에 유신 체제에 대한 반감이 더해지면서 김대중에 대한 지지를 중심으로 호남의 정치적 일체감이 형성되어갔다. 박정희가 죽은 후 호남인들은 민주주의가 회복되면서 김대중이 복권하게 될 것이라 기대했다. 하지만 신군부는 1980년 5월 17일 비상계엄령을 전국으로 확대하면서 그날로 김대중을 체포했다. 그것은 호남에 대한 차별과 유신독재가 지속된다는 걸 알리는 징후였다. 호남인들의 깊은 좌절과 분노, 그것은 곧 저항의 원동력이 되었다.

광주, 유신독재에 저항하다

　　1972년 10월 유신이 선포된 후 전남대에서 전국 최초의 유신 반대 운동이 일어났다. 그해 12월 전남대생들이 유신 반대 유인물을 만들어 뿌렸다. 1974년 박정희 정부가 학생운동을 탄압하고자 민청학련 사건으로 학생운동 지도부를 잡아갈 때 전남대생 18명도 구속되었다. 민청학련 사건 관련자들은 감옥을 나온 후 대학으로

1980년 5월 16일 전남도청 앞에서 열린 '민족민주화대성회'. 전남대 학생들을 비롯해
수많은 광주 시민들, 고등학생들도 이 집회에 참여했다. 5·18의 서막은 이렇게 시작되었다.
ⓒ 나경택 촬영, 5·18기념재단 제공

돌아갈 수 없자 농민운동과 노동운동에 뛰어들었다. 대학에서는 지하 서클을 만들어 사회과학 서적을 읽으며 사회 현실에 눈을 뜨는 학생들이 늘어갔다. 제대로 학교를 다니지 못하는 중고등학교 또래를 모아 가르치는 야학운동도 일어났다. 광주에서 활동한 야학 중에는 5·18 당시 큰 활약을 펼친 들불야학도 있었다. 들불야학은 당시 빈민 지역이던 광천동을 중심으로 중고등학교 과정 교육과 함께 노동자 의식을 갖고 민주적인 시민으로 살아가는 길을 가르쳤다.

반유신 운동이 서서히 고조되던 1978년에 전남대 교수 11명이 유신 반대 운동으로 해직되는 사건이 일어났다. 일명 '교육지표 사건'이라 부른다. 처음 교육지표 사건은 전국적으로 준비되었다. 연세대의 성내운 교수와 전남대 송기숙 교수가 주도하여 전국의 대학교수를 대상으로 국민교육헌장의 비민주적·반교육적 내용을 비판한 성명서 〈우리의 교육지표〉를 발표하고 서명운동을 전개하려 했다. 결국 계획이 불발되면서 전남대 교수 11명만이 서명한 성명서를 배포한 것이다. 이 일로 송기숙 교수와 성내운 교수가 구속되었고 그 외 여러 교수들이 체포, 고문당하고 해직되었다. 전남대 학생들이 즉각 성명서 발표를 지지하고 구속된 교수들의 석방을 요구하며 시위를 벌였다. 광주에서 촉발한 유신 반대 운동은 곧 전국에서 〈우리의 교육지표〉 선언을 지지하는 성명서 발표로 이어졌다. 긴급조치로 많은 사람이 구속되는 상황에서 국제사면위원회 전남지부를 중심으로 천주교, 기독교 등 종교계와 변호사, 해직 교수 등이 연대하여 반유신 운동에 동참했다.

가톨릭농민회와 천주교가 함께 이끈 함평고구마투쟁은 광주·전남의 민주화운동 세력을 결집하는 계기가 되었다. 1976년부터 시작된 농협 부정에 대한 함평 농민의 피해 보상 투쟁은 1978년 4월 24일, 광주 북동천주교회에서 700여 명의 가톨릭농민 회원들이 참가한 '농민을 위한 기도회'와 단식투쟁을 이끌었다. 민주화운동 세력의 지지와 연대가 확산되면서 농협은 피해 보상을 제의했고, 투쟁은 성공적으로 막을 내렸다.

1980년 광주에도 봄은 찾아왔다. 유신 반대 시위로 쫓겨났던 학생들이 다시 대학으로 돌아왔다. 이들은 곧바로 학내 민주화운동의 주역으로 활약했다. 4월에 실시된 전남대 총학생회장 선거에서 박관현이 총학생회장에 뽑혔다. 5월 6일 전남대 도서관 앞에서 열린 '전남대 비상학생총회'는 학내 민주화운동을 넘어 사회 민주화운동에 적극 나설 것을 선언했다. 전남대의 가두시위를 시작으로 광주·전남 지역 대학생들은 5월 14일부터 16일에 걸쳐 전남도청 앞에서 '민족민주화대성회'를 열었다. 수많은 광주 시민과 함께 고등학생들도 이 집회에 참여했다. 이때 박관현은 신군부가 대학에 휴교령이나 휴업령을 내리면 전남대생은 정문이나 후문 앞에서 시위를 전개할 것임을 알렸다. 그리고 5월 18일 오전 10시에 전남대 정문에서 시위가 벌어졌다. 5·18의 서막은 그렇게 열렸다.

더 생각해보기 ⚙

다음 제시문은 1978년 6월에 전남대 교수들이 발표하여 전국적인 유신독재 반대 운동을 촉발했던 〈우리의 교육지표〉의 일부이다. 유신 말기 호남 지역에서 유신독재 반대 운동이 선봉적으로 일어난 이유를 생각해보자. 그리고 〈우리의 교육지표〉에서 제시한 네 가지 교육지표를 하나씩 살피며 각각이 비판하고 있는 유신독재 교육의 문제점은 무엇인지 짚어보자.

이때에 인간다운 사회를 실현하고자 하는 우리는 격동하는 국내 외의 역사 속에서 그 어느 때보다도 슬기롭게 생각하고 용기 있 게 행동할 사명을 띠고 있다. 이에 우리 교육자들은 각자가 현재 처한 위치의 차이나 기타 인생관, 교육관, 사회관의 차이를 초월 하여 다음과 같은 우리의 교육지표에 합의하고 그 실천을 다짐 한다.

1. 물질보다 사람을 존중하는 교육, 진실을 배우고 가르치는 교 육이 제대로 이루어지기 위하여 교육의 참 현장인 우리의 일 상생활과 학원이 아울러 인간화되고 민주화되어야 한다.
2. 학원의 인간화와 민주화의 첫걸음으로 교육자 자신이 인간적 양심과 민주주의에 대한 현실적 정열로써 학생들을 가르치고 그들과 함께 배워야 한다.
3. 진실을 배우고 가르치는 일에 대한 외부의 간섭을 배제하며, 그러한 간섭에 따른 대학인의 희생에 항의한다.
4. 3·1 정신과 4·19 정신을 충실히 계승 전파하여 겨레의 숙원인 자주평화통일을 위한 민족 역량을 함양하는 교육을 한다.

깊이 생각해보기

다음 제시문에서 알 수 있듯이 1979년과 1980년의 격동기에 5·18에서 처음으로 군대가 동원된 것이 아니었다. 5·18은 박정희의 죽음으로 군사독재가 끝나지 않고 오히려 신군부가 다시 권력을 잡은 과정에서 어떤 역사적 의미를 갖는 것일까?

> 1979년 10월 부산과 마산에서 유신독재에 반대하는 항쟁이 일어나자, 박정희 정부는 계엄령과 위수령을 선포하고 공수부대를 위시한 군부대를 투입하여 진압하였다. 부마항쟁 과정에서 부산 1,058명과 마산 505명 등 총 1,563명이 연행되었다. 이 중 학생 37명과 일반인 50명 등 87명이 군법회의에 회부되었다. 군법회의는 이 중 20명에게 실형을 선고했다.
>
> 1980년 2월 내란 주도 세력은 '충정훈련'이라는 제목의 시위 진압 훈련을 실시했다. 충정훈련이란 학생이나 대중 시위가 경찰 통제의 수준을 넘어 격화되었을 때 군을 투입하여 이를 진압하는 훈련이었다. 여기에는 비정규 특수전을 수행하는 최정예의 특전부대가 대거 참여했다. 특전부대원들은 정규교육까지 중단한 채 충정훈련에 매진했다.

참고문헌

5·18기념재단, 《5·18민중항쟁과 정치 역사 사회》, 5·18기념재단, 2007.

구도완, 〈1980년 서울의 봄 시기의 이데올로기 지형〉, 《경제와사회》 4, 1989.

김동춘, 《대한민국 잔혹사》, 한겨레출판, 2013.

김동춘, 《전쟁정치》, 길, 2013.

김삼웅, 《서울의 봄 민주선언》, 한국학술정보, 2003.

김영택, 《5월 18일, 광주》, 역사공간, 2010.

나간채,《광주항쟁 부활의 역사 만들기》, 한울, 2013.

나간채·강현아,《5·18항쟁의 이해》, 전남대학교출판부, 2002.

노영기,〈5·18항쟁의 배경과 참여 세력〉,《역사와현실》89, 2013.

백운선,《호남의 지역 지배구조 형성 배경》, 백산서당, 2001.

서중석 외,《부마민주항쟁의 역사적 재조명》, 부산민주화항쟁기념사업회
　　부설민주주의사회연구소, 2009.

이해찬 외,《기억하는 자의 광주》, 돌베개, 2010.

정주신,〈10·26사건의 배경 분석〉,《사회과학연구》18-4(충남대), 2007.

정해구,《전두환과 80년대 민주화운동》, 역사비평사, 2015.

조현연,《한국 현대정치의 악몽─국가폭력》, 책세상, 2000.

최영태 외,《5·18 그리고 역사》, 길, 2008.

한국현대사사료연구소,《광주 5월 민중항쟁》, 풀빛, 1990.

2장

5·18민주화운동, 열흘간의 드라마

정문영

1. 5월 18일부터 5월 21일까지

첫째 날. 5월 18일 일요일

1979년 10월 26일, 무려 16년 동안 독재를 해오던 대통령 박정희가 사망한 직후 제주를 제외한 전국에 내려진 비상계엄이 1980년 5월 18일 자정을 기해 전국으로 확대된다(포고령 제10호). 그사이 전두환을 수괴로 하는 신군부는 12·12 군사반란을 통해 군권을 완전히 장악해놓은 상태였다. 따라서 이러한 비상계엄 확대 조치는 단순히 계엄 지역을 제주도까지 확대하는 차원이 아니라 국민의 정치적 의사 표현을 억압하는 포괄적인 자유 억압 조치로서, 10·26 이후 거세게 타오르고 있던 민주화 열기를 차단하고 12·12 군사반란으로 시작된 자신들의 정권 찬탈 계획에 대한 저항을 사전에 차단하기 위한 것이었다. 하지만 사태는 그들의 의도대로 흘러가지 않았다.

포고령 제10호
1. 1979년 10월 27일 선포한 비상계엄이 계엄법 규정에 의하여 1980년 5월 17일 24시를 기해 시행 지역을 대한민국 전 지역으로 변경함에 따라 현재 발효 중인 포고를 다음과 같이 변경한다.
2. 국가의 안전 보장과 공공의 안녕 질서를 유지하기 위하여 모든 정치 활동을 중지하며
   ㉮ 정치 목적의 옥내·외 집회 및 시위를 일체 금한다. 정치 활동 목적이 아닌 옥내·외 집회는 신고를 하여야 한다. 단, 관혼상제와 의례적인 비정치적 순수 종교 행사의 경우는 예외로 하되 정치적 발언은 일체 불허한다.

전남대 정문 앞에서 학생들과 전경들이 대치하고 있다. 이른바 '광주사태'는
1980년 5월 18일 오전 전남대학교 정문 앞 충돌에서 시작되었다.
ⓒ 나경택 촬영, 5·18기념재단 제공

공수부대원이 금남로에서 학생을 곤봉으로 내리치고 있다. 18일 오후 4시경 진압을 위해 공수부대가 도심에 투입되자 상황이 급변하기 시작했다. 공수부대는 시민이 조금이라도 모이면 즉시 해산하라며 진압봉을 휘둘렀다.
ⓒ 나경택 촬영, 5·18기념재단 제공

공수부대원은 도로 주변에 있는 젊은 사람이면 남녀를 불문하고 무조건 쫓아가서 곤봉으로 때리고 구타했다. 한 여성이 군인의 곤봉에 머리를 맞아 피를 흘리며 끌려가는 남성의 옆을 끝까지 지키며 따라가고 있다.
ⓒ 나경택 촬영,
5·18기념재단 제공

ⓝ 언론·출판·보도 및 방송은 사전 검열을 받아야 한다.

ⓓ 각 대학(전문대학 포함)은 당분간 휴교 조처한다.

ⓡ 정당한 이유 없는 직장 이탈이나 태업 및 파업 행위를 일체
금한다.

ⓜ 유언비어의 날조 및 유포를 금한다. 유언비어가 아닐지라도
① 전·현직 국가원수를 모독, 비방하는 행위, ② 북괴와 동일
한 주장 및 용어를 사용, 선동하는 행위, ③ 공공 집회에서 목
적 이외의 선동적 발언 및 질서를 문란시키는 행위는 일체 불
허한다.

ⓑ 국민의 일상생활과 정상적 경제 활동의 자유는 보장한다.

ⓢ 외국인의 출·입국과 국내여행 등 활동의 자유는 최대한 보
장한다. 본 포고를 위반한 자는 영장 없이 체포, 구금, 수색하
며 엄중 처단한다.

1980년 5월 17일
계엄사령관 육군대장 이희성

이른바 '광주사태'—우리는 이를 '5·18민주화운동' 또는 '광
주민중항쟁'이라 부른다—는 통상 1980년 5월 18일 오전 전남대학
교 정문 앞 충돌에서 비롯된 것으로 본다. 우리가 이 사건을 가치평
가를 전제하지 않고 그저 '5·18'이라고 부르는 것도 이렇게 불리는
이 일련의 사건들이 바로 이날 시작되었기 때문이다. 1980년 5월 18
일 아침 전남대 정문 앞에는 완전 무장한 7공수여단 33대대가 출입
을 통제하고 있었다. 전남대학교에 배치된 7공수여단은 5월 17일
22시 30분에 부대에서 출동하여 5월 18일 새벽 2시 30분께는 이미
수색과 점거를 완료한 상태였다. 전남대학교에 주둔하던 계엄군은
일반인은 말할 것도 없고 학생들의 출입조차 통제했다. 이들은 휴

교령이 내린 사실을 알리고 학생들에게 귀가를 종용했다. 일요일이지만 공부하기 위해 학교로 향했던 전남대생들은 총을 들고 교문을 지키고 있던 계엄군들 때문에 학교에 들어갈 수 없었다. 물론 개중에는 '휴교령이 내리면 그다음 날 10시에 교문 앞에 모이자'고 했던 약속을 기억하고 사정을 살피러 나온 학생들도 있었다. "15, 16일 도청 광장에서 열렸던 민족민주화대성회 집회를 마무리하는 자리에서 학생회 집행부 측은, 만일 휴교령이 내려지는 경우엔 당일 오전 10시 전남대 정문, 그리고 오후 2시엔 도청 앞으로 모두 집결하여 함께 투쟁을 전개하자는 결의를 널리 알렸기 때문이다."[1]

시간이 지날수록 등교하는 학생들의 수는 늘었고 학교에 들어가지 못해 정문 주변에 모여 있던 이들은 '우-우' 함성을 지르며 돌을 던지는 등 등교를 막는 계엄군에게 항의하기 시작했다. 이에 계엄군은 "즉시 귀가하지 않으면 강제로 해산시킨다"는 경고 방송을 했다. 분위기는 점점 험악해졌다. 결국 학생들과 계엄군 사이에 충돌이 생겼다. 공수부대원들은 함성을 지르며 학생들을 향해 돌격하여 거친 폭력을 행사했고 도망치는 학생들조차 끝까지 추적해 닥치는 대로 진압봉으로 내리치고 군홧발로 짓이겼다.

학생들은 교문에서 30여 미터 떨어진 곳에 있는 용봉교를 사이에 두고 교문을 지키는 공수부대원들을 향해 '왜 우리 학교에 못들어가게 하느냐'며 큰 소리로 항의하면서 길거리에 굴러다니던 한두 개의 돌멩이를 던지기도 했다.

이때 장교 한 명이 나와 항의하는 학생을 붙잡아 때리고 군홧발로 마구 찼다. 이를 지켜본 학생들은 웅성이며 술렁거렸다. 그리고 분노로 치달았다. 200여 명으로 불어난 학생들은 "학교 출입 보장하라" "공수부대 물러가라"는 구호를 큰 소리로 외쳐댔다. 이에 소령 계급의 한 장교가 메가폰을 들고 "우리는 상부의 지시로 전남대에 왔다. 학교는 휴교령이 내려 들어갈 수 없으니 즉시 귀가하라. 그렇지 않으면 강제 해산시키겠다"며 위압적으로 방송했다. 장교의 경고 방송이 끝나자마자 공수부대원들이 교문 양쪽으로 대열을 지었다. 공수부대원들은 M16 소총을 등 뒤에 메고 머리에는 방석망을 쓰고 손에는 진압봉과 방패를 들고 있었다. 학생들은 다소 놀랐으나 '불과 열한 명으로 이 많은 수를 어떻게 하랴'고 생각하며 그대로 서 있었다.

경고 방송이 나간 지 1분쯤 됐을 순간, 메가폰을 통해 "돌격" 하는 명령이 날카롭게 터져나왔다. 그 순간 공수부대원들은 커다란 함성을 지르며 적진 속으로 돌격하는 듯 눈을 치켜뜨고 진압봉을 휘두르며 쏜살같이 학생들을 향해 돌진했다. 학생들은 뜻밖의 상황에 놀라 책가방도 챙겨들지 못한 채 달아났다. 급히 뒤로 물러났던 학생들은 학교 근처 삼익아파트 신축 공사장에서 돌멩이를 집어들고 되몰려와 마구 던졌다. 이때 두 번째 "돌격" 하는 명령이 떨어졌다. 우르르 물러났던 학생들은 또다시 돌멩이를 들고 교문 쪽으로 다가가 공수부대원들에게 던졌다. 공수부대원들은 돌멩이 공격에도 아랑곳하지 않고 번개같이 300미터가량을 달려 학생들을 뒤쫓았다. 모두가 혼비백산이 되어 달아났다. 미처 달아나지 못한 2명의 학생이 공수부대원의 진압봉에 맞아 머리에서 피를 흘리며 쓰러졌다.[2]

계엄군에게 붙들린 학생들의 일부는 학교 안 어딘가로 끌려갔고, 또 일부는 정문 앞에서 가혹한 폭행을 당했다. 이는 이전에 익숙히 봐오던 시위 진압 양상과는 달리 몹시 잔인했다. 일찍이 이런 광경을 보지 못했던 시민들이 계엄군에게 항의하자, 계엄군은 이들에게도 폭력을 행사했다. 학생들은 계엄군의 만행을 널리 알리기 위해 도심으로 진출했다.

전남대학교에서 도심으로 향한 학생들은 "오전 10시 30분쯤 광주역 광장에서 대오를 가다듬고 여느 때처럼 공용버스터미널 앞을 거쳐 광주시의 중심가인 금남로 쪽으로 뛰어나갔다. 특정한 리더도 없는 이들은 멋대로 선창하는 구호에 따라 '비상계엄령 해제하라' '김대중 석방하라' '전두환 물러가라' '휴교령 철폐하라'며 목이 터져라 외쳤다."[3] 학생들이 시내에서 시위를 하자 11시 40분경부터 경찰이 진압에 나섰다. 전라남도 경찰국의 안병하 국장은 시위 대열은 해산시키되 학생과 시민들의 피해가 없도록 주의하라고 진압 경찰에게 지시했지만[4] 이러한 지시가 현장에서 그대로 지켜지지는 않았다. 학생들이 시내에 진출해서 곳곳에서 시위를 했지만 그 수는 불과 몇 백 명에 지나지 않았고 또 산발적으로 이루어졌기 때문에 이들의 시위는 시내 주요 지점에 배치되어 대기 중이던 10개 중대(장교 95명/사병 1,830명)의 경찰만으로도 충분히 진압할 수 있었다. 비록 학생 시위대도 흩어졌다 모이기를 되풀이하면서 끈질기게 저항했지만 "군을, 그중에서도 공수부대를 굳이 시위 진압에 투입할 필요는 없었다".[5]

그러나 이날 오후 4시경 진압을 위해 공수부대가 도심에 투입됨으로써 상황이 급변하기 시작했다. 공수부대는 시민이 조금이라도 모이면 즉시 해산하라며 진압봉을 휘둘렀다. 공수부대원들의 진압봉은 경찰이 소지한 50센티미터보다도 길이가 10여 센티미터 이상 길었고 쇠처럼 단단해서 심각한 상처를 입은 시민들이 속출했다. 물푸레나무나 박달나무 등으로 만들어진 이 진압봉은 시민들에게서 '철제 곤봉' 또는 '쇠심이 박힌 특수 곤봉'이라는 오해를 받았는데 그 파괴력이 경찰 기동대원들이 소지하고 있던 일반 진압봉에 비해 압도적으로 컸던 탓이었다. 그들은 도로 주변에 있는 젊은 사람이면 남녀를 불문하고 무조건 쫓아가서 곤봉으로 때리고 구타했다. 또한 조금이라도 반항하는 기색이 보이면 여럿이 몰려들어 무차별로 때리고 짓밟았다. 그러고는 쓰러진 사람들을 질질 끌고 가 트럭에 실었다. 젊은이들은 끝까지 추적해 인정사정없이 구타하고 심지어는 이를 말리던 시민들까지도 무자비하게 폭행했다.

가톨릭 사제의 입에서조차 "M16 소총이 내 손에 있었으면 나는 전원을 사살했을 것"이라는 절규가 터져나오고 어린아이들 사이에서는 "인민군이 쳐들어와 몽땅 사람들을 죽이고 있다"는 말이 돌 정도였다.[6] '인명 피해'가 없도록 하라는 진압의 윤리적 지침은 '죽이지만 않으면 된다'는 폭력 면허로 변질되어버렸다. "그것은 짐승의 시간이었다. 몽둥이와 대검을 꼬나 쥔 짐승들은 사냥감을 노리고 미친 듯 달려 다녔다. 시민들은 길바닥에 나동그라져 짓밟히고 깨진 피투성이 짐승으로 변해 끊임없이 트럭에 실려 나갔으며, 기동대원들 역시 그 해괴망측하고 무서운 광경들을 저만치서 짐승들처럼 두 눈 뜨고 지켜보고 있어야만 했다."[7] "18일 오후 공수부대가 휩쓸고 간 뒤 5시쯤에는 모든 학생 시민들은 공포에 질려 흩어지고 거리는 텅 비어버렸다. 싸움은 이미 간단히 끝난 것 같았다. 그러나 저녁 7시쯤 계림동 광주고등학교 부근에서 다시 시위가 시작되었고 공수부대는 다시 등장하여 이들을 도륙했다. 그리고 그 후 공수부대는 산수동·풍향동 일대 주택가를 수색하여 젊은이들을 닥치는 대로 연행했다."[8]

이날 하루 동안 총 400명이 넘는 사람들이 계엄군에게 연행되어 끌려갔고 이날 늦은 오후부터 도심의 병원들에는 공수부대원들의 몽둥이, 총 개머리판, 군홧발에 얻어맞아 중상을 당한 시민들로 북새통을 이루었다. 밤이 되자, 계엄군은 밤 9시 이후 왕래를 차단하는 통행금지령을 내렸다. 시민들이 통행하지 못하게 함으로써 시위가 확산되고 증폭되는 것을 차단하려는 조치였다. 계엄군과 경찰은 광주 지역 주요 장소 36개소에 배치되었다. 이들은 시민들의 움직임을 감시하고, 시위의 발생을 예의주시했다. "젊은이들의 연행은 밤새 계속되었고 곳곳에서 비명소리와 욕지거리가 끊이지 않았다. 이날 밤 어둠 속에서 속삭이는 목소리들은 전화선을 타고 또는 옆집과 옆집의 담 너머로 전해져 공수부대의 만행에 대한 소문은 광주 전역에 불길처럼 번져갔다. 시민들은 가족들의 손을 꼭 잡고 공포와 분노를 억누르며 뜬눈으로 밤을 새웠다."[9]

둘째 날. 5월 19일 월요일

계엄령이 내려졌지만, 아직은 대학교만 폐쇄되어 있었다. 따라서 대학생을 제외한 시민의 일상은 그대로 이루어지고 있었다. 초등학생과 중·고등학생들은 여느 날처럼 등교했고 관공서와 회사들도 정상 출근하여 여느 날과 다름없이 근무했다. 하지만 5월 19일이 되자 계엄군의 만행이 입에서 입으로 전해져 시민들 사이에 널리 알려지게 되었다. 전날 밤 통행금지 시간이 9시로 앞당겨져 일찍 집에 돌아온 시민들은 일가친척과 이웃의 안위를 묻거나 혹은 돌아오지 않은 다른 가족들의 소재를 찾느라 늦은 밤까지 전화통을 붙잡고 있어야 했다. 그러는 사이 자신들이 그날 겪은 이런저런 일들을 전하기도 하고 또 몰랐던 사실을 전해 듣기도 했던 터였다. 19일, 금남로를 중심으로 거리에 나와 있는 시민들에게 '공수부대원에게 환각제를 먹였다' '독한 술을 먹였다' '경상도 군인이 전라도 씨를 말리러 왔다'는 등의 풍문이 파다하게 나돌았다. 물론 일부는 사실과 다르고 또 일부는 사실 여부를 확인할 수 없지만 이러한 '유언비어'가 신빙성 있게 들렸다는 것은 그만큼 당시 공수부대의 진압 양태가 '온전한' 정신으로는 할 수 없는 '상식 밖의' 만행이었음을 방

잠시 조선대로 철수했던 공수부대가 다시 금남로로 집결하고 있다.
© 나경택 촬영, 5·18기념재단 제공

5월 19일 오후 3시 30분경 금남로 가톨릭센터 앞. 공수부대원들이 시민들을 뒤쫓고 있다. © 경향신문

시민들이 부상자를 들것에 실어 병원으로 옮기고 있다.
© 나경택 촬영, 5·18기념재단 제공

공수부대원에게 맞은 남성이
머리를 부여잡고 걷고 있다.
© 한국일보

증하는 것이었다. 5·18 당시 미국 평화봉사단(Peace Corps)의 일원으로 광주에 와 있던 팀 원버그는 몇 년 후 당시를 회고하며 다음과 같이 썼다. "일단 항쟁이 진행되고 있는 상태에서는 무슨 일이 일어나고 있는지, 누가 상황을 좌지우지하고 있는지, 어떤 소문들이 진실이고 어떤 소문들이 거짓인지를 알기란 정말 어려웠다. 그러나 한 가지 분명한 사실은 대부분의 광주 시민들이 처음에 잔인한 만행을 목격한 터라 들리는 모든 소문들을 그대로 믿게 되었다는 점이다. 모든 소문들이 진실이라고 여겨졌다."[10]

평온한 듯 보였던 시내 중심가와는 달리 외곽에서는 공수부대의 끔찍한 만행이 여전히 지속되고 있었다. 계엄군은 도심을 왕래하는 시민들을 검문했고 검문 과정에는 종종 욕설과 끔찍한 폭행이 동반되었다. "공수부대는 차량을 검문할 때, 운전사가 약간이라도 불만스러운 표정이면 끌어내어 난타질을 해서 내팽개쳤다. 그들은 버스나 택시에 타고 있던 시민들 중 젊은 사람들을 가차 없이 끌어내렸다."[11] 심지어 부상자를 병원으로 옮겨주던 택시 운전사마저 끌어내려 마구 두들겨 팼고 이러한 일은 19일뿐만 아니라 20일 오전까지 시내 곳곳에서 벌어졌다. "제아무리 많은 '교묘한 선동, 유언비어, 공작'이 있었다 한들 상황을 악화시키는 데 있어 수천 명의 사람들이 직접 목격한 군인들의 폭력만큼이나 효과적일 수는 없었다."[12]

오전 9시부터 금남로에는 시민들이 운집하기 시작했다. 공수부대 역시 진압봉뿐만 아니라 대검까지도 공공연히 휘둘러대는 등 그 진압 양상은 '이래도 계속 저항할 테냐'라고 묻기라도 하는 듯 더 잔인해지고 극렬해졌다. 그런데도 시민들은 누가 모이라고 한 것도 아닌데 자꾸 모여들었다. 부모들은 자식들이 집 밖으로 나가는 외출을 결사적으로 막았지만 오후가 되자 수많은 사람들이 금남로에 모여들었다. 대학생들보다는 양복 입은 회사원들, 주변 가게의 종업원들, 노동자들, 40대 이상의 중년층 남자와 부녀자들, 심지어는 고등학생들에 이르기까지 수많은 사람들이 금남로로 모여들어 시위에 합세했다. "60세가 넘은 노인들도 흔하게 눈에 띄었다."[13] "내 새끼 내놔라" "공수부대 물러가라"라는 절규도 터져나왔다. 불과 수백 명에 지나지 않은 대학생들에 의해 산발적으로 이루어지던 시위가 이제 19일 오후부터는 일반 시민들 수천 명이 참여하는 대규모 시위로 확대되었다. 18일에 이어 19일 오전 백주대낮에 벌어진, "마치 며칠 굶겨놓은 맹수가 먹음직한 고깃덩어리를 발견한 것처럼"[14] 시위 군중을 덮친 공수부대원들의 끔찍한 폭력을 목격한 시민들은 점심식사를 하러 공수부대가 금남로를 잠시 비우자 "학생들의 희생을 더 이상 두고 볼 수 없다. 시민들은 나오라"라고 외치며 금남로로 모여들었다.[15]

이날 시위는 참여한 시민들의 숫자가 폭발적으로 증가했을 뿐만 아니라 오전부터 이미 화염병·각목·쇠파이프 등을 들고 적극적으로 대항하는 등 그 양상도 훨씬 격렬해졌다. 우왕좌왕하거나 이리 쫓기고 저리 몰려다니며 그냥 당하기만 했던 전날과는 달리 이날 시민들은 물러서지 않고 완강히 저항했고 경우에 따라서는 계엄군을 물리치기도 했다. "이 사람들 틈에는 이미 학생들은 별로 없었고",[16] 전날 학생들의 시위를 불안해하면서도 근심 어린 눈으로 지켜보던 시민들은 이제 자신들이 시위의 주체가 되어 적극적으로 계엄군에 대항하기 시작했다. 점심식사를 마치고 돌아온 공수부대가 다시 투입되어 진압봉과 대검을 휘두르며 진압에 나섰다. 이 와중에 200여 명의 시민들이 붙잡히기도 했지만 그래도 시민들은 공수부대가 쫓아오면 일시 물러났다가 되돌아오기를 반복하며 흩어지지 않고, 도로변의 대형 화분과 공중전화 박스, 가드레일, 버스 정류장 입간판 등을 뜯어 바리케이드를 치고 보도블록 조각과 돌멩이를 던지며 계속 저항했다.

이날 시위를 진압하기 위해 계엄군은 착검한 소총뿐만 아니라 화염방사기와 같은 중화기, 장갑차, 심지어 500MD 헬기까지 동원했다. 또한 이날부터 7공수여단 2개 대대에 더해 서울에서 급파된 11공수여단 3개 대대가 추가로 시내에 투입되었다. 헬기에서는 시위대를 향해 "폭도" "불순분자" 등이라고 하면서 해산을 요구했다. 평화롭던 도시에 난데없이 들이닥쳐 닥치는 대로 시민들을 폭행하고 도륙한 계엄군이 이에 항의하는 시민들을 오히려 '폭도'라 몰아세우는 어처구니없는 상황은 시민들을 더욱 자극할 뿐이었다. 오후 들어 시위에 참여한 시민들의 수는 더 늘어만 갔고 이에 비례해 무고한 희생도 늘어났다. 공용버스터미널(현재 광주은행 본점과 롯데백화점 자리) 주차장에서는 공수부대원들에게 살해된 사람들의 시체 7~8구가 축 늘어진 채 차곡차곡 쌓여 있는 것이 목격되기도 했다.

이날 시위는 주로 공용버스터미널, 계림동과 광주역, 남광주역 일대에서 벌어졌다. 하지만 공수부대원들의 작전 범위를 벗어난 곳이면 어김없이 사람들로 가득 메워져 있었다. 오후 6시쯤 날이 어두워지면서 비가 내리기 시작하자 시위대는 분산되지만 시위는 곳곳에서 산발적으로 전개되었고 통행금지 시간인 오후 9시 이후까지도 쉽게 잦아들지 않았다. 집에 돌아간 시민들은 낮에 보았던 광경들을 서로 이야기하며 치를 떨었고 "혹시나 자신들의 운명에 관한 새로운 소식이 TV를 통해 방영되지 않을까 기대하면서 모두 열심히 시청했지만, TV에서는 아무런 상관도 없는 연속극이나 오락프로그램만 아무 일 없다는 듯이 방영되고 있었다".[17] 한편 18일과 19일 양일간 수많은 사람들이 피투성이가 되어 끌려갔지만 얼마나 많은 사람들이 연행되었는지는 대략 1,200여 명 정도로 추산할 뿐 정확히 알 수 없다. 기록들이 각각 다르기 때문이다. 정확한 파악이 안 된다는 사실이야말로 계엄군이 얼마나 마구잡이로 진압하고 연행해갔는지를 짐작케 해준다. 더구나 대개는 무참히 짓밟히고 두들겨 맞아 피투성이가 되어 끌려갔다는 점을 감안하면 현재 우리가 알고 있는 공식적인 사망자 집계 숫자는 언제나 잠정적인 것일 따름이다.

셋째 날. 5월 20일 화요일

5월 20일에는 중학교와 고등학교에도 휴교 조치가 내려졌다. 공용버스터미널에서는 19일에 계엄군에게 구타당하고 대검에 찔려 죽은 시신이 발견되었다. 사태 발발 3일째인 20일에도 공수부대의 만행은 여전했다. 오전 10시 30분께부터 금남로 가톨릭센터 앞에서는 계엄군이 주변에서 붙잡힌 30여 명의 젊은 남녀를 속옷만 남기고 발가벗긴 채 심하게 폭행했다. 이 상황을 가톨릭센터 6층의 천주교광주대교구청에서 내려다보던 가톨릭 신부가 '옆에 총이 있었다면 쏴버리고 싶었다'고 토로할 정도로 참담한 광경이었다. 또한 광주시 북쪽에 있는 서방삼거리에서는 계엄군이 시민들을 향해 화염방사기를 사용하여 사상자가 발생하기도 했다. 시민들은 이러한 계엄군의 행위에 공분을 넘어 적개심을 느꼈고 자연스럽게 시위의 중심지인 금남로로 모여들었다. 모여든 시민들이 격렬히 항의하는 와중에 일부 시민들은 조악한 등사기로 유인물을 만들어 도심에 배포하며 다른 시민들의 동참을 호소하기도 했다.

전날 저녁부터 내리기 시작한 비가 오전 9시쯤 그치기 시작하면서 금남로로 통하는 도시의 길목마다 사방에서 모여든 군중들이 금남로 일대 여기저기에 무리를 이루었다. 시민들의 눈빛과 태도는 전날과는 완연히 달라져 있었다. 악귀 같은 공수부대를 광주 시내에서 완전히 몰아내기 위해 사생결단을 내겠다는 태세였다. 이제 광주 시민들은 죽는다는 각오로 계엄군의 폭력과 맞서 싸웠다. 저항은 대학생들이나 청년들에 국한되지 않았고 자녀들이 집 밖에 나가는 것을 극구 만류하던 부모들과 장년층마저도 거리에 합류하기 시작했다. 시민들은 생면부지의 사람들과 함께 구호를 외치고 〈우리의 소원은 통일〉과 〈아리랑〉 등 노래를 부르는가 하면 또 여럿이 서로 어깨를 걸고 군경 저지선을 향해 함께 육탄으로 돌격하기도 하면서 점점 격렬하게 대항했다. 또 앞에 나가 구호를 외치는 학생의 목소리가 들리지 않으면 확성기를 사자며 즉석에서 모금을 벌이기도 하고, 또 시민들 중에서 대표를 뽑아 협상을 시도하기도 했다.

오후 3시, 금남로의 시위 군중은 수만 명으로 불어났다. 유치원에나 다닐 법한 어린 꼬마를 데리고 나온 할머니부터 술집 여자로 보이는 아가씨들, 점원, 학생, 봉투를 든 회사원, 가정주부, 인근 요식업소의 종업원들 등으로 거리는 가득 찼다. 모든 계층, 모든 시민이 온통 거리로 쏟아져 나왔다. 경찰의 최루탄이 터지기 시작했다. 시민들은 잠시 물러났다가 다시 몰려왔다. 몇 차례 이런 상황이 되풀이되다가 점차 파고가 높아지기 시작했다. 기껏해야 저마다 각목이나 식칼을 들고 나온 시민들은 어쩔 수가 없었는지, 금남로와 중앙로의 교차로와 지하상가 공사장 부근에 주저앉아 농성을 시작했다. 시민들은 더 이상 피하고 달아나지 않았다. 그들은 길 위에 주저앉아 "차라리 우리 모두를 죽여라!"라고 절규하면서 누군가 준비해온 태극기를 흔들어댔다. 연좌농성이 계속되었다. 학생들 몇 사람이 나와서 농성을 이끌었다. 그들은 앞에 나와 '우리는 왜 싸우는가'를 시위 군중들에게 얘기했고, 지하 유인물이 낭독되었으며 사이사이에 노래를 불렀다. 〈우리의 소원은 통일〉 〈정의가〉 〈투사의 노래〉

5월 20일 무등경기장 주변에 모인 택시 기사들. © 나경택 촬영, 5·18기념재단 제공

5월 20일 오후 7시경. 차량시위 행렬. © 나경택 촬영, 5·18기념재단 제공

5월 20일 금남로. 계엄군들이 한 시민을 곤봉으로 내려치고 있다.
© 이창성 촬영, 5·18기념재단 제공

MBC방송국 주변이 불타고 있다. ⓒ 한국일보

등이 계속 반복되었는데, 시민들은 처음에는 잘 따라 부르지 못했으나 나중에는 모두 따라 부르기 시작했다. 〈아리랑〉을 부를 때에는 거의 모두 울음바다가 되었다.[18]

공수부대원들이 몰려오면 일단 주변 골목이나 건물 사이로 흩어졌다가 그들이 물러가면 어김없이 다시 뭉쳐 시위를 계속했다. 시민들의 피해는 늘어갔지만 그사이에도 도청 앞 광장으로 통하는 여섯 갈래 방향의 도로를 따라 시민들이 물결처럼 밀어닥쳤다. "이제 구경만 하거나 방관하는 시민은 아무도 없었다. 모두들 결사적이었다."[19]

청년들이나 부상자를 태워주었다가 같이 봉변을 당한 운수업 종사자들도 가만있지 않았다. 이들도 시민들의 항의 물결에 동참하여 무등경기장 앞에서부터 200여 대의 택시를 앞세우고 도청 앞 광장을 향해 행진했고, 버스 같은 대형 차량들도 합세했다. 도청 앞에서 일진일퇴의 공방을 벌이다 얼마간 지쳐가던 시민들에게 도청을 향해 점차 몰려오는 이 차량 행렬이 비추는 전조등 불빛은 마치 구원의 빛 같았다.

날은 어두워오고 팔다리에 힘이 빠질 무렵이었다. 갑자기 유동삼거리 쪽에서 수많은 차량의 불빛이 도로 가득 밀려오고 있었다. 시민들은 공수부대 증원군이 온다고 직감하고 순간 공포에 휩싸였다. 누군가 외쳤다. '드디어 민주기사들이 들고일어났다!' 그것은 공수부대가 아니라 기사들·시민들의 차량시위대였다. 대형 트럭과 버스들을 앞세우고 수백 대의 택시들이 전조등을 켜고 경적을 울리며 서서히 도청 쪽으로 밀려들어오고 있었다. '만세!' 소리가 지축을 흔들고 시민들은 환호하며 서로 껴안고 눈물을 흘렸다. 이제 시민들의 힘은 노도와 같이 공수부대를 곧 이 땅에서 쓸어버릴 것 같았다. 공수부대는 공포에 질렸고 길가의 공중전화 박스, 대형 화분 등을 부숴 바리케이드를 쌓았다. 어제만 해도 시민들이 바리케이드를 쌓았지만 오늘은 공수부대 차례였다. 그러나 차량시위대가 바리케이드 근처에 머뭇거리던 순간 수많은 최루탄이 일시에 날아들었다. 그때 공수부대는 일제히 돌격해 차량 사이를 파고들었다. 난타전이 시작됐다. 수많은 기사들과 시민들이 부상당하고 잡혀갔다. 그러나 이미 모든 시민들은 하나 됨을 확인했고 시위는 전 시가에 걸쳐 걷잡을 수 없이 거세졌다.[20]

한편 시민들은 이와 같은 엄청난 상황들을 왜곡 보도하는 방송국을 불태우려고 했고, 시청을 점령하고 광주역을 포위했으며, 극단적 진압에 대해 항의하며 각 동 파출소 및 도심에 위치한 노동청과 세무서를 파괴했다. 밤 10시경에는 광주경찰서와 서부경찰서도 시위대에 의해 점거되었다. 벌겋게 불타오르는 MBC방송국은 마치 '봉홧불'처럼, 가로등도 꺼져버린 채 칠흑같이 어두운 밤을 밝히며 밤새 투쟁을 독려했다.

계엄군의 첫 발포는 19일에 있었으나 조직적인 성격을 띤 발포는 5월 20일 밤 광주역 앞에서 이루어졌다. 계엄군은 병력과 보급품 수송을 위해 중요한 거점이었던 광주역을 필사적으로 방어하려고 했다. 그래서 이곳 주변으로도 도청 앞과 마찬가지로 수많은 시민들이 몰려들어 21일 새벽 4시까지 계엄군과 치열한 공방을 벌였고 이 과정에서 수많은 시민들이 다치거나 죽었다. "밤 11시경 광주역에서 갑자기 총성이 울렸다. 광주역을 지키고 있던 3공수여단과 시위대의 공방전이 격렬해지고 시위대가 차량을 앞세워 군의 저지선을 돌파하려고 하자 일제히 발포를 하였고 시위대의 맨 앞의 시민들이 총격에 의해 쓰러졌다. 또한 비슷한 시각에 광주세무서 앞과 조선대학교 부근에서도 발포가 있었다."[21]

넷째 날. 5월 21일 수요일

5월 21일 새벽 2시 20분경 3공수여단 병력이 광주역을 비롯한 시내 지역에서 전남대로 퇴각한 뒤 광주역 앞에는 희생자들의 시신이 남겨졌는데 이 시신들은 시민들이 먼저 발견했다. 통상 초기 진압 과정에서 발생한 희생자들의 시신은 계엄군이 수습해갔다는 점을 고려하면 21일 새벽 계엄군의 퇴각이 상당히 급박하게 이루어졌으며 또 20일 밤부터 21일 새벽까지 계속된 광주역 앞에서의 공방이 얼마나 치열했는지를 미루어 짐작할 수 있다.

한편 새벽 2시가 조금 지난 뒤부터는 시외전화가 차단되었다. 계엄군은 광주시를 봉쇄하는 작전을 펼치기 시작했는데, 이에 따라 광주로 들어오는 고속버스나 열차도 시내로 들어오지 못했고 심지어 기자들이 기사를 송고하는 것조차 힘들었다. 현장에서 기자들은 진실을 기록하기 위해 열심히 노력했지만 이렇게 작성된 기사는 계엄 당국의 보도 통제로 인해 폐기되기 일쑤였다. 결국 사태에 대한 진실 보도는커녕 계엄사의 왜곡된 주장만을 앵무새처럼 전달하는 보도 행태에 대한 시민들의 불만은 극에 달했다. 이로 인해 MBC와 KBS가 불타오르는 사태까지 벌어지자 21일에는 지역 신문인 전남일보와 전남매일도 신문 발행을 중단했다. 오로지 외신만이 광주의 소식을 세계로 전했으나 이조차 알 길 없이 외부로부터 차단된 광주는 "육지 속의 섬처럼 완전히 고립된 느낌이 들었다".[22]

전날 밤을 새우며 격전을 치른 시민들은 동이 틀 무렵까지도 일부가 남아 산발적으로 시위를 벌였다. 아침부터 금남로에는 수만 명의 시민들이 발 디딜 틈도 없이 가득 몰려들어 10시쯤에는 10만 명 이상의 시민들이 운집했다. 전날보다 다소 차분해진 분위기였지만 온 시민이 똘똘 뭉쳐 투쟁한 전날의 '절대공동체'[23]의 열기는 전혀 식지 않은 채였다. 연도에 있는 시민들은 거리에서 시위에 참여한 시위대를 향해 박수로 환호했고 빵과 음료수, 주먹밥을 건네주며 그들을 격려했다. 한편 전날부터 이어진 치열한 공방을 겪은 시민들은 무장의 필요성을 느꼈고 9시쯤 시위대 중 청년들을 중심으로 군납 방위산업체인 아시아자동차 광주공장에 몰려가 군용트럭 등 차량 수십 대를 "징발"했고 이 차량들을 이용하여 외곽 지역을 돌며 시민들을 동원하여 금남로로 실어 날랐다. 또 이들 중 일부는 시외로 나가 전남 각지로 진출하여 광주의 상황을 알렸고 시외의 주민들을 태우고 광주로 돌아오기도 했다.

전날 밤부터 이날 새벽까지 치열한 공방을 벌였던 광주역에서는 희생당한 시민의 시신 2구가 발견되었고 시위대는 이 시신을 태극기로 덮어 손수레에 싣고 도청을 향해 행진했다. 아침 6시쯤 이 시신들을 앞세운 시위대는 금남로3가 가톨릭센터 앞에서 공수부대와 50여 미터 정도의 간격을 두고 대치했다.

지난밤 치열한 공방전이 벌어진 시가는 격전의 흔적을 고스란히 드러내고 있었다. 불에 타버린 7, 8대의 버스와 승용차들이 여기저기 아무렇게나 너부러져 있었고 도청 차고와 노동청 등 도청 주변 건물 몇 곳이 전소되거나 새까맣게 그을려 있었다. 밤사이 검찰청사, 세무서, 파출소 등 권력을 상징하는 곳이면 어김없이 불길이 치솟았고, 파손된 기물들이 어지러이 흩어져 나뒹굴었다.

한편 시위대는 이날 오전 시민 대표를 뽑아 유혈사태에 대한 당국의 사과, 연행된 학생과 시민들의 석방, 공수부대의 철수 등을 요구하며 당국과 협상을 시도하기도 했다. 시민들은 아직 평화적이고 명예로운 수습의 전망을 놓지 않고 있었던 것이다. 하지만 사실상 아무런 실권이 없었던 도지사와의 협상은 뚜렷한 결론을 이끌어내지 못한 채 결렬되었고 도청 앞 상황은 정면충돌의 양상으로 치

전날 밤부터 이날 새벽까지 치열한 공방을 벌였던 광주역에서 시민의 시신 2구가
발견되었다. 시민들은 이 시신을 태극기로 덮어 손수레에 싣고 도청을 향해 행진했다.
© 이창성 촬영, 5·18기념재단 제공

도청 주변 도로 모습. 밤사이 치열한 공방전이 오간 걸 알 수 있다.
© 나경택 촬영, 5·18기념재단 제공

5월 21일 노동청 앞. 지난밤 검찰청사, 세무서, 파출소 등 권력을 상징하는 곳이면
어김없이 불길이 치솟았고, 파손된 기물들이 어지러이 흩어져 나뒹굴었다.
© 나경택 촬영, 5·18기념재단 제공

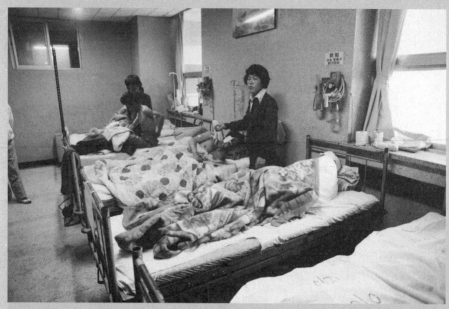

부상자로 넘쳐나는 병원. ⓒ 이창성 촬영, 5·18기념재단 제공

총을 든 시민들. 시민들은 자신들의 힘으로 공수부대를 물리치고
그들을 광주 밖으로 내몰았다. ⓒ 이창성 촬영, 5·18기념재단 제공

달았다.

시민들을 향한 계엄군의 발포가 본격화한 것은 21일 오후였다. 이미 오전 10시쯤 공수부대원들에게 실탄이 지급되는 모습이 도청에서 취재하던 기자에게 목격되기도 했다. 그러는 사이 발 디딜 틈도 없이 금남로를 가득 메운 시민들이 성난 파도와 같이 밀어붙이자 계엄군은 도청 앞에 있는 분수대까지 밀려났다. 이제 금남로에서 계엄군과 시민들이 서로를 마주보고 대치한 거리는 불과 10미터 정도밖에 되지 않았다. 이렇듯 일촉즉발의 상황에서 오후 1시 정각 도청 옥상에 설치된 스피커에서 〈애국가〉가 울리는가 싶더니 갑자기 계엄군이 시위대를 향해 사격하기 시작했다. 시위대를 향한 발포는 10여 분간 계속되었고 금남로는 순식간에 아비규환의 생지옥이 되었다.

이어 순식간에 텅 비어버린 거리 위로 격정에 못 이겨 태극기를 흔들고 만세를 외치며 뛰어나간 청년들에게도, 부상당한 시민들을 구하기 위해 거리로 뛰어든 사람들에게도 어김없이 조준 사격이 가해졌다. 공수부대가 물러감으로써 평화적인 해결이 이루어지길 바랐던 시민들의 소박한 기대는 무참히 깨졌다. 이제 광주 시민들은 스스로를 지키기 위해서는 무장을 하는 것 외에는 다른 선택의 여지가 없는 상황으로 내몰렸다.

종합병원이건 개인병원이건 이미 계엄군의 폭력에 의한 피해 환자들로 넘쳐나던 광주의 병원들에는 이제 총상 환자들이 넘쳐났다. "병원 역시 금남로 못지않은 아비규환이었다."[24] 총격이 가해진 이후 무장한 시민들은 도청을 중심으로 계엄군에 대응 사격을 가하는 한편 소형 차량이나 버스 등을 이용해 사망자와 부상자를 병원으로 수송하는 등 경황이 없는 가운데에서도 나름대로 역할을 분담했다. 의료진들은 환자들의 생명을 구하기 위해 동분서주

했지만 일손도 부족했고 의약품도 태부족이었다. 병원에 수혈을 위한 혈액이 부족하다는 소문이 퍼지자 각 병원에는 시민들의 긴 헌혈 대열이 등장했다. 헌혈에는 여성들의 활약이 두드러졌다. 비록 시위에는 적극 가담하지 못했지만 이들은 각자 동료 시민들을 위해 자신들의 할 바를 찾았다. 놀라운 시민 정신이 발휘되는 가운데서도 비극은 따랐다. 양림동 기독병원에 들러 헌혈을 하고 집으로 돌아가던 여고생이 광주 외곽을 봉쇄한 채 순회하던 계엄군의 총격에 사망했다.

계엄군의 집단 발포 이후 시민들은 아세아자동차 공장 등에서 끌고 나온 장갑차와 군용 차량 등을 이용하여 총기를 확보하기 위해 화순·영암·나주·함평·무안 등 전남의 여러 곳으로 진출했다. 계엄군 측이 광주 시내의 예비군 무기고에 비치되어 있던 무기들을 5월 18일 이미 인근 군부대에 대피시켜 놓은 터라 시위대가 무기를 확보하기 위해서는 광주 밖으로 진출하지 않을 수 없었다. 5·18민주화운동의 전남 도내 확산은 이렇듯 시위대의 무기 확보 과정과 맞물려 있다. 시위대는 전남 지역을 누비면서 계엄군의 극단적인 진압에 함께 항거할 것을 호소하고, 이에 맞서기 위해서는 자신들도 무장을 해야 한다고 주장했다. 광주에서 온 시위대는 전라남도의 각 지역 주민들과 연대하여 경찰서나 예비군본부 등에 보관되어 있던 무기들을 획득하여 무장하는 한편, 광주로 무기를 이송했다. 이들이 전남 각지를 돌며 확보한 무기는 명중률이 극히 저조한 카빈 소총, M1 소총, 공기총 등의 구식 총기류와 화순탄광 등에서 확보한 다이너마이트 등이었다. 그리하여 이른바 '시민군'이 탄생했다.

총기를 확보한 시민들이 도청 쪽으로 합류하면서 시민들은 계엄군 임시본부인 도청을 중심으로 산발적으로 응사하기 시작했다. "수많은 청년들이 시가전 도중에 쓰러져갔다. 무기가 없는 사람은 골목에 숨어 있다가 시민군이 쓰러지면 곧바로 달려가 그 총을 주워서 싸웠다."[25] 오후 5시 30분경 계엄군은 도청에서 퇴각하여 광주 외곽으로 물러가기 시작했다. 시민들은 자신들의 힘으로 공수부대를 물리치고 그들을 광주 밖으로 몰아냈다며 서로 얼싸안고 환호성을 지르고 감격해했다. 이로써 5월 27일 전남도청의 시민군이 계엄군에 진압당할 때까지 광주는 이제 외부와 차단된 채 '자치공동체'를 이루게 된다.

피의 항쟁 4일째, 계엄군은 온 생애를 던지고 전진하는 시민군의 과감한 공격 앞에 쫓겨나고 말았다. 차량을 몰고 육신과 차체가 불덩이가 되어 산화한 젊은이들, 돌멩이 하나로 기관총과 대결하던 소년들, 아스팔트 위에서 죽어가던 맨손의 시민들, 그리고 총을 쏘며 전투를 벌이다 어느 길모퉁이에서 숨져간 무장 시민군들, 이름 없는 투사들의 피 묻은 얼굴들이 캄캄한 도청의 밤하늘 위로 별똥처럼 스쳐 지나가는 순간이었다. 조직도 없고 훈련도 받지 못한 채 군의 정예 특전대를 몰아낸 시민군은 이제 광주 민주공동체의 군대로서 해방의 값진 결실을 지켜내야만 했다. 아직도 분수대 주변에 고인 핏물이 씻기지 않았다. 그들은 귓전에 들리던 총성과 아우성, 그리고 무엇보다도 솔숲 위로 한꺼번에 몰아쳐서 산을 울리는 산바람 소리처럼 금남로에 울려 퍼지던 〈아리랑〉을 생생하게 기억했다. "이겼다! 우리가 이겼다!" 도청 주위에 함성이 일어나고 있었다.[26]

2. 5월 22일부터 5월 25일까지

다섯째 날. 5월 22일 목요일

21일 오후 한바탕의 아비규환을 겪은 시민들이 공수부대가 도청에서 완전히 철수했다는 사실을 알아챈 것은 이날 오후 8시쯤이었다. 물론 계엄군의 도청 철수는 시민들의 저항에 직면해 무력진압을 포기하고 이른바 '광주사태'에 대한 새로운 해법을 모색하겠다는 뜻은 아니었다. "이날 밤 광주시를 벗어난 모든 계엄군은 송정리 방면으로 통하는 화정동, 화순 방면의 지원동, 목포 방면의 대동고등학교 앞, 여수·순천 방면의 문화동, 제31사단 방면의 오치동, 장성 방면의 동운동, 교도소 일대 등 7개 외곽 지점을 점거하고 광주를 외부로부터 차단·고립시키기 위한 봉쇄작전에 돌입했다."[27]

5월 22일 아침 일찍부터 시민들이 도청 앞 광장으로 모여들었다. 광주 시내에서 공수부대가 철수했다는 사실을 안 시민들은 서로를 얼싸안고 승리와 해방의 기쁨을 만끽했다. "곳곳에서 모인 사람들은 지난 며칠간의 사건들에 대한 무용담과 공수부대의 잔인성, 그리고 앞으로 서로가 해야 할 일들이 무엇이며 상황이 어떻게 될 것인가 하는 얘기를 나누느라고 시간 가는 줄을 몰랐다."[28] 모여든 시민들에게는 들불야학 강학과 학생들이 밤새워 준비한《투사회보》가 배포되었다. 철필로 쓴 글씨로 조악하게 인쇄된 것이었지만 사태 추이에 관한 소식에 목말라하던 시민들에겐 반가운 '대안 언론'이었다. "시내 곳곳에는 총구를 밖으로 내놓은 채 복면을 한 시민군들이 탑승한 차량에 '계엄 철폐' '전두환 처단' 등 혈서로 쓴 플래카드를 붙이고 구호와 노래를 외치며 시가지를 누볐다. 그들은 개선한 병사들처럼 의기양양하고 시민들의 환호 또한 열광적이었다.”[29] 시민들 역시 이들에게 빵과 음료수, 주먹밥 등을 건네주며 환호를 보내고 만세를 불렀다.

어쨌든 계엄군이 철수하면서 광주는 27일 새벽 계엄군이 재진입해올 때까지 이른바 '무정부 상태'가 되고 말았다. 하지만 이 기간 동안 광주는 약탈과 무질서가 난무하는, 무정부 상태에서 흔히 예상할 수 있는 그런 모습과는 사뭇 달랐다. 불미스러운 일이 아예 없지는 않았지만 스스로 질서와 규율을 유지하며 평소보다도 훨씬 더 높은 수준의 자치 능력을 보여주었다. 광주공원을 중심으로 활동하던 무장 시위대는 대열을 정비하여 오전 8시 30분경 도청을 '접수'했고, 꾀죄죄한 옷차림에 카빈 소총이나 M1 소총 같은 형편없는 구식 무기를 들고 있었지만 그래도 공수부대와 싸워 그들을 몰아냈다는 자긍심만은 충만했다. 이들은 스스로를 '시민군'으로 규정했다. 그리고 누가 먼저랄 것도 없이 지난 항쟁 과정에서 어질러진 도로를 청소하기 시작했다. 도청 옥상에는 사망자를 추모하기 위해 검은 리본을 단 조기가 게양되었고, 〈애국가〉가 울리자 시민들은 이들을 애도했다.

낮 12시 정각, 도청 옥상 깃봉에 검은 리본을 단 태극기가 반기로 게양됐다. 18~21일 나흘 동안 벌어진 공수부대의 살육 행위로 숨겨간 영령들을 추념하기 위한 것이었다. 동시에 옥상 스피커에서 〈애국가〉가 울려 퍼졌다. 장중하게 울려 퍼지는 〈애국가〉, 누구나 나라를 사랑하는 마음은 한결같은 듯 어떤 구령이나 선창자가 없는데도 도청 앞 광장과 금남로에 있던 시민들은 모두 일어서서 태극기를 향해 왼쪽 가슴에 손을 올렸다. 엄숙한 감동이 모두의 가슴에 파고들었다. 개중에는 입술을 떨며 〈애국가〉를 부르는 사람도 있었다. 23시간 전인 바로 어제 오후 1시에 울려 퍼졌던 〈애국가〉는 발포 명령이었다. 그 발포 명령으로 인해 숨겨간 수많은 영령들을 위

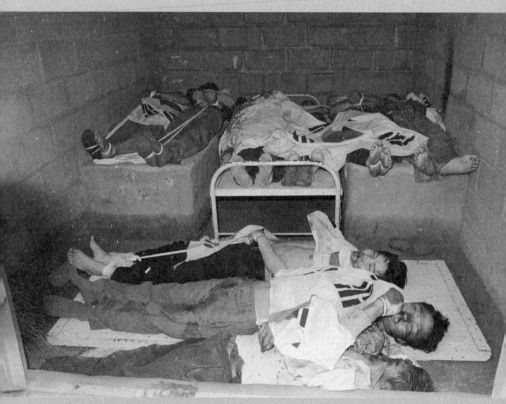

도청 앞 시신. © 이창성 촬영, 5·18기념재단 제공

가족의 시신을 확인한 유가족이 울부짖고 있다.
ⓒ 이창성 촬영, 5·18기념재단 제공

시민들이 나눠준 음식을 먹고 있는 시민군들.
© 이창성 촬영, 5·18기념재단 제공

해 같은 스피커에서 그들을 추모하는 〈애국가〉가 울려 나오고 있었다. 비극적인 순간이었다.[30]

　　도청 안에서는 아침 일찍부터 정시채 전라남도 부지사를 중심으로 도청 간부들과 지역 유지들·재야인사들이 모여 지금까지 벌어진 상황을 어떻게 수습해야 할지를 두고 숙의하기 위해 모였다. 그러던 10시 30분경, 공수부대를 몰아내고 "해방감과 성취감, 뭔가를 해냈다는 자부심"[31]으로 들뜬 시민들 위로 군용 헬기가 나타나 광주 시내 상공을 맴돌며 "폭도들에게 알린다. 즉시 자수하라. 자수하면 생명을 보호받는다"고 방송하며 시민들의 귀가를 종용하는 경고 전단을 쏟아부었다. 진짜 폭도가 양민을 가리켜 '폭도'라 부르는 기막힌 현실에 광주 시민들의 마음속에서는 분노가 치밀었지만 그것이 지금 그들이 목도하는 현실이었기에 마음속 다른 한편에서는 불안감도 서서히 싹트기 시작했다. 도청에 모인 정시채 부지사와 지역 유지들은 회의를 거듭한 끝에 오후 들어 이종기 변호사를 위원장으로 하는 '시민수습대책위원회'를 구성하고 계엄군과 협상을 시도하기로 했다. 그리고 8명의 대표를 뽑아 전남북계엄분소로 가서 협상을 진행했다. 수습위원회는 다음과 같은 7개의 요구 조건을 내걸었다.

> 사태 수습 전에 군을 투입하지 말라.
> 연행자를 전원 석방하라.
> 군의 과잉 진압을 인정하라.
> 사후 보복 금지.
> 책임 면제.
> 사망자에 대한 보상.
> 이상의 요구가 관철되면 무장을 해제하겠다.

시민들은 오후가 되어도 돌아가지 않고 모여들어 자발적인 시민궐기대회를 열었다. 계엄사와의 협상 결과를 기다리는 동안 시민들은 사망자의 관을 도청 앞 광장으로 옮겨놓고, 분수대 위에 '자유발언대'를 만들어 누구나 그곳에 올라가 자유롭게 의견을 말할 수 있게 했다. 가정주부에서부터 상인, 농민, 종교인, 학생에 이르기까지 누구나 아무런 제재도 받지 않고 자유롭게 연단에 뛰어올라 울분을 토하고 또 자기 나름대로 향후 어떻게 해야 하는가에 대한 의견을 피력했다.

상무대 계엄분소를 방문한 수습위원들이 소준열 계엄분소장을 만나고 돌아온 시간은 오후 5시를 넘긴 이후였다. 시민수습위원회의 협상 대표들을 맞은 전남북계엄분소 측은 수습위원들이 제시한 7개의 요구 사항에 대해 연행자의 '선별' 석방 외에 사실상 아무것도 수용하지 않았다. 계엄군은 '작전상 후퇴한 것일 뿐' 시민들이 계속 계엄군에 대항한다면 탱크 등 중화기를 동원해서라도 진압하겠다며 '무조건적인 투항'을 요구했던 것이다. 무거운 발걸음으로 도청으로 돌아온 협상 대표들은 기다리고 있던 다른 수습위원들에게 계엄 당국과의 협상 분위기를 전했고, 이에 수습위원들은 시민들에게 협상 내용을 전하고 더 이상의 희생을 막기 위해 '무기 회수'를 서두르자고 의견을 모았다.

정시채 부지사의 사회로 8명의 수습위원들이 차례로 도청 앞 분수대 위의 연단에 올라 협상 내용을 설명했다. 결국 '아무 성과 없이 돌아왔다'는 이종기 위원장의 말에 시민들은 술렁였고 일부 시민들은 야유를 보내거나 '굴욕적인 협상 반대'를 외치기도 했다. 대체로 수습위원들의 다수 의견은 국군 최정예 부대인 공수부대에 맞서 무모한 싸움을 벌이느니 무기를 자진 반납하고 더 이상의 희생을 막아야 한다는 것이었다. 하지만 지금까지 시민들이 치른 희생에 대한 아무런 대가 없이 무기를 반납할 수는 없다는 목소리도 분명했다. 이는 향후 사태 해결에 대한 시민들의 입장에서 강경 노선과 온건 노선의 갈등을 예고하는 것이기도 했다. "어찌 됐건 총기 회수 여론이 우세한 가운데 수습위원들이 나선 결과 이날 오후 5시 30분까지 도청과 광주공원에서 200여 정을 회수할 수 있었다."[32]

한편 오후 6시경 김창길, 김종배 등 대학생들이 "이번 사태는 대학생이 책임을 져야 할 사건이기 때문에 우리가 사태 수습을 책임져야 한다"고 나섰다. 전남대학교의 송기숙·명노근 교수가 이 학생들을 모아 학생수습위원회를 만들었고 총기회수반, 차량통제반, 수리보수반, 질서회복반, 의료반 등의 부서를 두었다. 이로써 시민수습대책위원회는 주로 계엄사와의 협상을 맡게 되었고 학생수습대책위원회는 직접적인 대민 업무를 맡는 것으로 역할 분담이 이루어졌다.

이날 도청 앞 광장과 금남로에 모인 시민들 중에는 "전날인 21일의 개각에 따라 새로 임명된 박충훈 국무총리 서리가 22일 광주에 내려와 사태 수습을 강구하겠다고 약속한 대로 나타나기를 기다리는 사람들이 많았다".[33] 하지만 시민들의 기대와는 달리 박충훈 국무총리 서리는 이날 광주를 방문하여 수습위원들이나 학생 대표를 만나지 않은 채 계엄군의 보고만 듣고 서울로 돌아가버렸다. 국무총리 서리가 "현장을 직접 방문해서 사건 당사자들을 만나 상황을 파악하고 부상자들을 위문하면서 어떤 수습안을 마련해줄 것으로 기대했던 시민이나 학생들의 실망은 대단히 컸다".[34] 서울로 돌아간 그는 텔레비전 방송을 통해 담화문을 발표했는데, 계엄군의 만행과 이로 인한 동료 시민들의 고통에 용기 있게 나선 광주 시민들을 "극소수의 폭도와 불순분자들의 선동에 부화뇌동한" 자들로 매도했다. 또 "모든 난동자들은 우선 무기를 버려야 하며, 소요에 말려든 시민, 학생들은 이성을 되찾아 자기의 직분으로 돌아가야 한다"는 일방적인 내용만 말할 뿐이었다.

공수부대가 물러간 광주 시내는 무법천지이기는커녕 평온하기만 했다. 하지만 계엄군은 탱크와 장갑차를 동원하여 외부에서 광주 시내로 들어오는 진입로 7개 지점을 차단하여 광주를 외부로부터 철저히 봉쇄했다. 시 외곽 야산에 매복한 계엄군은 시민들의 출입을 막기 위해 무장한 시민군뿐만 아니라 오가는 일반 행인들에게까지 무차별 사격을 가했다. 계엄군의 민간인에 대한 총격은 5월 22~23일 양일간 집중되었다. 대표적으로 광주-화순 사이에 위치한 주남마을, 광주-담양의 광주교도소 앞, 광주-나주의 효천역 부근에서 계엄군의 총격으로 많은 민간인 희생자가 발생했다. 특히 효천과 송암 지역에서는 5월 24일 오후 1시경 계엄군끼리 오인 전투가 벌어져 공수부대원 9명이 사망하기도 했다.

여섯째 날. 5월 23일 금요일

5월 23일, 학생들은 아침 일찍부터 시내 곳곳을 돌아다니며 확성기를 통해 질서를 유지하고 시내를 청소하자고 방송하며 시민들이 불안해하지 않고 생활할 수 있도록 노력했다. 시민들도 자발적으로 나와 길거리를 청소했고, 시장터 주변 길가에서는 아낙네들이 분주하게 움직이며 가마솥을 걸어놓고 시민군들에게 나누어줄 밥을 지었고, 동네 상점에서는 빵이나 음료수를 가져와 시민군에게 제공하기도 했다.

5월 23일 오전 10시경, 시내 각 방면에서 시민들이 도청 앞으로 모여들었다. 모여든 시민들의 숫자는 벌써 5만 명을 넘어서고 있었다. 도청 주변 담벼락에는 "민주 시민 만세" "살인마 전두환 찢어 죽여라"노동3권 보장하라"비상계엄 해제하라"등의 글귀가 적힌 현수막들이 울긋불긋 붙어 있었다. 선전팀이 만들어 걸어둔 것이었다. 도청 앞 광장 맞은편 상무관에는 희생자들의 시신을 안치한 수많은 관들이 가지런히 놓여 있었고 미처 관을 구하지 못해 입관되지 못한 시신들은 무명천에 덮여 그 주변에 놓여 있었다. 시민들은 줄을 이어 엄숙하게 분향을 하고 눈물을 흘렸다. 시민군이 장악한 도청 상황실에서는 행방을 찾지 못한 사람들의 명단을 아침부터 접수하여 여러 병원 환자 및 사망자 명단과 대조하는 작업을 하고 있었다. 가족의 생사를 몰라 잠을 설친 채 그들의 행방을 찾고자 시내로 나온 사람들의 행렬이 끝없이 이어졌다. 대학생과 고등학생이 주축이 된 자원봉사자들은 남도예술회관 벽면과 인근 담벼락에 사망자 명단과 함께 병원에서 죽어가고 있는 부상자들의 흑백사진을 붙여 이들이 가족을 찾을 수 있게 도왔다.

한편 학생수습위원회는 밤 새워 시내 질서 유지, 홍보, 장례, 무기 회수 등 여러 문제를 논의하고 있었다. 지역 유지 중심인 시민수습위원회는 밤새 계엄군이 기습 공격해오지 않을까 하는 불안감에 집에 돌아갔다가 이튿날 아침에 나오는 형편이었다. 5월 23일 오전 시민·학생수습대책위원회는 기존 위원 5명이 사퇴한 가운데 시민수습위원 10명, 조선대생 10명, 전남대생 10명 도합 30명으로 개편하고 위원장에는 윤공희 대주교를 추대했다. 시민수습위원으로는 조비오 신부, 신승균 목사, 박영봉 목사, 박윤봉 적십자사 전남지사장, 독립투사 최한영 옹, 이종기 변호사, 장휴동 태평극장 사장, 교사 신영순 씨 등이 위촉되었다.

오후 1시, 회수된 총기 중 200정을 가지고 장휴동과 김창길이 계엄사에 반납한 뒤에 연행자 34명의 신병을 인도해오자 무조건 무기 반납을 주장하는 측과 조건부 무기 반납을 주장하는 측의

사망자 명단을 살펴보고 있는 시민들. ⓒ 한국일보

갈등이 표면화되기 시작했다. 대체로 수습위원회는 무조건 무기 반납 쪽으로 기울고 있는 분위기였다. 하지만 학생수습위원회 내부에서는 다른 문제들에 대해서는 대체로 의견이 모아졌지만 무기 반납 문제에서는 의견이 갈리고 있었다. 김창길 위원장 외 몇몇은 더이상 피를 흘리지 않기 위해 무조건 무기부터 반납해야 한다고 주장했다. 그러나 부위원장 김종배, 허규정 등은 시민들이 납득할 수 있는 최소한의 요구 조건이 관철된 상태에서 반납해야 한다고 맞섰다. '계엄 당국의 납득할 만한 조처가 없는 상황에서 무조건 무기를 회수할 경우 계엄군과 협상조차 해보지 못하고 진압될 것'이라는 우려에서였다. 무기 반납을 둘러싼 의견 대립으로 시작된 이른바 '강경파'와 '온건파'의 갈등은 5월 24일 끝내 화해할 수 없는 길로 들어서게 된다.

수습위원회 내부의 의견이 대립하던 오전 동안 밖에서는 이미 1,000여 정의 총기가 회수되고 있었다. 한편 무기 반납에 반대하는 생각을 가진 일부 시민들이 중심이 되어 '궐기대회'를 열어 시민들의 의견을 하나로 모으자는 움직임이 본격화됐다. 마침내 이날 오후 3시 도청 앞 광장에서 '민주수호 범시민궐기대회'가 열렸다. 대회에서는 협상을 유리하게 이끌어가기 위해서는 시민들의 의지를 결집하여 높은 단결력을 보여줘야 한다는 의견이 쏟아져 나왔다. 또한 시민 대표들이 협상력을 높이기 위해서는 무기 회수에 앞서 계엄군에 대한 방어 태세를 먼저 갖춰야 한다는 주장이 호응을 얻기도 했다.

'민주수호 범시민궐기대회'는 항쟁 기간 중 5월 23일부터 26일까지 하루에 1~2회씩 모두 5차례 열렸다. 이 궐기대회는 '무정부 상태'에서 생겨난 일종의 대안적인 민주적 의사 결정 기구로서 이를 통해 시민들은 '무기 반납'과 같은 계엄사와의 협상 의제에 대해 의견을 수렴하고 그러한 협상을 위한 대표성과 정당성을 확보했다. 그리고 이렇게 얻어진 대표성과 정당성을 토대로 지도부 교체, 대학생 시민군 자원 병력 모집, 시민 생활의 질서 유지 활동을 본격적으로 펼쳐나갈 수 있었다.

일곱째 날. 5월 24일 토요일

5월 24일, 광주는 빠른 속도로 질서를 회복해가고 있었다. 시장과 상점들이 문을 열기 시작했고 사회복지 단체에 대한 식량이나 전기·수도 공급 등은 관련 공무원들의 지원으로 별다른 어려움 없이 해결되고 있었다. 병원들은 항쟁 기간 동안 발생한 수많은 부상자들 때문에 혈액이 부족하여 곤란을 겪기도 했지만, 수혈을 위한 혈액이 부족하다는 소식을 듣고 달려온 시민들의 헌혈로 혈액원마다 피가 남아돌 지경이었다. 경찰에 의한 치안 유지가 불가능한 상황이었음에도 대량의 현금을 보유한 금융기관이나 귀금속을 보유한 시중 금은방 등에 약탈과 같은 사고는 거의 일어나지 않았다. 이 기간 동안 발생한 범죄는 평상시보다 훨씬 적었다. 5월 22일 범시민궐기대회에서는 조직폭력배들조차 연단에 올라 시민들의 투쟁과 자치활동에 협력하겠다고 선언할 정도였다. 수습대책위원회나 시민군들에게 필요한 재원은 시민들의 자발적인 성금으로 해결되었으며, 300~400명에 이르는 시민군의 식사도 시민들이 자원하여 가져다준 음식으로 해결되었다.

5월 24일, 이날의 최대 쟁점은 '총기 반환' 문제였다. 시민들은 '더 이상 희생은 없어야 한다'는 점에 대해서는 의견이 일치했지만 총기 반환을 둘러싸고는 의견이 엇갈렸다. 시민군 내부는 총기를 먼저 반환하고 협상에 임하자는 쪽과 신군부를 믿을 수 없으니

범시민궐기대회에서 "살인마 전두환"의 허수아비를 불태우고 있다. ⓒ 한국일보

협상이 타결될 때까지 가지고 있자는 쪽으로 갈렸다. 아침부터 계엄군은 방송 등을 통해 '무기를 반납하면 책임을 묻지 않겠다'며 반납을 종용했지만 이 문제에 대해서만큼은 쉽게 결론이 나지 않았다. 각자의 주장에는 나름대로 명분과 현실적 근거가 있었고, 또 각자의 판단에는 서로 다르지만 나름의 기대와 희망도 섞여 있었다. 총기를 반납하자는 쪽에서는 계엄군 측 협상 대표였던 전투교육사령부 김기석 부사령관의 평화적 해결 노력에 큰 기대를 걸었고, 반납해서는 안 된다는 쪽에서는 시민들이 흘린 '피의 값'을 제대로 받기 위해서는 '무장'을 지렛대로 삼아야 한다고 생각했다. 더 이상 시민들의 무고한 희생은 없어야 했지만 그렇다고 아무 일도 없었다는 듯이 지금까지의 시민들의 희생과 투쟁을 무위로 돌릴 수도 없는 노릇이었다. 그것은 그들의 희생과 헌신에 대한 배신일 터였다.

하지만 양측이 총기 반납을 두고 평행선을 달리던 그날부터는 이미 "지금까지의 승리와 해방감에 도취되어 있던 열광적인 흥분 상태가 걷히기 시작했고 시민들 사이에서는 투쟁의 열기가 식어가고 있었다".[35] 오후 3시에 열린 제2차 민주수호 범시민궐기대회는 참여자가 5만여 명으로 줄어들었고 열기도 낮았다. "공수부대를 물리쳤다는 자부심은 시간이 갈수록 식어가고 계엄군의 광주 봉쇄작전으로 말미암은 고립감과 공수부대의 재공격에 대한 불안감이 그 자리를 차지했기 때문이다".[36] 심지어 대회 도중에 폭우가 쏟아지기까지 했다. 이 2차 궐기대회에서 윤상원 등 무기 회수 반대파 청년 학생들은 수습위원회가 시민들을 자극한다는 이유로 궐기대회를 여는 것에 반대한다고 폭로하며 수습위원회의 타협적 자세를 강하게 비난했다. 궐기대회에 모인 시민들은 이들의 주장에 지지를 보냈고 무기 회수에 반대하는 청년들은 이러한 반응을 토대로 도청 내 수습위원회에 개입하여 '투항주의'적 흐름을 차단하고 이를 투쟁 노선으로 바꾸어 나가자고 결의했다.

한편 5월 24일 저녁부터 시 외곽의 민간인 학살 소식이 알려지기 시작하자 수습위원회는 다시 중대한 위기에 부딪혔다. 항쟁의 추이를 지켜보고 있던 시민들이 계엄군의 만행에 분개하면서 수습위원회에 대한 노골적인 불만을 터뜨리기 시작했다. 특히 기층 민중이 주를 이루는 무장 시민군은 무기 회수에 강력히 반발했다. 이날 밤 윤상원, 정상용, 김영철, 정해직 등은 무기 회수 문제를 논의하고 있는 학생수습위원회 회의에 참여하여 그 투항주의적 노선을 비판했으나 설득을 통해 학생수습위원회의 태도를 바꿀 수는 없었다. 계엄군이 언제 다시 쳐들어올지 모른다는 불안감이 똬리를 튼 투항주의적 흐름을 바꾸기 위해서는 시민들의 지지가 절실히 필요한 시점이었다. 따라서 이들로서는 자신들의 입장에 동조하는 재야 인사들의 참여와 박남선 등 무기 회수에 반발하는 무장 시민군들의 지지와 협력을 끌어내어 수습위원회를 항쟁지도부로 개편하는 한편 궐기대회를 적극적으로 활용하여 시민들을 최대한 동원하는 전략을 선택하지 않을 수 없었다.

여덟째 날. 5월 25일 일요일

5월 25일, 전날 무기 회수를 둘러싼 의견 대립으로 학생수습위원회 회의는 자정 너머까지 계속되었다. 이런 와중에 학생수습위원회 일부가 도청을 나갔고 학생수습위원회는 더 이상 학생들만으로 사태 수습이 어렵다고 보고 황금선, 김화성, 박남선 등 일반 청년들을 새로 받아들여 학생수습위원회를 개편했다. 한편 전날 밤 학생수습위원회 부위원장 김종배를 만나 결사항전의 뜻을 지지하면서 YWCA에서 조직된 대학생들을 도청에 들여보내 기존 경비 병력과 교체시키자는 의견을 전했던 윤상원 등은 25일 아침 거리 방송을 통해 대학생은 YWCA로, 고등학생은 남도예술회관으로 모이라고 홍보했다.

5월 25일 오전 10시 YWCA에서 이들 청년 학생과 광주 지역 재야인사들이 모임을 가졌다. 홍남순, 이성학, 송기숙, 명노근, 조아라, 이애신, 윤영규, 박석무, 윤광장 등 이날 모임에 참석한 재야인사들에게 윤상원, 정상용 등은 새로운 도청 수습위원회에 참여해 청년들을 지원하고 궐기대회에서 성명서를 발표해달라고 요청했다. 재야인사들은 궐기대회 참여 요청은 수락하지 않았지만 도청 수습위원회 참여는 수락했다. YWCA에 모인 대학생 병력은 김종배, 허규정, 박남선 등 개편된 학생수습위원회 간부들과 협조하여 기존 도청 경비 병력을 대체하기 시작했다. 이런 가운데 오후 3시부터 제3차 민주수호 범시민궐기대회가 열렸다. 이 대회에서는 〈국민에게 드리는 글〉 〈전국 종교인에게 드리는 글〉 〈전국 민주 학생에게 드리는 글〉 등의 성명서가 낭독되었고 시민들의 피해 상황 보고가 있었다.

오후 7시경 새로운 항쟁지도부를 구성하기로 한 청년 학생들은 30명가량의 무장한 대학생들을 데리고 도청으로 들어갔다. 이들은 학생수습위원회 김종배, 허규정 등과 회의를 열어 새 집행부를 구성하여 결사항전의 각오로 투쟁을 전개하기로 뜻을 모았다. 오후 9시경, 학생수습대책위원장 김창길이 위원장직을 사임하고 오후 10시에는 마침내 새로운 항쟁지도부가 결성되었다. 항쟁지도부는 YWCA에서 대기 중이던 대학생 병력 70여 명을 추가로 도청에 투입하여 경비 임무를 맡기고, 역시 YWCA에서 대기 중이던 송백회 회원들과 여고생·여대생·여성 노동자들을 도청에 합류시켜 취사·선전·간호 임무를 맡겼다.

항쟁지도부는 철야 대책회의를 열어 전반적인 상황을 재검토하고 긴급한 과제를 점검했다. 이들은 무기 회수를 즉각 중단하고 각자 역할을 새롭게 분담했으며, 도청 내부의 행정 체계를 정비하면서 시민 생활의 정상화를 도모하려고 했다. 그들의 전략은 '일면 투쟁, 일면 협상'이었다. 항쟁지도부 구성이 매우 늦은 만큼 다시 임전태세를 확립하기 위해 무기를 재분배해야 하고 계엄군의 재진입에 대비하여 외곽 경비를 강화하기 위해 동별로 예비군 동원령을 내려 무장 자위대를 편성하는 계획이 논의되었다. 그리고 계엄군이 재진입하면 도청 지하실에 보관 중인 막대한 양의 다이너마이트를 폭파시키겠다는 위협적인 협상 조건을 내세워 계엄군의 공세를 지연시키는 방안도 검토했다(물론 이미 24일 밤 기존 수습위원회 지도부의 묵인 아래 계엄군의 폭발물 전문 요원이 도청 지하 무기고에 몰래 들어와 다이너마이트와 수류탄 뇌관을 전부 제거해버렸다는 사실을 미처 알지 못했다). 투항이냐 결사항전이냐를 둘러싼 내부의 갈등은 투항을 주장한 일부 수습위원들이 항쟁에 동참하길 거부하면서 자연스럽게 수그러들었다. 새로운 항쟁지도부는 기존의 수습위원회와는 달리 자연발생적이고 방어적 성격의 항쟁을 조직화된 민주주의 혁명으로 발전시키려고 했다. 그러나 이러한 계획을 실현시키기엔 그들 앞에 남아 있는 시간이 너무나 짧았다.

한편 수습대책위원회를 중심으로 무기 회수가 진행되면서 5월 25일까지 회수된 총기는 모두 4,500여 정이었다. 전체 5,000여 정 가운데 90퍼센트 정도가 회수된 것이다. 나머지 500정가량만 끝까지 도청을 사수하겠다는 항쟁파와 그에 동조하는 일부 시민군들의 손에 있었다. 계엄군에게 회수된 무기를 반납하는 데 대해서는 첨예하게 의견이 갈렸지만 안전사고를 우려해 무기 회수가 필요하다는 것은 대다수가 동의하는 바였고, 따라서 수습대책위원회는 회수된 무기를 계엄군에게 어떻게 '반납'할 것인지에 대한 최종 판단은 유보한 상태에서 무기 회수를 진행했던 것이다. 하지만 무기 회수는 사실상 시민군의 와해로 이어졌다. 끝까지 무기 반납을 거부한 채 외곽 지역을 방어하던 시민군들은 도청에서 지도부의 의견 대립과는 관계없이 대부분 자신의 위치를 고수하고 있었지만, 무기 회수에 비례해서 무장 시민군의 숫자도 약 5,000명에서 200명 정도로 크게 줄어들었던 것이다.

3.   5월 26일부터 5월 27일까지

아홉째 날. 5월 26일 월요일

5월 26일 새벽 4시, 계엄군이 광주 외곽에서 탱크를 앞세우고 시내로 진입하고 있다는 소식이 무전기를 통해 도청 상황실에 보고되었다. 계엄군의 탱크는 시민군이 설치한 바리케이드를 깔아뭉개버리고 1킬로미터쯤 밀고 들어와 농성동 한국전력 앞길에 진을 쳤다. 전 시민군에 비상령이 하달되었다. 일반 수습위원들 중 이성학 장로, 김성룡 신부 등 17명이 도청에서 출발하여 농성동 계엄군을 향해 약 4킬로미터 정도를 침묵 속에서 무거운 발걸음을 옮겼다. 어른들이 나서서 죽음을 각오하고 온몸으로 계엄군의 진입을 막겠다는, 이른바 '죽음의 행진'이었다. 그들은 탱크를 몰고 들어오는 계엄군 앞으로 나아가 "어젯밤 위치로 철수하지 않으면 우리가 여기서 죽을 수밖에 없다. 탱크로 깔아뭉개든지 알아서 하라"고 항의했다. 행진에 나섰던 사람 가운데 김성용 신부 등 11명이 그 길로 전남북계엄분소로 가서 마지막 협상을 진행했지만 계엄 당국은 26일 자정까지 모든 무기를 내려놓고 도청을 비우라고 요구했다. 무조건 항복하라는, 사실상 최후통첩이었다. 목숨을 건 이들의 의지로 일단 탱크는 물러갔지만, 계엄군이 다시 도청으로 쳐들어오리라는 것은 이미 기정사실이었다.

5월 26일 계엄군의 진입작전이 임박했다는 사실이 알려지자 항쟁지도부는 두 차례에 걸쳐 민주수호 범시민궐기대회를 열었다. 연사들은 평화적인 수습 노력을 외면한 채 유혈 진압을 강행하겠다고 위협하는 계엄군을 격렬하게 규탄했다. 26일 오후 5시, 정시채 부지사는 항쟁지도부에 계엄군의 진입 계획을 확인해주면서 도청을 빠져나가라고 설득했다. 그리고 이러한 사실은 도청 앞 광장에서 궐기대회에 참석해 있던 시민들에게도 전해졌다. 순간 탄식이 여기저기서 터져나왔고 집회 분위기는 급격히 가라앉았다. 오전에 계엄군이 원위치로 되돌아갔다는 소식을 듣고 안도했던 시민들은 엄습해오는 불안감과 좌절감으로 술렁였다. "끝까지 싸웁시다"는 외침이 터져나왔지만 분위기를 되돌리기엔 역부족이었다. 이날 궐기대회에 모인 시민들의 수는 10만 명 안팎의 시민들이 모였던 22일과 23일에 비해 현격히 줄어든, 5,000여 명에 불과했다. 이들은 "우리는 끝까지 싸운다"는 구호를 외치며 화정동에 있던 계엄군과의 대치 지점까지 행진한 후 도청 앞 광장으로 되돌아와 해산했다.

이 궐기대회에서 채택한 7개 항으로 된 〈80만 광주 시민의 결의〉는 지금까지의 요구 중 가장 강한 것으로서 마지막까지 도청을 사수하고자 했던 시민들의 의지를 오롯이 담고 있다.

첫째, 이번 사태의 모든 책임은 과도 정부에 있다. 과도 정부는 모든 피해를 보상하고 즉각 물러나라.

둘째, 무력 탄압만 계속하는 명분 없는 계엄령은 즉각 해제하라.

비가 오는 가운데 시민들이 상무관에 조문을 하기 위해 길게 늘어서 있다. ⓒ 한국일보

도청 안의 시민군. 이날 최후까지 싸울 수 있는 사람만 도청에 남아 있었다. ⓒ 한국일보

셋째, 민족의 이름으로 울부짖는다. 살인마 전두환을 공개 처단하라.

넷째, 구속 중인 민주 인사를 즉각 석방하고, 민주 인사들로 구국 과도 정부를 수립하라.

다섯째, 정부와 언론은 이번 광주 의거를 허위 조작, 왜곡 보도하지 말라.

여섯째, 우리가 요구하는 것은 피해 보상과 연행자 석방만이 아니다. 우리는 진정한 민주 정부 수립을 요구한다.

일곱째, 이상의 요구가 관철될 때까지, 최후의 일각까지, 최후의 일인까지 우리 80만 시민 일동은 투쟁할 것을 온 민족 앞에 선언한다.

이 결의문은 '수습'에만 초점을 맞췄던 계엄 당국과의 7개 항 협상안과 달리 항쟁의 대의명분을 '민주화'로 분명히 규정했다. '구국 과도 정부 수립'과 '민주 정부 수립'을 요구한 것이다. 물론 그때 상황에서 광주 시민의 힘만으로 이런 주장이 실현될 가능성은 거의 없었다. 하지만 항쟁의 성격을 '과잉 진압에 대한 저항'을 넘어서 '군사쿠데타를 거부하는 민주화운동'으로 분명하게 규정한 것이다. 시민들은 최후까지 결사항전을 결의했으며, 그날 오후 마지막 궐기대회 자리에서 청년과 대학생 중심으로 광주를 지킬 지원자를 모집했다. 궐기대회가 끝나자 스스로 YMCA에 모여든 사람들은 150여명 정도였다. 이 중 80명가량만 총기를 다룰 줄 아는 사람들이었고, 60여명은 군 경험이 전혀 없는 대학생과 고등학생들이었으며, 여성도 10여명 포함되어 있었다.

한편 궐기대회 직후 항쟁지도부 대변인 윤상원은 도청에서 외신 기자회견을 열어 '미국이 우방으로서 한국 정부에 영향력을 행사할 수 있을 것인데, 이제껏 그렇게 하지 않았기 때문에 우리는 미국이 전두환 장군을 지지하고 있는 것으로 의심하고 있다'고 말했다. 그는 또한 유혈사태를 막기 위한 마지막 협상을 시도하기 위해 뉴욕타임스 기자 헨리 스코트 스톡스(Henry Scott-Stokes)를 통해 주한 미국 대사 글라이스틴(William Gleysteen)의 중재를 요청했지만 글라이스틴의 거부로 이 시도는 좌절됐다.

오후 6시경, 도청 안에서는 학생시민투쟁위원회의 마지막 회의가 열렸다. 임박한 진압을 앞에 두고 다시 온건론과 강경론이 맞섰다. 그러나 결국 무기를 반납하고 살길을 도모해야 한다는 입장에 섰던 사람들은 9시경 모두 빠져나갔다. 항쟁지도부도 빠져나가는 사람들을 만류하지 않았다. 지도부는 이미 궐기대회에서 사회자를 통해 최후까지 싸울 수 있는 사람만 남아달라는 말을 전한 바 있었다. 특히 항쟁지도부는 도청에서 끝까지 함께 싸우겠다고 남아있던 고등학생들이나 여성들을 간곡히 설득하여 집으로 돌아가라고 권유했다. 어린 학생들의 경우 꼭 살아남아서 '왜 마지막까지 싸울 수밖에 없었는지를 다른 사람들에게 증언해달라'고 부탁했다.

열째 날. 5월 27일 화요일

신군부는 광주 시민의 저항을 최종적으로 분쇄하기 위한 채비를 서둘렀고, 충정작전 5단계인 '상무충정작전'을 통해 광주 시민의 저항을 말살하기로 결정한다. 군의 자료에 의하면 충정작전은 5단계로 나뉜다. 1단계(5월 17일 이전)는 경찰력에 의한 데모 진압작전, 2단계(5월 18일~5월 21일)는 계엄군에 의한 데모 해산 및 진압작전, 3단계(5월 22일~5월 23일)는 도로 차단 및 광주 봉쇄작전, 4단계(5월 24일~5월 26일)는 선무 활동 및 상무충정작전 준비, 5단계(5월 27

시내로 진입하고 있는 계엄군.
ⓒ 나경택 촬영, 5·18기념재단 제공

도청 안 여기저기 쓰러져 있는 시민군들의 모습. ©
이창성 촬영, 5·18기념재단 제공

도청 앞 시민군의 시신 © 한국일보

일)는 상무충정작전의 실시로 진행되었다. 애초에는 5월 21일 오전 계엄사령부 대책회의에서 공수부대를 외곽으로 재배치하고 "5월 23일 이후 폭도 소탕작전 실시"를 결정했지만, 항공모함 배치 등 준비에 좀 더 시간이 필요하다는 미군 측 사정 때문에 미뤄졌던 것이다. 미국 정부는 적어도 소극적으로는 내란 주도 세력의 5·18 진압에 협력했다.

공수부대의 특공조는 26일 오후 2시부터 6시 사이에 미 공군기지로 함께 사용하고 있는 광주비행장 격납고에서 격리 지역 활동, 즉 도청의 항쟁지도부를 '소탕'하기 위한 예행연습을 완료했다. 이들은 밤 11시경 이동을 시작, 27일 새벽 1시 30분을 전후하여 조선대 뒷산에 집결, 작전 계획을 최종 점검한 후 3시와 3시 30분경에 각기 도청, YWCA, 전일빌딩, 관광호텔 등 목표 지점을 향해 은밀히 침투해 들어갔다. 도청을 기습 타격할 임무를 맡은 3공수여단 11대대 제1지역대는 M16 소총과 수류탄으로 무장했다. 3공수여단는 물론, 7·11공수여단 병력까지 얼룩무늬 제복 대신 일반 보병 전투복을 입고 방탄조끼를 착용하고 진압작전에 투입됐다. 20사단과 31사단, 전투교육사령부의 포병학교·보병학교·기갑학교 병력 8,000여 명 역시 완전 무장을 갖추고 작전 명령이 떨어지기를 기다렸다.

도청 진압 특공조는 조선대학교 뒷산에서 작전 계획을 최종 점검한 뒤 각기 목표 지점을 향해 은밀히 침투해 들어갔고 다른 공수부대들도 한밤중 칠흑 같은 어둠을 뚫고 시내 주요 지점을 향해 골목길을 타고 침투하기 시작했다. 광주시 외곽에 봉쇄선을 펴고 있던 20사단은 공수특공조의 뒤를 바짝 따라가며 새벽 3시 30분까지 사단 전 병력이 중심가를 포위한 공격 개시선으로 이동하여 포위망을 압축했다.

항쟁지도부는 26일 밤, 죽음을 불사하고 남아서 싸우기로 한 시민들과 기존 시민군들을 모아 전투조를 편성했고 궐기대회가 끝난 후 YMCA에 남은 200여 명을 기존 시민군들과 섞어 도청을 중심으로 YMCA, YWCA, 계림초등학교, 전일빌딩 등의 주요 지점에 배치했다. 계엄군은 작전이 시작되기 직전 광주시와 전남 일원 사이의 전화를 모두 차단해버렸다. 당시 광주 전역을 순찰하던 기동타격대의 무전으로 계엄군의 진입이 시작되었다는 것을 알게 된 항쟁지도부는 도청에 비상령을 내렸고 최후의 항전을 준비했다. 항쟁지도부는 마지막 순간까지 이 사실을 시민들에게 알려야 한다고 결정했다. 시민군의 최후 방송은 도청 옥상에 설치된 대형 스피커를 통해 광주 전역에 울려 퍼졌다. "시민 여러분, 지금 계엄군이 쳐들어오고 있습니다. 사랑하는 우리 형제, 우리 자매들이 계엄군의 총칼에 숨져가고 있습니다. 우리 모두 계엄군과 끝까지 싸웁시다. 우리는 광주를 사수할 것입니다. 우리는 최후까지 싸울 것입니다. 우리를 잊지 말아 주십시오……"

방송을 하는 여성의 피맺힌 절규가 가슴을 후벼 팠지만 집안에 있던 시민들은 한 걸음도 밖으로 나갈 수 없었다. 그 상황에서 밖으로 나가면 죽을 것이라는 사실은 너무나 분명했기 때문이다. 그녀의 애절한 목소리는 시민들의 가슴에 커다란 피멍을 남겼다. 항쟁이 끝난 뒤에도 오랫동안 이 목소리를 기억하는 광주 시민들은 공동체의 의로운 청년들이 죽어가고 있을 때 아무것도 하지 못했다는 부끄러움과 무력감에 시달려야 했다.

상황실에는 시시각각 계엄군의 진입 현황이 보고되어 들어오고 있었다. 새벽 4시가 지나면서 총성이 울리기 시작했다. 도청의 시민군은 도청 전면과 측면에 2~3명씩 1개조로 담장을 따라 배치되었고 도청 안에는 1층부터 3층까지 유리창 옆에서 광장을 내려다보고 있었다.

3여단 특공조는 4개조로 나뉘어 도청을 포위했다. 도청 뒷담을 넘어 들어온 특공조가 맹렬히 총을 쏘아대자 곧이어 사방에서 총탄이 쏟아졌다. 특공조는 도청 내부로 돌격하여 옥상부터 훑어 내려왔다. 각 방의 문을 걷어차면서 닥치는 대로 총을 쏘았고 도청은 삽시간에 아비규환을 이루었다. 총소리와 비명이 난무한 가운데 인기척이 나는 곳에 무조건 총격을 가했다. 항복하라고 해도 나오지 않으면 수류탄을 던져 넣었다. 동이 터오기 시작하는 오전 5시 10분경 YMCA, YWCA, 계림초등학교, 전일빌딩, 관광호텔 등이 이미 계엄군에 의해 완전히 진압되었고 도청을 마지막으로 최후의 항전은 끝났다. 완전히 소탕했음을 확인한 3공수 특공조는 20사단에게 도청을 인계한 후 광주비행장으로 돌아갔다.

계엄군은 작전을 개시한 지 약 1시간 30분 만에 모든 것을 마무리 짓고 항쟁을 진압했다. 동이 트고 아침이 밝자 계엄군은 도청 곳곳에서 질질 끌려나온 시신들과 부상자들이 너부러져 있는 앞에서 승리를 확인하듯 군가를 불렀다. 이로써 1980년 5월 열흘간에 걸친 광주 시민의 무장 항쟁은 막을 내렸다. 27일 광주 진압작전 때 사망한 시민은 모두 25명으로 밝혀졌다. 이 가운데 도청과 그 주위에서 사망한 사람은 16명으로 대부분 계엄군이 쏜 M16 소총에 의해 희생됐다. 생존자는 '총기 소지자' '특수 폭도' 등으로 분류되어 군 부대로 이송되었다. 이날 아침 도청에서 체포돼 연행된 사람은 모두 200명 정도였다.

더 생각해보기

이른바 '광주사태'는 전두환을 수장으로 한 내란 주도 세력이 정권을 찬탈하기 위해 사전에 기획하여 일으켰다는 견해가 있다. 이러한 견해의 강점과 약점에 대해 비판적으로 생각해보자.

깊이 생각해보기

5·18은 단지 '학살'로 명명되기보다는 '운동' 또는 '항쟁'으로 불린다. 그렇다면 이 사건은 '무엇에 대한(against what)' 항쟁이었으며, '무엇을 위한(for what)' 운동이었을까? 5·18이 오늘날에도 여전히 기억되어야만 한다면 그 이유는 무엇일까?

1980년 5월 18일부터 27일까지 열흘 동안 150명이 넘는 사망자가 발생한 5·18민주화운동은 독일과 일본 제국주의에 의해 자행된 20세기의 커다란 반인도적 범죄들과 어떤 점에서 같거나 다른 것일까? 이를테면 600만 명의 유대인이 학살된 홀로코스트와 30만 명의 민간인이 학살된 난징대학살에 비해 더 인도적인, 혹은 덜 비인도적인 범죄일까? 희생자의 숫자로 사건의 의미와 경중을 논하는 태도에 찬성하는가, 반대하는가?

참고문헌

Tim Warnberg, "The Kwangju Uprising: An Inside View," *Korean Studies* 11, 1987.

광주광역시5·18사료편찬위원회, 《5·18민주화운동》, 5·18기념문화센터, 2012.

김영택, 《5월 18일, 광주》, 역사공간, 2010.

노영기, 〈5·18항쟁 초기 군부의 대응〉, 《한국문화》 62, 2013.

이해찬·유시민 외,《기억하는 자의 광주》, 돌베개, 2010.

임철우,《봄날》전5권, 문학과지성사, 1997-1998.

전남사회운동협의회 엮음, 황석영 기록,《죽음을 넘어 시대의 어둠을 넘어》, 풀빛, 1985.

최정운,《오월의 사회과학》, 오월의봄, 2012.

최정운·임철우·정문영,〈절대공동체의 안과 밖〉,《문학과사회》106호, 2014.

한국현대사사료연구소,《광주오월민중항쟁사료전집》, 풀빛, 1990.

미주

1   임철우,《봄날 1》, 문학과지성사, 1997, 266쪽.

2   김영택,《5월 18일, 광주》, 역사공간, 2010, 247~248쪽.

3   같은 책, 250쪽.

4   노영기, <5·18항쟁 초기 군부의 대응>,《한국문화》62, 2013, 293쪽.

5   같은 책, 294~295쪽.

6   한국현대사사료연구소,《광주오월민중항쟁사료전집》, 풀빛, 1990, 176쪽.

7   임철우,《봄날 2》, 231쪽.

8   최정운,《오월의 사회과학》, 오월의봄, 2012, 160~161쪽.

9   전남사회운동협의회 엮음, 황석영 기록,《죽음을 넘어 시대의 어둠을 넘어》, 풀빛, 1985, 52쪽.

10   Tim Warnberg, "The Kwangju Uprising: An Inside View," *Korean Studies* 11, 1987, p.36.

11   전남사회운동협의회 엮음, 황석영 기록,《죽음을 넘어 시대의 어둠을 넘어》, 59~60쪽.

12   Tim Warnberg, "The Kwangju Uprising: An Inside View," p.50.

13   김영택,《5월 18일, 광주》, 285쪽.

14   전남사회운동협의회 엮음, 황석영 기록,《죽음을 넘어 시대의 어둠을 넘어》, 57쪽.

15   노영기, <5·18항쟁 초기 군부의 대응>, 앞의 책, 306쪽.

16   전남사회운동협의회 엮음, 황석영 기록,《죽음을 넘어 시대의 어둠을 넘어》, 56쪽.

17   같은 책, 77쪽.

18   같은 책, 81~82쪽.

19 같은 책, 83쪽.

20 최정운, 《오월의 사회과학》, 170쪽.

21 광주광역시5·18사료편찬위원회, 《5·18민주화운동》, 5·18기념문화센터, 2012, 93쪽.

22 전남사회운동협의회 엮음, 황석영 기록, 《죽음을 넘어 시대의 어둠을 넘어》, 104쪽.

23 최정운, 《오월의 사회과학》.

24 전남사회운동협의회 엮음, 황석영 기록, 《죽음을 넘어 시대의 어둠을 넘어》, 117쪽.

25 같은 책, 120쪽.

26 같은 책, 127~128쪽.

27 김영택, 《5월 18일, 광주》, 387쪽.

28 전남사회운동협의회 엮음, 황석영 기록, 《죽음을 넘어 시대의 어둠을 넘어》, 136쪽.

29 같은 책, 136쪽.

30 김영택, 《5월 18일, 광주》, 408쪽.

31 최정운·임철우·정문영, <절대공동체의 안과 밖>, 《문학과사회》 106호, 2014, 359쪽.

32 김영택, 《5월 18일, 광주》, 420쪽.

33 같은 책, 429쪽.

34 같은 책, 429쪽.

35 전남사회운동협의회 엮음, 황석영 기록, 《죽음을 넘어 시대의 어둠을 넘어》, 172쪽.

36 이해찬·유시민 외, 《기억하는 자의 광주》, 돌베개, 2010, 378쪽.

3장

진실을 향한 투쟁

정문영

1. 1980년 5월 광주항쟁에서 1987년 6월 국민항쟁에 이르는 길

5·18민주화운동의 진압과 제5공화국의 등장

1980년 5월 18일에 시작된 죄 없는 시민들의 억울한 죽음, 이들의 죽음을 헛되게 하지 않으려는 용기 있는 시민들의 항의와 그로 인한 희생은 이 모든 희생과 죽음을 역사에 봉헌하고 정의의 소명으로 기억하려 했던 최후 항전으로 이어졌고, 최후 항쟁은 5월 27일 5시 10분경 계엄군의 전남도청 진압작전인 상무충정작전에 의해 끝이 났다. 이날 새벽 최후의 항전을 위해 남은 시민군은 중무장한 계엄군의 무자비한 공격이 자신들의 생명을 앗아갈 수도 있으리라는 것을 알고 있었으면서도 스스로 인간 존엄의 만물이 되어 불의한 폭력에 굴하지 않고 끝까지 저항했다. 그리고 이와 함께 수백 명의 죽음과 부상, 그리고 남은 가족들의 통곡, 아직까지도 정확히 몇 명이나 되는지 그 수를 가늠할 수 없는 행방불명자를 남기고 이른바 '광주사태'는 일단락되었다.

광주에서 수많은 사람들이 죽고 다치는 아비규환이 벌어지고 있던 그때 서울의 군사반란 주도세력들은 정권 찬탈을 위해 또 다른 계획을 실행에 옮기고 있었다. 광주항쟁이 진압된 5월 27일, 바로 이날 전두환을 수괴로 하는 신군부 반란 세력들은 대통령자문기구라는 명목으로 '국가보위비상대책위원회'를 설치했다. 그리고 자신들 스스로 그 위원이 되어 '개혁 작업'이라는 미명하에 공직자 숙정, 삼청교육, 언론인 해직 등을 주도해나갔다. 전두환을 상임위원장으로 하는 국가보위비상대책위원회가 법적 근거도 없이 행정 각부를 사실상 조정하고 통제하게 되자 행정부는 유명무실해졌고

1980년 8월 27일 제11대 대통령 선출을 위한
통일주체국민회의 대의원들. 전두환은 광주에서 수많은
사람들을 학살하고 대통령이 되었다. ⓒ e영상역사관

마침내 8월 16일 최규하 대통령이 하야하기에 이른다. 그의 하야는 외관상으로는 자발적인 모양새를 띠었지만 사실은 내란 주도 세력의 압력에 따른 강제 퇴진이었다.

최규하 대통령이 하야하고 그로부터 얼마 후 군사반란의 수괴였던 전두환이 8월 27일 '통일주체국민회의'를 통해 대통령으로 선출되었다. 1979년 12·12 군사반란을 시작으로 광주 피의 학살을 거쳐 전두환의 대통령 선출에 이르기까지 장장 10개월에 이르는, '세상에서 가장 오래 걸린 쿠데타'를 통해 신군부가 정권을 탈취한 것이다. 9월 1일 제11대 대통령으로 취임한 전두환은 헌법을 개정 (1980년 10월 27일 공포·시행)하여 다시 한 번 대통령(12대)에 취임한다. 전두환 정권의 출범은 이렇듯 두 차례에 걸쳐 이루어졌다. 1차는 기존의 유신헌법에 따른 것으로 쿠데타에 성공한 신군부 세력의 임시적인 정권 인수라고 한다면, 2차는 대통령 7년 단임제와 선거인단에 의한 간선제를 골자로 하는 개정 헌법에 따른 것이었다. 신군부는 자신들의 장기 집권을 보장하는 한편, 입맛대로 기존의 정당 체제를 재편할 수 있게 헌법을 개정한 뒤 공식적으로 정권을 출범시켰다. 이른바 '제5공화국'이 탄생한 것이다.

제5공화국 헌법의 시행으로 10대 국회가 해산된 뒤에는 '국가보위비상대책위원회'를 개칭한 '국가보위입법회의'가 국회의 기능을 대신했다. 이 '입법회의'는 국민의 대의기관이 아니라 대통령 전두환이 임명한 81명의 위원으로 구성되었는데, 1981년 4월 10일까지 국회의 권한을 대행하면서 정당법, 정치자금보호법, 언론기본법, 국가보안법 등 189건의 법률안을 처리했다. 이렇듯 일련의 초법적인 조치로 집권 기반을 마련한 뒤에도 전두환 정권은 김대중 내란음모 사건 조작, 언론기관 강제 통폐합, 삼청교육, 10.27법난 등의 사건을 일으키며 사회에 공포 분위기를 조성하고 언론에 재갈을 물렸다.

　이로써 수많은 시민들이 광주항쟁을 통해 표출한 민주화의 열망과 정의의 외침은 수면 아래에 가라앉는 듯했다. 그러나 광주항쟁을 유혈 진압하고 등장한 억압적이고 폭력적인 정권하에서도 항쟁은 끝난 게 아니었다. 표면적으로는 잔잔한 흐름이었지만, 민주주의와 정의를 추구하는 운동은 그 아래 강력한 저류를 형성하면서 전두환 독재정권의 토대를 침식해 들어갔다. 이러한 저항의 몸짓들은 광주항쟁을 짓밟고 집권한 군부 세력에 대항하여 민주주의를 실현하려는 민주화운동으로, 1980년 신군부 세력이 자행한 시민 학살이 남긴 부정적 유산을 청산하고 올바른 역사를 복원하려는 과거사 청산 운동으로, 5·18의 기억을 재생시키고 그 정신을 기리기 위한 문화투쟁으로, 민족자주와 평화적 통일을 달성하려는 통일운동으로 표출되었던 것이다. 우리는 이를 '5월운동'이라고 부른다.

　다시 말해 1980년 열흘간의 5·18민주화운동은 계엄군의 진압에 의해 무참한 패배로 일단락되었지만, 이 항쟁을 결국 '승리'한 항쟁으로 만든 것은 이후 20여 년간 끊임없이 군사독재정권의 기초를 침식해 들어가 마침내 민주적인 헌법을 쟁취하고 피해자에 대한 보상과 명예 회복, 나아가 마침내 명실상부한 '민주공화국'을 이루어낸 '5월운동'이었다.

꺼지지 않은 5월의 불씨

　열흘간의 항쟁이 진압된 후 수백 명의 사람이 잡혀갔고, 이들은 고문과 구타 등 혹독한 폭력에 시달려야 했다. 이때 당한 고문과 폭력의 후유증으로 정신질환을 앓는 사람도 많았다. 그런데도 언론은 계속해서 '5·18은 북한의 사주를 받은 폭도들의 난동'이라고 몰아세웠다. 국민을 대변해야 할 국회는 기능을 상실하고 해체되었고, 정권을 차지한 신군부는 자신들이 동원할 수 있는 모든 수단을 동원해 국민의 눈과 귀와 입을 틀어막았다. 깊고 무시무시한 침묵이 1980년 5월의 '사태'와 그것이 의미하는 바를 둘러싸고 있었다.

1985년 출간된 이래 10여 년 동안 5·18에 관한 가장 신뢰할 만한 보고서였던 《죽음을 넘어 시대의 어둠을 넘어》의 저자 중 한 명은 당시 이 보고서를 쓰기 시작하면서 느꼈던 공포와 두려움에 대해 이야기한 적이 있다. 초고를 쓰는 임무가 자신에게 부여되었을 때 그는 "또다시 구속을, 또다시 고문을, 또다시 수감 생활을 각오해야만 했다. 두려움에 사로잡혀 아무 생각도 나지 않았다. 내 아내가 직장에서 잘릴 수 있었고, 그러면 결혼 생활도 파탄날 터였다. 심지어 구속되어 고문당하고 죽임을 당할 수도 있었다. 마음속으로는 계속 뒷걸음질치고 있었다"라고 말했다. 일을 떠맡기로 결심하고 동료들과 자료를 수집하고 글을 쓰는 작업을 시작했을 때도 그는 정부 당국의 감시를 피하기 위해 장소를 늘 옮겨 다녀야 했고 "빛과 소리가 새어나갈까봐 담요로 창문을 가리고" 글을 써야 했다. 심지어 당국의 급습에 대비해 가족들 사이에 암호를 마련해두기까지 했다.[1]

지금의 시점에서 되돌아보면 당시 그가 취했던 조심스러운 행동들은 유난스러운 데다 어쩌면 소심해 보이기까지 하지만 1980년대의 상황에서 그의 우려는 지극히 현실적인 것이었다.

1985년 내가 광주항쟁에 대한 보고서를 써야겠다고 결심했을 당시 전두환 군사정권은 아직도 서슬이 시퍼럴 때였다. 모든 정치적 회합은 금지되었고 수많은 사람들이 영장도 없이 체포되어 잡혀갔다가 나중에 시신으로 발견되었다. 전두환 정권을 비판하는 어떠한 출판 행위도 철저히 금지당했다. 당연히 '광주항쟁에 대한 진실'은 불완전하고 왜곡된 형태로 이야기되었다. 당시 상황을 생각하면 광주항쟁을 기록하고 증언하는 일은 고양이 목에 방울을 다는 일과 같았다.[2]

실제로 이 책을 인쇄한 출판사는 1985년 5월 경찰에 급습당하여 미처 제본조차 되지 않은 책들을 몰수당했고, 출판사 대표와 대표 작가로 이름을 올린 황석영은 체포되었다(이 책의 시중 판매는 1987년이 되어서야 가능해졌다). 암암리에 광주항쟁에 대한 이야기가 돌아다녔지만, 출판사와 인쇄소에 압력을 가하고, 서점을 급습하고, 교회나 대학교 학생회실, 운동 단체 사무실 등에서 광주 관련 비디오나 책, 그리고 다른 '불온' 자료들을 몰수하는 것이 1980년대에는 비일비재했다. 언론과 출판의 자유에 대한 제한과 탄압은 박정희 정권에서보다 전두환 정권에서 훨씬 더 심했다. 어느 인권 보고서는 당시 대한민국의 언론 상황에 대해 "언론이 자유로웠더라면, 전두환의 정책들과 행태, 아니 전두환의 권위 자체가 정밀한 심사를 받게 되었을 것이고, 그의 정적들도 자신들의 메시지를 유권자에게 전달할 수 있었을 것이다. 언론의 자유를 가진다는 것은 정치에 경쟁을 도입하는 것과 같다. 한국 정부는 이를 허용할 생각이 전혀 없는 듯하다"[3]고 지적하기도 했다. 한편 1980년대에는 한국 밖의 학계에서조차 광주 문제를 대면하고 이를 공개적으로 토론하는 것이 어려웠다. "당시 많은 정치 평론가와 학자들, 그리고 '친한파' 인사들이 전두환 정권의 인권 침해에 대해 관심을 가지고 있었음에도 불구하고, '믿을 만한' 설명이 없던 상태에서, 단지 더 편하다는 이유로 광주사태에 대한 한국 정부의 설명을 그대로 믿는 사람들이 많았다."[4] 그러나 법으로도, 위협으로도, 폭력으로도 온전히 침묵을 강요할 수는 없었다.

1981년 2월 어느 날, …… 그해《한국문학》이란 잡지에서 주최
했던 대학생 문예작품 모집에 소설이 입상되었던 한 친구가 시
상식에 다녀와서 서울에서 만난 어느 문학청년의 이야기를 들
려준 적이 있었습니다. 내 친구는 광주 출신의 그 문학청년과 서
울 어느 여관에서 그날 밤을 함께 보내게 되었는데 그날 밤 내내
그는 친구에게 몇 개월 전에 있었던 광주에서의 비극을 마치 고
해성사를 하는 것처럼 들려주었다는 것입니다. 낯선 서울의 어
느 종로 뒷골목의 한 여관방에서 목소리를 낮춰 그 이야기를 하
는 그의 얼굴에선 마침내 소리 없이 눈물이 흘러내리더라는 것
이었습니다. 잘 아는 바와 같이 그때는 모든 것이 얼어붙어 있던
시대, 오로지 풍문과 유언비어로만 광주의 이야기가 떠돌던 시
절이었지요. 광주에서의 그 끔찍한 이야기를 들으면서 친구는
자신도 모르게 탄식처럼 내뱉었다고 합니다. "오, 주여" 하고. 그
러자 그가 그 말을 받아서 이렇게 말했다는 것입니다. "그때 우
리에게 주님은 바로 당신들이었다. 광주 안에서 고립되어 있었
던 우리들에게 유일한 구원은 바로 광주 바깥에 있는 당신들이
었다." 그때 그 이야기는 내게 깊은 충격을 남겨주었습니다.

지금은 영화감독으로 더 유명한 작가 이창동은 언젠가 어
느 동료 문인에 대해 언급하며 위와 같이 회고한 바 있다. 이창동은
"내가 직접 만난 것은 아니었지만, 친구가 여관방에서 만났다는 그
광주의 내 또래 문학청년을 이상하게도 좀체 잊을 수가 없었"다고
토로하며 당시 일면식도 없던 광주의 그 문학청년을 자신이 왜 쉽
게 잊을 수 없었는지, 그리고 자신이 그에 대해 느꼈던 감정이 모종

의 경탄과 부러움, 그리고 그와 동시에 느꼈던 열등감이었음을 고백한다.

> 그것은 죄의식과 강렬한 동료의식과, 그리고 어떤 부러움까지 뒤섞인 묘한 감정이었습니다. …… 내가 그를 직접 대면하게 된 것은 그로부터 몇 년이 더 지나서였습니다. 그와 처음 악수를 나누면서 나는 마치 오래 헤어져 있었던 친구를 다시 만나는 것 같은 친밀감을 느낄 수 있었습니다. 그를 만나기도 전에 나는 그에게 오랜 우정 같은 것을 느끼고 있었던 것입니다. 그러나 사실은 나는 그에게 우정과 더불어 늘 어떤 콤플렉스 같은 것을 느끼고 있었던 셈입니다. 아마도 그것은 그가 나보다 도덕적으로 훨씬 높은 자리에 있을 거라는 그런 감정이 아니었을까 하는 생각이 듭니다. 우선 그가 광주 사람이라는 것, 피해와 고통을 겪은 사람이라는 것, 나는 그렇지 못하다는 이유만으로도 나는 그에게 도덕적인 열등감을 느끼지 않을 수 없었습니다.[5]

여기서 이창동이 언급하고 있는 동료 문인은 5·18민주화운동을 다룬 장편소설 《봄날》의 작가 임철우이다. 이창동의 이야기 속 임철우처럼 수많은 사람들이 비록 목소리를 낮춰야만 했을지언정 단호하게, 때로는 격렬하게 광주 이야기를 전했다.

"오월 그날이 다시 오면 우리 가슴에 붉은 피 솟네"

1980년 5월 광주항쟁을 경험한 이래 광주에서는 매년 '5·18 기념행사'를 치렀다. 열흘간의 항쟁이 진압된 후 어느 누구도 이 사건을 입에 담기 어려웠지만, 5월의 이야기는 간헐적으로나마 흘러

1989년 5월 18일
망월동에서 유가족들이
제사를 지내고 있다.
© 경향신문

나왔고 이는 주로 유족들을 비롯한 이른바 '당사자'들에 의한 것이
었다. 5·18 당시 죽은 사람들은 항쟁이 끝난 직후에 망월시립묘지의
한 귀퉁이, 지금은 '망월동 구묘역'이라고 부르는 곳에 묻혔는데 어
느 누구도 '큰 소리를 내어' 그들을 위로해줄 수 없었고 심지어 유
족들과 접촉하는 것조차 기피하는 상황이었다. 가족을 잃은 슬픔
과 분노는 고스란히 유족들의 몫이었고, 결국 서로가 서로의 슬픔
과 아픔을 달래야 했다. 자연스럽게 이들의 모임은 죽은 이들의 합
동 위령제를 치르는 방향으로 나아갔다. 지금은 버젓한 국가적 기
념 행사로 정착되었지만 '5월 행사'의 최초 모습은, 광주항쟁 당시
숨져 망월동에 묻힌 이들의 유가족들에 의한 그저 단순한 공동 제
사에 불과했다.

물론 가족을 잃은 유족들은 이런 자리를 빌려 학살자들에 대

한 울분과 적대를 표출하기도 했지만 이러한 적대감은 항쟁이 진압된 직후의 살벌한 분위기 때문에 우회적으로 표현될 수밖에 없었다. 더구나 초기의 추모 행사는 간혹 대학생과 시민들의 시위로 이어지는 경우에도 그 수는 보잘것없는 것이었고, 또한 당국의 탄압과 회유, 그리고 분열 공작으로 인해 위령제나 추도식조차 온전히 치러지기 어려웠다. 그러나 역으로 보자면 이렇듯 단순한 의례였음에도 당국의 극단적인 탄압과 회유에 직면하여 제사를 지내는 것 자체가 투쟁이 될 수밖에 없었고 따라서 정치적 의미가 부여되었다. 더구나 항쟁 당시 국가의 엄청난 물리적 폭력 앞에서 치열하게 공동체를 지키기 위해 싸웠던 광주 시민들에게 이 행사는 그저 유가족들만의 제사일 수는 없었다. 이러한 때에 부모, 자식을 잃은 유가족들은 진상규명을 위해서 '5·18의거 유가족회'를 만들었고 부상을 입은 사람들은 '5·18광주의거 부상자회'를 구성했다. 그 밖에 '청년 동지회', '민주기사 동지회' 등 5·18과 관련된 여러 단체들이 만들어져 광주의 진실을 밝히기 위해 노력했다.

이른바 '당사자'들의 노력 못지않게 5·18의 진실을 알리고자 노력한 의로운 사람들이 있었다. 5·18이 계엄군에 의해 강제로 진압된 지 3일째 되던 5월 30일에 서강대에 다니던 김의기는 서울 종로 5가에 있던 기독교회관에서 광주의 진상을 고발하는 유인물을 뿌리면서 투신했고, 6월 9일에는 성남의 노동자 김종태가 〈광주 시민·학생들의 넋을 위로하며〉라는 유서를 남기고 분신했다. 1982년 10월 12일에는 5·18 당시 전남대학교 총학생회장이었던 박관현이 옥중에서 5·18 진상규명을 외치며 단식농성을 하던 중 사망했고, 1985년 8월 15일에는 홍기일이 광주YMCA 앞에서 5·18 진상규명을 외치며 자신의 몸을 불살랐다. 이들 외에도 김태훈, 송광영, 장이기, 표정두, 황보영국, 박래전, 김병구 등이 '광주 학살 진상규명'과 '책임자 처벌'을 외치며 분신이나 투신의 방법으로 스스로 목숨을 끊었으며 이들의 죽음은 5·18의 진실을 증언하는 역사적 이정표가 되었다.

이들은 전두환 정권의 언론 탄압으로 광주의 진실이 묻히는 것에 저항해 "언론이 제 역할을 하지 않으니 죽음을 통해서라도 알려야겠다고 생각하고 또 그 생각을 실천"한 이들이었다. 5·18을 폭력으로 진압하고 정권을 잡은 전두환 세력은 5·18의 진실을 최대한 숨기려고 여론을 조작했고 1980년 5월의 진실을 알리려는 사람이 있으면 무조건 잡아다가 고문을 했기 때문에 5·18의 진실을 말하려는 사람들은 어쩔 수 없이 자신의 몸을 불태우는 분신이나, 높은 데서 떨어져 죽는 투신자살로 자신의 의지를 나타내야 했다. 그것은 자신의 죽음을 불사하고서라도 알려져야 할 진실이 있음을 가리키는, 그 자체로 증언·행위였다. "1980년 5월 광주를 목격한 대학생 김의기와 노동자 김종태는 그 어떤 기자보다 사실을 정확히 파악해냈고 광주 학살과 광주항쟁의 진실을 알리는 기록을 남겼다. 그들이 작성한 〈동포에게 드리는 글〉(김의기)과 〈광주 시민·학생들의 넋을 위로하며〉(김종태)의 기록은 그 시절 어떤 신문이나 방송도 감히 전하지 못했던, 혹은 전하지 않았던 광주의 진실을 담고 있었다."[6]

한편 1984년경에 이르러 광주항쟁 관련 구속자 및 학원 사태 관련자들이 석방 및 특사로 풀려 나오고 학원자율화조치가 취해지자 전두환 정권의 등장 과정에서 당국의 탄압을 받아 크게 약화되었던 학생운동이 급속한 부흥을 이루게 된다. 5·18 희생자들이 묻힌 망월동 묘역에도 경찰의 봉쇄가 사라졌고, 그러자 유가족들만이 아니라 정치적 자유와 민주화를 바라는 보통 시민들과 전국 각지의 대학생이 망월동을 찾기 시작했다. 망월동은 이제 광주의 비극을 상징할 뿐만 아니라 대한민국 민주화를 위한 투쟁의 고단함에 지친

1988년 5월 17일 5·18 8주년을 맞아 많은 추모객들이 망월동을 찾았다. 망월동은 이제 광주의 비극을 상징할 뿐만 아니라 대한민국 민주화를 위한 맹세의 제단이 되었다. ⓒ 경향신문

운동가들이 마음을 다잡고 결의를 새롭게 하는 맹세의 제단이 되었다. 학생운동의 가세와 더불어 5·18의 진실을 드러내기 위한 투쟁은 서서히 고조되기 시작했다. 또한 학생운동이 성장하는 가운데 일각에서는 반미운동도 거세졌다. 일부 대학생들은 미국이 5·18 진압에 동의했다고 생각하여 부산, 서울, 광주에 있는 미국문화원을 점거하고 "광주 학살 책임지고 전두환은 물러나라" "독재정권 비호하는 미국은 공개 사죄하라"고 외치고 5·18에 대한 미국 책임론을 제기했던 것이다.

1960년대 한국 내 대학 캠퍼스에서 시작된 반미 감정이, 1970년대와 80년대에 급속히 번져나가 대학생을 넘어 더 많은 국민들

1부. 5·18, 배경과 진행

에게 퍼져나갔다. 반미 감정의 주된 원인은 미국의 군사독재에 대한 지원이었다. 인권을 발판으로 지미 카터가 대통령에 당선되었지만, 카터 정권하의 미 국무부는 닉슨 및 포드 행정부의 정책 우선순위를 그대로 받아들였다. 한국에서는 궁극적으로 지정학적 문제가 인권 문제를 압도했다. 주한 미군기지와 한국에 주둔한 4만 명 이상의 미군이 이 지역이 전략적으로 중요하다는 것을 잘 보여준다. 워싱턴에 있는 그 누구도 동북아시아에서 현상태의 미국의 헤게모니가 방해받길 원하지 않는다. 그 결과 많은 한국인들은 한국의 인권과 민주주의를 위한 투쟁에 대해서 미국이 눈멀고 귀먹었다고 생각한다.[7]

5·18 당시 상황에서 미국의 동의 없이는 신군부 세력이 군대를 광주에 파견할 수 없었기 때문에 광주에서 시민 학살이 벌어진 데에는 미국의 지지, 적어도 묵인이 있었을 것이라는 게 이들의 생각이었다. 이들의 미국 비판은 비밀 해제된 당시 미국 정부의 문서들을 통해 '사실적' 근거를 지닌 것으로 밝혀졌다. 당시 미국 정부는 전방에 머무르던 육군 20사단을 광주에 투입하려는 신군부의 계획에 '동의'했고 광주에서 진압작전이 벌어지는 동안 조기경보기와 항공모함을 급파하여 북한의 동향을 감시하는 등, 말하자면 "망을 보아"줌으로써 신군부의 광주 학살에 '소극적'으로나마 협력했던 것이다.[8] 따라서 당시 이들의 미국 비판은 나름의 타당성을 지닌 것이었고 이 흐름은 비록 과도한 반미 감정으로 치닫기도 했으나 1980년대 내내 반제국주의·민족자주·통일운동으로 확장되었다.

아이러니컬하게도 미국이 한국의 민주주의에 관심이 없다는 인식이 한국에서 민주주의를 가져오는 데 도움이 되었다. 눈에 보이는 미국의 지원이 없다는 것은 모든 많은 것들을 한국인 스스로 해야만 한다는 것을 뜻했다. 그들은 조직했고, 싸웠고, 전단을 만들었고, 탄원했으며, 감옥에도 갔고, 일어서서 외쳤고, 경우에 따라 목숨을 바쳤다. 모든 것을 스스로 한 것이다. 그리고 한국은 살아 숨 쉬는 민주주의 국가가 되었다. 위에서 강요된 힘이 아니라 아래 풀뿌리로부터의 투쟁으로 민주주의를 이룩했다. 만일 미국이 군사력으로 민주주의를 강요하려 했다면 상상할 수 있는 건 오로지 유혈사태뿐이다.[9]

2. 1987년 6월항쟁과 광주청문회

두 번의 고조기

우리 민주화운동의 큰 부분이 바로 '광주 알리기'였습니다. 부산에서도 몰래 광주에 대한 책과 비디오를 돌려보고 5·18이 되면 버스 두 대 전세 내서 망월동 구묘역에 가고, 전야제에 가고……그렇게 광주를 알리는 것이 바로 민주화운동이었습니다. 우리는 광주에 빚을 지고 있으니까요. 광주가 그렇게 당하는 동안 우리는 알지도 못했고, 막지도 못했고 아무것도 해주지 못했죠.[10]

2017년 5월 대한민국 대통령으로 취임한 문재인 대통령은 같은 해 8월 독일 제1공영방송(ARD-NRD) 기자였던 위르겐 힌츠페터의 5·18 취재기를 다룬 영화 〈택시 운전사〉를 관람한 후 위와 같이 소회를 밝힌 바 있는데, 사실이 그랬다. 1980년 5·18 이후의 한국 민주화운동은 곧 '광주 알리기'였고, 5월운동은 1987년 6월항쟁을 거쳐 2016~2017년 겨울의 촛불혁명에 이르기까지 그 가장 아래에서 흐르는 저류였다. 특히 1980년대 대한민국의 사회운동과 민주화운동은 1980년 5월의 직접적인 영향권 아래 놓여 있었다. 광주 문제를 해결하는 것이 가장 절실한 민주화의 과제였기 때문이다.

물론 5월운동은 피해 당사자 집단을 필두로 대학생과 다양한 사회운동 집단들의 연대와 결합을 통해 전개되었기 때문에 그 요구와 운동의 방식 역시 그만큼 다양하고 복합적이었다. 5월운동 초기인 1980년대 초반에는 저항 행동의 주요 구호가 '학살자 처단' '신군부 퇴진' 등 가해자에 대한 원초적 분노를 표출하는 데 치우친 감이 있었고, 다른 한편으로는 5·18 관련 구속자들의 구명, 부상자 치료, 피해자 보상과 같은 현실적인 문제 해결이 5월운동의 주된 관심사였다. 다양한 사회 집단이 운동의 주체를 이루고 있는 상황에서 그 목표도 전략적 판단이 고려되기보다는 주체와 상황에 따라 다양한 차별성을 드러냈으며 운동의 양상 역시 가변적이고 불확정적이었다. 따라서 이렇듯 다양한 요구와 흐름을 '5월운동'이라는 하나의 이름으로 뭉뚱그리는 것은 그 다양성과 복합성을 지나치게 단순화하는 것일 수도 있다. 하지만 이 다양한 흐름들은 모두 5·18민주화운동으로부터 파생된 문제들을 해결하고 그 정신을 계승하려는 집단적 의지의 표출이자 행동이라는 점에서 공통점을 지닌다.

5월운동은 두 번의 고조기를 겪는다. 첫 번째 고조기는 1987년 6월항쟁과 이후 노태우 정권의 등장, 그리고 국회의 '광주민주화운동진상조사특별위원회'가 주관한 청문회 정국으로 이어지는 1987~1988년의 시기이다. 이 시기에 정부는 5·18 당시 광주에서 자행한 폭력에 대해 공식적으로 사과했으며, 청문회 상황이 텔레비전 방송을 통해 전국에 고스란히 전달됨에 따라 전 국민이 피해자와 가해자들의 증언을 직접 보고 듣게 되었다. 이 청문회를 통해 광주항쟁에 대한 내란 주도 세력의 왜곡과 은폐의 전모가 국민들에게 어느 정도 드러나게 되었고, 그 결과 대다수 국민들이 광주항쟁에 관한 진실을 새롭게 인식하게 되었다. 두 번째 고조기는 학살 만행의 책임자를 징벌하기 위한 특별법 제정 운동과 5·18 재판 및 그 후속 조치가 이루어지는 1995~1997년의 시기이다. 이 시기를 통과하면서 특별법이 제정되고 그에 따라 전두환·노태우 등 쿠데타 집권 세력에 대한 재판이 진행되었으며, 더 나아가 5·18민주화운동 피해자의 명예 회복과 기념 사업을 위한 운동이 전국적으로 활발히 진행되었다.[11]

1987년 6월항쟁

박정희의 장기 집권과 뒤이은 전두환의 집권 시절 경제는 급속하게 성장한 반면 정치 부문은 시간이 멈춘 듯 제자리걸음을 했다. 경제적 발전을 따라가지 못하는 정치의 후진성은 대중의 불만을 고조시켰고 급기야 지독한 독재정권조차 억누를 수 없는 강력한 반정부 운동이 등장했다. 전두환 집권 말기 북한의 도발에 대한 위기의식이 어느 정도 수그러들자 국민들은 공안 당국의 탄압 조치로 겨우 연명하는 군사정권의 종식을 요구했다. 1987년 중반 해일처럼 일어난 '6월항쟁'은 권위주의에서 민주주의로, 강압 정치에서 법치 사회로 옮겨가는 전환점이 되었다.

1986년 초 국민들의 관심은 전두환 대통령의 퇴임 이후 정국의 향배에 집중돼 있었다. 그해 4월 전두환은 한국의 실정에는 의원내각제가 적합하다는 소신을 피력했다. 이 발언은 곧 그가 임기 후에도 수상이나 막후 실세로서 계속해서 권력을 행사하겠다는 뜻으로 받아들여졌다. 야당은 유신체제에서 개헌으로 도입된 어용 선

1987년 1월 14일 서울대생 박종철이 치안본부 남영동 대공분실에서 물고문에 의해 사망했다. 이 사건은
전두환 정권의 야만성에 대한 국민들의 경각심을 불러일으켰고 국민들의 민주화 요구는 거세졌다. 사진은
1987년 1월 26일 추도미사를 하기 위해 명동성당으로 들어가는 사제단 행렬. © 경향신문

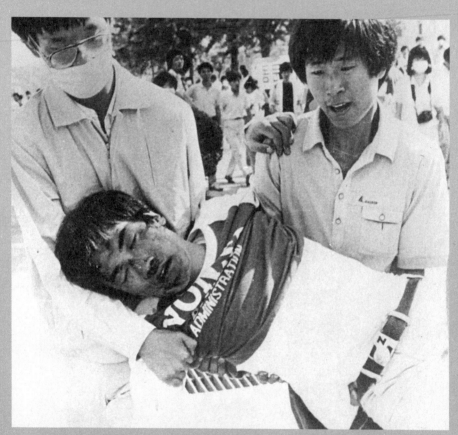

1987년 6월 9일 연세대생 이한열이 전두환 정권의 독재 타도와
5·18 진상규명 등을 외치는 시위에 참여했다가 전경이 쏜 최루탄을
맞았다. 이 사건은 학생과 시민 등 500만 명이 넘는 사람들이
민주화를 외치며 거리로 몰려나오는 계기가 됐다. ⓒ 조선일보

1987년 6월 10일 학생·시민들과 경찰이 대치하고 있다. 1987년 중반 해일처럼 일어난 '6월항쟁'은 권위주의에서 민주주의로, 강압 정치에서 법치 사회로 옮겨가는 전환점이 되었다. ⓒ 경향신문

거인단에 의한 대통령 간선제 대신 대통령 직선제 부활을 요구했다. 한편 1987년 1월 14일 서울대생 박종철이 치안본부 남영동 대공분실에서 물고문에 의해 사망한 사건이 일어났다. 이 사건은 전두환 정권의 야만성에 대한 국민들의 경각심을 불러일으켰고 국민들의 민주화 요구는 거세졌다. 이와 함께 대통령 직선제 개헌 논의가 활발하게 이루어지자 정권 유지에 불안을 느낀 전두환은 그해 4월 13일 모든 개헌 논의를 금지하는, 이른바 '4·13호헌조치'를 단행했다. 여야가 헌법안에 합의하면 개헌할 용의가 있지만, 야당의 억지로 합의가 불가능해졌기 때문에 어쩔 수 없이 간선제인 현행 헌법을 고수할 수밖에 없으며 따라서 일체의 개헌 논의를 중단시키고 1988년 2월 정부를 이양하겠다는 것이었다. 그러나 4·13호헌조치는 정권의 기대와는 반대로 범국민적인 민주화운동을 촉진시키는 역효과를 낳았다.

전국 각지에서 장기 집권의 음모를 비난하고 개헌을 요구하는 시위가 잇따랐다. 이 와중에 박종철이 애초에 당국이 발표한 내용과 달리 고문으로 인해 사망했다는 사실이 드러났다. 이후 국민들의 시위는 더욱 격렬해져 그해 6월, '군부독재 타도'와 '대통령 직선제 쟁취' 등을 외치는 시위대의 함성이 전국 도시의 거리를 가득 메웠다. 6월 9일 연세대생 이한열이 전두환 정권의 독재 타도와 5·18 진상규명 등을 외치는 시위에 참여했다가 전경이 쏜 최루탄을 맞아 사경을 헤맨다는 소식을 듣고 시민들의 분노는 더욱 커졌고, 이는 6월 10일 있었던 범국민대회 이후 20여 일간 학생과 시민 등 500만 명이 넘는 사람들이 민주화를 외치며 거리로 몰려나오는 계기가 됐다. 한편, 경찰이 쏜 최루탄에 머리를 맞아 의식을 잃은 이한열은 27일간 사경을 헤매다가 결국 1987년 7월 5일 세상을 떠났다. 민주화를 요구하는 엄청난 수의 국민들의 외침 앞에 당시 여당인 민정당

대통령 후보였던 노태우는 이른바 '6·29선언'을 통해 대통령 선거의 직선제 개정 요구를 수용한다는 약속을 할 수밖에 없었다.

박종철, 이한열 등 여러 민주 열사들의 희생이 있었지만 전두환 독재정권과 민주화를 외치는 국민들 사이에 1980년 광주와 같은 대규모 유혈 충돌은 발생하지 않았다. 사실 6월항쟁은 경찰력만으로는 통제가 불가능했고 따라서 전두환이 6월 민주항쟁을 진압하기 위해 군대 동원을 고려하지 않은 것은 아니었다. 그는 6월 19일 오전 10시 국방부 장관과 각 군 수뇌부, 안전기획부 부장을 불러 회의를 소집했고, 이 자리에서 주요 도시와 대학에 군 병력을 투입하기로 사실상 결정했던 것이다. 또 그는 군 병력 투입을 정당화하고 이에 대한 미국의 지지를 이끌어내기 위해 '6·29 선언' 닷새 전인 6월 24일 청와대에서 개스턴 시거 미국 국무부 차관보를 만나 "공공안전이 완전히 사라지고 무정부 상태가 발생할 경우 정부는 시민들의 안전을 보호하기 위해 필수적인 무력을 동원해야 한다"고 말했다. 군대 동원이 불가피하다는 것을 강조하기 위해 '공공안전의 완전한 소멸' '무정부 상태' '내전으로 치닫는 최악의 시나리오'를 운운하며 "이런 상황에서 미국은 국가를 파괴하려는 반란 세력의 편을 들어서는 안 된다"고 설득했던 것이다.

하지만 전두환 정권은 6월 민주항쟁을 5·18 때처럼 군대나 계엄령을 통해서 진압할 수 없었다. 전두환 정권이 군대 동원이라는 최악의 수를 실행에 옮기지 못한 데는 여러 가지 요인이 복합적으로 작용했다. 먼저 전두환 정권의 이상한 낌새를 눈치챈 미국이 적극적으로 나서 군부의 개입을 경고했고, 한국군 내부에서도 군대 동원에 대한 반발 움직임이 있었으며, 88올림픽이 불과 1년 3개월밖에 남지 않은 상황에서 유혈사태가 빚어져서는 안 된다는 우려도 작용했다. 하지만 무엇보다도 결정적이었던 것은 만일 군대를 동원했다가 시민들이 1980년 광주에서처럼 저항한다면 정권이 도저히 감당할 수 없는 상황에 이를 수 있다는 위기감이었다. 군대가 또다시 국민을 향해 총부리를 갖다 대는 일이 반복되어서는 안 된다는 전 사회적 반성이 전두환 정권을 포위했다. 군대가 정치에 다시 등장할 경우 이제 500만 명이 아니라 전 국민이 정권 반대를 외칠 수 있는 상황이었다. 1980년 광주의 5월은 1987년 6월 민주항쟁 당시 군대가 거리가 아닌 병영에 머물게 하는 결정적인 힘으로 작용했던 것이다. 6월 민주항쟁의 승리는 1980년부터 계속 진행되어온 5월운동이 가져온 결과였다.

광주청문회

6월항쟁 이후에 들어선 노태우 정권하에서 열린 '광주청문회'는 국민들에게 5·18의 진실을 알리는 큰 전환점이었다. 물론 이전에도 국회 차원에서 5·18 진상규명 문제가 제기되지 않은 것은 아니었다. 1985년 초 미국으로 망명했던 김대중이 한국으로 돌아오고, 이어서 그가 이끄는 신민당이 그해 2월 총선에서 성공을 거두어 '광주사태'를 공공연히 토론하는 것에 대한 금기를 깼고, 광주가 그해 봄 12대 국회에서 끊임없는 논쟁의 주제가 되긴 했어도 정부의 태도는 완강했다. 1985년 6월 7일에 나온 국방부의 공식 보고서는 광주사태 사망자 숫자에 대한 의혹이 제기되고 진실을 재조명해야 한다는 지적에 따라 윤성민 당시 국방부 장관이 국회 국방위원회에 답변으로 제출한 것이었다. 하지만 이는 계엄군의 폭력과 잔학성을 인정하기는커녕 오히려 군인들의 자제력을 칭찬하는 등 5·18 직후 1980년 5월 31일 자로 발표된 계엄사의 공식 설명과 별로 달라진 것이 없었다. 이는 광주 시민들이 요구하던 '진상규명'과는 거리

노태우 정권하에서 열린 '광주청문회'. 이 청문회는 국민들에게
5·18의 진실을 알리는 큰 전환점이었다. ⓒ 경향신문

가 멀었고 '광주 학살'에서 군의 역할에 대한 진지한 조사는 1988년 '광주청문회'에서야 비로소 가능해졌다.

전두환에 이어 대통령에 취임한 내란 주도 세력의 또 다른 핵심 노태우는 1988년 1월 대통령 자문기구로 '민주화합추진위원회'를 구성하여 5·18 문제를 해결하려고 시도했다. 민주화 이행과 광주 문제 해결 방안을 강구하겠다는 선거 공약에 따른 조치였다. '광주의거부상자회'와 '광주의거유족회'는 사망자가 2,000명에 이르고 그중 다수는 계엄군의 발포로 인해 사망한 것이라고 주장하며 철저한 진상규명과 책임자 처벌, 그리고 광주 시민의 명예 회복과 피해자에 대한 정신적·물질적 피해 보상 등을 요구했다. 하지만 민주화합추진위원회는 5·18의 성격을 '민주화 노력의 일환'으로 규정하고 '광주사태 치유 방안'을 내놓았을 뿐 정작 진상규명 요구는 묵살했다. 이듬해인 1988년, 5·18 진상규명은 중대한 호기를 맞게 된다. 같은 해 4월 총선에서, "5월 광주의 기억을 환기시키려는 세력과 그 기억을 지워버리려는 세력 간의 역사적 고지를 점령하기 위한 투쟁"[12]이 한창인 와중에, '여소야대'라는 정치 국면이 만들어진 것이다.

> 1988년 4월에 실시된 13대 총선에서 '여소야대'가 만들어지자 국회는 헌정사상 최초로 5·18청문회를 도입하였다. …… 본회의에서 '5·18광주민주화운동진상조사특별위원회 구성결의안'이 통과되어 '국회 광주청문회'가 시작되었다. 이와 동시에 '5공비리특위'도 구성되었다. 제한적이나마 5·18의 진상이 '광주청문회'를 통하여 온 국민들에게 처음으로 알려지게 됐고, 광주 학살의 진상을 처음으로 접한 국민들은 큰 충격에 빠졌다.[13]

1부. 5·18, 배경과 진행

광주청문회의 주요 쟁점은 첫째 5·18의 발단이 과잉 진압 때문인가 아니면 과격 시위 때문인가, 둘째 누가 집단 발포 명령을 내렸는가, 셋째 광주 학살에 미국의 책임은 없는가 등 크게 세 가지로 모아졌지만 이 각각의 쟁점에 대해 속 시원한 결론은 얻지 못했고 5·18의 진상을 철저히 규명하는 데에도 이르지 못했다. 5·18 당시 신군부와 계엄군의 잔학상에 대해 국민들의 분노가 들끓었지만 노태우 정권은 청문회가 야기한 위기를 1990년 2월 '3당 합당'을 통해 국회 구성을 '여대야소'로 전환시킴으로써 청문회 자체를 흐지부지하게 만들어버렸던 것이다. 결국 '광주청문회'는 5·18이 어떻게 일어났고, 누가 발포 명령을 내렸으며, 몇 명이나 희생되었는지 밝혀내지 못한 채 이 비극을 낳은 내란 주도 세력의 뻔뻔함만 확인하고 막을 내렸다.

3. 특별법 제정과 책임자 처벌

광주 문제 해결을 위한 5대 원칙

5·18 당시 미국 대통령이었던 지미 카터를 이어 1981년 집권한 로널드 레이건 대통령의 재임 기간 8년은 소련의 미하일 고르바초프가 등장하는 1987년까지 기본적으로 냉전적 국제 질서에 입각해 있었다. 이러한 국제 정세 속에서 대한민국의 1980년대 전반부는 냉전 이데올로기에 기초한 엄혹한 폭압 정치의 시대로서, 1970년대 박정희의 유신정권이 전두환을 중심으로 하는 신군부 권력으로 재편성되었고 1987년 6월항쟁까지 권위주의적 군부독재 체제를 견고하게 형성했다. 그러나 민주화운동은 1980년대 들어 확실히

대중화된다. 대표적으로 대학생들의 학생운동에 대한 참여가 크게 확산된다. 대학생들의 집회와 시위가 지속적으로 이어졌고 그 규모 또한 유신 시절과는 비교할 수 없을 정도로 커졌다. 학생운동애서 배출된 활동가를 중심으로 노동운동 역시 발전한다. 제도권의 보수 야당은 학생운동의 헌신성과 투쟁심을 필요로 했고, 민주화운동은 야당 정치권의 보호막이 필요했다. 야당 정치권의 적극적 참여는 당연히 광범위한 국민적 참여를 추동할 수 있었고 6월항쟁은 결국 승리했다.

한편 민주화운동의 급진화 경향도 뚜렷해졌다. 1980년대 들어서 철학, 경제학 등의 분야에서 일본의 좌파 서적이 번역 출판되는가 하면 마르크스나 레닌의 주요 저작이 영문판으로 복사되어 읽혔다. 기술적인 차원에서 복사기의 등장은 학생운동의 급진화와 대중화에 크게 기여했다. 1985년 말부터는 학생운동을 중심으로 북한의 주체사상도 소개되기 시작했다. 이때부터 반미 구호도 공개적이고 대중적으로 확산되었다. 국내의 역사학 및 경제학 분야에서 진보적 학자들의 저술이나 출판도 활발해졌다. 한편 주체사상이나 마르크스-레닌주의 같은 도그마에 기초하여 사회운동을 조직하려는 경향과 혁명론의 관점에서 민주화운동을 접근하려는 이론적 시도가 나타나기 시작했다. 학생운동이 이론적으로 급진적 경향을 나타내면서 민주화운동 역시 다양한 집단으로 분화되기 시작했다.

하지만 1980년대 사회운동의 중심이었던 학생운동은 1990년대 초반 이후 퇴조기를 맞게 된다. 일단 국제적으로는 고르바초프가 주도하는 소련의 개혁·개방 정책으로 미소 양국의 군축이 전개되면서 국제 정세는 탈냉전의 기조가 뚜렷해졌다. 세계적인 탈냉전의 흐름 속에서 노태우 정부 역시 소련과 동유럽 국가, 중국 등 공산권 국가와 수교했고 북한과는 기본합의서를 체결하고 비핵화 선언을 발표하는 등 한반도의 적대적 긴장도 완화되었다. 이른바 '문민정부'라고 자칭한 김영삼 정부가 출범하면서는 '역사 바로 세우기' 운동, 금융실명제 실시, 하나회 숙청, 비전향장기수 이인모 송환 등 남북 관계를 포함해 국정 전반에 굵직굵직한 가시적 변화가 나타나기 시작했다. 사회운동 내부에서도 이념적으로는 1990년대 초반 소련의 해체 이후 전통적인 마르크스-레닌주의 사상에 대한 의심과 회의가 커지기 시작한다. 도그마에 입각한 사상과 운동은 급속하게 부정당했다. 사회운동 일각의 방북 사건이나 '북한 바로 알기' 운동 등으로 북한에 대한 관심이 급속하게 커지긴 했으나 이 역시 1990년대 초중반을 거치면서 비판과 회의적 기조로 돌아선다. 결국 1980년대 초반부터 시작된 전통 좌파적 사상 이념의 경향은 10년 정도 타올랐다가 이내 스러져갔다.

그러는 가운데에서도 5월운동과 관련해 1990년대 초반의 특기할 만한 사항은 광주 문제 해결을 위한 5대 원칙이 정립되었다는 점이다. 광주 5·18 문제가 해결되기 위해서는 첫째 진상규명, 둘째 책임자 처벌, 셋째 피해 배상, 넷째 명예 회복, 다섯째 기념사업의 실시가 이루어져야 하며 5월운동은 바로 이러한 원칙 아래 행해져야 한다는 합의였다. 물론 이러한 원칙들은 이전부터 요구해오던 것들이었지만 이 시기의 합의는 이러한 요구들을 체계적인 운동의 목표로 정립했다는 데 의의가 있다. 이 가운데 논리적으로 가장 중요한 것은 5·18 당시에 실제로 무슨 일이 어떻게 벌어졌는가에 대한 규명, 곧 진상규명의 원칙이었다. 5월운동의 다른 목표들은 제일의 원칙인 진상규명을 전제로 해서만 추구될 수 있는 것이었기 때문이다. 이 '5대 원칙'은 이후 치열하게 전개된 책임자 처벌 운동의 지침이 되었을 뿐만 아니라 이행기 정의(transitional justice) 실현의 구체적 방향을 제시한 중요한 원칙으로 새롭게 평가받게 된다.

진상규명 활동과 관련하여, 노태우 정권에 접어들면서 5·18
의 정당성이 일정한 정도로 인정되고 정부의 억압이 이완되는 국면
이 도래하자 학술운동의 성격을 갖는 실태 조사와 연구 활동이 진
전되었다. 실태 조사는 1988년 5월 천주교 광주대교구 정의평화위
원회에서 실시한 '광주 시민사회 의식조사'가 중요한 시발점이 되
었다. 이 조사는 광주 시민과 유가족 및 부상자, 그리고 5월 단체를
대상으로 하여 5·18에 대한 인식과 문제 해결 방안에 대한 응답을
포함하고 있다.[14] 또한 이 시기 한국현대사사료연구소(현재 전남대학
교 5·18연구소의 전신)의 학술 활동 역시 주목할 만하다. 이 연구소는
1989년과 1990년에 광주항쟁을 주제로 한 학술 심포지엄을 개최하
는 한편 광주항쟁에 직접적 또는 간접적으로 참여했던 사람들 500
여 명에 대한 증언을 채록하여 출간함으로써 항쟁의 진상규명에 기
여했을 뿐만 아니라 5·18 연구의 기초 자료를 마련하는 의미 있는
성과를 이루어냈다.[15]

　　비록 진상규명이 제일의 목표이긴 했지만, 그럼에도 5월운동
은 그 전개 과정에서 5·18 문제 해결을 위한 정치·사회적 여건에 따
라 기념 사업과 같은 실현 가능성이 높은 목표에 우선순위가 주어
지고 진상규명과 같이 당장 해결되기 어려운 문제들은 장기적 과제
로 조정되는 과정을 거치면서 일정한 형태를 갖추어나갔다.

특별법 제정 운동

　　'광주청문회'가 유야무야 끝나버리자 5·18 당사자를 중심으
로 한 광주 시민들은 5·18 학살의 책임자를 밝히고 처벌하기 위한
사법투쟁을 전개하기 시작했다. 1988년 10월 '5·18광주민중항쟁동
지회'는 전두환, 노태우 등 당시 군 고위 지휘관 9명을 5·18 학살의

1995년 9월 30일 연세대와 고려대 학생들이 5·18특별법 제정 촉구 시위를 벌이고 있다. ⓒ 경향신문

책임자로 지목하고 고소했다. 하지만 검찰은 피고소인들을 소환, 조사하지도 않은 채 이 사건을 무혐의로 끝내버렸다.

　　1992년 대통령으로 당선된 김영삼은 5·16 군사정변 이후로는 군인 출신이 아닌 사람이 처음으로 대통령이 되었다는 의미로 정부의 명칭을 '문민정부'라 하고 이 정부가 5·18 정신을 계승한 민주 정부라고 밝혔다. 그러나 문민정부는 '5·18을 계승한다'고 말하면서도 5·18 진상조사와 가해자 처벌은 훗날의 역사에 맡기자고 했다. 이에 시민·사회단체들은 1994년부터 5·18 진상조사와 가해자 처벌을 위한 고소·고발 운동을 시작했다. 왜냐하면 5·18과 같은 사건에 대해서 법적으로 처벌을 요구할 수 있는 공소시효가 15년이라 시간이 매우 촉박했기 때문이었다.

1994년 5월 '5·18 진상규명과 광주항쟁 정신계승 국민위원회'는 5·18 당시의 유혈 진압 책임을 들어 전두환, 노태우 두 전직 대통령을 포함하여 모두 35명을 서울지방검찰청에 고발했다. 고소장에 "80년 5월의 시민 학살은 12·12쿠데타를 일으킨 반란군들이 정권 탈취를 위해 자행한 범죄"라며 "전 씨 등이 불법적으로 국회를 해산하는 등 국가기관을 전복하고, 저항하는 시민을 총칼로 살상했으므로 내란 및 내란목적 살인죄에 해당한다"고 주장했다. 이 고소장에는 약 27만여 명의 국민들이 서명했다. 그러나 검찰은 1995년 7월 18일 '공소권 없음' 결정을 내렸다. 이 결정은 '검사가 재판을 청구할 수 없다'는 것을 의미했다. 검찰은 어처구니없게도 '성공한 쿠데타는 처벌할 수 없다'는 이유를 제시했다. 즉, 5·18은 전두환의 집권 과정에서 일어난 일이고, 전두환은 무사히 집권하여 새로운 헌정 질서가 생겨났기 때문에 사법 심사의 대상이 될 수 없다는 것이다. 이러한 '불기소' 결정에 광주 시민을 비롯한 국민들은 크게 반발했다.

검찰의 '불기소' 결정 발표 당일 광주·전남 지역 136개 단체로 구성된 '5·18 학살자 기소 관철을 위한 공동대책위원회'는 긴급대책회의를 갖고 서울 명동성당에서 농성에 들어갔다. 7월 24일 5·18 사건 고소인들은 검찰의 불기소 처분이 위헌이라며 헌법재판소에 소원을 냈고, 7월 31일에 전국 54개 대학 7,000여 명의 교수들이 검찰의 불기소 처분에 항의하는 서명을 하는가 하면, 9월 30일에는 전국 대학교수 6,400여 명이 '5·18 기소 촉구' 서명 교수 모임을 발족하는 등 불기소 처분에 대한 비판 여론이 확산되어갔다. 한편으로는 헌법재판소의 결정과 재수사 등이 늦어질 경우 공소시효가 얼마 남지 않았다는 점을 우려해 공소시효를 연장하는 특별법이 필요하다는 논의가 대두되었다. 이에 따라 8월 25일에는 전국 78개 대학 3,000여 명의 교수들이 중심이 되어 '5·18특별법'을 만들자고 국회에 청원했다. 대학생들은 하루 동안 동맹휴업을 하기도 했다. 이로써 5·18특별법 쟁취를 위한 투쟁이 본격적으로 전개되기 시작했다. 삼복의 땡볕더위에 명동성당 입구의 길바닥에서 시작된 5·18 당사자들의 농성이 180여 일 동안 진행되었고 검찰의 불기소 결정을 뒤집기 위한 지식인과 법률가들의 법리적 검토가 지속되었다.

　　5·18특별법 제정을 위한 투쟁이 이어지는 가운데 뜻하지 않게 전두환·노태우를 처벌할 수 있는 기회가 생겼다. 두 전직 대통령이 엄청난 액수의 돈을 재벌들에게 받아서 감춰놓은 사실을 10월 19일 민주당 박계동 의원이 국회에서 폭로한 것이다. 그때는 헌법재판소에서 '5·18 내란죄는 공소시효가 만료됐다'는 결정을 내릴 것이라는 전망이 우세한 가운데 5·18 책임자 처벌을 위한 사법투쟁과 특별법 제정 운동이 동력을 차츰 잃어갈 즈음이었다. 이때 터져나온 '노태우 비자금' 폭로 사건으로 국민들은 크게 분노했다. 5·18 진상규명과 책임자 처벌 문제를 '역사의 심판에 맡기자'고 버티던 김영삼 대통령은 11월 24일 5·18특별법을 제정하라고 전격적으로 지시했다. 이는 검찰이 '성공한 쿠데타'는 사법 심사의 대상이 되지 않는다고 발표한 지 4개월 만에 일어난 일이었다. 또한 11월 30일, 그전에 불기소 처분을 한 수사팀을 배제한 새로운 인적 구성으로 '12·12 및 5·18 특별수사본부'가 설치되었고 이로부터 이틀 후인 12월 3일, 비자금 혐의로 11월 16일 이미 구속된 노태우에 이어 전두환 역시 전격 구속되었다.

　　한편 11월 29일에는 검찰의 5·18 불기소 처분에 대해 헌법소원을 냈던 당사자들이 이를 취하했다. 자칫 헌법재판소의 결정이 불필요한 법리 논쟁을 불러일으키고 특별법 제정에 걸림돌이 될 수 있는 소지를 피하기 위해서였다. 이에 12월 16일 헌법재판소는 헌법소원 청구인들의 소 취하를 받아들여 검찰의 5·18 불기소 처분이 위헌인지 여부를 공식적으로 판단하지 않고 심판 절차를 끝냈으나 헌법소원 취하에 대한 반대 의견을 통해 '성공한 내란도 처벌할 수 있다'는 당초의 결정 내용을 공개했다. 이는 법적 구속력은 없으나 사실상 결정을 선고한 것과 같은 효과를 거두었다. 내란죄 공소시효 연장을 골자로 한 특별법의 위헌 논란이 불필요해졌고 헌재가 심판 절차 종료를 선언함으로써 검찰의 재수사와 특별법 제정은 아무런 영향도 받지 않게 됐으며 검찰의 불기소 처분이 위헌임을 지적함으로써 검찰의 재수사 착수에 정당성이 부여됐다.

마침내 1995년 12월 21일, "1979년 12월 12일과 1980년 5월 18일을 전후하여 발생한 헌정질서 파괴 행위에 대한 공소시효 정지에 관한 사항 등을 규정한" '5·18민주화운동 등에 관한 특별법'이 국회에서 제정되었다. 그리고 이 5·18특별법에 따라 1996년 8월 26일, 전두환과 노태우의 죄를 묻는 재판이 열렸다. 대통령까지 지낸 전두환, 노태우 두 사람은 푸른 수의를 입고 법정에 서야 했다.

5·18 재판

전두환, 노태우의 5·18 내란을 처벌할 수 없다는 검찰의 결정이 국민 각계의 광범한 항의에 직면한 상황에서 국회는 '헌정 질서 파괴 범죄의 공소시효 등에 관한 특례법'과 '5·18민주화운동 등에 관한 특별법'(5·18특별법)을 제정하여 헌정 질서 파괴 범죄(형법상의 내란죄와 외환죄, 군형법상의 반란죄와 이적죄 등)에 대하여는 공소시효의 일반 규정을 적용하지 않기로 했다. 또 5·18특별법에서는 그런 범죄에 대하여 국가의 소추권 행사에 장애 사유가 존재한 기간은 공소시효의 진행이 정지된 것으로 보았다.

1996년 8월 26일 12·12 및 5·18 사건과 비자금 사건의 1심 선고공판에 나란히 손을 잡고 선 전두환과 노태우. 이 재판에서 전두환은 사형, 노태우는 무기징역을 선고받았다. ⓒ 경향신문

5·18과 12·12 사건 피고인 16명에 대한 첫 공판은 1996년 3월 11일 오전 서울지방법원에서 열렸다. 전직 대통령 두 사람의 내란 여부를 판가름하는 재판답게 관여 검사 8명, 변호인 30명이 맞서 포진한 역사적인 법정이었다. 어떤 신문은 이 재판 시리즈 기사에 '세기적 재판'이라는 제목을 붙이기도 했다. 이 재판은 그해 8월 1일까지 무려 공판이 33회(비자금 사건 공판 6회 포함)나 열렸고, 때로는 야간 재판까지도 거듭하는 대장정이었다. 위헌 소지가 있는 특별법에 의한 공소 제기의 합헌 여부, 정승화 육군참모총장 체포의 적법 여부, 집권 시나리오에 의해서 계획된 5·18의 국헌 문란 행위 여부, 광주 시민 학살 책임 등에 관한 검찰과 변호인 측의 공방이 오갔다. 검찰의 공소 사실은 12·12를 신군부의 경복궁 모임에서 비롯된 군사반란으로, 5·18은 당시 신군부가 '시국 수습 방안'에 따라 5·17 비상계엄을 전국에 확대할 때부터 1981년 1월 25일 비상계엄을 해제할 때까지의 내란으로 보았다.

12·12 및 5·18 사건과 비자금 사건의 1심 선고공판은 1996년 8월 26일 오전 10시에 열렸다. 판결은 12·12를 전두환·노태우가 주동이 되어 정승화 육군참모총장을 제거하고 군의 주도권을 장악하려 한 군사반란이라고 본 검찰의 공소 사실을 그대로 인정했고, 5·18과 관련해서는 5·17 비상계엄 확대 조치, 국회 봉쇄, 정치인 체포, 5·18 초기 강경 진압 등을 '폭동'으로 보았다. 한편 비자금 수수에 대해서는 대통령의 직무와 관련된 '포괄적 뇌물'이라는 판단을 내림으로써 통치 자금 또는 정치 자금이니 뇌물성이 없다는 변호인 측의 주장을 배척했다. 1심 재판에서 전두환은 사형, 노태우는 무기징역을 선고받았다.

서울고등법원에서 열린 항소심 재판은 1996년 10월 7일 첫 공판이 시작되어 12월 16일 선고 공판이 이루어졌다. 항소심 판결은 법리 판단을 엄격히 한 반면 1심 판결에 비해 양형이 완화되었다. 주목할 대목은 이 판결에서 '성공한 쿠데타'에 대한 가벌성을 분명하게 밝혀놓았다는 점이다. 즉 성공한 쿠데타가 대부분 처벌되지 않는 것은 법을 집행하는 사람의 힘이 부족하기 때문이며, 따라서 쿠데타의 처벌 문제는 법의 효력이나 이론의 문제가 아니라 집행 및 실천의 문제라고 했다. 이 판결은 "광주 시민들의 대규모 시위는 주권자이자 헌법 제정 권력인 국민으로서 신군부 측의 국헌 문란 행위에 맞서 헌법 수호를 위해 결집을 이룬 것"으로 "피고인들이 이를 폭력으로 분쇄한 것은 명백한 내란 행위"라고 규정했다. 비상 계엄의 확대와 계엄군의 강경 진압은 폭동이며, 국보위 설치 및 운영은 국헌 문란에 해당하고, 정승화 육군참모총장의 연행은 수사권 행사 요건을 갖추지 못한 불법 행위라고 판단했다. 내란죄의 공소시효에 관해서도 2심 판결은 비상계엄 해제일인 1981년 1월 25일을 기산점으로 본 검찰의 주장 및 1심 판결과는 달리 1987년 6·29선언까지는 내란 행위가 종결되지 않은 것으로 판시했고 따라서 내란죄의 공소시효는 1996년 1월 24일이 아닌 2002년 6월 29일에 완성되는 것으로 보았다. 한편 전두환은 무기징역, 노태우는 징역 17년 형으로 감형되었지만, 1심에서 무죄가 선고된 정호용, 황영시 두 피고인의 내란 목적 살인 혐의가 유죄로 바뀌었으며, 광주 재진입 작전의 수립 및 실행에 참가한 전두환(당시 육군 보안사령관, 계엄사 합동수사본부장, 중앙정보부장), 정호용(당시 육군 특전사령관), 황영시(당시 육군 참모차장), 주영복(당시 국방부 장관), 이희성(당시 계엄사령관) 피고인에 대해 1심과 달리 내란 목적 살인죄를 적용했다.

　　이와 같은 항소심 판결은 대법원에서도 거의 그대로 받아들여져, 대법원은 1997년 4월 18일 '12·12사건은 명백한 군사반란'이었고 5·18은 '내란 및 내란 목적을 위한 살인 행위'였다고 판결했다.

특히 대한민국의 헌법 질서는 제헌헌법의 제정을 통해서 국민주권주의, 법치주의, 자유민주주의 및 기본권 보장 등을 내용으로 수립되었으며 그 후 여러 차례 헌법 개정이 이루어졌지만 이 기본적인 헌법 질서의 내용은 그대로 유지되었기 때문에, 군사반란과 내란에 성공하여 정권을 장악했으나 이를 통해서 새로운 법질서를 수립했다고 볼 수는 없음을 명확히 했다. '성공한 쿠데타'의 가벌성이 재차 확인된 것이다. 또한 "신군부와 계엄군에 의해 저질러진 과격한 시위 진압 행위는 시민을 향한 폭력 그 자체로서는 국토를 참절하거나 국헌을 문란할 목적의 폭동이라고 할 수 없고 또 시민적 결집을 '헌법에 의하여 설치된 국가기관'에 준하는 존재로 인정하는 것은 죄형법정주의에 위배되나 대신 이와 같은 과격한 시위 진압 행위는 헌법에 의하여 설치된 국가기관인 대통령과 국무위원을 효과적으로 협박하여 심리적으로 강압하는 기능을 수행하였다는 측면에서 폭동에 해당한다"고 명시했다. 1995년부터 시작되어 3년여 만에 끝난 5·18 재판을 통해 1980년 5월의 진짜 '폭도'는 광주 시민이 아니라 바로 신군부와 계엄군이었음이 사법적으로 확인된 순간이었다.

　　이로써 17년에 걸친 오랜 투쟁 끝에 5·18민주화운동에 대한 사법 처리가 마무리되었다. 이어 1997년에는 5월 18일이 국가기념일로 선포되고 망월동 양지 바른 곳에 신묘역이 새로 만들어져서 5월 영령들이 이곳에 다시 모셔졌다. 또한 2002년에는 '5·18 민주유공자 예우에 관한 법률'이 제정되어 5·18 관련자 전원이 국가 유공자로 인정받았으며, 2011년에는 5·18 기록물이 유네스코 세계기록유산에 등재되었다. 5·18 재판 이후 5·18 문제 해결을 위한 5대 원칙, 곧 진상규명, 책임자 처벌, 명예 회복, 피해 보상, 기념사업 등이 모두 어느 정도 성과를 거둔 것이다. 하지만 진상규명과 가해자 처벌 등의 과제는 완수되었다고 볼 수 없다. 5·18 재판은 학살 책임에서 자유로울 수 없는 현장 지휘관들이 전혀 처벌되지 않았고 재판 과정에서 행해진 수많은 위증 혐의와 책임 회피에 대해서도 제대로 추궁되지 않고 마무리됐다. "법정의 논리는 눈에 보이고 손에 잡히는 실증으로 범죄를 증명해야 했다. 실증이 없으면 그들이 무슨 죄를 저질렀건, 역사를 어떻게 파괴했건, 무슨 피해를 일으켰건, 실정법으로 심판하기는 어려웠다. 오히려 재판을 통해 면죄부를 주거나 범죄의 더러운 얼룩을 세탁해주는 지경이었다."[16] 이러한 한계에도 불구하고 5·18 재판이 지니는 의미는 결코 적지 않다.

심판하여 처벌하는 일은 현재에 부여된 임무이다. 이는 또 다른 잘못을 예방하는 일이고 무엇보다 범죄로 야기된 피해를 복구하고 피해자를 구제하는 일이다. 하지만 이 재판이 다소 미흡했더라도 지난 역사의 정의와 불의의 시비를 가려 명확하게 했으며, 쓰라린 역사의 상처를 어루만져준 소중한 계기였다. 이는 광주 시민들이 비록 1980년에는 최정예의 특수부대를 앞세워 자행된 학살 만행에 한때 패배하였지만, 역사 속에서 마침내 그 반역의 현실을 뒤엎고 승리했음을 제도적으로 확인하고 역사로 공인한 것이다. 20세기 한때 많은 지역에서 만연했던 군사독재, 군부 권위주의를 사법적 단죄를 통해 역사적으로 심판한 것인데 이는 인류 역사의 진보에 있어서 큰 의미가 있는 일이다. 어느 나라 역사든 항상 순조롭고 영광스럽게 전개될 수만은 없다. 곧 한국의 현대사는 5·16부터 비롯된 쿠데타와 군사반란으로 30여 년간 이어진 불의와 폭력에 굴복하거나 좌절하지 않고 마침내 민주화를 쟁취하였다는 데 큰 의미가 있다. 그 역사의 한 중심에 광주의 5월 민중항쟁이 자리하고 있다. 이 5·18 항쟁의 의미와 가치를 계승 발전시키는 일이 '전·노 재판'의 목적이었다.[17]

4. 에필로그: 국제적인 운동으로서 5월운동

앞서 봤듯이 유족과 행방불명자 가족, 부상자, 구속자 등 당사자로부터 시작된 5월운동은 광주라는 지역에 고립되어 있지만은 않았다. 5월운동은 대학생들의 학생운동을 매개로 점차 전국으로 확산되어갔고, 이는 대한민국의 국경을 벗어났다. 아니, 사실 5월운동은 그 시작에서부터 국제적인 운동이었다. 한국의 언론이 철저한 통제를 받고 있던 5·18민주화운동 당시 맨 먼저 광주의 소식을 세계에 알린 건 외신이었다. 독일 공영방송 아시아 특파원 위르겐 힌츠페터, 프랑스 《르몽드》 기자 필리프 퐁스, 미국 《뉴욕타임스》 서울 주재 기자 심재훈 등이 가장 먼저 광주의 소식을 세계로 타전했다. 5월 20일 오전 광주에 도착한 힌츠페터는 광주 현장을 필름에 담았고 21일 오후 그 필름을 독일 함부르크에 있는 본사에 보내기 위해 무려 22시간에 걸쳐 검문을 뚫고 서울을 거쳐 일본 도쿄까지 직접 가지고 갔다. 필름만 넘겨주고 23일 광주로 돌아온 그는 그때부터 계엄군이 물러간 이후 시민군의 활동과 궐기대회 등의 장면을 찍었다. 1987년 6월항쟁의 기폭제가 된 이른바 '광주비디오'도 그가 찍은 영상을 기초로 편집한 것이었다. 또한 23일 《뉴욕타임스》와 《르몽드》에 광주 소식이 보도된 것을 기화로 전 세계 언론이 파견한 기자들이 광주로 쇄도했다. 그들의 보도는 국내 언론 보도와는 전혀 달리 편견 없이 광주의 소식을 전달했고 이는 세계의 여론을 움직이는 데 크게 기여했다.

또한 당시 광주에 거주하던 해외 선교사들과 평화봉사단 활동가들의 노력도 광주의 진실을 알리는 데 중요한 역할을 했다. 미국 남침례교회 선교사로서 5·18 당시 광주에서 사역하던 아놀드 피터슨은 1980년 5월 26일 자신이 미국 CBS 기자와 한 인터뷰가 불과

22시간 후에 미국에서 전파를 탄 사실을 회고하며 현대 통신의 경이로움을 다음과 같이 술회한 바 있다.

미국 CBS 방송사의 기자가 (5월 26일) 오전 9시 30분쯤에 헌틀리 선교사네 집에 왔다. 그는 우리가 함께 카메라를 향해 직접 녹화 인터뷰에 응해줄 것을 요구했다. …… 다른 사람들보다 내가 더 자주 도시 주위를 살펴보았기 때문에, 많은 질문들이 내게 쏟아졌다. 우리 모두는 하나같이 현 소요의 근본적 원인이 학생들의 잘못된 행동이 아니라 군인들의 비행임을 분명히 밝혔다. …… 이 CBS 인터뷰는 현대 커뮤니케이션에 있어서 교훈을 주는 하나의 경이적 사건이었다. 인터뷰는 광주에서 월요일인 5월 26일 오전 10시쯤에 끝났다. 광주시는 한국 군인들에 의해 포위되어 있어서 나머지 세계로부터 차단된 것처럼 보였다. 모든 도로가 군인들에 의해 차단되었는데 뉴스 리포터들이 도시에 들어올 수 있었던 것이 하나의 경이적 사건으로 보였다. 이후에 나는 우리가 인터뷰한 부분이 인터뷰가 있은 지 22시간 후인 오후 6시에 미국 CBS 저녁 뉴스 시간에 방영되었다는 것을 알게 되었다. 분명 녹음된 테이프가 직접 인편으로 서울로 이동되어서 도쿄까지 전달되고, 도쿄에서 위성으로 미국으로 보내진 것이다.[18]

피터슨 목사는 광주의 진실이 알려지는 데 중요한 요인으로 '경이로운' 현대 통신의 역할을 들고 있지만 정작 현대 통신의 역할보다 더 경이로웠던 것은 바로 이들, 오랫동안 한국의 인권운동에 동참해온 광주의 외국인 선교사들과 서울을 중심으로 활동하던 '월요모임(Monday Night Group)' 선교사들의 헌신이었다. 이들 역시 스스로, 혹은 다른 선교사들이 촬영한 사진들을 위험을 무릅쓰고 은밀히 해외로 전했고 자신들이 목격한 광주의 진실을 가감 없이 알렸다.

광주의 진실을 알리는 데 해외 동포들의 역할 또한 간과할 수 없다. 해외에서 광주 학살에 대한 최초의 항의가 일어난 곳은 미국 시카고였다. 현지 시각 5월 26일 오후 1시, 600여 명의 재미교포, 유학생, 그리고 일부 현지인들이 알바니뱅크 광장에 모여 광주 시민의 민주화 투쟁을 지지하고 전두환의 퇴진을 촉구했다. 시카고의 한인들이 모여 광주 학살에 대해 항의 집회를 하고 있을 그 시간, 광주의 시계는 5월 27일 새벽 3시를 가리키고 있었고 이때는 계엄군이 광주에 재진입하여 도청 진입작전을 펼쳐지고 있던 터라 시카고에서의 함성은 미처 광주에 전해지지 못했다. 알바니뱅크 광장에서 벌어진 이날 집회에는 1972년 장로교 선교사로 한국에 와서 월요모임 일원으로 활동했던 린다 존스도 있었다. 그녀는 1974년 시카고로 되돌아와 한국계 미국인들, 그리고 다른 기독교인들과 함께 아시아의 인권 향상을 돕는 모임을 조직하여 이끌고 있는 중이었다. 이 항의 집회에서 린다 존스는 "카터 대통령, 이것이 당신의 인권 정책인가(President Carter, Is This Your Human Rights Policy?)"라고 쓰인 피켓을 들고 카터 행정부의 광주에 대한 침묵에 항의했다. 또한 한국의 언론이 침묵하고 있던 그때 시카고 한국일보 편집인 조광동 역시 향후 자신에게 닥칠 고난을 예감한 채 광주의 소식을 현지 동포에게 전달했다.

광주항쟁이 일어났을 때 저는 한국일보 외신부 기자로 시카고에 파견되어 한국일보 시카고 지방판을 책임 맡고 있었습니다. …… 광주 시민들의 분노한 함성의 파도가 미국 텔레비전과 신

문을 통해 숨 가쁘게 보도되면서 미국에 사는 동포들의 가슴에
도 작은 물결이 일었습니다. 이 장엄한 역사의 함성을, 그러나,
한국에서 제작된 신문은 보도할 수가 없었습니다. 그것은 인간
양심의 또 다른 좌절이었고 기자에겐 분노였습니다. 저는, 비록
미국 시카고의 한 모퉁이에서 작은 목소리지만, 이 시대의 역사
를 기록하고 보도해야 한다는 생각을 했습니다. 그것은 용기가
아니라 용기 있는 사람들에 대한 존경이었고, 역사가 불의 속에
서 격랑할 때 함께 항해하지 못하지만 희생과 헌신을 기억하려
는 최소한의 인간 도리였습니다. 민주주의와 정의를 목말라하
는 사람들과 다짐하는 역사를 향한 호소였습니다. 그리고 역사
에서 정의를 믿는 사람들과 함께 희망을 붙잡는 자기 확인이었
습니다. (조광동의 '5·18언론상' 수상 소감, 2016.8.24)

미국에서는 시카고를 필두로 로스엔젤리스, 워싱턴, 뉴욕 등
지에서 현지 동포들을 중심으로 광주 학살에 대한 항의 시위가 이
어졌다. 독일에서도 힌츠페터가 보낸 필름을 토대로 광주 보도가
나간 이후 베를린, 프랑크푸르트 등지에서 광주 학살에 항의하는
투쟁이 이어졌다.

1980년 5월 22일 독일 제1공영방송은 광주에서 군인들이 백주
대낮에 무자비하게 시민들을 학살하는 장면을 처음으로 방영
하였다. 이를 접한 독일 동포들은 치솟는 분노로 터지는 가슴을
안고 각 도시, 지역마다 서로 연락하며 정보를 교환하였다. 5월
28일, 베를린공과대학에서 '투쟁하는 조국의 애국시민을 위한
재베를린 한국인 모임'이 단식투쟁에 들어갔으며, 프랑크푸르
트에서도 '광주 시민에 연대하는 한국인 모임'이 같은 날 10시부

터 시내 중심에 있는 니콜라이 교회에 모여 단식투쟁에 들어갔다. 5월 30일, 당시 서베를린의 가장 번화가인 쿠담에서 '투쟁하는 광주 시민과 연대하는 데모와 학살 성토대회'를 열었다. 약 5백여 명이 참가하여 베를린 올리버 광장에서 비텐베르그 광장까지 가두행진을 하였다. 인도에서 응원하는 시민들에게 광주 학살을 알리는 전단지를 나누어주며 약 3시간 동안 시가행진을 하였다. 성토대회장에서는 약 2시간 동안 토론과 호소를 하여 베를린 시민들에게 광주 학살을 알렸다.[19]

독일의 경우에는 1980년 이후 30년 동안 '5월민중제'를 지속해오고 있으며, 미국의 경우에는 광주의 사회운동가 윤한봉이 신군부 세력의 체포를 피해 미국에서 망명생활을 하는 동안 5월운동의 중심적 역할을 수행했다. 광주의 진실은 전국적 확산 과정을 거친 다음에 국제적 인정을 받게 된 것이 아니라 오히려 국제적 확산 과정을 통해 국가적 인정을 획득했고, 이렇게 보면 5·18은 전국화에 앞서 세계화를 먼저 겪은 셈이었다. 그렇다면 결론적으로 과연 5·18의 무엇이 이렇듯 5월운동을 그 시작부터 국제적인 운동으로 만든 것일까? 이 물음에 대한 해답의 일부는 아마도 1980년 5월 광주의 참상을 목격했던 한 인류학자가 스스로 묻고 찾아낸 대답에서 찾을 수 있을 듯하다.

1985년 4월 전두환이 그의 두 번째 공식 방문을 위해 워싱턴에 도착했을 때, 한국 군부에 대한 미국의 지원에 항의하고 전두환 정권의 반대 세력에 주목을 끌기 위해 여러 사회운동 단체에서 시위를 조직했다. 시위 주최 측에서는 붉은 반점 위에 그저 한글로 '광주'라고만 쓴 단순한 포스터를 제작했다. 이 포스터는 시위자들이 들고 있던 플래카드에도, 티셔츠와 자동차 범퍼에 붙이는 스티커에도, 그리고 워싱턴 주변의 10개의 광고판에도 등장했다. ……

(포스터 속) 이 이미지의 무엇이 그리도 강력했기에, 무엇이 그토록 호소력이 있었기에, 1985년에, 한국의 반정부 정서와 민주 개혁에 대한 국민의 열망을 모두 상징하는 데 선택된 것일까? 또한 얼마나 강력한 것이기에 미국에 있던 한국인 망명가들뿐만 아니라 국제 인권운동가들과 한국계 미국인 그룹들도 그 기치하에 서 있었단 말인가? …… 1980년 5월의 사건들은 그저 어느 한 지역의 비극이 아니라 국가적 비극의 역할을 떠맡고 있다. 좀 더 넓은 시각으로 옮겨서, 즉 광주 포스터의 시각과 국제 인권 공동체라 할 수 있는 것의 시각에서 보더라도 광주가 의미하는 바는 크게 다르지 않다. 하지만 이러한 맥락에서 광주는 단지 한국 정부의 반대편에 서 있는 것만은 아니다. 1984년에 브루스 커밍스는 광주"항쟁"이 단지 전두환의 정권 찬탈에만 반대한 것이 아니라 "한국의 독재를 지지하는 미국에도 반대한 것"이라고 썼다. 그것은 단지 "한국의 일화"일 뿐인 게 아니라 "미국의 손에도 피가 묻었다"는 것이다. 커밍스는 다음과 같이 말한다. "그 본질에 있어 광주항쟁은 반골적이고 투쟁적인 전라도 사람들에 대한 커다란 찬사이다. 그들은 외세와 경제적 불평등 그리고 독재에 항거함으로써 자신의 인간 됨을 증명했다. 그들의 역사는 자랑스러운 역사이며 우리 모두에게 귀감이 된다." 전두환이 광주의 유혈사태에 책임이 있는 만큼 광주는 한국에서 민주화운동의 상징이 되었다. 그러나 미국 정부 역시 과오가 있다는 것이 밝혀짐에 따라, 광주는 더 큰 의미를 지니게 되었고, 이는 제3세계에서 미국의 외교 정책이 실패했음을 상징한다. 이렇게 보게

되면 광주는 단지 과거에 불행한 일을 겪은 한국의 한 도시가 아니라, 미국 및 다른 강대국의 군사적 영향하에 있으면서 자본주의 경제에 종속된 전 세계의 모든 장소를 대표한다. 그리고 결국 광주의 시민들은 단지 정부의 탄압의 희생자가 아니라, 미국의 이해에 의해 지원받는 권위주의적 체제에 의해 기본 자유와 인권이 거부된 모든 사람들을 대표하게 되는 것이다.

그리고 광주로 여행하는 것, 이 도시와 그 순교자의 무덤으로 '순례'를 떠나는 것은 단지 한국 정부에 대해 항의하는 몸짓만이 아니라 전 세계에서 억압에 대항하여 투쟁하고 있는 많은 저항가들과의 연대의 증명이라는 의미를 가지게 된다.[20]

더 생각해보기

5·18민주화운동이 현재와 같은 존경과 기념의 대상이 된 데에는 진실을 추구했던 수많은 사람들의 노력이 있었다. 하지만 진실을 알기기 위한 노력 가운데에는 분신 또는 투신자살이라는 극단적 선택도 있었다. 그들이 그러한 선택을 하게 된 이유는 무엇일까?

깊이 생각해보기

5·18민주화운동이 현재의 평가를 얻기까기는 과거의 불의를 바로잡기 위한 고통스러운 노력이 수반되었다. 하지만 이렇듯 역사적 정의를 세우는데 우리는 과거 우리나라가 다른 나라 사람들에게 저지른 범죄에 대해서는 지나치게 관대하거나 침묵하고 있지는 않을까? 베트남전쟁에 대한 한국군의 참전을 예로 생각해보자.

참고문헌

5·18기념재단,《5·18, 그 위대한 연대》, 5·18기념재단, 2016.

광주민주화운동기념사업회 엮음, 황석영·이재의·전용호 기록,《죽음을 넘어 시대의 어둠을 넘어》, 창비, 2017.

김동춘, 〈1980년대 민주변혁운동의 성장과 그 성격〉, 학술단체협의회 편, 《6월민주항쟁과 한국 사회 10년 1》, 당대, 1997.

김철원,《그들의 광주: 광주항쟁과 유월항쟁을 잇다》, 한울, 2017.

나간채,《한국의 5월운동: 민주·인권·정의를 위한 17년의 항쟁사》, 한울, 2012.

아놀드 피터슨,《5·18 광주사태》, 정동섭 옮김, 풀빛, 1990.

안병욱, 〈전두환·노태우 사법 판결의 역사적 의미와 한계〉, 5·18기념재단, 《전두환·노태우 대법원 판결 20주년 학술대회 자료집》, 2017.

이창동, 〈작가 소묘: 영혼을 두드리는 따뜻한 이야기〉, 임철우,《그 섬에 가고 싶다》, 살림, 1991.

전남사회운동협의회 엮음, 황석영 기록,《죽음을 넘어 시대의 어둠을 넘어》, 풀빛, 1985.

정해구,《전두환과 80년대 민주화운동: '서울의 봄'에서 군사정권의 종말까지》, 역사비평사, 2011.

천주교 광주대교구 정의평화위원회,《광주 시민 사회의식 조사》, 빛고을출판사, 1988.

한국현대사사료연구소,《광주오월민중항쟁사료전집》, 풀빛, 1990.

한승헌,《재판으로 본 한국 현대사》, 창비, 2016.

International League for Human Rights and the International Human Rights Law Group, *Democracy in South Korea: A Promise Unfulfilled*, New York: International League for Human Rights, 1985.

Lee Jae-eui, *Kwangju Diary: Beyond Death, Beyond the Darkness of the Age*, Los Angeles: University of California, 1999.

Linda S. Lewis, *Laying Claim to the Memory of May: A Look Back at the 1980 Kwangju Uprising*, Honolulu: University of Hawai'i Press, 2002.

Jim Stentzel eds., *More Than Witnesses: How a Small Group of Missionaries Aided Korea's Democratic Revolution*, Korea Democracy Foundation, 2006.

미주

1 Lee Jae-eui, *Kwangju Diary: Beyond Death, Beyond the Darkness of the Age*, University of California, 1999, pp.12-13.

2 Ibid, p.12.

3 International League for Human Rights and the International Human Rights Law Group, *Democracy in South Korea: A Promise Unfulfilled*, International League for Human Rights, 1985, p.49.

4   Linda S. Lewis, *Laying Claim to the Memory of May: A Look Back at the 1980 Kwangju Uprising*, University of Hawai'i Press, 2002, p.76.

5   이창동, <작가 소묘: 영혼을 두드리는 따뜻한 이야기>, 임철우, 《그 섬에 가고 싶다》, 살림, 1991, 276~278쪽.

6   김철원, 《그들의 광주: 광주항쟁과 유월항쟁을 잇다》, 한울, 2017, 8~9쪽.

7   Jim Stentzel eds., *More Than Witnesses: How a Small Group of Missionaries Aided Korea's Democratic Revolution*, Korea Democracy Foundation, 2006, p.28.

8   이해찬 외, 《기억하는 자의 광주》, 돌베개, 2010, 388쪽.

9   Jim Stentzel eds., *More Than Witnesses: How a Small Group of Missionaries Aided Korea's Democratic Revolution*, p.28.

10 https://ko-kr.facebook.com/TheBlueHouseKR/posts/1932563260365238

11 나간채, 《한국의 5월운동: 민주·인권·정의를 위한 17년의 항쟁사》, 한울, 2012, 418쪽.

12 김동춘, <1980년대 민주변혁운동의 성장과 그 성격>, 학술단체협의회 편, 《6월민주항쟁과 한국 사회 10년 1》, 당대, 1997, 99쪽.

13 광주민주화운동기념사업회 엮음, 황석영·이재의·전용호 기록, 《죽음을 넘어 시대의 어둠을 넘어》, 창비, 2017, 481쪽.

14 천주교 광주대교구 정의평화위원회, 《광주 시민 사회의식 조사》, 빛고을출판사, 1988.

15 한국현대사사료연구소, 《광주오월민중항쟁사료전집》, 풀빛, 1990.

16 안병욱, <전두환·노태우 사법 판결의 역사적 의미와 한계>, 5·18기념재단, 《전두환·노태우 대법원 판결 20주년 학술대회 자료집》, 2017, 14쪽.

17 같은 책, 17쪽.

18 아놀드 피터슨, 《5·18 광주사태》, 정동섭 옮김, 풀빛, 1990, 152쪽.

19 이종현 증언, 5·18기념재단, 《5·18, 그 위대한 연대》, 5·18기념재단, 2016, 11쪽.

20 Linda S. Lewis, *Laying Claim to the Memory of May: A Look Back at the 1980 Kwangju Uprising*, pp.89-93.

2부

5·18
이후의
5·18

4장

상처 입은 자, 그들의 부서진 삶

김정인

5·18에서 살아남은 자, 살아도 사는 것 같지 않고 죽은 것과 마찬가지였던 그들의 삶은 오래도록 외면받았다. 5·18의 진상규명과 책임자 처벌, 사죄와 보상이라는 과거 청산의 길을 걷는 동안 그들은 숨죽이며 고통을 삼켰고, 하나둘 스러져갔다. 그렇게 한참 세월이 흐르고 세상은 조금씩 그들의 삶에 다가갔다. 그들의 고통스러운 기억과 삶을 듣고 기록하며 함께 울고 분노하며 위로했다. 그렇게 조금씩 세월이 흐르며 공감의 지평은 넓어져갔다. 여기서는 '그'와 '그녀'가 풀어놓은 이야기에 귀 기울이며 이미 스러져간 삶과 아직도 계속되고 있는 부서진 삶을 들여다보자. 우리 모두가 기억하고 보듬어야 할 상처 입은 자들을 잊지 않고 함께 치유의 길로 나아가기 위한 첫발을 내딛어보자.

1. 살았으되, 죽은 삶들

평범한 그들을 갑자기 덮친 불행

5·18 당시 계엄군은 시위대는 물론 눈에 보이는 사람은 남녀노소를 가리지 않고 닥치는 대로 몽둥이를 휘두르고 총구를 겨누었다. 시위 구경을 하던 어린아이, 아들을 찾아나섰다가 연행된 쉰 살의 노인, 집 안까지 날아든 총탄에 턱뼈가 날아간 여성 등 피해자 중에는 집이나 거리에서 뜻밖의 봉변을 당한 사람들이 더 많았다. 어느 날 갑자기 날아든 곤봉과 대검, 그리고 총에 인생이 송두리째 무너져버린 것이다.

'그'는 담양장에서 장사를 마치고 다음 날 광주로 돌아왔다. 친구와 함께 전남대 굴다리를 지나가 갑자기 공수대원들에게 심한 구타를 당했다. 도망가던 중 총에 맞아 오른팔을 다쳤다.

'그'는 직장 동료의 동생 결혼식을 위해 광주에 갔다. 장성 집으로 돌아가기 위해 시외버스공용터미널로 걸어가던 중 공수부대원들이 곤봉을 휘두르고 개머리판으로 내리쳤다. 그 자리에서 쓰러져 의식을 잃었다.

'그녀'는 남편을 따라 시내에 나갔다가 공수부대원들에게 붙들려 30바늘을 꿰매야 할 정도로 심한 부상을 당했다.

이렇게 아무 죄 없이 광주 시민이란 이유로 공수부대에 의해 맞고 그 고통으로 서서히 죽어간 그와 그녀가 많았다.

5·18 당시 계엄군의 폭력에 갑자기 쏟아지는 환자들로 병원들은 발 디딜 틈조차 없었다. 전남대병원, 기독병원, 적십자병원 등과 같은 종합병원은 물론 개인병원도 환자들로 가득 찼다. 약품과 혈액은 물론 의사와 간호원도 턱없이 부족했다. 살아날 가망이 있는 환자를 우선 치료할 수밖에 없었다. 이렇게 치료받은 부상자는 일부에 불과했다. 혹시 보복당할까 두려워서 또는 치료비가 없어서 병원 출입을 못하고 약으로만 치료한 사람이 더 많았다.

'그'는 석방되어 집에 돌아왔지만 병원에서 치료를 받을 수 없었다. 5·18에 참여한 사실 자체가 알려지는 것이 두려웠기 때문이었다. 가족들 역시 그를 병원으로 데려가 치료할 엄두조차 내지 못했다. 그가 5·18에 참여했다는 사실이 알려지면 가족들에게 어떤 봉변이 닥칠지 알 수 없는 일이었다.

'그'는 병원에서 퇴원해야 했다. 경부총상에 파편상으로 온몸이 만신창이었지만 그는 병원을 나올 수밖에 없었다. 불순분자들의 폭동으로 몰아붙이기 위해 합동수사본부가 구성되면서 병원에 입원해 있는 부상자들까지 조사해 시위 가담자를 색출했기 때문이었다.

아파도 두려워서 혹은 돈이 없어 치료를 받지 못한 그들 역시 서서히 죽어갔다.

고문으로 짓이겨진 인생

5·18 당시 계엄군의 곤봉과 군홧발에 짓이겨져 실신한 채 교도소와 상무대로 끌려간 이들도 적지 않았다. 그들은 몇 달 동안 매일같이 고문에 시달리며 지옥 같은 생활을 했다. 상무대는 정말 지옥이었다.

'그'는 금남로에서 총을 받았다가 시민군에게 돌려주었다. 5월 27일에 모든 상황이 종료된 후에도 그는 여전히 장사를 하고 있었다. 그러다 느닷없이 5월 29일 상무대로 연행되었다. 그는 순간 겁이 났으나 별다른 일을 한 게 없어 순순히 따라나섰다. 하지만 착각이었다. 상무대에 도착해 차에서 내리는 순간 몽둥이가 머리를 내리쳤다. 그는 순간적으로 정신을 잃었다. 군홧발이 온몸을 짓이겼고 몽둥이질은 계속되었다. 그렇게 두들겨 패던 그들은 잠시 정신을 수습하자 어느 무기고를 털었느냐며 다시 두들겨 패기 시작했다. 실로 어처구니가 없는 일이었다. 자초지종을 말했지만 소용없는 일이었다. 항변할수록 구타는 더 심해졌다. 결국 그는 소요죄, 화학류 및 총포류 후대, 포고령 위반 혐의로 구속·수감되었다. 그는 수감되어 있는 동안 날이면 날마다 그들에게 끌려나가 구타를 당했다. 상무대 영창의 상황은 더욱 참혹했다. 비좁은 영창에 많은 수감자들을 수용한 탓에 칼잠은커녕 몸을 포갠 채 잠을 자야 했고 구속되어 조사받는 과정에서 당한 구타 등으로 생긴 상처가 덧나거나 피부병이 생겨도 아무런 치료를 해주지 않아 소금으로 문지르며 견뎌야 했다.

상무대에서의 고문에 기어이 목숨을 연명한 채 집에 돌아왔건만, 공포의 순간에서 벗어나지 못한 삶은 정말 고통스러웠다.

'그'는 상무대에서 석방되어 돌아온 후 반병신으로 살았다. 눈의 초점이 흐려져 있었고 발등에는 못이 박혔던 흔적과 팔다리에 담뱃불로 지진 것 같은 상흔이 여러 군데 나 있었을 뿐만 아니라 온몸은 피멍으로 얼룩져 있었다. 잡혀가 있는 동안 어떤 일을 당했느냐고 형이 물어도 그는 "난 아무것도 몰라 말하면 또 잡혀가 죽어. 나는 아무것도 몰라", 이 소리만 반복할 뿐 절대 입을 열지 않았다.

결국 공포와 수치심을 이기지 못한 이들은 세상과의 끈을 놓아버렸다.

'그'는 1980년 5월 19일 잠깐 외출했다가 5개월이 넘어 집으로 돌아왔다. 그는 정상이 아니었다. 제집에 들어와서도 그곳이 어디인지 두리번거렸고, 제 아버지를 보고도 낯선 사람을 대하듯 이상한 표정이었다. 어머니의 손길이 닿아도 소스라쳐 놀라 저만큼 달아나 구석에 처박혀 벌벌 떨었다. 밤마다 꿈에서 얼마나 시달리는지 그는 밤잠을 제대로 이루지 못했다. 그렇게 밤마다 꿈을 꾸었다. "잘못했어요. 잘못했어요. 제가 안 그랬어요. 살려주세요, 살려주세요." "무서워, 살려주세요. 군인들이, 얼룩덜룩한 무늬가 나를 잡으려고 쫓아와요. 살려주세요." 잠을 자면서도 계속 두 손이 닳도록 빌면서 살려달라고 눈물로 애원했다. 집에 돌아와서도 거의 모든 시간을 병원에서 보내며 악몽에 시달리다 이듬해 1월 세상을 떠났다.

그들은 죽는 순간까지도 고문의 상흔을 놓지 못했다. 고문 기억의 공포 속에 가족과 세상은 모두 잊고 자기모멸의 동굴 속에 홀로 들어가 살다 죽었다.

산송장과 같은 삶을 살다

그래도 살아남은 자, 생존자의 삶도 힘겨웠다. 무엇보다 혹독한 후유증을 앓으며 세상과 고립되어갔다.

한 번 무너진 '그'의 몸은 좀처럼 회복되지 않았다. 아내가 파출부로 일하면서 자신의 약값과 집안의 생활비를 벌었다. 아내의 고생은 정말 곁에서 지켜보기 어려운 것이었고 그렇게 고생하는 아내의 모습을 볼 때마다 마음과는 다르게 행동하게 되었다. 아무런 일을 할 수 없는 자신의 처지며, 자신 때문에 고생하는 아내의 안쓰러운 모습을 지켜보고만 있어야 하는 고통은 고문과 구타의 후유증으로 찾아오는 통증보다 더한 것이었다. 그의 삶은 더 이상 정상적인 생활을 할 수 없을 정도로 일그러져갔다.

한 번 통증이 찾아오면 밤에 잠을 이루지 못하는 경우가 많았다. 그럴 때마다 아내가 온몸을 주물러줘야 했고 그도 여의치 않으면 술로 그 통증을 이겨낼 수밖에 없었다. 통증을 이겨내기 위해 마시기 시작한 술은 자신의 삶을 비관하는 자학을 불러왔고 자학은 다시 그의 성격마저 포악하게 만들었다. 술만 취하면 보이는 사람마다 붙잡고 시비를 붙고 심지어 가족들에게조차 위해를 가했다. 이웃들도 점차 피하기 시작했다.

고립무원의 그들에게 술은 가장 쉽게 접할 수 있는 치유제였다. 술로 찌든 몸은 무너져갔고 그들이 몸과 정신이 지쳐 싸움질을 하면 5·18 관련자라는 전력 때문에 불이익을 받았고 때론 감옥에 가야 했다.

'그'는 자신의 처지를 비관하기도 하고 항상 온몸을 휘감는 고문과 구타의 후유증 때문에 술만 마시면 주변 사람들과 시비가 붙었다. 그러다 보니 경찰서를 자주 들락거리게 되었다. 단순 폭행 사건이어서 서로 합의만 보면 금방 처리될 사안이지만 신원조회를 하면 구속 사실이 불거져 불이익을 받아야 했다. 5·18 관련자라는 사실 때문에 폭도 취급을 하는 경찰관들과 심한 몸싸움을 한 끝에 특수공무집행방해죄까지 덧붙여져 실형을 살게 되었다.

고립된 삶에 불행이 꼬리를 물면서 그들은 산송장처럼 매일을 살아갔다.

그와 가족의 고통과 죽음

지옥과 같은 경험 속에서 살아났건만, 현실이 버겁기만 했던 이들은 스스로 목숨을 끊고 세상과 하직했다.

'그'의 정신분열증은 집에 불을 지르는 상황까지 치닫고 말았다. 그는 정신병원에 입원해 있는 것을 가장 견디기 힘들어했다. 가족들이 면회를 올 때마다 사정을 해 잠시 집에 데려오면 또 집에 불을 지르는 등의 사고를 치고 그럴 때마다 다시 병원에 입원시키는 일이 한동안 반복되었다. 병원에서 이미 뇌를 다쳐서 생긴 정신분열증이라 더 이상 병원 치료는 불가능하다고 하여 하는 수 없이 그는 다시 집으로 돌아왔다. 가끔 정신이 돌아오는 순간이 있었는데 그 순간에 자신이 가족들에게 얼마나 큰 짐이 되고 있고 고통을 주고 있는지를 느낀 듯 농약을 마시고 자살했다.

가족들 역시 어느 날 갑자기 찾아온 불행에 깊은 상처를 입었다. 때론 그 고통이 죽음으로 몰아가기도 했다. 한순간의 충격과 고통에 온전히 몸과 마음이 무너진 부모, 자식, 남편, 아내를 바라보는 가족의 삶의 무게는 그들 못지않았다.

'그녀'는 교도소에서 나올 때 다른 재소자 가족들과 함께 각서를 썼다. 그간에 있었던 일과 교도소 안에서의 일을 다른 사람들에게 말하지 않겠다는 내용이었다. 집으로 돌아온 남편은 아무런 말도 하려고 하지 않았다. 짧은 대꾸조차 없었다. 그녀가 어깨에 손을 슬쩍 올리려고만 해도 기겁을 하며 저만치 물러섰다. 한번은 큰아들의 목을 조른 일도 있었다. 그녀가 온 힘을 다해 말렸던 터라 다행히 위험한 사고는 나지 않았으나 아이의 목에는 오랫동안 그 흔적이 남아 있었다. 둘째 아들에게는 과도를 던지기도 했다. 그가 던진 망치에 그녀가 맞아 상처를 입은 적도 있었다. 나중에는 살던 집에 불을 지르기까지 했다. 지옥 같은 생활이었다.

'그'는 1980년 8월 집을 나간 후 산에서 며칠 동안 숨어 지냈다. 다시 집에 돌아온 그는 곧 죽고 말았다. 그는 자신의 부상 사실을 누구에게도 입 밖에 내지 못하고 산속에 숨어 지내다가 굶주림을 견디지 못하고 집에 다시 들어와 숨을 거둔 것이었다. 그 사실을 그가 죽고 난 후 옷을 벗기자 등에 빨간 줄이 그어져 있고 여기저기 상흔이 남아 있는 것을 보고서야 알게 된 부모는 그동안 그가 혼자서 얼마나 고통스러웠을까 싶은 생각에 가슴이 터질 것 같았다. 진짜 부모 노릇을 못했다는 자책감으로 괴로워하던 아버지는 사람이 달라지기 시작했다. 날마다 술을 마시더니 급기야 정신분열 증세까지 나타나기 시작했다. 밥은 아예 입에 대지 않고 술로만 살았다. 그렇게 아들을 먼저 보낸 분노와 자책감의 괴로움으로 정신을 수습하지 못하던 아버지는 그가 숨을 거둔 지 4년 만에 눈을 감았다.

'그'가 죽은 후 어머니는 술로만 살았다. 불행은 큰아들에게도 찾아왔다. 경찰관이었는데 그가 죽은 후 큰 충격을 받은 것 같다. 매일 술만 먹었다. 급기야 파출소 소장과 싸우고 사표를 내버렸다. 결국은 알코올 중독에 빠져버렸다.

아무리 외면하려 해도 너무나 억울하기만 한 죽음들을 가족도 쉽게 받아들이지 못했다. 깊은 마음의 상처를 안은 채 살았다. 매년 5월이 오면 그들은 숨쉬기조차 힘들었다.

2.   여성, 무너지고 부서진 삶

평범한 삶을 살고 있었을 뿐인데

1980년 5월에 광주에 살았고 5·18 상황에 자신 혹은 가족이 고통을 겪은 경우, 여성들은 부모로서, 아내로서, 자식으로서 그 고통을 온전히 짊어져야 했다. 평범한 가정주부로 살아오던 이들도 무자비한 계엄군의 폭력에 스러지면서 자신이 지키고 누리던 삶을 상실하고 말았다.

'그녀'는 금남로5가를 걸어가다가 여대생으로 오해를 받아 공수부대원의 곤봉에 머리와 전신을 구타당했다. 다시 피투성이가 된 원피스 차림으로 집으로 가기 위해 계림극장 근처를 지나다가 공수부대원에 쫓겨 전남여고 뒤 하천에 떨어져 정신을 잃었다. 하필 떨어진 곳에 철근이 솟아 있어 엉덩이 살을 뚫고 뼈까지 다쳐 8여 년간 엎드려 자야 했다. 그녀의 부상으로 돈 잘 벌던 남편은 파산했고 3남 1녀의 자식들은 비뚤어지고 말았다.

'그녀'는 아들을 찾으러 동네에 돌아다니다 공수부대원의 총에 맞아 뒷머리 관통상을 입은 후 기억력이 약해졌다. 장사를 하면 손님에게 돈을 받고도 다시 붙잡고 또 달라고 하기도 하고 돈을 받지 않고 그냥 보내버리는 등 곤란한 일이 많았다. 그렇게 힘든 삶을 살면서 대인기피증을 갖게 되었다. 사람들을 기피하고 혼자 있는 것이 오히려 편안했다. 하지만 대인기피증은 성격장애로 이어졌다.

계엄군의 무차별적 폭력은 임신한 여성에게도 예외가 아니었다.

'그녀'는 당시 임신 3개월이었다. 절에 다녀와서 집에서 쉬고 있다가 밖이 시끄러워 내다보던 중 군인들이 쏜 총에 맞고 그대로 쓰러졌다. 귀머리에 총을 맞은 그녀는 잠시 후 깨어났다. 결국 저녁 내내 귀가 아파 결국은 육군통합병원으로 갔다. 불행하게도 그녀는 부상자들을 조사하는 과정에서 학생으로 오인되어 구타를 당했다. 임산부라고 해도 거짓말을 한다면서 임신한 배를 발로 짓밟고 때렸다. 그런데 무사히 딸을 낳자 주변 사람들은 아들이었으면 그런 고생 속에서 죽었을 텐데 천한 딸이라 살았다고 수군거렸다. 그녀는 다시 한 번 마음의 상처를 입었다.

"딸이니까 살았대, 딸은 천대받잖아. 어른들 입에서도 그런 말이 나오니까 그런 것들이 막 쌓여서 우리 딸한테 스트레스 풀었지. 지금은 진짜 막 미안해. 크니까 지금은 죄스런 마음이 굉장히 들어. 지금까지 딸하고 안 좋았어. 크니까 지금은 대학교 다니니까 대화가 좀 되더라구, 키우는 과정 중에서 그게 뭐랄까 맘에서부터 그 애가 미운 거야."

아무것도 모르는 어린 딸이 그냥 미웠던 것이다. 더군다나 임신 중에 그런 일을 당했는데 딸이라 천대를 받는다는 생각에 더욱 미워졌던 것이다. 그렇게 더없이 소중한 딸인데도 자신의 상처와 고통의 기억에 갇혀 제대로 사랑을 주지 못하는 현실을 그녀 스스로가 가장 가슴 아파했을 것이다.

남편의 갑작스런 구속과 죽음 역시 아내이자 엄마인 여성들의 삶을 완전히 바꿔놓았고, 그 무게 또한 가늠하기 어려울 만큼 무거워졌다.

'그녀'의 남편은 사업을 하면서 민주화 관련 일을 하고 다녔다. 5·18 당시에는 학생들과 함께 활동을 하다가 부산으로 피신했다. 그녀는 남편 일로 정보기관인 안전기획부(안기부, 국가정보원의 전신)에서 조사를 받던 도중 남편이 부산에서 잡혔다는 이야기를 듣고 나오게 되었다. 남편은 포고령 위반으로 1년 6개월 형을 받았으나 1981년 5월 12일 특별사면으로 감옥을 나왔다. 그녀의 남편은 다시 민주화운동에 뛰어들었고 다시 잡혀 들어갔다. 안기부에서 수사를 받던 남편은 고문을 심하게 받았다. 그녀는 남편이 다시 잡혀 들어간 후 생계를 책임져야 했기에 쉽사리 면회를 가지 못했다. 그러다가 면회에서 다 죽게 된 남편을 보고 전남대병원으로 옮겨 수술을 받도록 했으나 결국 운명을 달리하고 말았다.
하지만 그것이 끝이 아니었다. 안기부가 배후조종자를 밝혀낸다며 그녀를 감시하고 조사했다. 조사 과정에서 고문을 당한 그녀는 3년간이나 병원 신세를 져야 했다.

"남편이 죽은 뒤 시달림을 받았어요. 왜 시달림을 받았냐면 우리 집 주위에 역적모임계가 또 있다고, 그래서 경찰서에서 오고 파출소에서 저녁 내내 …… 뒤에서 조종한 사람이 누구냐고 (사진에서) 남편하고 손잡고 있는 사람이 누구냐고 남편 죽은 뒤에도 그렇게 나를 그래갔고 3년 동안 병원 생활을 했어요."

권력은 잔혹했다. 남편의 구속과 죽음으로 가족 생계를 떠안
은 것도 버거운 여성에게 가해진 안기부의 위협은 결국 그녀의 삶
마저 무너뜨렸다.

차별이라는 편견마저 떠안아야 하는 삶

어느 날 갑자기 남편을 잃은 여성들은 생계를 위해 생활전선
에 뛰어들어야 했다. 어떻게 살아야 할지 막막할 뿐이었다. 게다가
'남편 잡아먹은 부인네'라는 주변의 시선이 그녀들에게 더 큰 상처
와 고통을 주었다.

'그녀'는 당시 35세로 담양에 살고 있었다. 남편은 동네 이장과
새마을지도자를 했다. 5·18이 일어날 무렵, 친구들과 광주로 볼
일을 보러 가던 도중 광주교도소 앞을 지나다가 총에 맞아 죽었
다. 그리고 죽은 지 11일 만에 가족들에게 돌아왔다. 그녀에 대
한 시선은 싸늘했다. '남편을 잡아먹었다'는 주변의 시선을 견디
기가 쉽지 않았다.

"갑자기 말없이 죽어서 암매장해서 찾아놓고 무슨 생각이 나
겠는가. 우리 시어머니는 내가 명이 짧다고, 내가 팔자가 세서 죽었
다고 하고. 넉 달을 나오지를 않았어. 넉 달 동안은 집에서 밖에를
안 나갔어. 남편 묻어놓고 진짜 남 부끄러워 못 나오겠더라구. 근데
애들 학교 가야 하니까. 그래서 정신을 차렸지."

그녀는 자신의 팔자가 세서 남편을 먼저 보낸 사실을 인정하
고 체념하면서도 자신을 죽은 남편에게 시집보낸 어머니를 원망하

기도 했다. 무엇보다 비참한 것은 5·18 피해자 관련 보상금이 나오자 새 출발을 할 수 있으니 그녀가 돈을 가져서는 안 된다는 주변 사람들의 얘기였다. 하지만 이제는 이런 주변의 손가락질에 마음 아파할 여유가 없었다. 아이들을 데리고 광주로 나온 그녀는 가장으로서 열심히 살았다.

"사글세 40만 원짜리 얻고 내가 바느질을 하러 다녔지. 밤 11시에 오면 애들이 대문 안에서 자고 있어. 아빠가 그렇게 되고 나서는 엄마한테 안 떨어지려고 하니, 그것들 데리고 들어가서 자고 그랬지. 그러고는 대창버스 앞에다 튀김집을 하나 얻어가지고 애들 다섯 데리고 살았지. 별짓 안 한 짓거리가 없지, 식당 일도 다니고 방직회사 일도 다니고. 그렇게 생활이 반대로 바뀌더라고."

남편 떠난 후 그녀의 삶은 말 그대로 '반대'의 삶이었다.

단란한 가족, 그녀에겐 꿈일 뿐이었다

정신 줄을 놓아버린 남편과의 삶은 여성들로서는 끔찍한, 그래서 기억하고 싶지 않은 과거가 되었다.

'그녀'는 남편과는 한동네에 살면서 연애를 하다 결혼했다. 아들 하나와 딸 셋을 낳았다. 5·18 당시 남편이 갑자기 사라져 밤이 되어도 오지 않았다. 이튿날에 피투성이가 된 채 돌아왔다. 그는 일 끝나고 막걸리 집에서 한잔하고 돌아오다 군인들에게 붙들려 맞았다고 했다. 두어 달 정도 누워 있던 남편은 몸이 조금 나아지자 공장에 다시 나갔다.

어느 날부터 남편이 이상해졌다. 화들짝 놀라 일어나 소리를 지르고 갑자기 밖으로 뛰쳐나가기도 했다. 눈동자가 차츰 풀렸고

멍하니 벽만 쳐다보고 혼자 실실 웃기도 했다. 공장에서 일하다
가 뛰쳐나가 며칠이고 사라졌다가 거지꼴이 되어 돌아왔다. 그
리고 점점 포악해져 그녀와 아이들을 때렸다. 그런데 이런 사실
을 전혀 기억하지 못했다.

그녀는 남편이 일을 못하게 되자 식당이며 파출부며 가리지 않
고 일을 했다. 하지만 집으로 들어가는 길모퉁이에서 남편이 기
다리다 머리채를 낚아채 땅바닥에 내동댕이치는 일은 예사였
고 심지어 칼부림까지 해댔다. 더 이상 어린 아이들을 데리고 있
을 수 없어 딸들을 이모집에 맡겼다. 하지만 공부도 곧잘 하던
세 딸이 차례로 가출해 유흥가에 빠졌다. 아들은 하수구에 들어
간 아버지를 구하겠다고 따라 들어갔다가 허리를 다쳐 못쓰게
되었다. 점점 기운을 차리지 못하게 된 남편은 1989년에 세상을
떴다. 남편이 죽은 후 집은 폭풍이 지나간 바다처럼 고요했다.
누구도 남편의 죽음을 서러워하지 않았다. 그녀는 하루하루 식
당 일을 하며 아들과 함께 사는 지금, 남편에게 맞은 매 때문에
생긴 관절염과 갑상선염에 시달려 매일 일을 할 수는 없었다. 그
녀는 남편으로 인해 받은 고통을 잊고 싶어 한다.

"남편이 제정신이 아닌 채로 살았던 지긋지긋한 세월을 이제
는 잊고 싶어. 그러나 자식을 생각하면 잊을 수 없는 세월이지. 저세
상에 간 남편이지만 아직도 원망스럽다니까. 나는 하루하루를 약으
로 버티고 아들 하나 있는 것은 병신 만들어놓고 딸들 인생을 망쳐
놓은 남편에 대한 원망을 어찌 덮을 수 있는가. 남편과의 행복한 기
억은 이제 남아 있지 않아. 남편이 죽기 전 내 소원은 단 하나였지.
우리 여섯 식구 둘러앉아 오순도순 이야기하며 저녁을 먹고 모두
편안한 얼굴로 잠자리에 들 수 있는 것 그뿐이었어. 나는 5·18이 무

엇인지 아무것도 몰라. 그 저주받을 일이 앗아간 내 남편을 돌려받을 수는 없을 테지만, 내 아이들만큼은 잃고 싶지 않은 마음뿐이야. 그뿐이야."

하지만 잊고 싶어도 잊을 수 없을 만큼 깊은 상처를 안고 살기에 5·18의 상흔을 겪은 여성들의 삶은 오늘도 버겁다.

3. 치유 가능한 삶을 위하여

수십 년의 세월이 흘렀지만, 5·18로 다치고 고문받고 가족을 잃은 피해자들은 현재를 살아가고 있다. 5·18이 일어난 후 한참 동안 5·18의 과거 청산을 위한 5월운동이 활발히 일어났다. 그동안 그들의 여전히 고통스러운 일상의 삶은 잠시 묻혔다. 그들의 목소리에 귀를 기울이고 그들의 기억을 기록하고 그들의 고통에 공감하기 시작한 지는 그리 오래되지 않은 일이다. 지금은 그들의 고통을 이해하고 삶을 돌보는 일을 넘어 치유를 위한 노력이 이루어지고 있다. 2012년에는 광주트라우마센터가 문을 열었다. 이처럼 공감을 통한 치유로 가는 길에는 살아남은 자, 그들이 겪은 5·18의 경험을 넘어 '오늘'의 삶에 대한 공감이 필요하고, 사회적 관심과 지지 또한 절실히 필요하다.

끝나지 않는 고통, 외상 후 스트레스 장애

트라우마(trauma)라는 용어는 고대 그리스어인 traumotismos에 뿌리를 두고 있다. 그 의미는 상처를 입히는 행동이나 상처를 의미한다. 19세기 이후 정신병리적 상처라는 뜻으로 의미가 확장되었다. 최근 심리적 트라우마티즘라는 말은 육체적 이상이 아닌 정신병리적 변화를 유발하면서 외적인 심리적 요인에 의해 심리체계에 일어난 심리적 쇼크의 전달 과정을 가리킨다. 간단히 말해 트라우마는 개인이 저항하거나 극복하기 힘든 정도의 외부 충격에 따른 정신적 상처를 말한다. 트라우마를 일으키는 충격적인 사건은 생명 혹은 신체에 위협을 가해 공포와 무기력감을 갖게 하고 개인이나 사회가 갖고 있는 삶의 의미를 거부하도록 만든다.

성폭력, 전쟁, 사고, 사건, 범죄, 재난, 재해 등으로 인한 외적 충격의 여파로 좀처럼 치유되기 힘든 트라우마는 다양한 병리적 증상으로 나타난다. 그중 외상 후 스트레스 장애(PTSD, Post Traumatic Stress Disorder)는 평소에는 겪을 수 없는 극도로 위협적인 사건으로 심리적 충격을 경험한 후 일어나는 특수한 정신장애를 가리킨다. 이 장애의 증상은 3가지로 구분된다. 첫째, 과거 상황을 지금도 실제 재현되어 일어나는 것처럼 반복해서 경험하는 증상이다. 둘째, 자신이 겪거나 목격한 고통스러운 상황을 없던 일처럼 회피하는 증상이다. 셋째, 불안과 흥분 상태에 놓여 잠을 못 자거나 놀라거나 화를 내는 일을 반복하는 증상이다.

일상생활에서 이런 증상이 나타나므로 사회에 적응해서 살아가기가 쉽지 않다. 그 결과 2차 피해로 고통이 가중되기 마련이다. 가정, 직장, 사회에서 제대로 인간관계를 맺지 못하고 경제적 곤경에 처하면서 이로 인해 받는 스트레스가 심각해진다. 이처럼 일상에서 정신적 스트레스가 심해지면 무의식에 잠재된 트라우마의 기억이 되살아나고 고통이 재발한다. 즉 외상 후 스트레스 증상 자체가 당사자의 일상 스트레스와 함께 가중되고 이는 다시 외상 후 스트레스 증상에 영향을 주는 악순환이 이루어진다.

5·18은 평소에는 겪을 수 없는 위협적인 사건이라는 점에서

외상적 스트레스 자극에 해당된다. 5·18 피해자들은 구속되고 고문과 폭행은 물론 감시까지 당했다. 이들 중 상당수가 외상 후 스트레스 장애로 고통받고 있다. 지금도 외상적 경험의 후유증으로 심리적 고통뿐 아니라 가정생활이나 직장생활 또는 사회생활에서 적응상의 어려움을 겪고 있다.

전남대 오수성 교수팀이 2005년 11월부터 2006년 2월에 걸쳐 부상자 132명, 구속자 35명, 부상자 가족 57명, 구속자 가족 29명, 유족 40명 등 총 293명을 조사한 결과에 따르면, 5·18 피해자 중 41.6퍼센트가 외상 후 스트레스 장애로 진단될 수 있는 가능성을 보였다. 외상 후 스트레스 장애 증상 진단 척도에서 좀 더 엄격한 기준이라 할 수 있는 점수 20점을 넘는 경우를 살피더라도, 전체 응답자의 24.9퍼센트-29.5퍼센트가 PTSD로 진단되었다. 5·18 유공자(부상자·구속자·유족)만 대상으로 하면 55.8퍼센트가 PTSD로 진단 가능하며 엄격한 기준으로도 32.8퍼센트가 PTSD로 나타났다. 이 중 부상자 집단은 45.2퍼센트, 엄격한 기준으로 보면 39.5퍼센트가 PTSD 증상을 겪고 있었다. 부상자들은 정당한 이유 없이 신체적·정신적 상해를 입었으므로 정치적 탄압을 피해 탈출한 난민이나 고문 피해자와 유사할 정도로 심각한 후유증을 나타냈다. 유족의 경우는, 납득할 만한 이유 없이 가족을 잃고 이들의 죽음이나 주검을 목격했기 때문에 그 충격에서 벗어나기 힘들다. 오랜 시간이 지나도 우울하고 불안한 증상을 호소하며 정신분열증 같은 심각한 정신장애로 나아가는 경우도 생겨났다. 이에 비해 구속자들은 부상자나 유족들보다 상대적으로 낮은 수준의 PTSD 증상을 보였다. 이는 당시 자신의 행동에 대한 뚜렷하고 정당한 사유를 갖고 있었기 때문이다.

5·18에서 살아남은 자들, 그들의 상처는 깊다. 고통스러운 회상을 하고 악몽에 반복적으로 시달린다. 때론 자기감정을 통제하지

못하고 과도하게 사람을 경계한다. 허무감에 사로잡혀 세상을 살기 싫어하기도 한다. 5·18의 경험이 트라우마로 작용하여 외상 후 스트레스 장애로 나타나는 것이다. 가까운 친척 및 친구를 잃었다는 상실감, 사회적 지위가 박탈되고 이전 상황으로 되돌아갈 수 없다는 인간적 배신감, 나만 살아남았다는 것에 대한 죄의식을 벗어나기란 쉽지 않다.

치유 공동체를 향한 첫발, 그들의 꿈을 들여다보다

5·18은 아직도 트라우마 악몽에 시달리며 잠자는 시간이 고통스럽고 꿈꾸는 게 두려운 생존자들을 남겼다. 트라우마 악몽이란 꿈속에서 트라우마 상황이 재현되어 이를 재경험하는 경우를 가리킨다. 보통의 꿈이 상징과 은유인 경우가 많은 것에 비해 트라우마 악몽은 현실 상황을 재현하는 사실적인 꿈에 해당한다. 충격적인 사건 장면이 거듭해서 꿈에 나타나는 것이다. 잠이 막 들려는 순간이나 깨어나는 순간의 몽롱한 상태에서는 공포를 느낀다. 이때는 이미지 없이 통증이나 고통만으로 상황을 기억한다. 몸이 마비되는 가위눌림도 잠을 고통스럽게 한다. 잠들지 못하는 불면증이나 졸음이 쏟아지는 기면증에 걸리기도 한다. 5·18 트라우마로 고통받는 사람들에게는 이 모든 상황이 복합적으로 매일 되풀이되고 있다.

광주트라우마센터에서는 2013년 2월 19일부터 4월 9일까지 8주간 '그룹 투사 꿈 작업'을 진행했다. 광주트라우마센터에서 선별해 초대한 참여자들은 5·18로 인해 수배, 고문, 옥살이 등을 겪은 생존자들이자 동지들이었다. 평소에도 친한 그들은 5·18이라는 동일한 사건의 집단 트라우마 생존자로 개인마다 증상은 다르나, 외상 후 스트레스 장애 희생자들이었다.

참여자들은 1980년에 멈춰버린 상황과 시간에 30여 년의 세월과 각자 고유한 삶의 경험이 꿈에 혼재되어 나타났다. 참여자들은 잠드는 순간부터 트라우마 악몽을 꿨다. 개개인이 보이는 증상은 고유하나, 모두 장기 수면장애이고 잠의 질이 대단히 낮은 상태였다. 악몽이나 다양한 수면장애로 인해 수면 자체를 두려워하거나 스트레스가 높았다. 이들은 악몽만이 아니라 야경증, 잠꼬대, 몽유병, 불면증, 가위눌림, 막 잠이 들거나 깨려고 할 때 닥치는 공포와 마비 등이 복합적으로 결합되어 있는 교란된 수면 패턴을 보였다.

잠과 꿈에 대한 참여자들은 두려움과 위험에 장기간 노출되어 있지만 이를 다룰 힘도 통제할 길도 없다는 태도를 취했다. 잠을 자는 동안에 일어나는 일이니 어쩔 수 없다는 무력감이 지배했고, 인간이 소화하는 한계치를 넘어서는 잔인하고 끔찍한 일을 겪었으니 이런 꿈을 꾸면서 살아갈 수밖에 없다는 숙명을 받아들이고 있었다. 30년이 넘게 '잠이 무섭고 꿈이 두려운' 그들은 알코올의 도움으로 잠에 빠지거나 수면 중간에 깨지 않기 위해 알코올에 의존했다.

저는 5·18 이후 대략 20여 년간 이틀에 한 번 정도는 병원에 실려 다녔어요. 한 번 가위에 눌리면 손발이 굳고 전신마비가 와요. 온몸이 오그라든 상태에서 움직일 수 없는 거예요 20여 년을 그러다 보니 잠자는 게 두렵고요. 하도 잠을 못 자서 모르핀 주사도 맞아봤는데, 잠을 잘 순 있지만 그러다가 깨면 다시 잠드는 게 두려워지지요. 모르핀이란 게 중독성이 있고, 한 번 맞으면 그다음 날까지 정신이 혼미해요. 모르핀 맞는 대신 술을 마셔봤는데, 훨씬 편했어요. 전에도 술을 안 마셨던 건 아닌데, 잠자는 데 도움되는 걸 알고 더 많이 마셨지요. 술에 의지해서 자고,

자다 깨서 잠 못 들면 다시 술 마신 후 자고, 이게 편하더라구요.
잠자는 서너 시간만큼은 개운하고요. 꿈인지 환상인지는 모르
겠는데, 여튼 잠을 청할 때 보면 분명 내가 눈을 뜨고 있는 것 같
은데 천장에서 무언가 내려와서 나를 짓누르기도 해요. 군홧발
소리가 나면서 형체가 보이지 않는 검은 물체가 내 몸으로 들어
오기도 하고요. 이런 게 반복되는데, 그래도 술 덕분인가, 최근
에는 악몽을 훨씬 덜 꿔요. 주기적으로 보면 매년 4월 중반에 들
어서면서부터 5월까지 힘들어요. 술 마시고 자도 새벽에 깨고,
다시 잠들면 여지없이 악몽을 꾸지요.

5·18 이후 1990년대까지 한동안은 잠을 잘 못 잤고, 자다 보면
무언가에 막 쫓기는 기분이 들었어요. 구체적으로 무서운 형상
이 보이는 게 아니라 정체를 알 수 없는 무언가에 쫓겨요. 몸을
움직이고 말도 하려고 하는데, 몸은 안 움직여지고 악을 써도 말
이 안 나오지요. 날마다는 아니지만 종종 그랬어요. 날마다 그러
면 못 살고 죽겠지요. 한때는 잠 잘 오게 해준다는 것들도 먹어
봤는데 다 안 듣더라고요. 계속 그러다가 한동안 뜸했는데, 요즘
다시 자다가 깨요. 누가 나를 부른 것 같은데 아니면 누가 달카
닥 문을 연 것 같은데, 몸이 안 움직여지는 식이에요.

참여자들은 서로의 꿈에 대해 귀 기울이며 같은 고통을 받고
있었다는 사실을 알았다. 그들 모두는 가위눌림에 고통받고 있었고
꿈을 꾸면서 몸이 움직이지 않고 얼어붙는 현상도 곧잘 나타났다.
자는 동안 주먹으로 옆 사람을 때리거나 발길로 걷어차는 행동도
했다. 교통사고가 나는 꿈을 꾸는 빈도도 높았다.

가위에 많이 눌려요. 무언가가 배 위로 올라와서는 목을 딱 조르는데 그러면 아무리 악을 쓰려고 해도 소리를 낼 수가 없고 이러다 내가 죽겠지 싶어서 몸부림을 칩니다.

정체를 알 수 없는 무언가에 쫓겨요. 몸을 움직이고 말도 하려고 하는데, 몸은 안 움직여지고 악을 써도 말이 안 나오지요. 몸이 안 움직여지는 식이에요.

찜질방에서 친구들이랑 자다가 기물을 때려 부숴서 쫓겨나기도 했어요.

제 차와 부딪히는 바람에 제 차가 언덕 위로 끌려 올라가더라구요. 범퍼는 떨어진 채 탑차에 제 차가 끌려갔어요.

참여자들은 서로의 꿈을 이야기하면서 평소 감정 조절이 안 되고 행동이 과격하고 수시로 울분을 터뜨리고 난폭해지고 파괴적으로 변하는 자신의 행동을 감시하고 비난하는 눈이 자신의 내면에 자리하고 있음을 깨달았다. 이러한 이미지가 꿈으로 나타나기도 했다.

장모님이 딱 나타나시더니 아무 말씀 안 하신 채 빤히 저를 쳐다보셨어요.

그렇게 트라우마의 영향으로 자신을 비난하고 힐난하며 끝없는 좌절의 늪에 빠져들었고 꿈은 더욱 끔찍스러운 이미지를 형상화하며 괴롭혔다.

우물에 물이 넘치는데 그게 핏물인 거예요. 사람들이 물을 다 퍼낸 후 우물 안의 구멍을 막아야 한다고 해서 그렇게 했는데, 막아도 막아도 계속 다른 자리에서 핏물이 나오는 꿈을 꿨어요.

이렇게 참여자들은 꿈에 대한 대화와 해석 과정을 거치면서 스스로를 응시하고 보듬는 힘을 키워갔다. 그 결과 참여자들의 꿈과 잠에 대한 스트레스가 현격히 줄었다. 가위눌림, 불면증, 장기 수면장애 등이 완화되었다. 무엇보다 혼란스럽기만 하던 감정과 정서를 객관화하여 바라보는 힘이 생기면서 자기 자신을 응시하는 용기도 더 커졌다. 매일의 고통으로 다가오던 꿈이 꿈 투사 작업을 하는 동안 조금씩 변화하고 진화하는 걸 체험하면서 각자 스스로에게 자신을 치유할 수 있는 생명의 힘이 있음을 깨닫게 된 것이다.

사회와 함께 만드는 치유 공동체

그렇다면 몸의 상처는 물론 마음의 상처도 치유 과정을 거치면 완치가 가능한 것일까. 홀로코스트의 생존자 프리모 레비는 1987년 자살하기 직전에 쓴 책《가라앉은 자와 구조된 자》에서 상처는 치유 불가능하다는 걸 거듭 강조했다. 그는 압제자가 괴로워한다면 그건 당연한 일이겠지만 희생자가 괴로움을 겪는 것은 지극히 부당한데도, 실제로는 수십 년이 지나도록 희생자는 고통을 받으며 괴로워한다고 토로했다. 상처는 치유 불가능하다는 것이다. 도무지 피해자에게 평화를 가져다주지 않는 현실을 그는 극복하기 힘들어했다. 프리모 레비는 벨기에에서 레지스탕스 운동을 하다 유대인이라는 이유로 아우슈비츠로 이송되어 게슈타포에게 고문당한 경험을 가진 철학자, 장 아메리의 글을 인용한다.

고문당한 사람은 고문에 시달리는 채로 남는다. …… 고문당한 사람은 더 이상 세상에 적응할 수 없을 것이다. 철저하게 그를 무로 만들어버린 데서 오는 혐오감은 절대로 사라지지 않는다. 인간에 대한 신뢰는 첫 따귀로 이미 금이 가고, 이어지는 고문으로 더 이상 회복되지 않는다.

아메리에게 고문은 끝나지 않은 죽음이었던 것이다. 그 역시 자살했다. 아메리와 레비의 절망적인 독백들은 5·18, 그리고 30년이 넘는 세월이 흘렀지만, 아직도 생존자의 고통은 끝나지 않았고, 치유의 길에는 끝이 없다는 냉엄하고도 슬픈 비극을 돌아보게 만든다.

그럼에도 우리는 그와 그녀와 함께 끝을 알 수 없지만, 치유의 길을 걸어야 한다. 5·18 트라우마는 국가폭력에 의해 일어난 사회적 트라우마이다. 또한 5·18 발발 이후 오랜 시간 진실이 왜곡되면서 사회 공동체에 의한 2차적 집단 트라우마로 이어졌다. 그러므로 치유의 길에서 사회 공동체의 역할은 중요하다. 사회 공동체의 지지와 인정은 그와 그녀가 치유의 길로 나아가는 첫걸음이 된다. 트라우마를 겪고 있는 그와 그녀의 곁으로 우리, 즉 사회 공동체가 다가가 상처를 치료하기 위한 일에 나서야 한다. 공동체가 내미는 연대의 손은 그들에게 자신이 사는 세상에 정의가 살아 있다는 희망을 갖게 한다. 그와 그녀를 위한 치유 공동체의 일원이 되어 미국의 사회운동가인 수전 손택의 외침처럼 "다 같이 슬퍼하지만 다 같이 바보가 되지는 말아야 한다". 내가 그이고 우리가 그녀다.

다음은 광주BBS 라디오의 2017년 5월 24일 자 뉴스 기사이다. 이 뉴스에 따르면, 5·18 이후 37년이 지났지만 당시 시위에 참가하거나 목격한 사람, 그리고 구속되고 부상당하는 고통을 겪은 광주 사람들은 5월만 되면 불안하고 우울해한다. 그리고 광주에는 당시 군인으로서 진압에 참여한 경험으로 '고통받고 있는' 가해자도 있을 것이다. 이 5월증후군을 광주라는 지역 공동체, 대한민국이라는 국가 공동체가 어떻게 함께 치유할 수 있는지에 대해 생각해보자.

5·18민주화운동이 발생 37년이 지났지만 당시 이를 경험했던 광주 시민의 10명 가운데 7명은 해마다 5월만 되면 불안과 우울 증세를 느끼는 일명 5월증후군에 시달리는 것으로 나타났습니다. 광주트라우마센터에 따르면 지난 17일과 18일 금남로와 국립 5·18묘역에서 각각 오월심리치유 이동센터를 운영해 이곳을 찾은 5월을 경험한 광주 시민 177명을 대상으로 설문조사를 실시한 결과 이같이 나타났습니다. 전체 응답 시민 가운데 '5월이 되면 무언가 불안하고 우울하다'는 문항에 72.3%가 '그렇다'고 답했고 '5·18민주화운동을 생각하면 분노를 느낀다'는 문항에는 전체 응답자의 92.1%가 긍정적으로 답했습니다. 또 '5월이 되면 5·18에 대한 생각이나 그림이 떠올라 불편하다'에는 79.7%가, '5·18과 관련해 광주만 고립돼 있는 것 같다'에는 74.6%가 '그렇다'고 응답한 것으로 나타났습니다. 이와 함께 '5·18을 생각하면 신체적 반응이 나타난다'에 67.2%, '5·18을 생각하면 죄책감이 든다'에도 66.1%, '다시 1980년 5·18과 같은 일이 일어날까 두렵다'에는 59.9%가 응답한 것으로 집계됐습니다. 설문조사에 참여한 인원은 179명으로 5·18 목격자와 시위 참가자, 부상자와 구속자 등입니다. 오수성 광주트라우마센터장은 "오월을 경험한 사람들이 심리적 고통을 느끼고 있고 여전히 분노와 슬픔, 고립감 등 상처가 지속

되고 있는 점을 고려하면 오월 공동체 치유 작업이 시급하다"고 지적했습니다.

깊이 생각해보기

5·18의 고귀한 희생을 헛되이 하지 않고자 민주화운동에 앞장섰던 5·18 세대의 자녀들이 세월호 세대가 되는 비극이 일어나고 말았다. 5·18에서 자식을 잃은 어머니의 마음을 담은 시와 세월호 참사로 죽은 자식의 영정사진을 어루만지며 울음을 삼키는 어머니의 사진을 보며 죽은 이의 가족의 상처를 보듬고 치유하기 위해 '나'라는 개인과 '우리'라는 사회는 어떤 실천을 함께해야 하는지 토론해보자.

참고문헌

5·18기념재단 외, 《꽃만 봐도 서럽고 그리운 나날들》 1~4, 한얼미디어, 2007.

5·18기념재단, 《5·18민중항쟁 구술사료 목록집》, 2010.

5·18기념재단, 《5·18의 기억과 역사》 1-7, 2006-2014.

5·18기념재단·5·18민주유공자유족회 엮음, 《부서진 풍경》, 5·18기념재단, 2000.

김왕배, 〈'트라우마'의 치유 과정에 대한 사회학적 탐색과 전망〉, 《보건과 사회과학》 37, 2014.

고혜경, 《꿈에게 길을 묻다》, 나무연필, 2016.

곽송연, 〈정치적 학살 이론의 관점에서 본 가해자의 학살 동기 분석: 5·18 광주의 사례를 중심으로〉, 《민주주의와 인권》 13-1, 2013.

광주여성희망포럼 외, 《광주 여성의 삶과 5·18》, 심미안, 2010.

광주전남여성단체연합, 《광주, 여성: 그녀들의 가슴에 묻어둔 5·18 이야기》, 후마니타스, 2012.

노성숙, 〈5·18 트라우마와 치유〉, 《신학전망》 194, 2016.

박영주 외, 〈1960-80년대 민주화운동 참여자의 외상 후 스트레스 장애: 광
주광역시 거주자들을 중심으로〉, 《민주주의와 인권》 14-11, 2014.

변주나·박원순 편, 《치유되지 않은 5월》, 도서출판 다해, 2000.

서지욱, 〈투사/피해자 이중 정체성과 인권운동에의 기여: 인도네시아 민주
화 이행기 활동가 납치 사건의 경우〉, 《민주주의와 인권》 14-1, 2014.

오수성, 〈국가폭력과 트라우마〉, 《민주주의와 인권》 13-1, 2013.

오수성 외, 〈5·18 피해자들의 만성 외상 후 스트레스와 정신건강〉, 《한국심
리학회지: 일반》 25-2, 2006.

이종범, 〈5·18항쟁 증언에 나타난 '기층민중'의 경험과 생활〉, 《한국근현대
사연구》 29, 2004.

최정기, 〈국가폭력과 트라우마의 발생 기제〉, 《경제와사회》 77, 2008.

캐롤린 요더, 《트라우마의 이해와 치유》, 김복기 옮김, KAP, 2014.

프리모 레비, 《가라앉은 자와 구조된 자》, 이소영 옮김, 돌베개, 2014.

한국현대사사료연구소 편, 《광주오월민중항쟁사료전집》, 풀빛, 1990

5장

5·18, 진실과 거짓말

: 그들은 왜 5·18을 왜곡·조작하는가?

은우근

1.   5·18 왜곡의 영향

"거짓말은 처음에 부정되고, 그다음 의심받지만, 되풀이하면 모든 사람이 믿게 된다." (괴벨스, 나치의 선전장관)

"그것을 행했다라고 나의 기억이 말한다. 그것을 행하지 않았을 수도 있다고 나의 자존심이 끝까지 고집을 부린다. 마침내 기억이 굴복하고 만다." (프리드리히 니체, 《선악을 넘어서》)

이 말들은 역사 왜곡의 동기와 이에 적절하게 대처하지 않을 때 초래할 결과를 극명하게 보여준다. 국가는 5·18을 국회 광주청문회(1988), 대법원의 사법적 판단(1997) 등을 거쳐 법률에 의해 민주화운동으로 규정했다. 이 과정에서 전두환, 노태우 두 전직 대통령은 내란과 내란 목적 살인 등으로 처벌받았다. 즉 5·18민주화운동에 대한 국가적 인정과 가해자의 처벌은 역사적 진실에 근거하여 국회, 법원, 학계 등 국가와 시민사회의 핵심 영역이 합의한 것이다. 역사 왜곡은 이런 공적, 보편적 인정과 역사적 평가를 송두리째 부정한다.

5·18에 대한 왜곡과 폄훼는 하나의 과정이다. 역사적 사실을 왜곡 날조하여 역사적 실천의 숭고한 의미와 가치를 깎아내리고 훼손하는 행위이다. 이는 5·18 이전에 싹이 터서 현재까지 지속되고 있다. 5·18 왜곡의 직접적인 기원은 1979년 10월 박정희 암살 이후 군사반란 세력이 주도한 권력 찬탈과 그에 대한 정당화 담론에서 비롯한다. 즉 현재의 왜곡은 1980년의 왜곡·날조와 맞닿아 있다. 이 글에서 다룰 역사 왜곡 세력의 범위에는 전두환, 노태우를 중심으로 한 군사반란 세력과 최근 등장한 극우 세력 그리고 적극적인 협력자로서 언론을 포함한다.

모든 역사 왜곡 세력의 주장은 그 자체로는 일고의 가치도 없지만, 문제는 그것이 우리가 역사와 현실을 바라보는 데 영향을 미친다는 것이다. 그러므로 역사 왜곡·폄훼의 배경과 패턴을 따져보고 추이를 살펴보는 것이 필요하다. 언뜻 보면 왜곡 세력이 같은 의도를 가지고 똑같은 말을 되풀이하는 것 같지만, 상황에 따라 왜곡의 강조점과 패턴, 방식은 달랐다. 이를 고찰함으로써 그들의 의도와 계획을 읽을 수 있다. 그들이 감추려 한 것에 5·18의 진실이 숨어 있는 것이다.

전두환을 비롯한 군사반란 세력은 1979년 말 유신독재자 박정희가 암살된 이후, 언론 자유를 억압하며 국민 여론을 조작했고, 5·18민주화운동 당시 국민을 상대로 비밀 심리전을 실행했다. 그들은 수많은 국민의 생명을 유린했을 뿐 아니라, 사실을 날조하여 역사의 진실을 왜곡했고 그 영향은 오늘까지도 미치고 있다. 이 실상을 파악해야 5·18의 진실을 새로운 측면에서 한층 더 깊게 이해할 수 있고, 역사 왜곡 세력의 사악한 행위가 민주주의를 유린하는 것을 막을 수 있다.

2. 5·18 왜곡의 양상

5·18 왜곡의 주체는 크게 군사반란 세력과 그들에게서 영향을 받은 극우 세력으로 나눌 수 있다. 전자는 후자에게 5·18 왜곡의 원천을 제공했다.

군사반란 세력은 국군보안사령부(이하 보안사)와 중앙정보부 등 국가정보기관과 언론을 통해 5·18을 왜곡·조작했다. 그들은 집권을 도모하기 위해 국가기관과 언론을 도구로 삼아 대국민 여론 조작과 심리전을 실행했다.

보안사령관 겸 계엄사령부 합동수사본부장 전두환은 국가정보기관을 먼저 장악하고 언론을 장악했다. 전두환은 1979년 12·12 군사반란을 주동하여 육군참모총장 정승화를 체포함으로써 군권을 장악했다. 그로부터 약 3개월 후, 그는 민간 정보를 수집하기 위해 보안사 정보처를 복원시켰다. 이 과정은 보안사령부가 중앙정보부에 비해 확실하게 권력상 우위를 점했음을 보여준다. 전두환은 1980년 4월 14일 보안사령관과 중앙정보부장 서리를 겸직하면서 정치·군사적으로 최고 실력자가 되었다. 그는 국내 정보망을 완전히 장악하고 언론까지 통제함으로써 여론 조작을 가능케 할 모든 수단을 거머쥔 것이다. 군사반란 세력이 장악한 국가정보기관은 여론 조작과 심리전을 기획했고, 언론은 강제적으로 또는 자발적으로 가담했다.

5·18 이전의 여론 조작: 북한 남침설

5·18 당시 북한 개입설은 내용상 크게 북한 남침설과 북한 특수군 침투설로 구별된다. 전자는 5·18 이전 1980년 5월 초순 전두환과 군사반란 세력이 조작했다. 후자의 경우, 5·18 진행 기간 중 군사반란 세력이 대간첩대책본부를 통해 일시적으로 제기했다. 최근 극우 세력은 후자를 불러내서 본격적으로 이용하고 있다.

5·18 이전 북한 남침설은 군사반란 세력이 행한 여론 조작 키워드였다. 그들은 북한 남침설 정보를 날조하여 안보 위기를 조장했던 것이다. 이 여론 조작의 목표는 단기적으로는 5·17비상계엄 전국 확대의 명분을 축적하는 것이고, 장기적으로는 전두환 등 반란 세력 실세를 중심으로 한 새로운 독재 체제를 구축하는 것이었다.

북한 남침설 조작과 그것이 탄로나는 과정을 간략히 살펴보자. 전두환 보안사령관 겸 중앙정보부장 서리는 5월 12일 심야 임시 국무회의에서 미리 조작한 '북괴 남침설'을 보고했다. 1980년 5월 일본의 내각정보조사실(內閣情報調査室)[1]과 방위청으로부터 두 건의 북한 남침설이 제보됐고, 북한이 "한국에서 소요사태가 최고조에 이르는 5월 15일~20일 사이 남침을 강행하기로 결정"했다는 것이다. 하지만 이미 육군본부 정보참모부는 이 첩보는 가치가 없다고 결론을 내린 상황이었다.[2] 김일성 북한 주석이 5·18을 전후해 동유럽을 방문했기 때문에, 북한 당국이 5·18 발발을 사전에 예측하고 남침을 준비했다고 보기는 어려웠다.

2000년 MBC〈이제는 말할 수 있다〉취재진은 당시 전두환의 보고에서 북한 남침설을 제보했다고 알려진 일본의 내각정보조사실 한국과장을 만났다. 그는 취재진에게, 당시 군사반란 세력의 북한 남침설 발표를 보고 "아······ 자신들이 계엄령을 펴기 위해, 쿠데타를 일으키기 위해 우리(일본)를 이용하는구나" 생각하고 격분했다고 말했다.

5·17 전국 계엄 확대 조치 직전 위컴 한미연합사령관도 전두환이 권력 장악을 위해 근거 없는 북한 남침설을 이용하고 있음을 간파했다. 5월 13일 전두환은 위컴 장군을 직접 만나 "북한이 학생 시위를 배후에서 조종"하고 있다며, "남침의 결정적인 시기가 가까워졌을지 모른다"고 강조했다. 그러자 위컴 사령관은 전두환에게 "미국이 한국 방위 태세를 갖추고 있으며, 북한 침공이 임박했다는 징조는 없다"고 대답했다. 전두환을 만난 직후 위컴은 "전두환 장군이 청와대 주인이 되기 위한 구실로 북한의 남침 위협을 강조하고 있는 것 같다"고 본국에 보고했다.[3] 그런데 우리는 북한을 학생 시위의 배후 조종자로 언급한 전두환의 발언에서 5·18 왜곡의 불길한

전조를 읽을 수 있다.

최근 기밀이 해제된 미국 정부의 1급 비밀문건에 따르면, 1980년 5월 9일 미국 국가안전보장회의에서 미국 중앙정보국은 북한이 남한의 상황에 개입하기 위해 군사행동을 취할 기미가 없다고 판단했다. 또한 같은 해 6월 2일 미국 국가정보위원회 문서는 "김일성이 남한에 위협이 되는 북한의 행동이 전두환을 돕는 결과를 가져올 것이라는 것을 알고 있다. 북한은 남한의 사태에 개입하지 않을 것"이라고 했다.[4]

미국과 한국군의 주요 정보기관, 주한미군 사령관이 북한 남침설 정보의 신빙성을 부인했음에도 전두환은 이를 무시했다. 전두환의 군사반란 세력이 계엄령 전국 확대를 위한 구실을 만들기 위해 군과 국민을 속였던 것이다. 이 경우 미국도 책임이 있다. 미국 정부와 주한미군 사령관은 전두환의 거짓말과 그의 의도를 알고 있었음에도 아무런 행동을 취하지 않았기 때문이다.

이 북한 남침설을 군사반란 세력은 5·18 당시와 그 이후에 더이상 써먹지 않았다. 그 이유는 당연하다. 실제로 남침이 일어나지 않았기 때문이다.

5·18 당시의 왜곡

반란 세력은 조작한 가짜 정보로 비상계엄을 전국으로 확대하여 국회와 정당을 비롯한 국민의 모든 정치 활동을 중단시키고 언론 보도를 사전 검열했으며, 전국 대학가에 휴교령을 내렸다.

반란 세력은 필연적으로 이런 조치에 항의하는 5월 민중을 학살하고, 그 진실을 왜곡하게 된다. 그 왜곡은 저항의 주체, 동기, 방식 등 모든 측면에서 이루어졌다. 반란 세력은 각종 담화문, 보도

담 화 문

친애하는 국민 여러분! 본인은 오늘의 국가적 위기에 처하여 국가 민족의 안전과 생존권을 보유하고 사회 안녕질서를 유지해야 할 중대한 책임을 지고 있는 계엄사령관으로서 현 광주시 일원에서 벌어지고 있는 작금의 비극적인 사태를 냉철한 이성과 자제로써 슬기롭게 극복해 줄 것을 광주시민 여러분의 전통적인 애국심에 호소하여 간곡히 당부코자 합니다.

지난 18일 수백명의 대학생들에 의해 개재된 평화적 시위가 오늘의 엄청난 사태로 확산된 것은 상당수의 타지역 불순인물 및 고첩들이 사태를 극한적인 상태로 유도하기 위하여 여러분의 고장에 잠입, 터무니 없는 악성유언비어의 유포와 공공시설 파괴 방화, 장비 및 재산 약탈 행위 등을 통하여 계획적으로 지역감정을 자극, 선동하고 난동해위를 선도한데 기인된 것이다.

이들은 대부분이 이번 사태를 악화시키기 위한 불순분자 및 이에 동조하는 광패 등 불량배들로서 금거야는 예비군 및 경찰의 무기와 폭약을 탈취하여 난동을 자행하게 이르렀으며 이들의 극한적인 목표는 너무나도 자명하며 사태의 악화는 국가 민족의 운명에 파국적인 결과를 초래할 것이 명약관화한 것이 사실입니다.

본인은 순수한 여러분의 애국충정과 애향심이 이들의 책동에 현혹되거나 본의 아니게 말려들어 돌이킬 수 없는 국가적 파탄을 자초하는 일이 없도록 조속히 이성을 회복하고 질서유지에 앞장서 주시기 바라며 가정과 지역의 평화적 번영을 위하여 맡은 바 생업에 전념해 주시기를 충심으로 당부하는 바이며 다음과 같이 경고합니다.

1. 지난 18일에 발생한 광주지역 난동은 치안유지를 매우 어지럽게 하고 있으며 계엄군은 폭력으로 국내치안을 어지럽히는 행위에 대하여는 부득이 자위를 위해 필요한 조치를 취할 수 있는 권한을 보유하고 있음을 경고합니다.

2. 지금 광주지역에서 야기되고 있는 상황을 볼 때 법을 어기고 난동을 부리는 폭도는 소수에 지나지 않고 대다수의 주민여러분은 애국심을 가진 선한 국민임을 잘알고 있습니다. 선량한 시민여러분께서는 가능한 난폭한 폭도들로 인해 불의의 피해를 입지 않도록 거리로 나오지 말고 집안에 꼭 계실 것을 권고합니다.

3. 또한 여러분이 아끼는 고장이 황폐되어 여러분의 생업과 가정이 파탄되지 않도록 자중자제하시고, 편단성있는 태도로 폭도와 분리될 수 있도록 함으로써 계엄군의 치안회복을 위한 노력에 최대의 협조 있기를 기대합니다.

1980년 5월 21일

계엄사령관 육군대장 이희성

1980년 5월 21일 계엄사령관 이희성이 발표한 담화문.

계엄사령관 이희성이 발표한 경고문. "일부 고첩과 불순분자들이 여러분의 대열에 끼어 폭도화하고 있으므로 부득이 소탕전을 실시하지 않을 수 없"다고 말하고 있다.

자료, 작전 지시 등의 자료를 생산·제공했으며, 언론은 그것을 받아썼다. 5·18 항쟁 기간에 한정하여 그 주요한 과정을 보자.

반란 세력은 1980년 5월 21일 ㉮ 계엄사령관 담화문, ㉯ 유언비어 관련 보도자료, ㉰ 김대중 내란음모사건 수사 결과 등 세 가지 중요한 발표를 했다. 그리고 이틀 후인 5월 23일 계엄사는 ㉱ 난동 분석 자료를 작성했다. 이 4개의 문서에 5·18 당시부터 1988년 11월 국회 광주청문회 때까지 지속된 5·18 왜곡 담론의 핵심이 나타나 있다.

㉮ "오늘의 엄청난 사태로 확산된 것은 상당수의 <u>타 지역 불순인물</u>(이하 밑줄 추가) 및 <u>고첩(고정간첩)</u>들이 사태를 극한적인 상태로 유도하기 위하여 여러분의 고장에 잠입, 터무니없는 <u>악성 유언비어의 유포</u>와 공공시설 <u>파괴 방화</u>, 장비 및 재산 <u>약탈 행위</u> 등을 통하여 <u>계획적으로</u> 지역감정을 자극, <u>선동</u>하고 <u>난동</u> 행위를 선도한 데 기인된 것이다." (5월 21일 계엄사령관 담화문)

다음에서 유언비어 관련 보도자료 ㉯를 보자.

㉯ 광주사태와 관련된 유언비어 유포 및 불온 유인물
…… 수백 명의 대학생에 의해 재개된 광주 시내의 평화적 시위가 …… 엄청난 사태로 발전된 것은
첫째, <u>타 지역 불순 인물들이 대거 잠입하여 선동</u>한 때문입니다.
5월 17일 전국 비상계엄의 선포와 동시에 <u>학원 소요사태를 배후 조종한 김대중</u>을 연행하자 김대중을 추종한 전국의 <u>깡패</u>와 학생 소요를 주동했던 일부 대학생들이 광주로 잠입했는데 서울에서는 무려 2,000명이 광주로 내려간 것으로 밝혀졌습니다.

이들 불순 인물들은 …… 지역감정을 자극하기 위하여 …… 악성 유언비어를 유포시키면서 가가호호 방문하여 시위에 가담토록 협박까지 했읍니다.

둘째, 금번 광주사태를 적화혁명으로 유도하려는 전국의 간첩들이 북괴의 지령을 받고 대거 데모 현장에 잠입하여 파괴 방화는 물론 방위산업체의 장갑차를 비롯한 각종 차량을 탈취토록 선동하고 이에 난동으로 비화되었읍니다. 이들 공산분자들은 유혈사태를 야기 ……

셋째, 소요사태가 광주 부근 지방으로 확대된 것은 간첩들의 선동도 있었지만 광주에 잠입했던 지방의 불순 인사들이 …… 충동질을 한 데 기인되고 있읍니다. 현재 지역 주민들의 사태 수습에 앞장서고 있기 때문에 소요사태는 상당히 진정되어가고 있으나 지역 대책위원들과 외부에서 잠입한 폭도들 간에 자중지란이 야기될 우려도 없지 않습니다.[5]

㉮, ㉯ 두 문서를 분석하여 군사반란 세력의 의도를 읽어보자. ㉮와 ㉯의 문서는 먼저 5·18의 주동 세력으로 "타 지역 불순 인물" "김대중을 추종한 전국의 깡패와 학생 소요를 주동했던 일부 대학생" "북괴의 지령"을 받고 "적화혁명"을 도모하려는 "전국의 간첩들"과 "공산분자"들을 지목한다. 다음으로 "엄청난 사태"의 원인으로 위에서 언급된 세력이 "의도를 가지고 유언비어를 유포하고 지역감정을 자극하여 난동을 일으켰"기 때문이라고 한다.

2군 사령부가 5월 20일 18시 25분에 내린 지시와 같은 날 2군 사령관의 훈시문을 보면 간접적으로나마 5·18 초기에 계엄군의 과격한 행위가 있었음을 인정하고 있다고 보인다. 하지만 군사반란 세력이 장악한 계엄사는 계엄군의 책임을 전혀 인정하지 않고 있다.

'북괴 간첩 검거' 소식을 보도한 1980년 5월 24일 자 경향신문.

　　5·18 당시 계엄군은 부상자와 연행자 수천 명에 대한 조사 과정에서 대공(對共) 용의점을 조사하여 판단서를 첨부했다. 그런데 이상이 있는 사람은 단 한 명도 없었다. 한편 이 문서가 '악성 유언비어'로 규정한 계엄군의 만행은 나중에 거의 사실로 확인되었다.

　　㉮, ㉯ 두 문서의 주장이 타당하지 않다면 어떤 의도를 포함하고 있을까? 우선 위의 담화문과 보도자료가 발표되기 하루 전인 5월 20일에 20만 명 이상의 시민들이 밤새워 시위를 했음을 주목할 필요가 있다. 이때는 군사반란 세력이 대규모 시위를 더 이상 숨기거나 통제하기 어려울 만큼 5월 민중의 저항이 격렬해졌고 광주 지역 외부로 확산되고 있었다. 언제든 책임 문제가 제기될 수밖에 없

었다. 이 문서에는 군사반란 세력 자신의 야만적 행위에 대한 책임을 외부에 전가할 뿐만 아니라 장차 전개할 학살 진압의 정당성을 축적하려는 의도가 숨겨져 있다.

이 두 문서는 사악한 논리적 장치를 숨기고 있다. 5·18 초기 계엄군이 저지른 극악한 행위와 관련된 사실을 간첩 등 공산분자와 김대중 추종 세력이 유포한 유언비어로 비틀어놓았다. 그럼으로써 5·18의 실상을 전하고 믿는 사람은 불순 세력의 주장에 동조하게 되는 것이다.

5월 21일 계엄사 합동수사본부(본부장 전두환)는 ㉢ 김대중 내란음모사건의 조사 결과를 발표했다. 그 핵심 요지는 김대중이 5·18 이전의 전국 대학생 시위를 배후에서 조종했다는 것이다. 전두환은 이 발표에서 전국 대학생 시위와 김대중 내란을 연계시켰다. ㉡ 문서에서는 "김대중 추종 세력 2,000명이 서울에서 광주로 잠입했다"고 그 숫자까지 제시했지만 한 번도 이 숫자의 근거를 제시한 적은 없다.

㉠ 문서는 시민을 대상으로 헬기 등을 이용해 광주 지역 상공에 집중적으로 살포되었다. ㉡, ㉢는 보도자료로서 같은 날 전국 언론에 배포되었다.

다음에서 계엄사가 5월 23일 자에 만든 ㉣ 〈난동 분석 자료〉를 보자.

> ㉣ 소수 학생 데모가 악덕 정치인 및 불순 세력의 배후조종에 의해 폭도화로 급전환함에도 투입군의 미온적인 초동 진압으로 난동의 영역이 광주를 중심, 지방으로 확산 …… 김대중 추종 불순 폭도들은 주민들의 의사에 반하여 전남 전역에 세력 확산을 목적으로 강력한 군부대를 회피, 경찰서 파출소를 습격 소요 무

기 획득을 계속 시도할 전망 ……[6]

㉮ 문서에는 어느덧 간첩, 공산분자 표현이 사라지고, 그 대신 "악덕 정치인" 및 "김대중 추종 불순 폭도"를 강조하고 있다. ㉯, ㉰, ㉱의 자료를 종합하면, 군사반란 세력이 5·18과 김대중을 의도적으로 연계시키려고 하고 있다는 걸 알 수 있다. 실제로 군사반란 세력은 5·18 진압 이후 5월 민중의 저항을 김대중 내란음모사건과 연관시키기 위해 일부 연행자들에게 가혹한 고문을 자행했다. 하지만 당시 김대중 쪽은 광주에서 어떤 일이 벌어지고 있는지를 전혀 모르고 있었다. 그는 5월 17일 체포된 이후 며칠이 지나서야 광주에서 야수적 학살과 처절한 저항이 있었음을 알았다.

이제 5월 23일에 열린 대간첩대책본부 회의의 내용(㉲)을 보자. 이날 회의에서 "북한의 특수부대의 후방 침투에 대비한 대책을 점검하며 비정규전의 대처 강화에 총력을 기울일 것을 다짐"했다. 신현철 대간첩대책본부장은 "북괴가 광주 지역 소요사태를 틈타 불순분자와 고정간첩을 시위 군중 속에 잠입, 순박한 시민들에게 지역감정을 유발토록 자극"할 우려를 표명했다.[7]

여기에서 주목할 것은 "북한 특수부대 후방 침투" 대비를 언급하고 "북괴"와 연결된 "불순분자와 고정간첩"을 거듭 명시하고 있다는 것이다. 북한 남침설은 어느덧 사라져버렸다. 이미 전국 계엄을 실시한 만큼 북한 남침설은 더 이상 쓸모가 없어진 것이다.

5월 24일 군사반란 세력은 남파간첩 이창용을 검거했다고 발표한다.

㉳ 5. 23. 광주 지역에 침투하여 유언비어를 날조 유포하고 대중을 선동하는 것을 임무로 침투한 북괴 간첩 이창용이 서울역전

에서 주민들의 신고로 검거되었음. 이 간첩은 독침까지 휴대하고 있어 시위 군중들 속에 들어가 시위자를 살해하여, 폭동을 더욱 격화시킬 준비마저 갖추고 서해안으로 침투, 잠입한 자였음.

독침을 지닌 간첩이 광주에 침투할 임무를 띠고 남파되었으며 그가 시위자 살해 등으로 폭동을 격화시킬 목적을 가졌다고 했지만 이 역시 거짓말이었다. 뒤늦게 공개된 수사 기록과 재판 기록을 보면 이창용(본명 홍종수)에게는 5·18과 관련한 임무는 애당초 없었고, 광주 잠입 시도조차 하지 않았음이 드러났다. 간첩 사건을 조작하여 5·18과 연계시킨 것이다. 5월 민중이 고립된 채 죽음을 무릅쓴 항쟁을 펼치고 있을 때, 이 간첩 사건은 전국의 모든 언론에 일제히 대서특필되었다.

이 간첩 사건은 매우 허술하게 조작되었다. 상식적으로 생각해도 단신으로 남파된 간첩이 광주 지역에 유언비어를 날조·유포한다는 것이 가능하지 않고 효과도 없을 것이다. 군사반란 세력으로서는 간첩 사건을 조작하는 것이 북한 남침이나 북한군 특수부대 후방 침투를 조작하는 것보다 훨씬 용이하다고 판단했을 것이다. 후자는 전자에 비해 입증할 훨씬 많은 증거와 목격자가 필요할 것이고 결국 들통날 가능성이 그만큼 클 것이기 때문이다.

5월 25일과 26일, 유혈 진압을 확정한 후 전남북계엄분소(전투교육사령부, 전교사)에 하달된 작전 지시(㉑)를 보자. 여기에서 주목할 공통된 언급은 "5월 23일 이후부터 양민층과 공산주의자 및 폭도가 분리되어 진압작전을 실시할 여건이 되었다"는 것이다.[8] 5월 21일 자 보도자료에 '공산분자'를 언급한 이후, 이 두 건의 작전 지시에서 '공산주의자'라는 표현이 등장했다. 5·18에 공산주의자가 개입했다고 어떻게든 조작하려는 의도를 읽을 수 있다. 이미 앞에서 얘기했듯이, 당시 연행된 수천 명의 시민들 가운데 대공 용의자는 없었다.

㉠부터 ㉑의 과정을 다시 정리해보자. 5·18항쟁이 발생하자 군사반란 세력은 마치 사전에 알고 있었던 것처럼 아무런 조사도 없이 곧바로 간첩, 공산주의자 또는 불순 세력에 의한 폭동이라고 규정했다. 북한의 지령을 받은 전국의 간첩들이 시위 현장에 잠입하여 광주 시민을 선동했고 그 결과 사태가 악화되고 있다고 발표했다. 군사반란 세력은 5·18 시위의 원인과 실상을 총체적으로 왜곡했다. 대국민 여론 조작은 이러한 왜곡을 바탕으로 언론의 협력을 얻어 이루어졌다.

보안사의 심리전 공작

군사반란 세력의 5·18 당시 진실 왜곡은 보안사가 기획·주도한 대국민 심리전 비밀공작과 긴밀한 연관 속에서 이루어졌다. 이 심리전은 5월 민중뿐 아니라 국민 전체를 대상으로 했다. 그 목표는 군사반란 세력이 주도한 민중 학살과 저항의 진실을 은폐하는 것이었다. 군사반란 세력은 5월 민중을 고립시킴으로써 시위의 전국적 확산을 차단하는 효과를 노린 것이다. 또 민중 학살의 책임을 공산주의자와 김대중 등에게 전가하거나 적어도 자신들의 책임을 면할 구실을 만들 수 있었다.

5·18 당시 대국민 심리전은 국군보안사령부(이하 보안사)[9]와 중앙정보부, 2군 사령부, 정보사령부, 경찰, 31사단 정보소대 등이 가담했지만, 보안사의 비밀특수팀이 주도했다. 보안사가 주도한 심리전 공작의 전모는 군사반란 세력이 권력을 장악함으로써 철저하게 은폐되었고, 노무현 대통령 때 만들어진 진실화해위원회[10](이하

진실위)에서 극히 일부만을 밝혀냈을 뿐이다. 당시 발표된 여러 문건과 현재까지 드러난 비밀특수팀의 활동 시기 및 규모를 고려하면 공작 내용을 어느 정도 짐작할 수 있다.

5월 18일 이후 군사반란 세력은 시민들의 저항이 예상보다 훨씬 격렬해지자 광주 현지로 보안사 소속 비밀요원들을 급파했다. 5월 19일 9:00경 보안사 참모회의에서 보안사 기획조정처장인 최예섭 준장과 광주 지역 고교 출신 홍성률 대령을 파견하기로 결정했다.[11] 홍성률은 5월 20일 광주에 도착하여 시내로 잠입, 정보 수집 및 특수 활동을 벌였다. 이날은 100여 대의 차량을 앞세운 20만 명의 대규모 군중이 밤을 새우며 시위하던 때였다. 보안사 특수팀은 도청 인근과 광주시 사동에 비밀 아지트를 설치하고 5월 21일부터 지하 정보 활동을 펼쳤다.

2군 사령부도 5월 19일 전교사에 "다수의 편의대를 운용하고 과감하게 타격하며 주민에게 선무 활동을 강구"하도록 지시했다. 편의대는 책임 지역 내에 침투하는 적을 탐지 색출하기 위해 그 지역의 환경에 맞도록 농민, 행상 등으로 가장해 주민과 함께 행동하는 임시 특별부대를 말한다. 편의대는 2인 1조로 5월 22일~23일 사이에 약 10개 조, 5월 24일~26일 사이에는 그 이상의 규모로 운영되었다. 5월 25일 군사반란 세력은 대규모의 '선무단원'을 광주에 증파했다. "25일 07시 서울에서 호국단원 300명이 버스로 출발하여 오후 1시경 전주에 도착"해 광주에 잠입했다.

보안사의 특수팀과 편의대는 상호 연계하여 시민군 본부인 도청과 시위 군중 속에 침투했다. 홍성률은 광주에 주둔한 505보안부대 요원과 광주 지역 정보경찰의 지원을 받아 정보조를 통합 지휘했다.

보안사의 조작이 드러난 대표적인 사건은 5월 25일 시민군본부에서 일어난 독침 사건이다. 장계범(23세·주점업)과 정향규(31세·운전기사)는 도청 내 시민군에 잠입한 신군부 측 비밀요원들을 색출한다는 명목으로 시민군 정보부를 조직했다. 정보부장과 특공대장으로 행세하던 장계범이 "독침을 맞았다"고 먼저 쓰러졌고 정향규가 그 부위를 빨다가 쓰러지는 척하여 병원으로 옮겨졌다. 이후 조작이 탄로날 것을 우려한 그들은 병원을 탈출하여 보안사의 보호를 받았다. 5·18 진압 직후 장계범은 복면을 쓴 채 계엄군에게 시민군 지도부를 지목해주었다.

보안사 특수팀의 위장 활동에 관한 좀 더 상세한 기록과 증언이 없더라도 추정은 가능하다. 보안사 팀은 편의대, 선무단원 등과 연계하여 시위 상황에 대한 첩보 수집, 시민군 분열 공작, 유언비어 유포 등과 같은 심리전을 수행했을 것으로 보인다. 첫째, 시민들 안에서 공포 분위기를 확산시켜서 시민과 시민군 양측을 분리시키고 불신을 조장했다. 둘째, 불안과 공포를 유발함으로써 시민들의 동요를 기도하고 유언비어를 유포하여 그것이 군중 안에서 일으키는 효과와 반응을 체크했다. 셋째, 시민군을 분열·와해시켜 무력 진압을 위한 기초를 다졌다. 넷째, 5월 25일에 투입된 편의대와 선무단원들은 광주 지역 시민군 거점들을 분할·담당하여 첩보를 수집하고, 5월 24일 진압 후 민심의 동향을 살피고 유도하는 일을 했을 것이다. 결론적으로 이 비밀특수팀은 5·18 동안에 군사반란 세력의 의도대로 상황을 유도하는 역할을 맡았다고 할 수 있다.

언론은 5월 24일과 26일 자로, 조작된 남파 간첩 사건과 독침 사건을 연이어 크게 보도했다. 국민의 눈에는 독침을 지닌 간첩이 체포된 지 하루 만에 광주에서 실제로 독침 사건이 일어난 것으로 비쳤다. 두 사건은 광주 시민들에게는 불안과 공포심을, 광주 바깥의 사람들에게는 5·18에 대해 크게 왜곡된 인식을 심어주었다. 오늘날 5·18 왜곡 세력들은 여전히 이 조작된 독침 사건을 예로 들며 5·18을 간첩이 개입한 폭동으로 주장하고 있다.

5·18 수사 과정의 조작

5·18 당시 연행자들을 수사하기 위해 계엄사는 전남합동수사단(이하 합수단)을 구성했다. 보안사, 경찰, 중앙정보부, 검찰이 합수단을 구성했지만 보안사가 실권을 장악했다. 단장은 명목상으로는 광주 주둔 505보안부대장인 이재우 대령이었으나, 실제 지휘권은 보안사에서 파견된 105보안부대장 최경조 대령이 행사했다.[12] 합수단 수사의 지휘 체계도 계엄사와 마찬가지로 이원화된 것이다.

합수단 수사에서 이루어진 두 가지 중요한 조작만 간단히 살펴보자.

• 김대중 내란음모사건 조작

합수단은 김대중과 5·18을 연계시키기 위해 연행자들을 가혹하게 고문했다. 합동수사단은 모든 책임을 김대중 씨에게 전가시키기 위해 5·18을 "10·26 이후 사회 혼란과 시위가 난무하자 이를 정권 쟁취의 호기로 판단한 김대중이 광주 학생을 자극 내란을 유발토록" 한 것으로 호도했다.[13] 합수단은 5·17 전국 계엄 확대 직전 예비검속으로 체포한 연행자들을 처음에는 계엄포고령 위반 혐의로 조사하다, 이후 김대중 주도 내란음모 혐의로 조서를 다시 작성했다. 5·18을 김대중과 연계시키기로 결정한 군사반란 세력의 조작 방침에 따라 수사 방향을 바꾼 것으로 보인다. 이를 위해 7월 15일 전남합수단에는 서울에서 검사 2명과 중앙정보부 수사관 2명 등이 파견돼 전남합수단과 함께 수사 상황을 검토했다. 7월 31일 합수부(본부장 전두환)는 전남합수단에 김대중을 5·18과 연계시킬 수 있을 내용을 정동년의 피의자 신문조서에 넣도록 지시했다. 구체적으로는 전남대 학생운동의 목표는 대규모 폭력사태 유발 및 전국적 민중봉기로 현 정부를 퇴진시키고 김대중을 추대해 새로운 체제를 구축하는 것, 1980년 5월 5일 김대중 집에서 김대중에게 위 방침을 설명한 뒤 자금을 요청한 사실, 김대중에게서 500만 원을 수수한 정동년의 지시에 따라 총학생회장인 박관현이 전남대 시위를 주동했다는 것 등이었다. 이 조작 방침에 따라 5·18 직전에 체포된 예비검속 대상자들의 조서를 다시 작성해야 했고, 5·18은 김대중 내란음모사건의 주요 근거가 됐다.[14] 이러한 조작을 위한 수사 과정에서 엄청난 고문과 협박이 자행되었다. 일부 연행자들은 자살을 시도하기도 했다.

• 광주교도소 습격 사건 조작

또 5·18을 공산분자 소행으로 조작하기 위해 광주교도소 부근에서 있었던 총격 사건을 왜곡했다. 당시 광주교도소에는 사상범 류낙진이 복역하고 있었다. 합수단이 작성한 〈광주교도소 습격 기도 사건〉 자료에는 5·18 당시 류낙진의 처 신애덕과 동생 류영선이 시위에 가담해 교도소를 습격해, 복역 중인 류낙진을 구출하도록 선동했다는 내용이 있다. 이 자료에서 류영선은 시위 군중과 함께 교도소를 습격하다 총상으로 사망한 것으로 되어 있다.

그러나 국방부 과거사위의 조사를 통해 이 자료 내용이 교묘하게 조작되었음이 드러났다.[15] 류낙진이 광주교도소에 복역 중인 것과, 그의 동생 류영선이 5·18 당시 총상으로 사망한 것은 사실이었지만, 류영선은 교도소를 습격하다 사망한 것이 아니었다. 류영선은 5·18 당시 소재가 파악되지 않는 조카 류소영(류낙진의 딸, 조선대 약대 학생)이 계엄군에 의해 체포된 사실을 모른 채, 조카를 찾으러

나섰다가 공수부대의 과격 진압에 분노하여 시위에 합류했고, 5월 21일 금남로 집단 발포 때 머리에 관통상을 입고 사망했던 것이다. 류영선 사망 이후, 합수단은 금남로에서 사망한 그가 좌익 사범으로 수감 중이던 '류낙진을 구하기 위해 시민군을 선동하고 교도소를 습격했'던 것으로 조작하기 위해 관련자들을 모두 혹독하게 심문했다. 이때 류낙진의 처 신애덕은 합수부에 의해 5·18 이전 시위 주동자로 이미 체포된 류소영을 찾고자 백방으로 노력하고 있었다.

합수단의 수사는 이처럼 비극적인 가족의 상황을 이용하여 5·18을 공산 폭도들이 주동한 것으로 조작했다. 고문과 강압에 의해 사악한 의도로 조작된 내용은 군과 국민을 상대로 대대적으로 전파되었다.

기타 사실 조작

• 고교생 사살 조작

군사반란 세력은 공수부대가 고등학생을 사살하는 사진을 불순 세력의 소행으로 조작했다. 보안사는 5월 20일 자로 작성한 자료에서 "불순 세력과 극렬분자가 개입, 선동과 위협으로 시민을 강제 동원하고 특수 총기(무성 권총)로 학생을 쏘아 흥분토록 유도"했다고 조작된 분석을 제시했다.[16] 이 사건은 5월 19일 16시 50분 광주시 계림동 광주고와 계림파출소 사이에서 계엄군 11공수여단 63대대 작전장교 차○○ 대위가 M16을 고등학생 김영찬에게 발포한 것을 조작한 것이다. 이 학생은 당시 사망하지는 않았다. 사실 이것은 계엄군에 의한 최초 발포였다. 그런데 보안사는 발포 사실을 숨기고, 불순 세력이 시민들을 흥분토록 유도하기 위해 무성 총기를 사용하여 고등학생을 사망케 했다고 정반대로 사실을 조작했다.[17]

• 계엄군 오인 사격 조작

계엄군끼리 오인 사격, 오발 등으로 숨진 일부 군인들에게 훈장을 주기 위해 시민군의 총탄에 의해 순직한 것으로 조작했다. 5월 24일 하루 동안 두 차례나 작전 부대 상호 간의 연락 미비로 인해 계엄군 간의 오인 전투가 발생했고, 많은 사람들이 사망했다.[18] 이날 송암동 지역 11공수여단 63대대와 전교사 보병학교 교도대 계엄군 사이에 30분 넘게 오인 전투가 있었다. 이때 10명이 사망했고 공수부대 대대장을 포함한 33명이 부상당했다. 이어서 공수부대원들의 보복 학살이 이어졌다. 저격병은 산 쪽으로 도망치는 민간인들을 향해 조준 사격하고, 분풀이로 부근의 민가를 뒤져 끌어낸 무고한 청년 3명을 즉결 처형하고 부녀자를 사살했다. 결국 모두 5명의 민간인이 학살당했다. 계엄군끼리 이루어진 오인 전투에 대한 급보를 받고 공수특전사령관 정호용이 헬기를 타고 현장에 도착했다. 그는 자신의 부하들이 주민을 살해한 행위에는 아무 관심이 없었다. 나중에 그는 이 무고한 학살이 없었다고 부인했지만, 1995년 검찰 수사에서 시위대 1명과 4명의 무고한 마을 주민이 살해당했음이 밝혀졌고 재판으로 확정되었다.[19]

오인 사격으로 사망한 병사들은 시민군의 공격을 받아 전사한 것으로 조작되어 무공훈장을 받았다. 광주에 투입된 계엄군 병력 중 총 23명이 사망했다. 이들의 사망 원인 가운데 오인 사격이 13명, 오발 사고가 1명 등이었으며 광주 시민들의 총격이나 공격 행위로 인한 사망자는 8명이었다.[20]

촛불혁명 이후 밝혀지고 있는 조작의 진실

문재인 정부는 2017년 9월~12월 사이 국방부 5·18민주화운동특별조사위원회(이하 특조위)를 구성하여 조사 활동을 했다. 특조위는 헬기 사격과 시위 진압을 위한 전투기 출격 대기에 대한 조사 결과를 발표했다. 특조위는 5·17 내란 주도 세력이 각종 군 기록을 왜곡·조작해 진실을 은폐했음을 확인했다. 특조위 활동은 강제 조사권이 없기 때문에 상당한 제약이 있었지만 5·18 관련 군 기록 조작에 대한 검증 등으로 진실규명을 위한 새로운 기초를 놓았다.

• 무기 피탈 및 발포 시점 조작

특조위에 따르면, 1985년 안전기획부(국정원의 전신) 주도의 '광주사태진상규명위원회'와 실무위원회(일명 80위원회, 위원장 안기부 2국장)가 만들어졌다. 당시 안기부장 장세동은 전두환 정권의 핵심 실세였다. 1988년에는 국방부 주도로 '국회대책특별위원회'가 만들어졌다. 이 시기에 보안사령부는 5·11분석반을 별도로 조직했다. 이때는 1988~1989년 국회 광주특위와 5·18 청문회를 앞두고 있었다.

이 기구들은 군 자료의 수집 및 정리에 그치지 않고 군에 불리한 자료를 은폐·왜곡했다. 이에 따라 특조위는 '가짜와의 전쟁'을 치르는 어려움을 겪었다고 발표했다. 계엄군으로 출동했던 특전사의 전투상보, 20사단 전투상보, 31사단 전투상보 등과 5·18 진압에 참여했던 장병들의 체험수기 등이 왜곡되었던 것이다.

왜곡·조작된 자료 때문에 노무현 정부가 구성한 국방부 과거사진상규명위원회(2007)조차도 오류를 범했다. 시민군의 총기 피탈 사실과 관련하여 왜곡된 사료를 판단 근거로 삼았던 것이다. 도청 앞에서 공수부대가 집단 발포하기 전에 경찰관서에서 이미 총을 탈취한 시민들이 계엄군을 향해 먼저 발포한 것으로 조작되었기 때문이다. 군 자료는 1980년 5월 21일 오후 1시에 도청 앞에서 무장 시위대가 먼저 총을 발사했고, 이에 대응하여 1시 30분에 계엄군이 최초 발사했다고 사실을 조작했다. 당일 도청 앞에서 공수부대 집단 발포로 34명의 시민이 숨졌다. 보안사는 이 만행을 '정당방위'처럼 꾸미기 위해 총기 피탈 시간을 조작했으며 진실을 묻기 위해 5·18을 수사했던 합동수사단 퇴직 인사들까지 회유하고 사찰했다. 5·18이 폭동이고 광주 시민이 폭도라는 극우 세력의 주장은 바로 이런 조작에 기초하고 있다.

• 헬기 기총 사격과 공군 전폭기 출격 준비

특조위에 따르면 5·18 당시 군의 헬기 사격도 사실로 드러났다. 1980년 5월 육군은 광주에 출동한 40여 대의 헬기 중 일부 공격 헬기 500MD와 기동헬기 UH-1H를 이용해 5월 21일과 5월 27일 광주 시민을 상대로 사격을 가했다. 무장하지 않은 시민을 공격한 21일 헬기 사격은 계엄군 진압작전의 야만성과 잔학성, 범죄성을 드러내는 증거다. 시민들과 물리적 충돌 과정에서 실시되었던 지상군의 사격과 달리 헬기 사격은 계획적·공세적 성격을 띠는 것이다. 매우 비인도적이고 공격적인 살상 행위였다. 이와 관련된 많은 시민들의 증언이 있었지만 전두환은 물론 군 관계자들은 이를 부인해 왔다.

수원과 경남 사천 등 군용 비행장에서 전투기들이 폭탄을 장착하고 출격 대기했다는 새로운 사실도 드러났다. 당시 공군 조종사로서 출격 대기했던 한 예비역 공군 장성은 이는 매우 이례적인 일로 5·18 시위 진압용 이외에 다른 합리적 설명이 불가능하다고 말했다. 특조위는 출격 대기한 전투기들의 도착지가 광주였다는 뚜렷한 증거는 찾아내지 못했다. 관련 자료가 모두 사라져버렸기 때문이다.

1995년 전두환, 노태우를 내란음모죄로 수사할 당시 '헬기 사격'이나 '전투기 출격 대기 의혹' 등을 마땅히 조사해야 했다. 그런데 당시 검찰은 헬기 사격을 목격했다는 진술은 무시하고, 일부 조종사들의 진술만 받아들여 사격이 없었다고 결론을 내렸다.

해병대도 광주에 출동할 목적으로 5월 18일부터 마산에서 1개 대대가 대기했다가 출동 명령이 해제되었던 사실이 확인되었다. 특조위는 5·18 진입작전이 3군 합동으로 이루어졌다고 발표했다.

언론을 통한 여론 조작

보안사령관 전두환은 보안사 정보처 산하에 이상재 준위(전두환 집권기 민정당 소속 국회의원)를 언론대책반장으로 삼아 언론을 통제했다. 이어 1980년 3월 중순에는 군사반란 세력의 안정적 지지 세력을 구축하기 위해 'K-공작 계획'을 수립·실행했다. 보안사 언론반은 언론사의 약점에 대한 첩보를 수집하고 언론계 실력자들과 접촉했다. 1980년 4월 1일부터 검열 세부 지침에 따라 언론을 통제했다.

1980년 4월 14일 계엄사 합동수사본부장 및 보안사령관을 맡았던 전두환이 중앙정보부장 서리를 겸임하게 되었다. 전두환이 국가의 모든 주요 정보기관을 장악한 것이다. 이는 언론을 이용해 여론을 조작하기 위한 필수 선행 단계였다. 보안사 언론반은 1980년 5월 17일 부분 계엄을 전국 계엄으로 전환함과 동시에 보도 검열 통제 지침을 각 언론사에 하달했으며, 위반할 때는 폐간하겠다고 협박했다.

군사반란 세력은 보도지침[21]으로 언론에 재갈을 물렸다. 1985년 세 명의 언론인이 투옥을 감수하면서 그것을 용기 있게 폭로하기 전에는 대다수 국민들은 보도지침이 존재하는지조차 알지 못했

1980년 8월 19일 자
경향신문의 전두환 찬양 기사.
<새 역사 창도의 선도자 전두환
장군>이라는 제목과 함께
"서릿발 같은 결단력 뒤에는
훈훈한 인정 느낄 서민풍이"라는
문구가 적혀 있다.

우리는 보았다.

사람이 개끌리듯 끌려가 죽어가는

것을 두눈으로 똑똑히 보았다.

그러나 신문에는 단한줄도 싣지못

했다.

이에 우리는 부끄러워 붓을 놓는다.

1980. 5. 20

전남매일신문기자 일동

전남매일신문사장 귀하

1980년 5월 20일 당시
전남매일 기자들의 사표. 당시
기자들은 이 사표를 2만 장
인쇄해 광주 시내에 뿌렸다.

다. 결국 양심적인 많은 언론인들이 쫓겨나거나 투옥된 상황에서 언론은 5·18의 진실을 왜곡하는 도구가 되었다. 군사반란 세력이 보도지침을 받아쓰도록 강압했지만, 대부분의 언론사는 특별한 저항을 하지 않고 군사반란 세력의 입장을 대변했다. 심지어 전두환에 대한 개인적 찬양에 열을 올리기도 했다(1980년 8월 19일 자 경향신문의 전두환 찬양 기사 참조).

광주의 상황을 조작하기 위한 여론 조작도 실행됐다. 5월 23일 국방부는 국방부 출입기자단이 광주를 취재하도록 허용했고 이들에게 상당한 금품을 제공했다. 5·18을 폭도들의 행위로 부각시키기 위한 사진 촬영도 허용했다. 보안사도 언론인 취재를 계획했다. 보안사 정보처는 5월 24일 〈광주 소요사태 언론인 취재 유도 계획〉을 마련했다.

하지만 일부 언론인들은 저항을 시도했다. 전남매일 소속 기자들은 언론 검열 때문에 광주의 진상을 알릴 수 없자 5월 20일 자 신문의 검열 거부를 결의했다. 하지만 이렇게 제작된 신문은 임원들에 의해 발행이 무산되었다. "18일부터 20일 오전까지 있었던 상황을 모두 기사로 썼어요. …… 그런데 신문을 찍기 위해 활자를 다 뽑아서 만든 조판대를 임원들이 엎어버린 거죠." 당시 박화강 기자의 증언이다. 결국 전남매일 기자들은 공동 사표를 제출하고 그것을 2만 장 인쇄해 광주 시내에 뿌렸다. 사표는 반려됐지만 신문은 한동안 제작되지 못했다. 기자들의 사표가 광주 시내에 뿌려진 당일 광주MBC방송국이 불에 탔다. 기자들은 지하신문을 만들려 했으나 인쇄소를 구하지 못해 만들지 못했다. 5·18 당시 전남매일 기자들의 행동은, 영화 〈택시 운전사〉에 '최 기자'라는 인물로 표현되었다.

언론은 5·18을 "불순분자의 조종을 받은 폭도들의 난동"으로 규정한 군사반란 세력의 입장을 고스란히 반영했다. 언론은 시위대가 군을 공격해 군이 피해자인 것처럼 보도했다. 중앙지와 KBS, MBC는 5·18민주화운동을 처음 보도하면서 군경의 사망자 수가 시민의 사망자 수보다 훨씬 많다고 했고 불에 탄 관공서나 방송국의 모습을 의도적으로 부각시켰다. 일반 국민들은 광주에서 폭도화한 시위대가 무기를 탈취해 관공서 등을 파괴하고 방화하는 것으로 받아들였다. 공수부대의 과격 진압이나 군의 집단 발포 등에 대해서는 침묵했다. 오히려 야만적 진압에 대한 소문을 공산주의자, 간첩, 김대중 추종 정치 세력이 유포한 유언비어로 규정한 군사반란 세력의 주장을 충실히 전달했다.

언론은 보안사가 주도한 대국민 여론 조작과 심리전의 충실한 도구로 쓰였다. 군사반란 세력은 보안사의 위장 비밀요원들과 언론을 통해 반공주의, 지역주의, 반김대중 선동 프레임의 유언비어를 유포했다. 반면 참혹한 진실에 관한 소문은 유언비어로 규정하고 정작 그 책임을 시민들에게 뒤집어씌웠다. 유언비어는 시위 군중 안의 비밀요원들이 자극적으로 행동을 하고 의도적으로 유언비어를 조작한 데서 비롯했으며, 근본적으로 군사반란 세력이 언론을 완전하게 통제하고 있었기 때문에 생겨난 것이다.

3. 5·18 진압 이후 왜곡의 추이와 배경

앞에서 극우 세력의 왜곡이 5·18 이전과 5·18 당시 군사반란 세력의 왜곡에 뿌리내리고 있음을 살펴보았다. 이제 5·18 진압 이후의 왜곡 추이와 배경을 살펴보자.

5·18 진압 이후~국회 광주청문회(1988) 이전:
군사반란 세력 주도

먼저 앞에서 살펴본 두 시기를 간략히 요약해보자. 박정희 사후부터 5·17쿠데타까지(㉮)는 5·18 왜곡의 싹이 트는 시기였다. 이때 군사반란 세력은 북한 남침설을 통해 대국민 여론 조작을 실행하고 5월 17일 비상계엄을 전국으로 확대했다. 5·18 당시(㉯)는 5·18 왜곡이 본격화한 시기였다. 보안사가 주도하여 5월 민중과 국민을 대상으로 한 심리전을 전개했다. 군사반란 세력은 이때 5·18 이전의 북한 남침설을 포기했다. 대간첩대책본부를 통해 북한 특수군 침투 가능성을 유포했다. 이 시기에 군사반란 세력은 5·18을 간첩, 공산주의자, 김대중 등 불순 세력이 주동한 폭동으로 공식적으로 규정했다.

5·18 진압 이후 전두환 집권기의 5·18 왜곡은 ㉯ 시기의 왜곡을 바탕으로 이뤄졌다. 집권한 군사반란 세력은 자료를 폐기함으로써 진실을 은폐했을 뿐 아니라, 왜곡을 더욱 체계화하여 전파했다. 그에 맞서 민주화운동 세력은 5·18 진상규명 운동을 치열하게 전개했다.

집권 후 군사반란 세력은 여러 교육 교재 등을 제작했다. 교재 내용은 5·18 당시 발표한 군사반란 세력의 입장을 중심으로 만들어졌다. 그 목적은 유혈 진압을 정당화하고 나아가 5공화국의 정통성을 확보하는 것이었다. 육군본부, 전교사, 보안사 등 여러 기관에서 교재를 편찬했지만, 역시 보안사가 주도했다.

군사반란 세력은 ㉯ 시기에 규정한 프레임에 따라 5·18 담론을 가뒀다. 나아가 침묵을 강요하여 공론의 장에서 5·18을 거론하는 것을 철저하게 금지시켰다. 5·18을 언급하는 것 자체가 민중 학살의 진상이 드러나 정권의 정통성을 약화시킬 수밖에 없다고 여겼던 것이다. 집권 세력은 5·18의 진실이 이미 세계적으로 알려졌다는 것을 알고 있었지만, 그들은 집권을 위해 저질렀던 사악한 원죄를 결코 뉘우치지 않았다.

광주청문회 이후 왜곡과 폄훼: 극우 세력 주도

이 시기는 6월항쟁 이후, 노태우 정권 시기의 국회 광주청문회(1988)와 김영삼 정권 시기의 5·18특별법 제정(1995.12.21.)을 거쳐 김대중(1998~2003)·노무현(2003~2008)·이명박(2008~2012)·박근혜(2013~2017) 집권 시기에 해당한다.

광주청문회 이후 5·18특별법 제정 이전까지 5·18 왜곡 담론은 군사반란 세력 인사의 개인적 발언이나 일부 언론의 보도에서 나타났다. 그런데 5·18특별법 제정 이후 위기감을 느낀 극우 보수 세력이 조직적 흐름을 형성하기 시작했다. 5·18특별법은 5·18이 부당한 국가폭력에 대한 정당한 저항이며, 국가의 민주적 발전을 위해 기여했음을 인정하는 것이기 때문이다. 같은 법에 따라 군사반란 세력이 폭도로 규정했던 5·18 시민군은 국가유공자로 인정받게 되었고, 군사반란 세력은 죗값을 지불해야 했다. 이런 상황은 그동안 군사반란 세력이 취한 침묵의 방식에 동조한 극우 세력에게 다른 방식으로 대응할 필요성을 일깨워주었다.

김대중 정부 출범 이후 컴퓨터 통신이 발달하고 인터넷망이 전국적으로 보급되었다. 이러한 미디어 환경의 변화는 왜곡 방식뿐 아니라 왜곡의 내용에도 영향을 미쳤다. 민간 극우 세력이 왜곡 담론을 생산하고 급속히 전파했다. 인터넷은 쌍방향의 합리적 소통을 강화시킬 수도 있지만 사회적·집단적 극단화를 초래할 수 있다. 인

대국민 경계령! 좌익세력 최후의 발악이 시작됩니다

국민은 증거없이도 말할 수 있습니다!
소신껏 말씀하십시오.

1. 김정일의 운명이 다급해 졌습니다.

2. 김정일은 좌익은 뿌리없는 나무입니다. 그래서 저들은 김정일보다 더 다급하게 김정일을 살리려 합니다.

3. 정권말기에 몰려서 더 정신없이 까붑니다.

4. 약육이 단단히 갈려 모았습니다. 지금 이 나라는 사실상 김정일이 통치하고 있는 게 아닌가요?

5. 마지막 발악이 시작됐습니다.

시스템사회운동본부
대표. 지 만 원 (시스템공학 박사)

2002년 8월 16일 지만원 씨가 동아일보에 실은 광고. 그는 5·18민주화운동을 '광주사태'라 폄훼하고 "소수의 좌익과 북한에서 파견한 특수부대원들이 순수한 군중들을 선동하여 일으킨 폭동"이라고 주장했다.

터넷 매체는 기존 아날로그 방식의 언론과 달리 법적, 윤리적 제약에서 상대적으로 자유롭기 때문이다.

이명박·박근혜 집권 시기에 뉴라이트 계열 극우 세력이 정권의 지원을 받아 활발하게 활동했다. 이때 제도적 민주주의의 진전, 그리고 인터넷의 발달이라는 사회 조건의 변화에 따라 새로운 형태의 왜곡이 등장했다. 극우 세력에 의한 이 시기의 왜곡도 내용상 ⑭ 시기의 군사반란 세력의 왜곡에 기원한다. 북한 특수부대 침투설을 제외하면 극우 세력과 군사반란 세력의 프레임과 왜곡 내용은 아주 유사하다. 둘 모두 지역주의적 동기, 김대중의 사주, 북한 등 불순 세력의 작용이라는 프레임으로 설정되어 있다.

극우 세력이 2002년 이후 우파 매체를 통해 행한 5·18 왜곡·폄훼를 살펴보자. 2002년 8월, 극우 인사 지만원이 동아일보에 광고를 실었다. 이때는 16대 대통령 선거를 4개월여 앞둔 정치적으로 민감한 시기였다. 그는 5·18광주민주화운동을 '광주사태'라 폄훼하고 "소수의 좌익과 북한에서 파견한 특수부대원들이 순수한 군중들을 선동하여 일으킨 폭동"이라고 주장했다. 그는 심지어 "김대중 전 대통령이 북한 김일성 주석과 짜고" 북한군 특수부대 600명의 광주 투입이 이루어졌다고 했다. 이후 한 극우 단체가 북한군 특수부대 1개 대대가 1980년 광주에 투입됐다고 주장했다. TV조선과 채널A는 2013년 5월, 이들이 주장한 "5·18 광주사태 자체가 김정일, 김일성에게 드리는 선물"이라는 내용을 여러 차례 방송했다. 이는 인터넷을 통해 광범위하게 유포되었다.

2013년 5월 15일 서울중앙지법은 김대중 전 대통령에 대한 사자(死者) 명예훼손으로 이 극우 인사에게 유죄를 선고했다. 판결문은 그가 "인용한 탈북자들의 수기 내용은 출처나 증언자들이 불분명하고 내용이 검증되지 않았을 뿐만 아니라 김대중 전 대통령과 김일성의 공모에 대한 구체적인 진술을 담고 있지 않으며, 객관적인 근거도 없다"고 판단했다.

문제의 방송이 방영된 직후 광주광역시와 5·18기념재단을 비롯한 5·18 관련 단체는 물론 여야 정치권 모두 두 채널의 방송 내용을 강도 높게 비판했다. 이른바 중앙일보, 동아일보와 같은 보수언론조차 사설과 기사를 통해 이 비판에 가세했다. 그리고 5·18 당시 현장을 취재했던 조갑제 전《월간조선》기자도 비판 대열에 합세했다. 그는 같은 해 5월 19일 두 종편 채널의 '5·18 북한군 개입설' 보도에 대해 "1개 대대 중 3분의 2가 희생되었다면 약 200명이 죽었다는 이야기인데, 시신은 다 어디로 갔나? 갖고 올라갔나? 북한군으로 의심 가는 시신은 단 하나도 발견된 게 없다"라며 "광주사태를 목격하였던 시민, 시위자, 진압군인, 취재기자들 가운데 북한군 비슷한 사람을 보았다거나 북한군 개입설을 믿는 이는 전무하다"고 말했다. 그는 나아가 5·18을 '반공 민주화운동'이라 평가했다. 그는 또 다음과 같은 트윗으로 극우 세력의 주장을 개탄하기도 했다. "기자가 사명을 다하면 이렇게 신속하게 루머를 잠재울 수 있는데, 북한군 (5·18) 개입설이 확산되는 7년간 기자도, 정부도 손을 놓고 있었다. 반박되지 않는 거짓은 진실이 된다." 그의 반박은 군사반란 세력의 5·18 전후의 여론 조작과 5·18 왜곡 공작과 관련하여 하나의 시사점을 제공한다.

동아일보에 광고를 게재했던 극우 인사는 2015년부터 다시 황당한 왜곡을 자행했다. 그는 당시 시민군으로 활동한 광주 시민들을 개별적으로 특정하여 북한군으로 지목했다. 5·18 당시 촬영된 광주 시민들과 시민군의 얼굴 사진을 북한군 또는 북한 당국 핵심 간부들의 얼굴 사진과 비교하며 '5·18 때 광주에 내려온 북한 특수군 광수'라고 했다.[22] 이 극우 인사는 2019년 2월 자유한국당 김진태·이종명·김순례 의원이 주최한 '5·18 진상규명 대국민 공청회'에서 다시 한 번 북한군 개입설을 거듭 제기해 국민들의 원성을 샀다. 그는 이날 "5·18 관련 외신보도는 북괴가 찍어서 힌츠페터를 불러 독일 기자 이름으로 세계에 방송한 것" "전두환은 영웅"이라고 말해 큰 논란을 불러일으켰다.[23]

전두환은 2016년 6월 월간《신동아》와 한 인터뷰에서 '5·18 당시 북한 특수군이 광주에 침투했다는 주장에 대해 보고를 받지 못했다'고 하며 어이없다는 반응을 보였다. 그런데 전두환은 2017년 7월 자신이 1년 전에 부인했던 이 극우 인사의 주장을 다시금 지지하는 내용을 회고록에 게재했다. 그는 자신의 입장 변화에 대해 아무런 설명은 물론 근거도 제시하지 않고 있어서, 한 국회의원은 전두환의 회고록이 대리 집필된 것이라는 의혹을 제기했다. 결국 2017년 8월 4일 광주지방법원은 전두환 회고록의 출판·배포를 금지시켰다.

사실상 전두환을 비롯한 극우 역사 왜곡 세력의 주장은 전혀 지지받지 못하는 것처럼 보인다. 역사학계에서도 그들의 주장은 학문적인 고려 대상조차 되지 못할 뿐 아니라, 보수언론으로부터도 전혀 인정받지 못하고 있다. 그런데 일부 종편을 통한 5·18 왜곡·폄훼는 여전히 교묘한 수법으로 계속되고 있으며 인터넷을 통해서 전파되고 있다. 2002~2009년까지 인터넷을 통한 5·18 왜곡을 조사한 바에 따르면, 중요한 정치적인 전환의 시기 때마다 5·18 왜곡 담론의 건수가 늘어난다는 사실이 밝혀졌다.

<표> 극우 세력에 의한 5·18 왜곡의 주요 시기

2002년 8월	16대 대통령 선거를 4개월여 앞둔 시기	정치적 판도가 유동성이 커지는 정권 교체기
2009년	용산 참사, 촛불시위 시기 및 남북 관계와 관련하여 민감한 정치적 시기	보수 집권 세력이 위기에 처하거나 북한 핵실험, 서해교전, 전시작전권 통제 논란이 있을 때
2011년	5·18항쟁 기록물의 유네스코 등재 추진	5·18의 국제적인 인정이 공식화하는 때
2011년 12월 ~2016년	종편 개국 이후~현재	언론 환경의 변화 시기

　　극우 세력은 보수정권이 위기에 처해 남북 대립을 조장할 필요를 느낄 때 5·18 왜곡 담론을 불러내 냉전 반공 논리를 확산시킴으로써 보수 세력의 결집을 시도했다. 극우 집단이 보수 세력의 정치적 이익을 위한 상징 조작의 일환으로 5·18 왜곡을 이용한 것이라고 보는 견해[24]는 설득력이 있다.

　　마지막으로 극우 세력의 최근 왜곡과 5·18 당시 군사반란 세력의 그것을 비교하여 왜곡의 변화 추이를 살펴보자. 5·18 당시 군사반란 세력은 북한 남침설을 더 이상 거론하지 않았다. 또 북한 특수군의 투입 '가능성'을 거론했을 뿐 실제로 북한 특수군이 투입되었다고 주장한 적은 없었다. 5·18 직후에는 김대중 배후설을 제외하고는 간첩, 공산주의자 배후설도 사실상 폐기했다. 사실 왜곡을 통한 여론 조작이 쉽지도 않았겠지만, 이미 5·18을 진압하고 집권한 상황에서 무리하게 조작할 필요를 느끼지도 않았을 것이다. 그럼에도 극우 세력은 북한군 특수부대 600명 침투설 등 한때 군사반란 세력조차 동의하지 않은 주장을 유포했다.

극우 세력과 군사반란 세력의 공통점은 민주화운동으로서 5·18의 위상을 근본적으로 부정하는 것이다. 5·18이 국가기념일로 지정되었음에도 국가적 인정을 거부하고, 민주주의 유린과 국가 권력 탈취라는 신군부의 반란 행위를 '구국의 결단'으로 미화하고 있다.

그들은 왜 5·18을 왜곡하는가

• 위험한 외부의 적은 독재 정당화의 좋은 구실

5·18 당시 군사반란 세력이 북한의 남침설 또는 북한 특수군 침투설을 흘려 여론을 조작하고 간첩 사건을 날조한 것은 독재 체제를 강화하기 위한 전형적인 패턴이었다. 사회 내부의 동의를 얻지 못한 모든 독재 체제는 항상 외부의 적을 강조한다. 이를 위해 외부의 적에 대한 정보를 왜곡·과장한다. 이런 공작을 쉽게 실행하기 위해 군사반란 세력은 우선적으로 정보기관을 장악했다. 거짓 정보를 유통하여 사회 전체의 안전과 평화가 위험에 처해졌다고 믿게 만든다.

위험한 외부의 적은 독재 자체를 정당화하는 좋은 구실이다.

외부의 적을 막기 위해 체제 내부의 결속을 강화해야 한다고 강변할 수 있기 때문이다. 외부의 적에 대한 공포가 클수록 내부의 비판을 봉쇄하기가 쉬워진다. 독재자들은 언론과 사상·표현의 자유 등 민주주의적 요구들을 이적 행위로 규정함으로써 비판과 저항 담론을 억압하고 독재를 정당화한다. 결국 군사반란 세력이 정보기관을 장악하고 언론을 통제한 것은 나라를 위해서가 아니라 자신들의 권력 강탈을 정당화하기 위해 필요한 것이었다.

• 지역주의, 반공주의 프레임을 통한 왜곡의 영향

군사반란 세력이 행한 여론 조작과 대국민 심리전을 프레임[25] 분석을 통해 정리하고, 왜곡의 의도와 효과를 구체적으로 고찰해보자. 앞에서 살펴본 5월 21일 자 담화문과 보도자료의 키워드는 지역주의, 김대중 추종 깡패와 대학생, 간첩, 폭도, 폭동, 유언비어 등이다. 이 키워드를 통해 본 5·18 왜곡 프레임은 지역주의, 반공주의, 반(反)김대중이라고 할 것이다. 반김대중은 지역주의와 연관되기 때문에 지역주의와 반공주의가 5·18 왜곡 프레임의 핵심에 해당한다고 할 수 있다.

군사반란 세력의 5·18 왜곡 프레임은 무엇보다 먼저 공수부대원들에게 큰 영향을 미쳤다. 시위 진압 현장에 출동한 공수부대원들은 평범한 시민들의 정당한 저항을 '불순분자'의 소행으로 간주하고 시위대를 '적'으로 인식했다. 이러한 인식으로 세뇌당한 공수부대원들은 시민들에게 강한 적개심을 가지고 야만적인 폭력을 행사했다.[26]

언론을 장악한 독재 세력은 체제 유지에 유리한 거짓 정보와 날조된 사건만을 대중에게 보여준다. 이를 통해 대중의 사고를 특정한 방향으로 유도한다. 마침내 비판적 사고와 표현의 자유를 상

실한 대중은 독재권력이 설정한 프레임에 갇히게 된다. 이런 과정
이 반복되고, 지속됨으로써 대중은 길들여지고 독재 체제는 더욱
강고해진다.

　　언론은 군사반란 세력이 설정한 왜곡 프레임을 전체 국민에
게 대대적으로 전파했다. 언론은 시민들의 저항의 정당성을 박탈해
버렸고, 반대로 군사반란 세력의 권력 강탈을 정당화했다. 언론은
광주·전남 이외 지역 국민들이 5·18을 간첩, 공산분자, 김대중 추종
불순 세력들의 지역주의적 선동이 초래한 폭동으로 인식하도록 만
들었다. 이는 저항하는 5월 민중을 격리, 차단, 고립시켰다. 군사반
란 세력과 언론은 5·18의 진실을 왜곡하여 지역주의와 반공주의 프
레임에 5·18을 가둬버렸다. 오랫동안 5월 민중과 광주는 한국 사회
에서 고립되었다.

4.　왜곡에 어떻게 대처할까?

　　군사반란 세력 핵심 인사들은 아직도 5·18의 원인이 유언비
어 때문이라고 주장하고 있다. 노태우는 2011년 회고록에서 "광주
사태의 진범은 유언비어"라며 "경상도 군인들이 광주 시민들 씨를
말리러 왔다"는 유언비어를 들은 시민들이 "무기고를 습격하게 된
것"이라고 했다. 그런데 노태우는 5·18 당시 군사반란 세력과 보안
사가 주장한 간첩, 공산주의자, 김대중 추종 세력의 주동설에 대해
서는 언급조차 하지 않았다. 완전히 날조된 것이기 때문이다. 하지
만 유언비어가 '문제'였다는 노태우의 주장은 어쩌면 진실의 일부
는 담고 있는지도 모르겠다. 5·18 과정에서 군사반란 세력의 진실
왜곡이 공수부대의 과격 진압을 부추김으로써 광주를 외부와 격리

된 '폭력극장'으로 만들었기 때문이다. 한편 전두환은 2017년 발간한 《전두환 회고록》에서 자신의 책임을 완전히 부인했다. 그는 자신이 발포 명령을 내리지 않았다고 하며 "무고한 시민들을 학살했다는 누명을 뒤집어써야 했던 대한민국 군인들의 명예가 회복돼야 한다"며 1997년 4월 대법원의 판결을 부정했다.

4월혁명과 6월항쟁 등 여타 민주화운동과 달리 극우 기득권 세력이 유난히 5·18민주화운동의 진실을 왜곡·폄훼하는 이유는 진실이 명백하게 밝혀지지 않았기 때문이다. 발포 책임자와 여러 비밀공작의 진상이 은폐되어 있기 때문에 자위권 발동을 운운하거나 북한 특수군 침투설을 주장하는 것이다. 따라서 무엇보다 국가가 책임지고 명백하게 진실을 밝혀야 한다.

노무현 대통령 집권 시기의 국방부 과거사진상규명위원회는 "광범위한 조사에도 불구하고 도청 앞 발포를 직접 명령한 문서는 발견하지 못했으며, 발포 명령 계통을 정확하게 설명해줄 진술을 확보할 수 없었다. 또한 조사 인력의 한계로 여러 곳에 발생한 민간인 살상에 대해서도 진상규명을 할 수 없었다"고 한다.[27] 정부의 적극적인 의지가 필수적이다. 이명박, 박근혜 정권은 대통령 비판 등 정부 정책 왜곡에 대해서는 적극적·공격적으로 대응하면서도 5·18 왜곡을 방치했다. 근본적으로 정부가 왜곡에 대해 엄정하게 대처할 필요가 있다. 사법 처리를 통해 왜곡 담론의 확산을 차단하는 것이 효과적이다.

역사적 사건을 정치적 타협으로 해결해서는 안 된다. 즉 대통령이 사면권을 남용해서 쉽게 용서를 해서 문제다. 5·18 학살 주범인 전두환은 1997년 4월 17일 대법원에서 최종 유죄가 확정되었지만 같은 해 12월 22일 사면을 받았다. '1980년 5월 광주의 진실'이 법원에서 사실로 인정되기까지 17년이 걸렸지만, 그가 사면받기까지는 9개월이 채 걸리지 않았다. 당시 정부는 '지역 화합, 국민 대화합'을 특별사면 이유로 밝혔다. 하지만 무엇보다 가해자의 반성도 없었다. 성급한 사면은 왜곡의 재발과 사회적 불화의 시작이 됐다. 결국 국가는 수천 명의 피해자가 존재하는 사건에서 정의를 구현하지 못하고 형벌권을 포기한 것이나 다름없다고 지적받았다.

왜곡·폄훼가 통용되는 문화적, 심리적 현상을 분석하고 대안을 강구해야 한다. 극단적 왜곡은 일종의 사회병리적 현상이고 치유되어야 한다. 이를 방관할 경우 객관적인 역사적 사실에 대한 의미와 가치를 승인·존중하는 가운데 사회의 민주적 발전을 함께 도모할 수 없을뿐더러 궁극적으로 사회의 건강성이 망가질 것이다.

역사적 사실에 대한 관점과 평가의 다양성을 보장한다 하더라도 반인류적 행위와 반민주적 범죄를 미화하는 것까지 정당화될 수는 없다. 그것은 헌법적 가치를 부인하는 반역사적이고 반인류적인 것이기 때문이다. 이는 과거 청산이 근본적으로 미진한 탓이기도 하다. 따라서 과거 청산의 정치·사회적 모델로서 인정받고 있는 독일의 경우를 참고할 필요가 있다.

무엇보다 교육을 통해 5·18의 의의와 가치를 널리 알리는 것이 중요하다. 역사적 진실이 널리 알려지고 학습될 때, 사회 전체가 민주주의를 향해 확실하게 나아갈 수 있기 때문이다.

더 생각해보기

왜 미국은 북한 남침설에 대한 전두환 등 반란 세력의 거짓말과 그 의도를 알고 있었음에도 아무런 적극적인 행동을 취하지 않았을까?

깊이 생각해보기

5·18 당시 군사반란 세력의 북한 특수군 침투설 조작과 이명박 집권기 서울시 공무원 간첩 조작 사건의 공통된 의도와 효과를 토론해보자. 그리고 이런 조작이 민주주의 체제에 미치는 영향을 생각해보자.

참고문헌

5·18민주유공자회 구술, 5·18재단 엮음,《그해 오월 나는 살고 싶었다 2》, 한얼미디어, 2006.

광주민주화운동기념사업회 엮음, 황석영·이재의·전용호 기록,《죽음을 넘어 시대의 어둠을 넘어》, 창비, 2017.

계엄사, 〈김대중 씨 중간수사 내용〉, 1980.5.21.

국방부과거사진상규명위원회,《12·12, 5·17, 5·18사건 조사결과보고서》, 2007.7.24.

오승룡, 〈장계범 독침 사건의 진실은?〉,《주먹밥》, 2013.9.

오승용 외,《5·18 왜곡의 기원과 진실》, 5·18기념재단, 2012.

홍성률, 보안사, 〈광주사태 상황보고〉, 383-1989-13김성, 〈꼬이고 꼬인 '5·18 진실' 언론에도 책임 있다〉,《기자협회보》, 2018.2.27.

〈[오피니언] '5·18을 두 번 죽이지 말라'〉, 동아일보, 2013.5.20.

〈[사설] '5·18 정신 더 이상 훼손 말라'〉, 중앙선데이, 2013.5.18.

〈"공수부대 발포 전 시민들 무장" 조작⋯5·18 무력 진압 정당화〉, 한겨레, 2017.5.17.

MBC 〈이제는 말할 수 있다: 일본 커넥션-쿠데타 정권과 친한파〉, 2000년
　　8월 6일.
SBS 〈마부작침: 5·18항쟁〉, https://news.sbs.co.kr/news/endPage.
　　do?news_id=N1003575064&plink=ORI&cooper=NAVER.
〈'5월 광주' 기자들 "우리는 힌츠페터가 되지 못했습니다"〉, 한국기자협회,
　　2017.8.22

미주

1　내각정보조사실은 미국의 CIA에 해당하는 일본의 정보기관이다. 첩보 위성을
　　비롯한 여러 방법으로 국내외 정보를 수집하여 총리에게 직접 보고한다.

2　5월 10일 자 육군본부 정보참모부 보고서에는 "김일성이 타국(유고슬라비아)
　　방문 중이기 때문에 침략 모의 가능성 희박, 남침 예정이라면 각료는 대동치 않음,
　　북한군 병력 집결 징후 없음. 전쟁 징후 없고, 남침설 신빙도(신뢰도) 희박"이라고
　　적혀 있다. 이뿐 아니라 당시 계엄사 참모 회의록에 황영시 육군참모차장 겸
　　계엄사 부사령관이 "북괴가 남침을 준비한다는 일본 첩보는 벌써 6번이나
　　거짓말"이라고 발언한 기록이 있다. 국방부과거사진상규명위원회, 《12·12, 5·17,
　　5·18사건 조사결과보고서》, 2007.7.24., 47~51쪽 참조.

3　광주민주화운동기념사업회 엮음, 황석영·이재의·전용호 기록, 《죽음을 넘어
　　시대의 어둠을 넘어》, 창비, 2017, 45쪽.

4　같은 책, 45쪽.

5　국방부과거사진상규명위원회, 《12·12, 5·17, 5·18사건 조사결과보고서》, 65쪽.

6　같은 자료, 116~117쪽.

7　같은 자료, 116쪽; 경향신문, 1980.5.23.

8　같은 자료, 117쪽.

9　보안사는 박정희 사망 이후 1979년 12·12 군사반란과 1980년 5·18 민중
　　학살과 무력 진압 그리고 1980년 9월 전두환의 대통령 취임에 이르기까지
　　군사반란 세력의 권력 찬탈 과정을 주도한 핵심 기관이었다. 박정희의 총애를 받던
　　전두환은 1979년 3월 보안사령관에 임명되었다. 그는 1980년 4월 중앙정보부장
　　서리를 겸직함으로써 핵심 국가정보기관을 완전히 장악했고, 집권에 방해되는
　　정치 세력들을 제거할 수단을 확보했다.

10　진실·화해를위한과거사정리위원회는 진실화해를위한과거사정리기본법(이하

과거사법)에 의해 2005년 12월 1일부터 2010년 6월 30일까지 활동했다. 항일 독립운동, 일제강점기 이후 국력을 신장시킨 해외동포사, 광복 이후 반민주적 또는 반인권적 인권 유린과 폭력 학살 의문사 사건 등을 조사하여 은폐된 진실을 밝혀 과거와의 화해를 통해 국민 통합에 기여하기 위해 만들어진 국가기관이다. 진실화해위원회는 한시 조직이지만 국가인권위원회처럼 독립적인 국가기관으로서 입법, 사법, 행정 3부 어디에도 속하지 않고 독자적으로 업무를 수행했다.

11 홍성률은 '10·26' 사건 때 당시 전두환 보안사령관의 서신을 노태우 9사단장에게 전달할 정도로 군사반란 세력의 신임을 받는 인물이었다.

12 국방부과거사진상규명위원회, 《12·12, 5·17, 5·18사건 조사결과보고서》, 113쪽.

13 같은 자료, 113~114쪽.

14 같은 자료, 119~120쪽.

15 같은 자료, 17쪽.

16 보안사, <광주 소요사태 분석>, 383-1980-100.

17 국방부과거사진상규명위원회, 《12·12, 5·17, 5·18사건 조사결과보고서》, 15쪽.

18 오인 사격과 그 이후 사망한 인원은 18명(군인 13명, 민간인 5명)이고, 부상당한 인원은 50여 명이다.

19 광주민주화운동기념사업회 엮음, 황석영·이재의·전용호 기록, 《죽음을 넘어 시대의 어둠을 넘어》, 329~335쪽.

20 여기에는 시민들의 차량시위 과정에서 일어난 사고로 사망한 3명이 포함되어 있다. 국방부과거사진상규명위원회, 《12·12, 5·17, 5·18사건 조사결과보고서》, 125쪽.

21 보도지침은 제5공화국 당시 문화공보부(이하 문공부)가 신문사와 방송사에 은밀히 하달한 보도에 대한 지시 사항이다. 1985년 한국일보 기자 김주언이 월간 《말》에 폭로하면서 그 존재가 알려졌다. 신문에 대한 보도지침은 문공부 홍보정책실을 통해 일괄적으로 하달되었으며, 방송에 대한 보도지침은 국가안전기획부와 문공부에서 직접 하달했다. 정부는 보도지침으로 뉴스의 내용뿐만 아니라 형식까지 구체적으로 지시했다. 주로 민주화운동, 대외 관계, 여론, 언론 등과 관련된 사안에 보도지침을 내렸다. 당시 한국일보 기자로 재직하던 김주언과 보도지침의 존재를 알렸던 김태홍, 신홍범 등 세 기자는 남영동으로 연행되어 구속되었다. 1995년 12월 12일 대법원에서 무죄 확정 판결을 받았다.

22 SBS <마부작침> 5·18항쟁 2, "北 특수군" 거론 인물 안면 분석 해보니… 교활한 왜곡. 지금까지 '광수'로 지목된 사람들은 모두 100여 명이다. 극우 세력은 이들이 현재 북한 김정은 정권의 실세들이며 광주에 침투해 5·18을 주도했다고 한다.

SBS <마부작침> 프로는 2016년 5월 16일 5·18 왜곡 세력의 주장을 검증하기 위해 5·18기념재단의 협조를 얻어 사진 속 인물을 찾아냈고, '해당 주장은 1퍼센트 근거도 없다'고 보도했다. 안면 분석 의뢰 및 국가 발급 증명서 확인을 통해 이들의 주장이 완전히 엉터리임을 확인했다.

23 한겨레, 2019.2.13.

24 오승룡, <장계범 독침 사건의 진실은?>, 《주먹밥》, 2013.9, 69쪽 참조.

25 프레임(frame)은 인간이 생각을 더 효율적으로 하기 위해 생각의 처리 방식을 공식화한 것을 뜻한다. 프레임은 '마음의 창'에 비유되기도 한다. 인간이 어떤 대상 또는 개념을 접했을 때 어떤 프레임을 갖고 있느냐에 따라 그 해석이 바뀌기 때문이다.

언어학자 조지 레이코프는 프레임을 '특정한 언어와 연결되어 연상되는 사고체계'라고 정의한다. 그는 프레임이 우리가 사용하는 모든 언어와 연결되어 있어서 우리가 듣고 말하고 생각할 때 늘 프레임이 작동한다고 한다. 그의 프레임 이론에 따르면 프레임은 인간이 정치·사회적 의제를 인식하는 과정에서 본질과 의미, 사건과 사실 사이의 관계를 정하는 직관적 틀을 뜻한다. 정치에서 선거 전략상으로도 프레임은 중요한 의미를 갖는다. 정치적 상황을 유리하게 이끌 때에도 프레임은 유용한 도구가 될 수 있다. 전략적으로 짜인 틀을 제시해 대중의 사고 틀을 먼저 규정하는 쪽이 정치적으로 승리하며, 이 제시된 틀을 반박하려는 노력은 오히려 해당 프레임을 강화하는 딜레마에 빠지기 때문이다.

26 국방부과거사진상규명위원회, 《12·12, 5·17, 5·18사건 조사결과보고서》, 60~68쪽.

27 같은 자료, 135쪽.

6장

'모두의 5·18'로 가는 길

김정인

1.　공감 없는 비극, 5·18

5·18의 희생 위에 6월항쟁이 일어나 민주화를 달성한 후 국가가 나서 5·18의 진상을 규명하고 주동자를 처벌했으며 보상과 기념이 이루어졌다. 하지만 5·18은 누구나 공감하는 전국적 기억이 되지 못하고 오히려 광주만의 기억과 기념으로 왜소화되어갔다.

매년 5월이 되면 광주의 지역 신문은 한 달 내내 5·18 관련 문화예술 행사, 교육 행사, 시민 참여 행사 등 특집기사로 지면을 채운다. 하지만 서울을 비롯한 다른 지역 신문들은 당일 기념식을 연합뉴스의 기사를 받아 짧게 보도하는 데 그친다. 국가가 나서 광주를 민주화의 성지로 기념할수록 5·18을 향한 국민의 관심은 점점 더 식어가고 있는 것이다.

그런데 광주에는 아직 5·18이 남긴 몸과 마음의 상처를 안고 사는 피해자, 즉 '살아남은' 사람들과 그 가족들이 있다. 5·18기념재단과 5·18민주유공자유족회가 함께 5·18로 인해 정신질환을 앓고 있는 130여 명 중 30여 명의 사연을 엮어 만든 책의 제목이 바로 《부서진 풍경》이다. 이 책은 살아남은 사람들의 부서진 삶과 가족들의 절절한 고통을 전하고 있다.

어느새 27년의 세월이 흘렀습니다. 그 세월 겹겹에 묻어 있는 고통이 얼마간 해소된 것처럼 느껴지는 것도 사실입니다. 피해자들에 대한 보상과 국가기념일 제정, 그리고 관련 책임자들에 대한 사법적 단죄까지 실현된 마당에 혹자는 무슨 문제가 또 있느냐고 말할 수 있습니다. 그러나 광주는 여전히 그 불행했던 과거로부터 자유로울 수 없다는 것을 단적으로 설명하기 위해 이 《부서진 풍경》이라는 책을 출간하게 되었습니다. …… 죽은 자의 침묵과 살아 있는 자의 몸부림 사이에서 자신의 과거와 현재를 모두 상실당한 채 망각의 늪에서 신음하고 있는 이들의 절절한 이야기와 자신의 부서진 삶뿐만 아니라 당사자보다 더 처절한 세월을 보내고 있는 그 가족들을 이야기를 통해 5·18 문제의 현주소를 말하고 싶은 것입니다.

5·18이 일어난 지 30년이 훌쩍 흘렀건만, 아직도 살아남은 사람들, 그리고 그 가족들의 고통은 끝나지 않았다. 그래서 '5·18은 끝나지 않았다'고 절규한다. 하지만 많은 사람들이 그들의 고통에 공감하기는커녕 외면하고 있다. 끝나지 않은 5·18에 공감하지 못하고 이를 불편한 진실로 여긴다. 2010년 5·18기념재단이 30주년 기념으로 내놓은 만화《망월》에는 다음 대사가 담긴 장면이 나온다.

대중들은 이미 관련자들이 충분한 보상을 받았다고 생각하고 있죠. 민주화를 위해 목숨 걸고 싸운 5·18항쟁이 언제부터인가 듣기 싫은 불편한 진실이 되고 말았어요. …… 5·18을 달력에서만 기억하는 기념일로 만든 거예요.

광주를 여전히 고립된 '바위섬'으로 존재하게 만드는 비극이 지금도 계속되고 있는 것이다.

파도가 부서지는 바위섬 인적 없던 이곳에
세상 사람들 하나둘 모여들더니
어느 밤 폭풍우에 휘말려 모두 사라지고
남은 것은 바위섬과 흰 파도라네
바위섬 너는 내가 미워도 나는 너를 너무 사랑해

다시 태어나지 못해도 너를 사랑해

이제는 갈매기도 떠나고 아무도 없지만

나는 이곳 바위섬에 살고 싶어라

5·18과 이후 광주의 모습을 노래한 〈바위섬〉을 듣고 있노라면, 살아남은 사람들이 느끼는 정서적 소외감과 고립감을 마주할 수 있다. 이런 질문을 던져본다. 왜 대한민국을 살아가는 우리는 5·18로 죽어간 사람들의 희생에 대한 기억과 기념이 끝났다고 인식하면서 살아남은 사람들의 상처 난 몸과 마음은 제대로 헤아리지 못하고 있을까? 그들의 상처를 헤집고 덧나게 만드는 끔찍한 모함은 왜 그치지 않는 걸까? 이 부끄러운 현실을 넘어서기 위한 길을 찾으며 온 인류, 전 세계가 홀로코스트의 비극에 공감해가는 과정을 짚어보자.

2. 세계인이 공감하는 역사, 홀로코스트

왜 '안네의 일기'일까

1929년 독일 프랑크푸르트에서 태어난 유대인 안네 프랑크는 1942년 6월 12일부터 생일선물로 받은 일기장에 일기를 쓰기 시작했다. 1944년 8월 4일 나치에 끌려가기 사흘 전인 8월 1일까지 은신처에서 일기를 썼다. 나치를 피해 네덜란드로 건너간 안네 가족은 암스테르담의 한 은신처에서 숨소리를 죽이며 살았다. 다른 가족을 포함해 모두 8명과 함께였다. 안네는 일기를 통해 비밀경찰의 눈을 피해 기침 소리조차 낼 수 없었던 은신처의 긴장감도 표현했

안네 프랑크가 《안네의 일기》에 매일 기록한 것은 전쟁과 대학살이 아니라
자신의 내면세계와 함께 숨어 지낸 사람들의 삶이었다. 그렇게 평범한 소녀로서
그녀의 모습이 전쟁터에서 일어나는 참상보다 더 많은 사람들의 심금을 울렸다.

지만, 맑고 밝은 소녀로서 어머니에 대한 불만, 같이 사는 다른 가
족과의 갈등, 사춘기 소녀의 성적인 호기심과 사랑을 숨김없이 밝
혔다. 그렇게 평범한 소녀로서 그녀의 모습이 전쟁터에서 일어나
는 참상보다 더 많은 사람들의 심금을 울렸다. 안네 가족 중 유일하
게 살아남은 아버지는 안네가 쓴 일기들을 1947년 6월에 《일기(Het
Achterhuis)》라는 제목의 책으로 처음 발간했다.

　홀로코스트의 희생자가 된 안네의 소망은 세계와 인류를 위
해 일하는 것이었다.

　나를 자유롭게 놔두세요. 그러면 나는 만족할 것입니다. 나는 나
　자신이 여자-강한 성격의 용기 있는 여자라는 것을 잘 알고 있

습니다. 만일 신이 나를 오래 살게 해주신다면, 나는 어머니 이상의 사람이 될 것입니다. 나는 쓸모없는 사람으로 일생을 마치지는 않을 것입니다. 세계와 인류를 위해 일할 것입니다. (1944년 4월 11일 화요일)

비록 그녀는 수용소에서 쓸쓸히 죽어갔지만, 그녀의 꿈은 《안네의 일기》를 통해 구현되고 있다. 안네가 매일 기록한 것은 전쟁과 대학살이 아니라 자신의 내면세계와 함께 숨어 지낸 사람들의 삶이었다. 많은 사람들은 《안네의 일기》를 읽으며 안네가 겪어야 했던 끔찍한 일들이 바로 평범한 개인인 나에게도 일어날 수 있는 비극이라는 점에 공감하며 함께 슬퍼했다. 미국 제32대 대통령인 프랭클린 D. 루스벨트의 부인이자 여성운동가, 인권운동가로 유명했던 앨리너 루스벨트는 《안네의 일기》의 머리말에 인류 모두는 안네의 비극적 운명에서 자유로울 수 없다고 썼다.

그녀의 일기는 우리들 자신과 우리들의 아이들에 관해서 우리들에게 많은 것을 가르쳐주고 있다. 또한 안네의 경험이 우리들 모두에게 결코 남의 일이 아니며, 우리들은 안네의 죽음과 전 세계의 일에 밀접한 관련이 있다는 점을 나는 절실히 느끼는 것이다.

이처럼 평범한 소녀의 은신처에서의 삶과 심경을 담은 《안네의 일기》는 세계인에게 유대인 대학살, 즉 홀로코스트가 다시는 일어나서는 안 되는 끔찍한 비극이라는 공감을 불러일으키는 데 커다란 기여를 했다. 홀로코스트가 비극적 역사로서 세계인의 공감을 얻어가는 과정은 종전 직후 발간된 《안네의 일기》가 세계의 주목을 받으며 각국어로 번역되는 과정이기도 했다.

유대인의 침묵

유대인 대학살을 뜻하는 홀로코스트(the Holocaust)는 처음부터 '홀로코스트'로 자리한 게 아니었다. 제2차 세계대전이 끝난 직후에는 나치즘=인종차별주의=전쟁범죄가 악을 상징했다. 그리고 나치라는 악은 나치 전범에 대한 청산을 통해 곧 제거될 것이라고 믿었다. 이러한 과정을 거쳐 진보적이고 민주적인 세계질서를 만들어나간다면 나치즘에 의한 생겨난 희생자는 구제되고 구원받을 것이라는 희망이 넘쳐났다. 하지만 그때까지 사람들이 외면하고 방치했던 악인 홀로코스트는 여전히 희생자들을 짓누르는 질곡의 트라우마(trauma, 정신적 충격, 쇼크, 외상)로 살아남은 유대인에게 고통을 안기고 있었다.

홀로코스트 생존자로서 유대인들의 내면세계는 수용소를 떠나서도 여전히 황폐한 상태에 머물러 있었다. 홀로코스트 생존 유대인들의 전후 출산율이 엄청 높았다. 그들에게 아이는 강제수용소나 노천에서 죽어간 가족들에 대한 보상이었고 자신들이 살아 있다는 사실에 대한 확증이었으며 미래에 대한 희망이었다. 그들은 새로 태어난 아이들에게 죽은 가족들의 이름을 부여하면서 과거의 악몽에서 벗어나고자 했다.

그러나 아이들에 대한 지극한 사랑과 엄청난 기대는 아이들이 커가면서 문제를 일으켰다. 아이들 세대는 부모의 지나친 간섭을 거부했고 이해하기 어려운 수용소 이야기에 귀를 막았다. 때로는 홀로코스트 생존자 가정 안의 심리적 장벽이 홀로코스트 생존자와 외부인들 사이의 담보다도 더 높았다. 부모들의 내적 상흔을 미

1944년 아우슈비츠 수용소의 유대인들.

루어 짐작하는 자녀들도 자신의 물음이 혹시라도 부모의 상처를 더 악화시키지는 않을까 하는 두려움 때문에 과거 경험에 대해 묻지 않았다. 그렇게 가정에서나 사회에서나 홀로코스트에 관해서는 전후 20년 가까이 침묵이 지배했다.

　　홀로코스트 생존자들이 침묵했던 근본 원인은 그들의 경험이 워낙 충격적이었던 데에 있었다. 평생 동안 치유하려 했어도 완치되기 어려웠던 그들의 정신적 외상 밑에는 강제수용소에서 느꼈던 죽음의 공포, 살해된 가족과 친지에 대한 상실감, 온갖 종류의 비인간적 경험에서 오는 자기 모멸감, 혼자 살아남은 데서 오는 죄의식에 대한 원초적 기억들이 자리 잡고 있었다. 본능적으로 억압해

버린 원초적 기억을 회상하는 것 자체가 생존자들에게는 큰 고통
이었다. 많은 홀로코스트 생존자들은 언제나 죽음의 충돌을 안고서
살아간다.

인류의 슬픔이 된 홀로코스트

1960년대 초반에서야 유대인 대학살=악=인류 범죄의 인식
이 성립하면서 홀로코스트라는 개념이 시민성을 획득해가기 시작
했다. 그리고 홀로코스트, 즉 유대인이라는 특정 집단에게 트라우
마가 되었던 역사적 사건은 인류 모두가 감당해야 할 트라우마적인
사건으로 보편화되어갔다. 이제 인류는 홀로코스트의 비극에 공감
하며 함께 슬퍼한다.

홀로코스트가 누구나 공감하며 슬퍼하는 비극 서사로 뿌리
를 내린 데는 평범한 개인인 나도 홀로코스트의 피해자는 물론 가
해자가 될 수 있다는 심리적 동일시, 즉 공감의 과정이 중요한 역할
을 했다.

홀로코스트에 공감한다는 것은 첫째, 트라우마의 희생자, 즉
피해자의 끔찍한 고통을 함께 경험하면서 스스로와 일체화시키는
것을 말한다. 가령, 홀로코스트 영화를 보면서 희생자들의 고통과
죽음에 가슴 아파하고 '나는 일어나서 극장을 나설 수 있지만, 그들
은 이미 쓰러졌고 또한 죽었다'는 비극적 현실을 자각하며 그들에
게 마음으로 다가가는 것을 의미한다.

둘째, 악이 타인의 행동과 마음만이 아니라 나 자신은 물론
우리 사회에도 내재한다는 사실을 수용하며 가해자로부터 거리를
두지 않는 것을 의미한다. 여기서 말하는 '인간이라면 누구나 악을
내재하고 있다'는 주장 역시 홀로코스트와 관련하여 등장했다. '악

의 평범성'은 정치철학자 한나 아렌트가 1963년에 쓴 책인《예루살렘의 아이히만》에 등장하는 개념이다.

아이히만은 독일의 나치스 친위대 중령으로 제2차 세계대전 중 독일 및 독일 점령하의 유럽 각지에 있는 유대인의 체포, 강제이주를 계획·지휘했다. 독일이 항복하자 아르헨티나로 도피하여 기계공으로 일하며 살았다. 1960년 이스라엘의 첩보기관인 모사드에 체포되어 예루살렘의 법정에서 사형 선고를 받고 1962년에 교수형에 처해졌다. 그런데 아이히만은 법정에서 수백만의 죄 없는 사람들을 살육하고도 그저 "나는 명령에 따랐을 뿐"이라는 말만 되풀이했다. 칸트를 인용하며 명령은 지키는 것이 도리라고도 말했다. 사형 집행 시에는 "나는 전쟁의 규칙과 내 가치에 복종하였다. 나는 준비되었다"라는 유언을 남겼다.

아렌트는 방청석에 앉아 아이히만 재판을 직접 지켜보면서 피고석의 아이히만에게서 '실제로 저지른 악행에 비해 너무 평범하다'는 인상을 받았다. 특별한 인간이 아니었다. 그녀가 보기에 그는 '우리 주변 어디서나 볼 수 있는 중년 남성'이었다. 특정 이념에 광분해 있었던 것도 아니었다. 아렌트가 보기에 그는 다만 스스로 생각하기를 포기했을 뿐이었다. 아렌트는 이처럼 자신이 저지른 일과 자신의 책임을 연결 짓지 못한 채 사람 좋은 웃음을 짓고 있는 아이히만에게서 '악의 평범성'이라는 개념을 끌어냈다. 그녀는 악이란 뿔 달린 악마처럼 별스럽고 괴이한 존재가 아니며, 사랑과 마찬가지로 언제나 우리 안에 있다고 보았다. 그리고 우리에게 악을 행하도록 계기가 주어졌을 때, 그것을 멈추게 할 방법은 '생각'하는 것뿐이라고 주장했다. 만일 일상에 파묻혀 '누구나 다 이러는데' '나 하나만 반대한다고 뭐가 달라지겠어' '나는 명령받은 대로 하기만 하면 돼' 등의 핑계로 스스로 생각하기를 그만둔다면, 평범하고 선량한 사람도 언제든 악을 저지를 수 있다고 경고했다. 그렇게 세계는 가해의 '주범'이 아니라 하수인으로서 명령에 따랐을 뿐이라고 주장한 아이히만의 재판을 지켜보면서 홀로코스트의 희생자만이 아니라 가해자와의 심리적 동일시가 가능하다는 것을 받아들이기 시작했다.

인류 모두가 슬퍼하는 비극으로서 홀로코스트는 이처럼 오랫동안의 심리적 동일시, 즉 공감의 과정을 거쳐 성립되었다. 여기에는 서적, 영화, 연극, 텔레비전 등의 문화 매체가 결정적인 역할을 했다. 가령, 홀로코스트 드라마는 트라우마와 등장인물을 '개인화'하는 역할을 했다. 홀로코스트 드라마는 홀로코스트를 웅장하게 묘사하거나 지도자, 운동, 조직, 군중, 이데올로기 등에 초점을 맞추지 않았다. 소그룹, 가족과 친구, 부모와 자녀, 형제와 자매의 관점에서 홀로코스트를 재현했다. 이를 통해 트라우마의 희생자들은 보통의 남자, 여자, 어린이 그리고 부모와 동일시되었다.

미국 NBC가 1978년 4월 4부작으로 방영한 미니시리즈 〈홀로코스트〉는 홀로코스트에 대한 공감 형성에 크게 기여했다. 1935년부터 1945년까지 평범한 독일의 유대인 가족과 나치 가족의 엇갈린 운명을 추적하고 있다. 〈홀로코스트〉는 1억 2,000만 명의 미국인이 시청했으며 28개국으로 수출되어 세계적인 반향을 일으켰다. 이 드라마를 통해 홀로코스트가 유럽에서 나치 독일이 자행했던 유대인 대학살을 의미하는 용어로 정착되었다고 평가할 정도다. 미니시리즈 〈홀로코스트〉는 독일에서 1979년 1월에 방영되었는데 독일인에게 나치 시기의 일상에 관한 관심을 불러일으켰다. 시청자들은 드라마를 보면서 유대인들이 집에서 쫓겨나고 박해받고 수용소에 수감되고 처형되기까지 '내 부모와 할아버지와 이웃들은 무엇을 했던 것일까. 우리 동네에는 무슨 일이 있었던 것일까'라는 의문과 관심을 갖게 되었다.

　희생자에게 공감하는 동시에 가해자, 즉 독일인을 특별하지 않은 평범한 인물로 묘사한 영화들도 등장했다. 대표적 영화로는 〈쉰들러리스트〉가 있다. 〈쉰들러리스트〉는 1993년에 미국 스티븐 스필버그 감독이 만든 흑백 영화다. 이 영화에서 주인공 오스카 쉰들러는 나치와 결탁해 큰돈을 번 사업가로서 갈등 끝에 유대인 1,098명의 목숨을 구해준다. 가해자의 일원이던 쉰들러의 마음을 움직인 것은 '한 사람의 생명을 구하는 것은 세상을 구하는 것과 같다!'는 말이었다. 스필버그 감독은 이 영화를 끝낸 후 "누구도 과거에 일어난 일을 고칠 수는 없습니다. 그것은 이미 일어난 사실이기 때문입니다. 그러나 이 영화가 우리에게 시사하는 바는 그런 일이 다시는 일어나서는 안 된다는 사실을 깊이 깨닫게 해 준다는 점입니다"라며 〈쉰들러리스트〉를 제작한 동기를 밝혔다. 이 영화는 미국에서 도덕교육의 일환으로 학생들에게 무료로 상영되었다. 독일에서도 홀로코스트 교육에 〈쉰들러리스트〉를 활용했다.

3.　5·18, 공감을 위한 문화적 여정

　홀로코스트가 세계인이 함께 공감하는 기억으로 자리한 것은 피해자, 그리고 가해자와의 공감 형성이 있었기에 가능했다. 공감, 즉 심리적 동일시에는 소설, 시, 만화 등과 함께 과학기술의 진보가 추동한 문화혁명의 산물인 영화, 드라마, 다큐멘터리, 애니메이션이 결정적 역할을 했다. 5·18의 경우도 적지 않은 소설, 시, 만화, 영화, 드라마, 다큐멘터리, 애니메이션 등을 통해 문화적 재현이 이루어져왔다. 하지만 이러한 문화적 재현을 통해 심리적 동일시를 형성해가는 과정에 대해서는 대체로 무관심했다. 지금까지 5·18의 문화적 재현을 시도한 소설, 만화, 영화, 드라마, 다큐멘터리, 애니메이션 등이 빚어낸 심리적 동일시 현상에 주목하여 특정 장면들을 선정하여 타자도 우리도 아닌 '나' 자신의 눈과 마음으로 5·18의 피해자와 가해자가 되어보자. '내가 피해자라면? 혹은 가해자라면?'이란 질문을 던져보자.

희생자 혹은 피해자, '나'의 트라우마

영화 〈화려한 휴가〉에서 군인의 총에 맞아 죽어간 사람들은 모두 평범한 이웃들이었다. 1980년 5월 21일 오후 1시 전남도청 앞에서 애국가가 울리며 함께 터져나온 총탄으로 평범한 이웃들이 죽어갔다. 애국가를 합창하며 태극기를 흔들던 국민을 국가가 죽인 것이다. 〈화려한 휴가〉의 주인공 민우 역시 택시 운전을 하며 공부 잘하는 동생 진우를 뒷바라지하는 낙에 살았으나 이때 동생을 잃고 만다. '나'는 군인이 쏜 총에 하나뿐인 혈육 진우를 잃었다!

5·18의 의미를 압축적으로 보여주는 이 끔찍한 장면은 5·18을 다룬 영화들이 빼놓지 않고 재현하는 장면이기도 하다. 영화 〈꽃잎〉에서는 더욱 끔찍하게 그려진다. 주인공 소녀가 엄마를 따라 전남도청 앞 시위에 갔다가 어머니가 총에 맞아 쓰러지자, 자신의 손을 꼭 부여잡은 어머니의 손을 발로 꺾고 도망치는 장면이 나온다. 결국 소녀는 충격을 못 이기고 정신이 나간 채 떠돌이 생활을 한다. '나'는 군인이 쏜 총에 졸지에 엄마를 잃었다!

드라마 〈모래시계〉에는 평범한 시민들의 죽음에 분노하여 총을 들게 된 시민군의 모습을 보여주는 장면이 나온다. 다방 여종업원이 군인의 총에 죽자, '이러한 비극이 다시 일어나는 것을 막기 위해 역부족인 줄 알지만 총을 들어야 한다'는 평범한 시민의 절규가 재현되고 있다. '나'는 국민을 향해 총을 쏘는 군인에게 이러면 안 된다는 걸 보여주기 위해 총을 들었다!

시민군은 두려웠지만 당당했다. 한강의 소설《소년이 온다》에 시민군이 된 스물세 살의 교대 복학생은 이렇게 말한다.

> 군인들이 압도적으로 강하다는 걸 모르지 않았습니다. 다만 이상한 건 그들의 힘만큼이나 강렬한 무엇인가가 나를 압도하고 있다는 겁니다.
>
> 양심.
>
> 그래요 양심.
>
> 세상에서 제일 무서운 게 그겁니다.

시민군과 광주 시민이 군인보다 더 두려워한 것은 광주의 숭고한 희생이 세상에 제대로 알려지지 않을지 모른다는 사실이었다. 신군부가 진실이 알려지는 걸 결사적으로 막고 있다는 것을 알고 있었기 때문이었다. 〈모래시계〉에서 두 아들을 시민군으로 내보낸 어머니는 시민군에 가담하려던 주인공 태수에게 '타지 사람은 얼른 빠져나가 광주 얘기를 전해야 한다'고 설득한다. '나'의 고통과 죽음을 세상에 알려주세요!

결국 5월 27일 새벽 계엄군이 진압작전을 펼치며 많은 시민군이 죽어갔다. 〈화려한 휴가〉의 주인공 민우도 전남도청을 마지막까지 지키다가 죽음을 맞는다. 그가 남긴 마지막 말은 '우린 폭도가 아니야'라는 외침이었다. 주인공 신애는 광주 시내를 밤새 돌며 스피커를 통해 '광주 시민 여러분, 우리를 잊지 말아주세요, 제발 잊지 말아주세요'라며 죽어간 시민군의 마음을 전한다. 가족을 잃은 사람들을 위해 시민군이 되어 끝까지 싸운 '나'를 잊지 말아주세요!

5·18이 끝난 후 살아남은 사람들의 삶은 너무 힘들고 고달팠다. 엄마를 잃은 소녀에게 〈애국가〉는 어머니의 죽음을 떠올리게 하는 고통스런 기억장치일 뿐이었다. 그 시절에는 매일 태극기를 올리고 내릴 때 가던 길을 멈춰 서서 〈애국가〉가 울려 퍼지는 가운데 국기를 향해 경례하는 의례가 있었다. 〈꽃잎〉에는 〈애국가〉가 울려 퍼지고 사람들이 일제히 국기에 대한 경계를 하는 시장통을 주인공 소녀가 걸어 빠져나가는 장면이 나온다. '나'는 국가가 쏜 총에 엄마를 잃었고, 내가 갈 길도 잃었다!

〈화려한 휴가〉의 엔딩은 가상의 결혼식 장면이다. 여기서 신랑인 민우와 하객 모두는 죽은 사람들로 기념사진을 찍으며 활짝 웃고 있다. 살아남은 오직 한 사람 신부, 즉 신애만이 웃지 않고 고통스런 표정을 짓고 있다. 살아남은 자의 슬픔과 고통을 상징적으로 보여주는 장면이다. '나'는 살았으나 목숨만 붙어 있을 뿐 제대로 사는 게 아니다!

그런데 1980년 5월 광주에서 나의 가족 혹은 착한 이웃을 죽인 군인에 맞섰던 시민군을 국가는 폭도 혹은 빨갱이라 불렀다. 얼마나 많은 사람이 군인 총에 죽었느냐는 진실은 가린 채, 5·18을 폭동으로 매도했다. 영화 〈꽃잎〉에는 공사장 인부들이 '전국의 고정간첩들이 모여 총을 들었다'며 빨갱이가 선동하여 5·18이 일어났다고 대화하는 장면이 나온다. 민주주의를 위해 싸웠으나, 결국 '나'는 폭도라 불리고 말았다!

평범한 가해자, '나'의 선택

여기서 말하는 가해자는 5·18특별법으로 처벌받았던 가해의 주범이 아니라 평범한 개인으로서 당시 신군부의 명령을 받아 진압에 나섰던 군인들을 가리킨다. 1980년 5월 광주에 계엄군으로 동원되었던 군인을 다룬 영화로는 〈박하사탕〉이 있다. 주인공 영호는 첫사랑인 순임이가 편지에 넣어 보내주는 박하사탕을 모으며 행복한 미래를 꿈꾸던 군인이었다. 하지만 광주에 계엄군으로 갔다가 위험에 처한 한 소녀를 엄호하려고 쏜 총에 정작 그 소녀가 죽고 말았다. 이 의도하지 않은 살인 이후 주인공 영호는 자신의 삶을 추스르지 못하고 방황한다. '나'는 아무 죄도 없는 가녀린 소녀를 죽였다!

결국 〈박하사탕〉의 주인공은 자살을 택하고 만다. 그가 남긴 마지막 외침은 "나 다시 돌아갈래!"였다. 시간은 결코 되돌릴 수 없다는 걸 알기에 결국 삶을 포기한 것이다. 영화는 영호의 이루어지지 않는 꿈을 상징하듯 기차가 철로를 거꾸로 달리는 장면으로 끝난다. '나'는 순수하던 그 시절로 돌아가고 싶다!

광주, 그리고 대한민국은 광주에서 사람을 죽인 군인에게는 두려움의 공간이었던 듯하다. 정찬의 소설 중 5·18의 피해자를 다룬 〈완전한 영혼〉과 가해자를 다룬 〈슬픔의 노래〉를 저본으로 만든 팩션 드라마 〈오월의 두 초상〉에는 두려움의 공간을 떠나 저 멀리 폴란드 아우슈비츠 수용소 근처에서 살아가는 계엄군 출신의 주인공 박운형이 나온다. 그에게 아우슈비츠 수용소는 광주에서의 살인의 기억과 겹쳐지면서 중첩적인 고통을 빚어낸다. '나'는 평생 두려움을 떨쳐내지 못할 것이다!

광주에서의 기억에서 자유롭지 못한 가해자 중에는 죽음을 선택하거나 이 땅을 떠나는 사람도 있었지만, 자신의 남은 인생을 사죄의 길을 걸으며 살아가고자 하는 이도 있다. 다큐멘터리 〈오월애〉에 나오는 당시 육군 소대장의 얘기다. 그는 '잊혀진다고 잊혀지는 게 아니므로 그로 인한 고통을 온전히 받아들이며 속죄의 삶을 살겠다'는 결심을 실천에 옮기며 살고 있다. '나'는 평생 속죄와 참회의 삶을 살고자 한다!

이처럼 죄의식에 속죄의 삶을 영위하거나 혹은 삶을 포기하는 가해자가 있는 반면 스스로를 정당화하며 살아가는 가해자도 있다. 강풀의 만화《26년》에는 계엄군으로 함께 복무했던 동기로서 시민군을 죽였으나, 서로 다른 인생을 살아가는 두 명의 가해자가 나온다. 반성하고 용서를 빌며 전두환을 죽일 계획을 꾸미는 김갑세와 자신의 행위를 합리화하며 전두환을 지키는 경호실장으로 살아가는 마상열이 그들이다. 그런데 '26년'의 마지막 장면에서 마상열은 시민군의 딸인 심미진이 전두환을 향해 겨눈 총부리에 방해가 되지 않도록 옆으로 비켜선다. 나도 사실은 용서를 빌고 싶었다!

4. 5·18, 아직도 머나먼 공감의 길

트라우마는 현재진행형이다

사건으로서 5·18은 1980년 5월에 끝났지만, 개인 삶으로서 5·18은 현재진행형이다. 살아남은 사람의 삶은 힘겹다. 다큐멘터리〈심리부검 보고서〉에는 시민군으로 활약하다 계엄군에 끌려가 모진 고문을 당한 사람들이 지금도 악몽을 시달리고 욕설에 가득한 잠꼬대를 하며 제대로 잠을 이루지 못하는 장면이 나온다. '나'는 아직도 계엄군에게 당한 고통에서 자유롭지 못하다!

그들은 깨어 있을 때도 1980년 5월로부터 결코 자유롭지 못하다. 〈심리부검 보고서〉에서 밤새 악몽에 제대로 잠들지 못했던 '그'가 깨어 있을 때에는 여전히 고문한 사람에 대해 끝없이 복수를 생각하는 장면이 나온다. '나'의 자존감을 완전히 무너뜨린 계엄군을 만나 복수하고 싶다!

살아남은 사람들 중에는 지금도 고통을 이기지 못하고 자살을 선택한 이들이 있다. 아우슈비츠에서 기적적으로 살아남은 작가 프리모 레비를 비롯한 적지 않은 홀로코스트 생존자들도 자살로 생을 마감했다. 그들을 자살로 이끄는 것은 생존에 대한 죄책감, 사회로부터의 고립감과 소외감, 그리고 자신이 짊어질 삶의 무게를 견디기 쉽지 않은 데서 오는 고통 등이었다. 다큐멘터리 〈오월애〉에는 살아남아 서로 의지하며 살던 친구가 자살하자 '그의 선택을 이해한다'고 말하는 시민군 출신의 인터뷰가 등장한다. 그의 목소리에는 절망감이 깊어 배어 있다. '나'도 살고 싶지 않다!

이제는 가족의 이야기를 해보자. 행방불명된 사람의 가족의 고통 역시 삶의 무게를 견디기 힘들 만큼 크다. 37년이 지났지만, 아직도 공식적으로는 54명을 헤아리는 행방불명자가 가족 품으로 돌아오지 못하고 있다. 영화 〈순지〉에서 주인공 순지는 아버지가 행방불명된 후 쓰러진 어머니를 대신해 어린 나이부터 생계를 이어가야 했다. 그녀는 행방불명된 아버지를 괴물이라 부르며 '차라리 아버지가 돌아가셨다는 소식을 들었으면 좋겠다'고 절규한다. '나'는 저당 잡힌 삶을 살고 싶지 않다!

죽은 자나 살아남은 자의 가족인 2세들 역시 5·18의 트라우마에서 자유롭지 못한 삶을 살고 있다. MBC 〈PD수첩: 영화 화려한 휴가, 그 못다 한 이야기〉 편에는 생후 3개월 만에 아버지를 잃은 2세가 나온다. 그는 아버지의 영정 사진이 무섭다며 차라리 전두환의 아들이었으면 좋겠다고 토로한다. '나'는 아버지 없이 자랐지만, 그에게서 벗어날 수 없는 삶을 살고 있다!

또 다른 2세, 살아남았으나, 오래도록 정신병원에서 지내다 결국 숨진 아버지를 둔 딸은 아버지를 땅에 묻고 돌아와 한동안 전두환에 대한 증오로 힘겨워했다고 한다. 그녀의 아버지는 1980년 5월 당시 시민학생투쟁위원회의 기획실장을 맡았던 김영철이었다. 전두환은 여전히 떵떵거리며 살고 있고 '나'의 아버지는 내 곁을 떠나버렸다!

죄의식에 사로잡힌 가해자의 삶도 고통스럽기는 마찬가지이다. 이순원이 1990년에 쓴 소설 〈얼굴〉에 나오는 주인공 '그'는 5·18 당시 계엄군으로 동원된 인물이다. 그는 그 사실이 들통날까 전전긍긍하면서 살아간다. 5·18 관련 사진 자료나 비디오테이프 등에 자신의 얼굴이 나오지 않을까 확인을 거듭하는 병적 증세를 보이고 불을 끄고 자리에 누워서도 총을 들고 자신을 겨누는 자신의 옛 얼굴을 떠올리며 괴로워한다.

> 그는 비디오를 껐다.
> 오늘도 그의 얼굴은 나오지 않았다.
> 없다⋯⋯
> 어느 곳에도⋯⋯
> 불을 끄자 방 안 가득 칠흑 같은 어두움이 몰려오고, 꺼진 텔레비전 화면 속에 분명 예전의 그였을 철모를 쓴 얼굴 하나 바깥쪽의 그를 향해 아까부터 총을 겨누고 있었다.
> 오랜만이다, 너⋯⋯
> 그래, 오랜만이다, 너⋯⋯

1945년 이후 홀로코스트의 책임자를 단죄하는 정의의 칼날이 기세등등하던 시절 유대인들은 침묵했다. 아니 살아 있는 한, 트라우마에서 벗어나지 못하는 고통 속에 삶을 감내해야 했다. 마찬가지로 5·18의 트라우마는 현재진행형이다. 희생자와 행방불명자의 가족, 생존자와 그의 가족들, 특히 2세들이 5·18의 트라우마에서 자유롭지 못하다. 하지만 지금도 많은 사람들이 5·18이 1980년에 일어난 사건으로만 기억할 뿐, 5·18의 트라우마에는 무관심하다. 그래서 5·18을 폄하하는 사람들이 생겨나는 것은 아닐까. 제대로 5·18을 기억하고 기념하기 위해서는 37년의 세월 속에 켜켜이 쌓인 슬픔과 고통을 함께 돌아보며 나누는 심리적 동일시, 그리고 그에 기반을 둔 '연대'가 반드시 필요하다. 희생자의 남은 가족, 유족들도 사회가 함께 고통을 나누어 져야 한다고 호소한다.

국가권력에 의해 저질러진 불행했던 과거의 역사를 바로 세우고 다시는 그와 같은 불행이 재현되지 않도록 하기 위한 법적, 제도적인 노력이 일정한 성과를 이루어냈습니다. 그 결과 우리 사회가 오늘날과 같은 민주주의를 누릴 수 있게 되었다면 이제 그 과정에서 대의를 위해 자신의 삶을 희생할 수밖에 없었던 개인의 삶과 그 가족들의 고통에 눈을 돌리는 것 또한 우리 사회가 마땅히 가져야 할 책임일 것입니다.

또한, '나'로부터 '우리'까지 함께 연대하여 아픔과 고통을 나누며 기억해야 다시는 그런 일이 일어나지 않도록 할 수 있다고 호소한다.

5·18민중항쟁이 한국의 민주주의 발전의 원동력을 자리매김되고, 그 정신이 인권과 평화의 인류 보편적 가치로 승화, 발전되고 있지만 정작 피해 당사자들이 겪고 있는 고통은 조금도 달라지지 않은 채 오히려 그 깊이를 더해가고 있을 뿐입니다. 이

미 일부는 그 고통의 연장선상에서 유명을 달리했고, 일부는 칠순과 팔순의 노부모들에 의지하여 하루하루를 연명하고 있습니다. 역사 발전의 그늘에서 제대로 눈길 한 번 받아보지 못한 이들의 삶을 복원하는 것 또한 지금의 우리에게 주어진 과제가 아닐 수 없습니다. 우리들이 이들의 부서진 삶을 통해 확인하려는 것은 불행했던 과거의 되새김이 아니라 다시는 그와 같은 불행이 재현되지 않도록 우리 사회의 모든 구성원들에게 기억케 하려는 것이며, 그늘진 이들의 삶에 사회적 관심이 더해지기를 바라는 것입니다.

나아가 5·18 트라우마의 치유는 상처 입은 한 사람 한 사람이 각자 다시 삶을 꾸려나갈 힘을 갖도록 하는 데 있음을 분명히 한다. 그래야 가족에게까지 트라우마가 전이되지 않는다는 것이다.

한 개인이 역사적 소용돌이 속에서 자신의 정체성과 사회성을 상실할 정도의 상처를 입게 되었다면 그 개인의 삶이 다시 사회로 복귀할 수 있도록 치유할 방도가 마련되어야 한다는 것입니다. 동시에 그 개인의 상처가 가족 구성원들에게 전이되지 않게 하는 것 또한 중요한 일이 될 것입니다.

지금까지 '나'와 '우리'는 손잡아주길 기대하는 이들과 함께하지 못했다. 진상규명과 처벌, 사과와 보상, 그리고 명예 회복이라는 과거 청산 '의례'를 넘어 '엄존'하는 5·18의 희생자와 행방불명자의 가족, 생존자와 그의 가족의 삶을 외면했다. 제2차 세계대전이 끝난 후 나치 전범을 잡는 것이 과거 청산의 전부로 생각하는 동안, 홀로코스트에서 살아난 유대인들의 삶과 고통이 외면당했던 것과 같은 이치다.

아직도 먼 공감의 길

안타까운 것은 5·18이 '모두의 5·18'로 자리매김하는 일이 쉽지 않아 보인다는 사실이다. 지역감정, 이념 갈등 등을 넘어서기도 쉽지 않겠지만, 무엇보다 5·18을 둘러싼 정치적 판단과 선택들이 5·18의 보편 기억화를 더욱 어렵게 만들고 있다.

우선, 5·18 관련자에 대한 검찰 수사와 사법부 재판에서 1980년 5월 21일 전남도청 앞 발포를 명령한 책임자를 밝혀내지 못했다. 가해 주범으로 무기징역을 선고받은 전두환과 17년 형을 선고받은 노태우가 제15대 대통령 선거 직후인 1997년 12월 22일 김영삼 대통령과 대통령 당선자 김대중의 합의에 의해 특별사면을 받았다. 이후 둘은 전직 대통령 예우를 받고 있다. 이로 인해 5·18민주화운동에 관한 국민의식조사를 살펴보면, 국민 상당수는 진상규명과 책임자 처벌이 미흡했다고 보고 있다.

이처럼 진상규명과 책임자 처벌이 미흡하다는 인식에 바탕을 둔 만화《26년》은 26년간 힘겹게 살아온 2세들과 아무 일 없다는 듯 당당하기만 한 전두환을 대비하여 '악은 건재하다'는 사회적 부조리 현상을 여과 없이 드러내고 있다. 유럽에서는 나치=악의 몰락으로 악의 탈권력화가 이루어졌다. 그래서 평범한 사람의 악에 대한 인식이 가능해졌으며 가해자와 피해자에 대한 심리적 동일시 과정이 이루어졌다. 하지만 우리 사회에는 여전히 악이 건재하다. 《신동아》 2017년 6월호에 전두환이 "(5·18 당시) 어느 누가 국민에게 총을 쏘라고 하겠어. 바보 같은 소리 하지 말라고 그래"라면서 "보안사령관은 정보·수사 책임자이다. 보안사령관이 청와대를 꺾고 이렇게는(발포 명령을 내리라고는) 절대 못한다"라고 하여 발포 명령 책임을 부인한 내용이 실려 큰 논란이 되었다. 다시 한 번《26년》에서처럼 악은 건재하고 2세는 증오에 떨 수밖에 없는 비극적 현실을 확인한 셈이다.

권력의 정치적 판단은 만화《26년》의 영화화에도 영향을 미쳤다. 2008년에《26년》은 본래 '29년'이라는 제목으로 각색되어 영화할 예정이었다. 감독이 정해지고 배우 캐스팅도 끝나고 촬영을 열흘 앞둔 시점에서 투자가 철회돼 제작이 무산되었다. 이때 투자자는 '보이지 않지만 집을 흔드는 바람과 같은 존재'라고 외압의 실체를 표현했다. 결국 2012년에 시민 펀드로 〈26년〉이라는 본래의 제목으로 영화화되었다.

5·18을 상징하는 대표적인 노래인 〈임을 위한 행진곡〉마저 기념식장에서 퇴출되는 수난을 당했다. 〈임을 위한 행진곡〉은 1982년 5월 백기완의 미발표 장시 〈묏비나리〉(1980)의 한 부분을 차용하여 소설가 황석영이 가사를 짓고, 전남대 출신 김종률이 곡을 만들었다. 5·18 지도부의 한 사람으로 도청을 사수하다 죽은 윤상원의 영혼결혼식을 소재로 한 〈넋풀이〉라는 노래극에서 고인이 된 두 남녀가 저승으로 가면서 '산 자'에게 남긴 노래로 처음 발표되었다. 김영삼 정부에서 5월 18일이 국가기념일로 지정된 이후 이 노래는 기념식장에서 공식적으로 제창되었으나, 이명박 정부 시절인 2010년에, 특히 30주년을 맞았음에도 국가보훈처가 기념식에서 이 노래를 아예 빼려다 유족들의 반대에 부딪히는 사건이 발생했다. 〈임을 위한 행진곡〉이 다시 기념식장에 돌아온 것은 촛불혁명의 성공으로 정권 교체가 이루어진 2017년이었다.

이처럼 한 세대가 지났지만 '모두의 5·18'이여야 할 5·18은 오히려 이념적 편 가르기에 '악용'되면서 파편화의 길을 걷고 있는 듯

하다. 이 뒤틀린 물꼬를 바로잡기 위해서는 무엇보다 5·18을 '나'의 시선에서 바라보며 공감하는 문화가 형성되어야 한다. 영화〈화려한 휴가〉를 만든 김지훈 감독은 영화를 준비하는 과정에서 역사의 소명의식을 가지고 나간 사람들보다 궁금해서 나가보니, 내 친구가 안 와서 나가보니, 내 가족이 안 와서 나가보니 참여한 사람이 대부분이라는 것을 확인했다. 그래서 행복한 가정을 꾸리고 싶어 하는 이들이 주인공이 되어 역사의 중심에 휩쓸리는 과정이 영화의 주제가 되어야 한다는 확신을 갖게 되었다고 한다. 애니메이션〈오월상생〉에는 5·18국립묘지를 참배하러 간 학생들이 비석에 쓰인 이름과 사연을 하나하나 짚어가며 추모하는 장면이 나온다. 이렇게 죽어간 한 사람 한 사람의 삶을 마음으로 읽고 돌아볼 때, 공감의 길이 열리는 것이다.

이처럼 5·18이라는 비극의 강에서는 죽은 자든 산 자든 한 사람 한 사람의 삶에 슬픔이 흐르고 있다. 그리고 '나'는 지금 그와 함께 오늘을 살고 있다. 영화〈26년〉의 엔딩 장면에 슬픔과 아픔 속에서 평범한 일상을 꿈꾸는 2세들의 절규가 나온다. 세상 탓도 하지 말고 영화도 보고 놀이공원도 가면서 사는 것이 그들의 꿈이었다고 한다. 누구에게는 평범한 일상이 그들에게는 허락되지 않았던 것이다.

5·18이 국가 주도의 기념일과 교과서를 통해 배우는 과거로만 기억되는 한, 5·18의 트라우마를 극복하고 평범한 일상을 누리고자 하는 이들의 꿈은 실현되기 어렵다. 우리 모두가 5·18을 1980년의 사건이 아니라 오늘에도 일어날 수 있는, 그렇지만 절대로 일어나서는 안 되는 비극으로 받아들이고 '나'의 감성으로 함께 슬퍼하고 분노하고 공감할 수 있을 때, 5·18로부터 자유롭지 못한 이들의 트라우마를 치유하는 동시에 모두의 5·18로 나아갈 수 있을 것이다.

우리 모두 차마 그들을 보고 매몰차게 돌아설 수 없었던 영화 〈택시 운전사〉의 김사복과 함께 눈물 흘리며 그들과 함께하고자 할 때 5·18은 우리 모두의 5·18이 될 수 있을 것이다.

다음은 전남대 심리학과 2년생으로서 1980년 5월 26일 청년학생의용대에 참여한 후 YWCA에 배치되어 있다가 새벽에 계엄군의 총격에 부상을 당한 김윤희가 일기로 남긴 회상이다. 내가 그녀처럼 병상에서 그날을 회상했다면 어떤 일기를 썼을까? 다음 일기를 다시.써보자.

> 하나의 총알이 주방 유리창을 뚫고 맞은편 벽에 꽂혔다. 그 순간 우리들(총을 든 2, 3사람의 남자, 임아 언니, 나)은 배를 땅바닥에 깔았다. 계속 쏟아지는 총알을 어떻게 다 피할 수가 있었겠는가. 난데없이 등에 뭐가 탁 박히며 코와 입으로 피가 쏟아져 나왔다.(아침 6시 30분경) '아 맞았구나 하지만 난 부끄럽지 않을 수 있겠다.' 잠깐 동안 이런 생각을 했다. 공수부대 한 사람의 인도로 YWCA를 나와 하얀 앰뷸런스를 타구서 국군광주통합병원에 도착했다. 여기서부터 나의 고달픈 병상 생활이 시작되었다. 육체적인 고통보다는 정신적인 고통이 훨씬 더했다. PT실에서 수술을 받고 605병실로 옮겨졌다. 수술 시의 그 고통스러움, 그걸 어떻게 다 표현할 수 있을 것인가. 그러나 그건 잠시였다. 더한 고통이 날 기다리고 있었다. 허위가 판을 치는 세계에서 진실을 고수하고 주장하기란 정말 힘이 드는 일이었다.
>
> '폭도'라는 낙인이 찍혀버렸다. 그것도 demo의 주동자로……, 어이 해서 우리 광주 시민이 폭도가 오직 자유와 정의를 쟁취하려 했던 우리가 총을 들었다고 해서 폭도입니까. 아니면 반정부적인 행위들을 해서 폭도입니까. 가슴을 치고 통곡을 해도 광주 시민들이 하나로 똘똘 뭉쳐 있었다면 상황은 달라질 수 있었을지도 모른다. 여태까지의 믿음, 확신들이 점점 틀어지기 시작하는 순간이었다.
>
> 아! 어찌하랴. 운명이여! 우리는 어떻게 되는 겁니까. 이겨야 됩니다. 독재라는 한 체제를……
>
> 우리의 광주의거는 이걸로서 끝이 났나 봅니다. 수많은 사람들

의 죽음에도 불구하고 실패로서…… 그러나 역사는 증명할 것입니다. 진실은 꼭 밝혀질 것입니다. 전 확신합니다. 정의의 불꽃이라도 남아 끝내 활활 타오를 것입니다. 우리들은 불사조입니다. 무등산이 우리를 지켜보고 있습니다. 장차 우리는 승리할 겁니다. 당장은 실패라고 낙인이 찍혔지만……

깊이 생각해보기

2016년 가을부터 2017년 봄까지 이어진 촛불혁명은 정권 교체를 이루어냈고 2017년 5·18 37주년 기념식에서 문재인 대통령은 '모두의 5·18로 가는 길'을 열었다. 문재인 대통령의 기념사를 바탕으로 '국민'의 입장에서 5·18의 희생에 어떻게 공감해야 하는지에 대해 토론해보자.

37년 전 그날의 광주는 우리 현대사에서 가장 슬프고 아픈 장면이었습니다. 저는 먼저 80년 5월의 광주 시민들을 떠올립니다. 누군가의 가족이었고 이웃이었습니다. 평범한 시민이었고 학생이었습니다. 그들은 인권과 자유를 억압받지 않는, 평범한 일상을 지키기 위해 목숨을 걸었습니다. 저는 대한민국 대통령으로서 광주 영령들 앞에 깊이 머리 숙여 감사드립니다. 5월 광주가 남긴 아픔과 상처를 간직한 채 오늘을 살고 계시는 유가족과 부상자 여러분께도 깊은 위로의 말씀을 전합니다. …… 광주 시민들께도 부탁드립니다. 광주 정신으로 희생하며 평생을 살아온 전국의 5·18들을 함께 기억해주십시오. 이제 차별과 배제, 총칼의 상흔이 남긴 아픔을 딛고 광주가 먼저 정의로운 국민 통합에 앞장서 주십시오. 광주의 아픔이 아픔으로 머무르지 않고 국민 모두의 상처와 갈등을 품어 안을 때, 광주가 내민 손은 가장 질기고 강한 희망이 될 것입니다.

참고문헌

5·18기념재단·5·18민주유공자유족회,《부서진 풍경》, 5·18기념재단, 2008.

5·18민주유공자유족회,《꽃만 봐도 서럽고 그리운 날들 1》, 한얼미디어, 2007.

김성재 글·변기현 그림,《망월 1》, 5·18기념재단, 2010.

김종헌,〈기억과 재현의 영상 이미지: 5·18 영화를 중심으로〉,《기억투쟁과 문화운동의 전개》, 역사비평사, 2004.

나간채,〈5월운동의 진전과 그 성과〉,《5·18 그리고 역사》, 길, 2008.

노진철,〈영남에서 본 5·18〉,《5·18민중항쟁에 대한 새로운 성찰적 시선》, 한울아카데미, 2009.

변주나·박원순 편,《치유되지 않은 5월》, 다해, 2000.

신명훈,〈드라마〈홀로코스트〉와 독일의 과거 청산〉,《역사와 문화》 20, 2010.

이성우,〈국가폭력에 대한 기억투쟁: 5·18과 4·3 비교연구〉,《OUGHTO-PIA》 26-1, 2011.

이순원,〈얼굴〉,《꽃잎처럼》, 풀빛, 1995.

조정관,〈5·18항쟁이 한국 민주화에 미친 영향〉,《5·18 그리고 역사》, 길, 2008.

최호근,〈미국에서의 홀로코스트의 기억 변화〉,《미국사연구》 19, 2004.

최호근,《서양 현대사의 블랙박스 나치 대학살》, 푸른역사, 2006.

한강,《소년이 온다》, 창비, 2014.

안네 프랑크,《안네의 일기·안네의 청춘노트》, 김남석·서석연 옮김, 범우사, 2003.

앙리 루소,《비시 신드롬》, 이학수 옮김, 휴머니스트, 2006.

제프리 C. 알렉산더,〈도덕적 보편성에 대한 사회적 구성〉,《사회적 삶의 의미》, 박선웅 옮김, 한울아카데미, 2007.

한나 아렌트,《예루살렘의 아이히만》, 김선욱 옮김, 한길사, 2006.

3부

해석과
실천

7장

5·18 학살의 애도와 민주주의

김정한

1.   오월의 바람

　　광주 시민들이 공수부대의 잔혹한 폭력과 집단 발포에도 불구하고 거세게 저항하자 계엄군은 시 외곽으로 물러나 광주를 고립시키는 봉쇄작전을 펼쳤다. 시민들은 도청 앞 분수대를 중심으로 집회를 열어 계엄군의 만행을 규탄했다. '마지막 시민군'으로 알려진 김영철(시민학생수습위원회 기획실장)은 시민궐기대회에서 "군사정권 타도하고 우리 대한민국의 정의로운 삶을 위해 총궐기 합시다"라고 연설하기도 했다.[1] '정의로운 대한민국'이 집회에 모인 사람들의 바람이었다.

　　광주 시민들을 학살하고 탄생한 제5공화국은 전국의 시민들이 봉기한 1987년 6월항쟁으로 비로소 무너졌다. 6월항쟁은 5·18광주항쟁의 바람에 대한 7년 만의 응답이었다. 새로운 대한민국을 만들자는 꿈이 비로소 실현되는 것 같았다. 1987년 6월 서울 시청 광장의 집회는 1980년 5월 광주 도청 광장의 시민궐기대회를 재현했다.

　　1980년대 한국 사회의 민주화는 수많은 사람들이 참여한 사회운동의 힘으로 성취되었다. 이를 '운동에 의한 민주화'라고 표현하기도 한다. 그 기원을 이루는 것이 5·18광주항쟁이다. 12·12쿠데타를 일으키고 5·18 내란 범죄를 자행한 군부의 학살에 맞섰던 광주 시민들의 고독한 저항은 6월항쟁에서 전국적인 응답을 얻었다.

　　6월항쟁 이후 민주화로 나아가는 과정에서 가장 먼저 해결되어야 하는 문제도 5·18 학살이었다. 5·18의 진실을 밝히고 책임자를 처벌하는 것이었다. 6월항쟁은 5·18을 다시 불러냈다. 최루탄을 직격으로 맞아 사망한 이한열이 망월동 5·18묘역에 안장된 것도 상징적인 의미가 컸다. 대통령 직선제로 개헌하는 과정에서 5·18을 개정

5·18 당시 광주 도청 앞 광장의 시민궐기대회. 1980년대 한국 사회의 민주화는 수많은
사람들이 참여한 사회운동의 힘으로 성취되었다. 그 기원이 바로 5·18광주항쟁이다.
© 나경택 촬영, 5·18기념재단 제공

헌법에 어떻게 담을 것인지가 큰 쟁점이었다. 대학가에서는 5·18을 보도했던 해외 뉴스들을 복제·편집한 비디오 상영회가 순회했다.

비록 1987년 12월 대통령 선거에서는 5·18 학살의 주범인 노태우가 당선되었지만 전국적인 민주화의 물결은 1988년 4월 국회의원 선거에서 여소야대 국회를 만들었다. 야당이 다수파를 이룬 13대 국회는 '광주민주화운동진상조사특별위원회'를 구성하고 '5공화국 청문회'를 열어 5·18광주항쟁의 진상을 조사하고 제5공화국의 비리들을 폭로했다. 하지만 노태우 정부에서 철저한 진상규명은 크게 제약되었고, 5·18 학살의 책임자인 전두환과 노태우 두 전직 대통령을 법정에 세우는 일은 6월항쟁 이후 10년이 지난 1997년이 되어서야 비로소 가능할 수 있었다.

2.   추모투쟁과 사회적 애도

1983년 6월 5·18 유가족들은 한 장의 호소문을 배포했다. 유가족에게 위로금을 지급하는 명목으로 묘지 이장을 회유하는 시도를 중지하라는 것이었다. "본도의 발전에 기여하고 도민의 단합을 위해 발족된 전라남도 개발협의회에서 추진 중에 있는 유가족 돕기 사업은 순수한 민간단체로써의 본문을 망각하고 불우 이웃을 돕는다는 미명 아래 광주시 망월동 시립 묘지에 안장되어 있는 묘지 이장을 꾀하였음을 통탄하지 않을 수 없다."

1982년 말에 만들어진 '전라남도 개발협의회'라는 관변 단체는 망월동 묘역에 있는 126기의 묘지를 사망자의 연고지로 이장하도록 하여 묘역을 해체시키려 했다. 망월동 묘역을 지키기 위해 유가족들은 1983~1984년까지 '망월동 묘지 수호투쟁'을 해야 했다.

서울 시청 광장의 이한열 열사 장례식(1987년 7월 9일). 군부의 학살에 맞섰던
광주 시민들의 고독한 저항은 6월항쟁에서 전국적인 응답을 얻었다. ⓒ 경향신문

호 소 문

120여 영혼이 잠들어 있는 망월동 공원묘지에는 영원한 죽음이 아닌 한많은 영령이 눈을 부릅뜨고 있다. 그들은 죽지 않고 우리를 원망이런 눈으로 직시하고 있다. 이러한 그들을 위로해 주지는 못할망정 두번 죽이는 묵인 경한 행동을 어떠한 방법에 익해서건 절대 묵과할 수 없으며 이에 대한 우리의 소신을 밝히고자 한다.

1. 광주사태는 당시 구속되었던 인사들이 전원 석방됨으로써 이무런 지어졌다고 하지만 사심상 유가족에 대한 보상 문제는 언론 기관의 보도 내용과는 달리 아무런 해결이 되지 않았다. 그 예로는 가장을 잃고 어린 자식들을 부둥켜 안고 노동으로 연명해야 하는 어머니의 심경과 자식의 죽음 앞에 아버지 마저 화병으로 끝내 운명을 달리했다는 말의 우리들은 더욱 가슴이 메이고 눈시울이 뜨거워진다.

5.18 광주 사건은 불순분지의 책동을 받아 일어난 폭동이나 내란이 아니라 온 국민이 염원하는 조국의 민주화의 기로에서 조금이나마 당국의 무차별한 진압에 의해 소수 학생 대표에서 온 시민의 가슴으로 이어지는 민중의 신응으로 비화한 것이며 군의 책임은 물론 책 문어진채 오로지 시민들만의 책임이 추궁되었음은 물이다. 진정한 민족적 화합을 이루기 위해서는 깊당한 보심만 둘 이루어져야 한다.

2. 5.18 광주 사건이 폭동이 아닌 결과 같이 우리 유가족 역시 불순분지가 아니다. 그러나 당국 역서는 흉악범을 저지른 전과자보도 더한 것, 마냥 사소한 사건이도 곡인서 수가 직장이나 가정을 방문하여 자술서나 으구하는 등의 만행을 저지르고 있을 뿐 아니라 심지어는 정부 그의 관변의 내방에도 며칠 건부터 과 가장의 정보원을 보내 감시 또는 마지막으로 납치하는 등 인간으로서 저지를 수 없는 이만적인 행위를 공공연히 자행하고 있음을 통탄지 않을 수 없으며 시정을 축구한다.

3. 본도의 발전에 기여하고 도민의 단합을 위해 발족된 전라남도 개발 협의회에서 추진중에 있는 유가족 돕기 사업은 순수한 인간단체로써의 본분을 망각하고 붕우 이웃을 돕는다는 미명아래 광주시. 망월동 시민묘지에 안장되어 있는 묘지 이장을 피하였음은 통탄치 않을 수 없다.

시민묘지에는 1277의 묘지가 안장되어 있으나 23년 3월부터 연금에 이르기까지 5 사용에 이장을 미었고 이들에게는 위로금조로 1,000만원이 지급 되었다. 그러나 생일이 궁핍한 유가족은 1,000만원이 아닌 단돈 몇 백만원의 위로금을 지불한다 하더라도 이장을 서두르는 가족이 다수가 있음을 숨길 수 없는 사실로서 도 개발 협의회에서는 이러한 유가족의 심상을 약점삼아 방법을 우회하여 계속 이장을 지속시키는 경과도 촉박할 것인지 우리는 주시하지 않을 수 없다.

끝으로 우리는 비록 3년건 그 날 광주시민의 뜻에 동참했다 면거간 님들의 가족에 지나지 않지만 앞으로 타가을 영광된 조국을 위하여 아낌없 바침없이 살아갈 것이며 우리의 이러한 저지가 온 국민의 성원으로 속서 시정되기를 호소하면서 우리의 견의를 다같한다.

우 리의 견의

1. 광주 의거의 진상을 밝히고 전국민이 알 수 있도록 보도하라.
2. 광주 의거 희생자들 위로하고 그 유족에 정신적 물직적 응분의 보상을 하라.
3. 전남 지역개발 협의회에서 추진중인 위로금은 유족 전원에게 임시에 일률적으로 지원하라.
4. 유족을 지원한다는 이유로 묘지 이장은 어떠한 조건도 받아 들이지 않는다.
5. 광주 의거 피해 복구비로 거국적인 의연금이 답지했다. 의연금으로 어린이 대공원을 건립한 허유를 밝히라.

1983. 6.

5.18 광주 의거 유족일동

1983년 6월 5·18 유가족들이 쓴 호소문.

묘지 이장은 유가족들 사이에 갈등을 일으켜 공동 행동을 못하게 하고 망월동 묘역의 힘을 분산시키려는 계책이었다. 정치 활동을 금지하고 집회 및 시위의 자유를 억압한 제5공화국에서 광주, 특히 망월동은 저항의 중심지였다.

유가족들은 망자들이 묻혀 있는 곳에서 추모제를 지내려 했고, 정부는 공권력을 동원해 막으려 했다. 1981년 5·18 1주기에 유가족들이 준비한 망월동 묘역의 추모제는 당국의 불허와 공권력의 차단 때문에 무산되었고 소수만 참석해 약식으로 진행해야 했다. 1982년 2주기에는 합동위령제는 할 수 있었지만 경찰의 방해로 조촐하게 치러야 했으며, 추모제에 참석한 사람들은 끊임없이 감시를 당하고 체포와 구속의 위험에 시달렸다. 1983년 2월 이후 제5공화국의 유화 조치로 정치 활동 규제가 풀리고 사면·복권이 이루어지면서는 차츰 더 많은 사람들이 추모제로 몰려들었다. 1984년 4주기부터는 정치권과 재야의 민주 인사들이 다수 참여했다. 추모제를 준비하고 끝낼 때까지 경찰과 전경, 기관원들이 감시하고 간섭하고 막았기 때문에, 추모제 행사는 자연스럽게 당국의 대응을 규탄하고 5·18의 진상규명을 요구하는 시위로 이어졌다. 추모와 투쟁의 결합은 5월의 행사이자 문화가 되었고, 나아가 제5공화국 군부독재에 대항하는 저항의 전범으로 자리 잡았다. 1985~1987년에는 5월이 오면 망월동의 추모제뿐 아니라 전국 주요 도시에서 추모예배, 추모미사 등을 진행하고 거리 행진을 하거나 격렬한 시위를 전개하는 방식으로 틀이 잡히면서 해가 갈수록 강력한 저항운동의 구심점이 되었다.[2]

대학가에서도 5월은 망월동 묘지를 참배하거나 순례하는 추모와 투쟁의 계절이었다. 해마다 5월에는 광주 학살 진상규명과 책임자 처벌을 요구하는 집회와 시위가 전개되었다. 전경들이 최루탄

1986년 망월동 묘역의 5·18 추모제. 1980년대에는 추모제
자체가 불법이었고, 5·18의 사망자들을 애도하는 모든 행위는
민주화운동이라는 정치적 의미를 담고 있었다. ⓒ 경향신문

1986년 5·18 추모미사를 끝내고 거리 행진을 하고 있다. ⓒ 경향신문

을 쓰고 학생들은 화염병을 던졌다. 매년 열린 5·18 전야제와 추모제는 또 하나의 투쟁터였다. 5·18 추모제 자체가 6월항쟁이 일어나기 전까지 불가피하게 비합법 투쟁의 장이었고, 1988~1992년까지도 노태우 정부에서 반합법 행사로 진행되었다. 1993년 문민정부가 출범하고 난 후 비로소 합법적인 의례로 인정되었고, 1997년에 국가기념일로 지정되어 국가 의례로 전환되었다.[3] 1980년대에는 추모제 자체가 불법이었고, 5·18의 사망자들을 애도하는 모든 행위는 민주화운동이라는 정치적 의미를 담고 있었다.

5·18을 사회적으로 추모하고 애도하려는 사람들은 감시, 체포, 구속을 각오해야 했고, 심지어 고문에 처하거나 죽임을 당했다. 또한 전두환 정부의 폭력적 탄압에 맞서 싸우는 과정에서 분신이나 투신 등으로 스스로 저항적 자결을 선택하여 한국 사회를 변혁하려는 절실한 바람을 세상에 널리 알리기도 했다.[4] 1980년대 민주화운동 과정에서 발생한 수많은 죽음들은 '열사'라는 이름으로 호명되었다.[5] 그리고 그들의 바람을 기억하기 위한 또 다른 추모제와 장례투쟁이 이어졌다.

열사를 기리는 공개적인 의례는 노제를 지내고 묘역으로 향하는 장례투쟁으로 진행되었다. 특히 망월동 묘지에 묻히는 경우에 추모자들과 공권력의 격렬한 공방이 벌어졌다. 열사의 사망 장소가 서울인 경우에는 서울과 광주를 중심으로 장례투쟁이 전국적으로 확산되는 모습을 보였다. 1980년대의 장례투쟁은 망월동 묘지를 기준으로 1987년 6월항쟁의 이한열 열사부터 1991년 5월투쟁의 강경대 열사 등을 포함해 5년여 동안 17회 진행되었다.[6] 장례투쟁은 국가폭력의 잔혹성을 폭로하고, 열사 개인에 대한 사회적 애도를 민주화운동이라는 정치적 행위로 연결하는 의례였다. 6월항쟁 이후에도 노태우 정부에서 사회적 애도는 투쟁 없이는 성사되기 어려웠

1991년 5월 18일 강경대 열사 운구 행렬. 장례투쟁은 국가폭력의
잔혹성을 폭로하고, 열사 개인에 대한 사회적 애도를 민주화운동이라는
정치적 행위로 연결하는 의례였다. ⓒ 경향신문

고 장례와 투쟁의 결합이라는 낯선 형식이 만들어졌다. 열사의 관을 운구하며 유가족들과 함께 수많은 사람들이 공권력과 대립하는 모습은 그 자체로 비감과 분노를 자아냈다. 1980년대에 국가폭력에 의한 죽음을 정치적으로 애도하려는 사람들과 애도를 막으려는 자들 사이의 대립은 일상적인 고통스런 슬픔으로 새겨졌다.

3. 제5공화국의 공포정치와 5·18의 민중운동

제5공화국에서 잔혹한 고문으로 악명을 떨친 곳은 남산, 용산, 남영동이다. 남산에는 국가안전기획부(안기부, 현 국가정보원), 용산에는 국군보안사령부(보안사, 1991년 국군기무사령부로 변경, 2018년 군사안보지원사령부로 해편), 남영동에는 경찰청 치안본부 대공분실이 있었다. 이 세 개의 대표적인 공안기관은 반공·반북을 명분으로 군사독재에 저항하는 이들과 주요 민주 단체들을 감시하고 수사했으며, 필요하다면 간첩 사건과 조직 사건을 조작했다. 물증이 없는 사건을 조작하기 위해서 '자백'을 강요했고, 허위 자백을 이끌어내는 방법으로 고문을 자행했다. 불법 연행, 장기구금과 고문, 자백, 국가보안법 적용이 관행적으로 반복되었다. 잔인한 구타, 수면 금지, 물고문, 전기고문, 비녀 꽂기, 통닭구이 등이 잘 알려진 고문 기법이다. 남산, 용산, 남영동은 반독재민주화운동을 국가보안법으로 탄압하기 위해 친공·친북 활동으로 조작했고, 더구나 '성과'를 올리기 위해 서로 경쟁적으로 고문했다. 인권을 유린하는 공포정치의 시대였다.[7]

또한 전두환 정부는 정권 안정을 위해 각종 '정화' 사업을 추진했다. 5·18광주항쟁 이후 1981년 1월 24일 비상계엄 해제까지 불

남영동 대공분실. 509호에서 박종철이 물고문을 당하다 사망했다. ⓒ 경향신문

량배를 소탕해 사회 정화를 한다는 것이 군부대에 설치한 삼청교육
대였는데, 실제로는 불량배만이 아니라 정부에 비판적인 민간인들
을 불법적으로 구속하여 순화교육을 명목으로 가혹 행위를 일삼고
강제 노역을 시켰다. 삼청교육대는 사실상 정치범 수용소였던 셈이
다. 또한 노동조합 정화라는 이름으로 노동조합 간부들을 삼청교육
대에 강제 입소시켜 노동조합운동을 탄압했으며 블랙리스트를 작
성해 취업 자체를 못하게 만들었다. 반도상사, 한일 도루코, 무궁
화 메리야스, 원풍모방 등 수많은 노조의 간부들이 그와 같은 인권
침해를 당했다. 대학생들도 예외가 아니었다. 학원 정화는 1981년
11월부터 1983년 11월까지 녹화사업이라는 별도의 명칭으로 진행
되었다. 학원 소요와 관련해 학사 징계를 받은 대학생들은 강제 징

집된 후 정훈교육이라는 명목으로 보안부대로 끌려가 구타와 가혹행위를 당하며 운동권 선후배를 지목하게 하거나 프락치 활동을 강요받았다. 녹화사업이 공식적으로 끝난 후에도 보안사는 주요 민주단체들에 프락치를 심어 감시체계를 유지했고 광범위한 민간인 사찰을 지속했으며, 이는 노태우 정부에서도 계속되었다.

제5공화국의 공포정치에 맞서며 군부독재에 저항한다는 것은 결코 쉬운 일이 아니었다. 대학생들은 소규모 의식화 조직을 만들어 혁명 이념을 학습하고 혁명운동을 추구했다. 하지만 혁명의 주체는 대학생이 아니었다. 5·18광주항쟁에서 5월 27일 마지막까지 도청에 남아 '최후의 항전'에 참여한 이들이 대부분 사회 하층민이었듯이, 새로운 주체는 민중이라고 여겨졌다. 민중은 다수의 피지배층을 가리키는 단어로 한때 널리 사용되었지만, 1980년대에는 민중이 사회 하층에 있는 노동자, 농민, 빈민 등 가난하고 소외된 이들이며, 그 핵심에 노동자계급이 있다는 인식이 덧붙여졌다.[8]

대학생 운동권은 민중이 역사의 주체라는 인식을 갖고, 공장에 위장취업해 노동자들을 의식화, 조직화해야 한다는 새로운 운동노선을 채택했으며, 그에 따라 수많은 '학출 노동자들'이 공장으로 갔다. 이것이 노동자와 학생의 연대, 즉 '노학연대'였다. 한국전쟁 이후 최초의 노동자 정치투쟁으로 평가되는 1985년 구로동맹파업은 그와 같은 '노학연대'의 산물이었다. 6월 24일부터 29일까지 구로 지역의 대우어패럴을 시작으로, 효성물산, 가리봉전자, 선일섬유 노조가 동맹파업을 벌였으며, 구로공단의 남성전자, 세진전자, 롬코리아 노동자들이 지지 농성투쟁을 전개했고, 삼성제약 조합원들의 점심식사 거부, 청계피복노조의 지지 가두투쟁이 있었다. 또한 재야단체, 대학생들의 연대투쟁도 전개되었다. 애초의 임금 인상 요구가 노조 간부의 구속으로 이어지자, "구속자 전원 석방, 노동운동 탄압

1985년 6월 구로동맹파업을 주도한 대우어패럴 노동자들.
생존을 위한 노동운동은 반독재민주화투쟁으로 나아갈 가능성을 보여주었다.
© 민주화운동기념사업회 , 박용수 기증

중지, 민주 노동운동을 짓밟는 모든 악법 즉각 철폐, 노동부 장관 사퇴” 등을 요구했다. 6월 29일 대우어패럴 농성장에 500여 명의 폭력단이 파업을 강제 해산시켜 동맹파업은 더 이상 지속되기 어려웠다. 약 1,400여 명의 노동자가 동맹파업을 벌였고, 2,500여 명의 노동자가 투쟁에 참여했으며, 구속 43명, 불구속 38명, 구류 47명, 해고 1,500여 명에 이르는 대규모 탄압을 받았다. 하지만 생존을 위한 노동운동이 반독재민주화투쟁으로 나아갈 가능성을 보여주었으며, 이와 같은 노동자들의 힘은 1987년 6월항쟁 이후 7·8·9 노동자대투쟁에서 또다시 크게 분출했다.

당시 구로동맹파업을 지지하는 한 성명서에는 그 뿌리에 군부독재의 5·18 학살이 있다는 것을 명확하게 밝히고 있다. “80년 5월 이후 민주화와 민권 확보를 위한 투쟁은 군사독재정권의 무자비한 탄압에도 불구하고 학원에서, 거리에서, 공장에서, 농촌에서 줄기차게 전개되어왔다. 그리하여 광주에서 수천 명을 학살하고 들어선 현 정권이 소수 재벌과 특권층의 이익을 지키기 위해 그동안 저질러온 반민중적 정책과 폭압통치, 갖가지 부정부패와 외세 의존적 정책이 국민 앞에 낱낱이 드러났고 이에 현 정권의 퇴진을 요구하는 소리가 국민 각계에서 터져나오기에 이르렀다.”

더 직접적으로 광주 학살을 문제 삼은 것은 서울 미국문화원 점거농성이었다. 1985년 5월 23일부터 26일까지 서울 지역 5개 대학의 학생 73명이 서울 미국문화원을 점거하고 농성을 벌였다. 대학생들은 “광주 학살 책임지고 미국은 공개 사죄하라” 등의 문구를 적은 대자보를 미국문화원 도서관 창문에 붙이고, 주한 미국 대사와 면담을 요구했다. 국내외 언론의 관심이 집중되자 리처드 워커 주한 미국 대사는 “광주사태에 미국은 책임이 없다”는 성명을 발표해야 했다. 이 사건은 5·18 학살과 미국의 정치적 책임을 공론화하

성 명 서

현 정권의 말기적 노동운동 탄압을 규탄하면서 단호한 연대투쟁을 전개할 것을 선언한다.

— 대우 어패럴을 비롯한 6개 사업장 2,000여 노동자의 노동운동탄압 규탄농성을 지지하면서 —

80년 5월 이후 민주화와 민권확보를 위한 투쟁은 군사독재정권의 무자비한 탄압에도 불구하고 학원에서, 거리에서, 공장에서 농촌에서 줄기차게 전개되어 왔다. 그리하여 광주에서 수천명을 학살하고 들어선 현 정권이 소수재벌과 특권층의 이익을 지키기 위해 그동안 저질러 온 반민중적 정책과 폭압통치, 갖가지 부정부패와 외세의존적 정책이 국민 앞에 낱낱이 드러났고 이에 현 군사독재정권의 퇴진을 요구하는 소리가 국민 각계에서 터져나오기에 이르렀다. 그러자 심각한 위기를 느낀 현 정권은 이러한 국민적 요구를 인정하기 커녕 오히려 그동안 보여왔던 유화적 제스처마저 벗어버리고 민주화와 생존권 확보를 요구하는 사람들의 입을 온갖 물리적 법률적 폭력수단을 동원하여 틀어막고 있다. 지난 6월 22일의 대우 어패럴 노조간부 3명의 구속은 바로 이러한 전면적 탄압의 일환이었다. 따라서 우리는 대우 어패럴 노조간부 구속이 노동운동에 대한 탄압을 넘어서 전체 민주화운동에 대한 일대 탄압의 신호탄이라는 점을 인식하면서 이에 단호하게 대처해나갈 것임을 분명히 밝혀둔다.

대우 어패럴 노조간부의 구속은 그동안 현 정권의 온갖 억압조치에도 불구하고 자신의 생존권을 지키기 위해 불굴의 투쟁을 전개해 온 민주노조를 대학생들의 방학과 국회의 휴회 등을 틈타 기습적으로 개별격파하려는 음모라는 점에서 더욱 가증스러운 사건이었다. 그러나 이미 지난간 사건을 빌미로 몇몇 핵심간부를 구속함으로써 민주적 노동운동의 숨통을 조일 수 있다고 생각한 현 정권의 판단은 너무나 엄청난 착각이었다. 대우 어패럴 노동자 500여명은 이러한 노동운동 탄압을 규탄하면서 즉각 파업농성에 들어갔고 인근 구로공단 내 5개 회사 노동자들까지도 동조파업농성에 돌입함으로써 현 정권의 폭압에 결연히 맞섰던 것이다. 이 여섯개 회사 노동자들의 연대투쟁은 노동자의 무지와 분열 위에서 영구히 노동자들을 착취·억압하려는 현 정권과 독점기업의 의도를 단호히 거부하고 노동자의 생존권 확보는 모든 노동자의 단결된 힘에 의해서만 달성될 수 있다는 각성된 의식을 보여준 한국노동운동사상 획기적인 쾌거라고 하지 않을 수 없다. 우리는 지금 이 시간에도 수백명의 경찰과 회사측 사람들이 둘러싼 위협적인 분위기 속에서도 굽힘없이 힘차게 싸우고 있는 2,000여 노동자들의 선구자적 투쟁에 아낌없는 찬사를 보내면서 이들의 투쟁이 이 땅의 민주화의 굳건한 초석이 될 것임을 굳게 믿는 바이다. 또한 우리들은 우리의 모든 힘을 집결하여 노동자들의 투쟁을 지원함과 아울러 이 땅의 진정한 민주·민권·민족통일의 새날이 오는 그 날까지 즐거차서 투쟁해나갈 것을 엄숙히 선언하는 바이다.

우리는 현 정권에게 다시 한번 엄중히 경고한다. 무자비한 폭력과 교활한 술책으로 800만 노동자들의 생존권 요구를 짓밟을 수 있다는 망상을 하루빨리 버리기를 바란다. 더 이상의 무모한 탄압으로 역사에 대한 죄악을 저지르지 말고 그간의 과오를 국민 앞에 사죄하고 스스로 물러나는 길만이 민족사 발전에 조금이나마 기여할 수 있는 길이며 역사의 심판을 면할 수 있는 길이 될 것이다.

민주화와 민족통일을 향한 우리의 결의를 다시 한번 다짐하면서 우리는 정부당국에게 아래 사항의 이행을 엄중히 촉구하는 바이다.

우 리 의 주 장

1. 대우 어패럴 노동조합 간부 3명을 비롯하여 부당하게 구속당한 노동자 전원을 즉각 석방하라.
2. 노동운동을 폭력으로 탄압하는 사업주와 이를 방조·조장하는 경찰관 및 그 지휘 책임자를 엄중 처벌하라.
3. 노동부 장관은 현 노동운동 탄압사태의 책임을 지고 즉각 사퇴하라.
4. 노동운동 탄압을 위해 만들어진 제 노동악법을 즉각 개정하라.
5. 농성노동자들의 요구를 받아들이고 그들에 대해 사후탄압조치를 취하지 않을 것을 보장하라.

1985년 6월 26일

민주·통일민중운동연합   한국교회사회선교협의회
한국노동자복지협의회   한국기독노동자총연맹
한국노협인천지역협의회   한국기독청년협의회
가톨릭 노동청년회   한국기독학생회총연맹
청계피복노동조합   영등포산업선교회
천주교사회운동협의회   인천기독교도시산업선교회
민주언론운동협의회
자유실천문인협의회   민주화운동청년연합
민중문화운동협의회   인천지역사회운동연합
명동천주교회청년단체연합회
민주·통일민중운동연합 서울지부

809693

1986년 구로동맹파업을 지지하는 한 성명서. 그 뿌리에
군부독재의 5·18 학살이 있다는 것을 명확하게 밝히고 있다.
© 민주화운동기념사업회, 전태일재단 기증

는 데 기여했으며, 이후 반미·통일운동이 본격적으로 전개되는 계기가 되었다. 하지만 이와 같은 대학생들의 선도적인 문제 제기는 분단체제와 국가보안법이 엄존하고 반공·반북이데올로기가 지배적인 상황에서 사회 전반의 지지를 얻기는 어려웠다. 반미와 통일이라는 문제 제기의 선도성은 대중적인 반독재민주화운동과 적절히 결합하지 못했다.

1987년 6월항쟁 이전에 전민항쟁의 잠재력을 보여준 것은 1986년 5·3인천항쟁이었다. 1985년 총선에서 승리한 신민당은 1986년 2월 12일 '직선제 개헌을 위한 1,000만 서명운동'을 개시했고, 5월 3일에는 경기·인천 지부에서 개헌 현판식을 가질 예정이었다. 이를 계기로 주요 민주 단체들이 참여하고 경인 지역의 활동가와 노동자들, 서울과 인천의 대학생들이 결합했으며, 여기에 예상하지 못한 수만 명의 대중들이 함께 '군부독재 타도'를 외치며 격렬한 시위를 전개했다. 5·3인천항쟁에서도 "광주 학살 원흉 전두환을 처단하자" "광주 학살 책임지고 미국은 사죄하라" 등 5·18 학살을 비판하는 플래카드가 등장했다. 5·18 학살은 제5공화국의 원죄와 같은 것이었고, 1980년대 민중운동은 5·18항쟁에 그 뿌리를 두고 있었던 것이다.

제5공화국의 공포정치에도 불구하고 5·18에 뿌리를 둔 민중운동이 분출하자 억압과 탄압은 더욱 거세졌다. 공안기관들이 조작한 조직 사건들이 1985년 하반기부터 1986년까지 집중적으로 터져 나왔다. 5·3인천항쟁에 대한 수사와 관련해 1986년 6월 권인숙 성고문 사건이 세상에 알려졌고, 1985년 서울대 민주화추진위원회 사건에 대한 수사와 관련해 1987년 1월 박종철 고문·타살 사건이 발생했다. 박종철의 죽음과 이에 대한 은폐·축소 수사가 연이어 폭로되었고 6월항쟁의 큰 도화선이 되었다.

1985년 5월 서울 지역 5개 대학의 73명의 학생들이
서울 미국문화원을 점거했다. 이 사건은 이후 반미·통일운동이
본격적으로 전개되는 계기가 되었다. ⓒ 경향신문

1986년 5·3인천항쟁. 시민들이 "광주 학살 원흉 전두환을
처단하자"라는 플래카드를 들고 있다. ⓒ 경향신문

1987년 6월 14일 명동성당 농성투쟁. 5·18의 광주는 계엄군의
봉쇄작전으로 고립되었지만, 6월항쟁의 명동성당은 전국적인 지지를
받으며 결코 고립되지 않았다. ⓒ 경향신문

6월항쟁은 군부독재를 종식시키고 민주화의 길목에 들어서
는, 한국 사회의 새로운 시대를 정초하는 역사적 시공간을 열었다.
서울뿐 아니라 광주, 대구, 부산 등을 아울러 전국적으로 '호헌 철
폐' '직선제 개헌'을 요구하는 대중들의 시위가 잇달았다. 학생, 노
동자, 농민 등과 더불어 대도시 중산층 회사원들이 이른바 '넥타이
부대'로 거리에 진출했다.[9] 6월항쟁의 구심점은 6월 10일 밤부터
15일까지 이어진 5박 6일간의 명동성당 농성투쟁이었다.[10] 학생, 노
동자, 도시 빈민(상계동 철거민), 일반 시민 등 760여 명이 명동성당
에서 농성을 벌이는 동안 김밥, 빵, 우유, 의약품, 속옷 등 각지에서
성금과 물품이 보내졌다. 5·18의 광주는 계엄군의 봉쇄작전으로 고
립되었지만, 6월항쟁의 명동성당은 전국적인 지지를 받으며 결코

고립되지 않았다.

결국 전두환 정부는 6·29선언으로 직선제 개헌을 받아들였다. 6월항쟁 이후에는 대학, 공장, 농촌 등을 막론하고 다양한 영역에서 수많은 민주적 단체들이 새로 조직되거나 기존의 조직을 민주적으로 개혁하는 움직임이 활발하게 일어났다. 더구나 6·29선언 직후부터 7월~9월에 일어난 전국적인 노동자 파업의 물결은 '노동자 대투쟁'이라 불릴 정도로 한국전쟁 이후 최초로 노동자들의 힘을 보여준 기념비적인 사건이었다.

하지만 1989년 황석영 작가, 문익환 목사, 임수경 학생의 방북에 대해 공안통치가 자행되었고, 1990년 1월 22일 보수대연합이라 불리는 3당 합당을 통해 노태우 정부는 민주화 과정을 끊임없이 역전시키려고 했다. 1991년 5월투쟁은 민주화가 확대될 것인가 축소될 것인가 하는 중요한 분수령이었다. 1991년 5월투쟁은 4월 26일 명지대 학생 강경대가 시위 도중 백골단의 쇠파이프에 구타를 당해 사망하면서 시작되었다. 강경대의 죽음은 박종철, 이한열의 죽음을 연상시켰고 '제2의 6월항쟁'으로 표현되었다. 두 달에 걸쳐 전국적으로 2,361회의 집회가 열렸고 제6공화국 이후 최대 규모의 시위가 전개되었으며, 그 과정에서 학생, 빈민, 노동자 등 11명이 분신했고, 한진중공업 박창수 노조위원장의 의문사와 성균관대 김귀정의 강경 진압에 의한 질식사까지 포함하여 모두 13명이 사망했다. 하지만 검찰이 분신 사망한 김기설의 유서를 강기훈이 대필했다는 이른바 '유서 대필 사건'을 조작함으로써 민중운동 세력에 대한 대중적 지지는 크게 약화되었다. 결과적으로 1991년 5월투쟁은 1989~1991년 현실 사회주의 국가들의 몰락이 가져온 충격과 더불어, 거의 모든 민중운동 세력이 총동원되어 저항했음에도 패배했고, 1980년대 민중운동이 실추하는 계기가 되었다.[11]

1987년 현대그룹 노동자들의 총파업. 노동자대투쟁은
한국전쟁 이후 최초로 노동자들의 힘을 보여준
기념비적인 사건이었다. ⓒ 경향신문

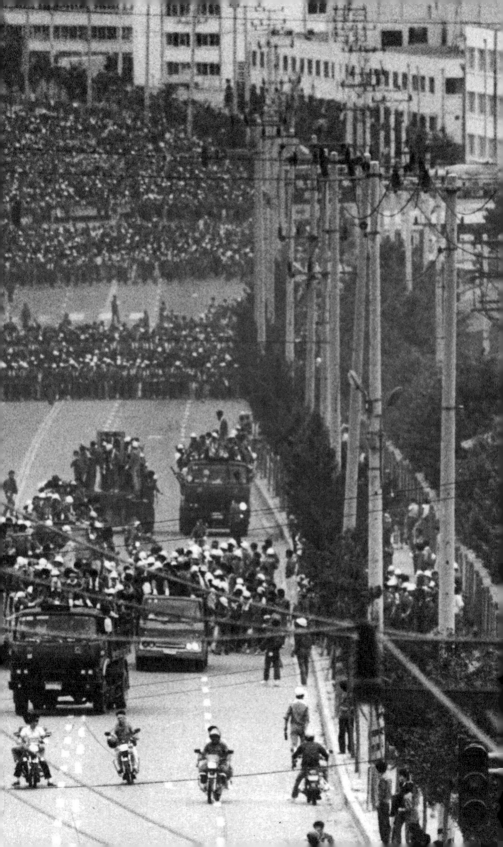

1980년 5·18광주항쟁에서 1991년 5월투쟁에 이르는 '1980년대'라는 한 시대가 막을 내렸다. 훗날 정태춘은 〈1992년 장마, 종로에서〉라는 노래로 "우리들의 한 시대"를 상실한 사람들의 구멍 난 가슴을 위로했다. "다시는 종로에서 깃발군중을 기다리지 마라/ 기자들을 기다리지 마라/ 비에 젖은 이 거리 위로 사람들이 그저 흘러 간다/ 흐르는 것이 어디 사람뿐이랴/ 우리들의 한 시대도 거기 묻혀 흘러간다/ …… / 다시는 시청 광장에서 눈물을 흘리지 마라/ 물대포에 쓰러지지 마라/ 절망으로 무너진 가슴들 이제 다시 일어서고 있구나/ 보라 저 비둘기들 문득 큰 박수 소리로/ 훨 깃을 치며 다시 날아오른다 하늘 높이." 다시는 시청 광장에서 눈물을 흘리지 말고, 물대포에 쓰러지지 말자, 절망으로 무너진 가슴들은 언제고 다시 일어서기 때문이다.

4.   5·18의 학살자와 살아남은 사람들

5·18의 학살자들이 제5공화국과 제6공화국에서 차례로 대통령을 지내고 정부 요직을 차지할 때에는 국가 차원의 진상규명도 미약할 뿐 아니라 책임자 처벌은 엄두조차 낼 수 없었다. 그것은 1987년 6월항쟁으로 민주화가 진행되고 나서도 10년이 더 지나야 가능했다. 1997년 4월 17일 대법원은 전두환과 노태우 두 피고에게 다음과 같이 판결했다. 판결문 표제 자체가 두 피고의 죄목들을 분명히 적시하고 있다. 〈반란수괴·반란모의참여·반란중요임무종사·불법진퇴·지휘관계엄지역수소이탈·상관살해·상관살해미수·초병살해·내란수괴·내란모의참여·내란중요임무종사·내란목적살인·특정범죄가중처벌등에관한법률위반(뇌물)〉(대법원 1997.4.17.

선고 96도3376).

피고인 전두환 및 위 피고인들이 이러한 사정을 알면서 재진입 작전의 실시를 강행하기로 하고 이를 명령한 데에는 그와 같은 살상 행위를 지시 내지 용인하는 의사가 있었음이 분명하고, 재 진입 작전 명령은 위에서 본 바와 같은 시위대의 무장 상태 그리 고 그 작전의 목표에 비추어볼 때 시위대에 대한 사격을 전제하 지 아니하고는 수행할 수 없는 성질의 것이므로, 그 실시 명령에 는 그 작전의 범위 내에서는 사람을 살해하여도 좋다는 발포 명 령이 들어 있었음이 분명하며, 당시 위 피고인들이 처하여 있는 상황은 광주 시위를 조속히 제압하여 시위가 다른 곳으로 확산 되는 것을 막지 아니하면 내란의 목적을 달성할 수 없는, 바꾸어 말하면 집권에 성공할 수 없는, 중요한 상황이었으므로, 광주 재 진입 작전을 실시하는 데에 저항 내지 장애가 되는 범위의 사람 들을 살상하는 것은 내란의 목적을 달성하기 위하여 직접 필요 한 수단이었다고 할 것이어서, 위 피고인들은 피고인 전두환과 공동하여 내란 목적 살인의 책임을 져야 한다고 판단하였다.

이 판결문에 따라서 전두환은 무기징역, 노태우는 17년 형을 선고받았다. 그러나 같은 해 12월 22일 두 사람은 김대중 대통령 당 선자의 특별사면으로 석방되었다. 특별사면으로 5·18의 '청산'은 미 완으로 남게 되었다. 학살자들이 오늘날까지 엄청난 정치경제적 권 력을 향유하고 있다는 것은 5·18에 대한 폄훼와 왜곡이 끊이지 않는 주요 원인이 되고 있다.

학살자 처벌이 미완에 그친 것과 대조적으로 5·18에 참여했 던 사람들, 그날의 학살을 지켜봐야 했던 사람들의 삶은 결코 순탄

할 수 없었다. 그럼에도 '살아남은 사람들'은 5·18의 영향으로 세상을 바꾸려는 열망을 키워나갔다. 5·18 시기에 기동타격대에 참여했고 5월 27일 도청에 남았던 김현채(1961년생, 당시 19세, 식당종업원)는 상무대로 끌려가 고문을 당하고 재판을 받으며 수감되었다가 그해 10월 31일 형집행정지로 석방되었다. 5·18이 폭도로 평가되는 것이 분하고 억울해 "두 번씩이나 자살을 기도하고 또 아파 누웠다". 그러면서 그는 "사회의식에 눈을 뜨기 시작했다".

> 내가 결정적으로 운동에 눈을 뜨게 된 것은 1985년 홍기일 열사의 죽음이었다. 홍기일 열사의 죽음은 안일하게 살던 나에게 엄청난 채찍질이었다. 그때부터 운동 단체에서 일하기 시작했다. 그때는 탄압기여서 학생들이 얘기를 할 때도 약어, 은어 등을 사용하여 알아듣지 못하는 경우가 많았다. 나는 운동을 하려면 이런 것도 배워야 한다는 생각 아래 공부를 하기 시작했다. 학력이라곤 국민학교 4학년 중퇴이지만 피터지게 공부를 했다. 사회과학에 대한 일반적인 시각이 잡힌 후부터는 직접 글을 쓰는 등 나름대로 이론적인 체계를 잡기 위해 다각도로 열심히 하고 있다. 아무 정치의식도 없던 내가 지금에 와서 5·18을 바라볼 때 5·18의 주체가 노동자들이었고 내가 노동자였다는 데 자부심을 느낀다.[12]

1980년대에 김현채는 노동자로서 자부심을 느끼며 운동을 하기 위해 사회과학을 "피터지게" 공부했다. 5·18 이후 노동자들이 사회과학을 공부한 이유는 세상을 바꾸고 싶었기 때문이다. 그 방법을 알고 싶었기 때문이다.

김현채와 비슷한 연배인 천석복(1962생, 현대중공업 노동자)은 경북 의성 출신으로 중학교를 중퇴하고 울산으로 가서 1987년에 훈련원으로 현대중공업에 입사했다가 노동자대투쟁에 참여했다. 당시 현대중공업에서는 노동조합이란 말 자체를 모르던 상황이었다. "그러니까 노동조합이란 글자도 몰라요. 사무실에서도 모르고 현장도 모르는 거예요." 하지만 그는 노동자대투쟁을 겪으며 노동조합에 대한 인식이 달라지고, 인간답게 살고 싶다는 열망으로 부산대 앞 서점 '청산'에서 "사회과학 서적들"을 구입해 적극적으로 읽게 되었다.

> 그때 아마 제 느낌은 이 세상이 이렇게도 바뀌는구나, 바꿀 수 있구나, 그라면서 인자 이야기를 듣고 이러던 걸 제 스스로 책을 사다 보게 되죠, 적극적으로. …… 혁명을 할 수 있다는 식으로 거기서 바로 나아가서 혁명까지 생각하지 못하고, 그 이후에 그 경험을 겪으면서 책을 보면서 인자 혁명이란 단어를 알게 되고, 인자 아 세상을 뒤집을 수 있다, 혁명을 할 수 있다는 생각을 갖게 된 거죠. 그 경험을 바탕으로 해서 책을 보면서 그걸 아는 거죠. 용어를 알게 되는 거죠.[13]

다른 지역에 있었기에 5·18에 참여하지는 않았지만 천석복 역시 스스로 책을 사다 보며 세상을 바꿀 수 있다는 열망을 키워나갔다. 5·18에서 시민군이 꾸었던 꿈, 그리고 5·18 이후를 살았던 사람들의 열망이 바로 이것이었다. 세상을 바꾸고 싶고, 바꿀 수 있다는 것. 그리고 이것이 5·18광주항쟁에서 오늘날 우리가 잊고 있는 것이다.

주요 사건 해설

미국문화원 방화 사건

5·18항쟁이 끝난 후 당시 전시와 평시의 작전통제권을 갖고 있는 미국이 신군부의 군대 동원을 묵인하고 방조했으며 이 때문에 광주의 학살이 가능했다는 인식이 확산되었다. 1980년대 대학생들은 미국의 책임을 묻고 5·18의 진상을 규명하기 위해 미국문화원을 방화하거나 점거하는 운동을 펼쳤다.

최초의 미국문화원 방화 사건은 1980년 12월 9일 광주에서 일어났다. 이란 혁명에서 미국문화원 방화가 일어나는 방송을 본 정순철이 제안하여 전남대 학생 임종수 등과 함께 미국 국방장관 헤롤드 브라운의 방한 일정에 맞춰 야밤에 광주 미국문화원에 잠입해 불을 지른 것이다. 하지만 성명서를 발표하지 않고 도주하여 단순한 실화로 처리되었다.

1982년 3월 18일 부산 미국문화원 방화 사건은 부산대·고신대 학생들이 미국 정부가 5·18 광주 학살을 방조했다고 비판하며 불을 지르고 유인물을 뿌린 것이다. 하지만 이 과정에서 미국문화원에서 공부하던 동아대 학생이 사망하면서 사회적으로 큰 파장을 일으켰으며, 관련 학생들의 검거만이 아니라 천주교 재야인사들에 대한 탄압으로 이어졌다.

1991년 5월투쟁

1991년 5월투쟁은 강경대 타살 사건이 발생한 4월 26일부터 지도부가 명동성당에서 완전히 철수하는 6월 29일까지 대략 60여 일에 걸쳐 전개되었다. 4월 26일 5시경 명지대 강경대 학생이 교내 집회 후 시위 도중 다섯 명의 백골단이 휘두르는 쇠파이프에 맞아 사망했고, 민중운동 세력은 노태우 정부의 폭력성을 규탄하고 대통령 퇴진을 요구했다. 4월 29일 전남대 1학년 박승희 학생이 강경대 열사 추모집회에서 '정권 타도'를 외치며 분신했으며, 5월 1일 안동대 김영균, 5월 3일 경원대 천세용, 5월 8일 김기설, 5월 10일 윤용하, 5월 18일 이정순, 전남 보성고 김철수, 광주 운전기사 차태권, 5월 22일 광주 정상순, 6월 8일 인천 노동자 이진희, 6월 15일 인천 택시 노동자 석광수 등 학생, 빈민, 노동자 등 11명이 '노태우 퇴진'을 요구하며 분신했다. 이를 당시 언론에서는 '분신 정국'이라고 불렀다. 또한 한진중 공업 박창수 노조위원장의 의문사가 있었고, 성균관대 김귀정 학생이 강경 진압에 의해 질식사하는 사건까지 일어났다. 당시 서강대 박홍 총장과 김 지하 시인은 분신의 배후에 어둠의 세력이 있다는 발언으로 물의를 일으켰 고, 검찰에서는 '한국판 드레퓌스 사건'이라고 불리게 되는 유서 대필 사건 을 조작했다. 5월 8일 분신한 전민련 전 사회부장 김기설의 유서를 대필하 고 자살을 방조했다는 혐의로 전민련 총무부장 강기훈을 수배하고 구속한 것이다. 이 사건으로 민중운동의 도덕성이 여론의 비판을 받고 크게 실추 했다. 2015년 강기훈은 24년 만에 대법원에서 무죄 판결을 받았다.

더 생각해보기

5·18광주항쟁을 한국 민주화의 원천이라고 하는 이유는 무엇일까?

깊이 생각해보기

1980년대 민중운동이 영향력을 상실하고 1990년대 시민운동이 부상한 이 유는 무엇일까?

참고문헌

김영철·전용호, 《김영철 유고집: 못다 이룬 공동체의 꿈》. 5·18기념재단, 2015.
김원, 《잊혀진 것들에 대한 기억》, 이매진, 2011.
김원, 《87년 6월항쟁》, 책세상, 2009.
김정한, 《대중과 폭력: 1991년 5월의 기억》, 이후, 1998.
김정한, 〈5·18광주항쟁 전후 사회운동의 이데올로기 변화〉, 《1980 대중 봉기의 민주주의》, 소명출판, 2013.

김정한, 〈1980년대 국가폭력과 대학생들의 저항〉, 《학생운동, 1980》, 오월
의봄, 2016.

김호연·양상현·현재열 편, 《1987년 울산 노동자대투쟁 I》, 울산대학교출
판부, 2007.

나간채, 《광주항쟁 부활의 역사 만들기》, 한울, 2013.

서중석, 《6월항쟁》, 돌베개, 2011.

윤건차, 《현대 한국의 사상 흐름》, 당대, 2000.

임미리, 《열사, 분노와 슬픔의 정치학》. 오월의봄, 2017.

정근식, 〈5월운동과 혁명적 축제〉, 《저항 연대 기억의 정치 2》, 문화과학사,
2003.

정호기, 〈지배와 저항, 그리고 도시 공간의 사회사: 충장로, 금남로 중심으
로〉, 《현대사회과학연구》 7권 1집, 전남대 사회과학연구소, 1996.

정호기, 〈저항의례의 국가화와 계승 담론의 정치: 5·18민중항쟁의 추모의
례〉, 《경제와 사회》 통권 76호, 2007.

한국현대사사료연구소 편, 《광주오월민중항쟁사료전집》, 풀빛, 1990.

미주

1 김영철·전용호, 《김영철 유고집: 못다 이룬 공동체의 꿈》. 5·18기념재단, 2015,
115쪽.

2 나간채, 《광주항쟁 부활의 역사 만들기》, 한울, 2013, 100~154쪽.

3 정근식, 〈5월운동과 혁명적 축제〉, 《저항 연대 기억의 정치 2》, 문화과학사,
2003, 439쪽.

4 김원, 《잊혀진 것들에 대한 기억》, 이매진, 2011, 318~319쪽.

5 임미리, 《열사, 분노와 슬픔의 정치학》. 오월의봄, 2017.

6 정호기, 〈지배와 저항, 그리고 도시 공간의 사회사: 충장로, 금남로 중심으로〉,
《현대사회과학연구》 7권 1집, 전남대 사회과학연구소, 1996, 265쪽; 정호기,
〈저항의례의 국가화와 계승 담론의 정치: 5·18민중항쟁의 추모의례〉, 《경제와
사회》 통권 76호, 2007.

7 김정한, 〈1980년대 국가폭력과 대학생들의 저항〉, 《학생운동, 1980》, 오월의봄,

2016.

8   윤건차, 《현대 한국의 사상 흐름》, 당대, 2000, 66~70쪽.

9   서중석, 《6월항쟁》, 돌베개, 2011.

10 김원, 《87년 6월항쟁》, 책세상, 2009.

11 김정한, 《대중과 폭력: 1991년 5월의 기억》, 이후, 1998.

12 한국현대사사료연구소 편, 《광주오월민중항쟁사료전집》, 풀빛, 1990, 511쪽.

13 김호연·양상현·현재열 편, 《1987년 울산 노동자대투쟁 I》, 울산대학교출판부, 2007, 327~328쪽.

8장

평범한 사람들은 어떻게 봉기하는가?

김정한

1.   4·19와 5·18

오늘날 5·18의 공식 명칭은 민주화운동이지만 1980년 당시에는 '의거'라고 불리기도 했다. 이는 5·18이 '4·19 의거'를 계승하고 있다는 표현이었다. 4·19는 1960년 2월 28일 대구 지역 고등학교 학생들의 시위로 시작되었다. 3월 15일 정부통령 선거를 위한 유세장에 참석하지 못하게 하려고 일요일에 등교시켜 시험을 치르게 했기 때문이다. 이승만 대통령과 이기붕 부통령은 장기 집권에 대한 국민의 불만으로 선거에서 당선할 가능성이 거의 없었다. 그래서 최대 경쟁자인 조봉암을 1959년 7월 31일 간첩죄와 국가보안법 위반 혐의로 사형시키고, 정부통령 조기 선거를 억지로 밀어붙이고, 전국적인 부정 선거를 획책했다.

하지만 마산에서 3·15 부정선거를 규탄하는 학생과 시민들의 항거가 일어났고, 4월 11일 최루탄을 맞고 사망한 김주열 학생의 시신이 마산 앞바다에서 발견되자 2차 마산 시위가 격렬히 전개되었다. 4월 18일에는 고려대 학생들이 시위를 벌이다가 정치깡패들에게 구타당하는 사건이 발생했다. 4월 19일에는 전국의 거의 모든 대학생들이 거리 시위에 참가했다. 그 이후 주요 도시에서 군과 경찰의 무차별 발포에 대항하며 경찰서를 습격하고 카빈총을 탈취하는 일이 벌어졌다. 결국 4월 26일 이승만은 대통령직을 사임하는 하야 성명서를 발표하고 하와이로 망명했고, 이기붕은 망명을 준비하다가 4월 28일 아들이 쏜 총에 일가족과 함께 사망하고 아들도 자살했다. 4·19를 '혁명'이라고 부르는 이유는 독재자를 몰아내는 데 성공했기 때문이다. 이 과정에서 대학생, 도시 빈민, 하층 노동자 등 총 186명이 사망했다.

4·19는 대구와 마산에서 시작되었다. 1979년 10월 유신체제

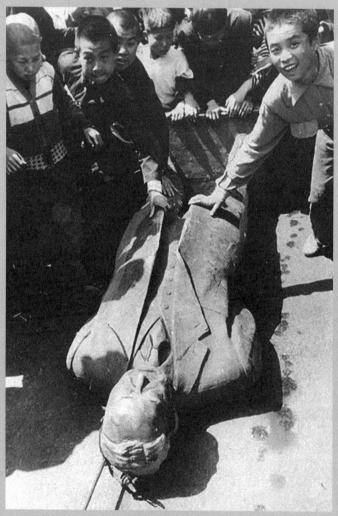

4월혁명 당시 철거된 이승만 동상. 시민들은
탑골공원에 있던 이 동상을 종로2가에서 세종로
쪽으로 질질 끌고 갔다고 한다. ⓒ 한겨레

4월혁명 당시에는 심지어 초등학생들도 부정선거를 비판하고
부모형제에게 총부리를 겨누는 군대와 경찰의 만행을 성토했다.
플래카드에 "부모형제들에게 총부리를 대지 말라, 우리는
민주정의를 위해 싸운다"고 적혀 있다. ⓒ 동아일보

에 반대하는 대규모 시위가 부산과 마산을 중심으로 전개되어 '부마항쟁'이라 불리는 것도 마찬가지였다. 하지만 5·18은 광주에서 고립적으로 전개되었다. 12·12쿠데타와 5·17 내란을 일으킨 신군부 세력이 과거 대구, 마산, 부산에서 직면했던 저항에 대처하는 군사적 방법을 5·18 광주에서 효과적으로 실행했기 때문이다. 5·18 이후 전두환 정부는 영남과 호남을 분열시키는 통치 전략을 수립했고 노태우 정부에서 지역주의가 더욱 강화되었다.

　　4·19와 5·18의 저항은 오늘날 대한민국 민주주의 헌정 체제의 뿌리를 이루고 있다. 더구나 5·18 광주에서 중고등학생들조차 계엄군에 대항해 싸웠던 것처럼, 4·19 시기에도 대학생만이 아니라 중고등학생들이 정의로운 세상을 꿈꾸며 시위에 참여했다. 심지어 초등학생들도 부정선거를 비판하고 부모형제에게 총부리를 겨누는 군대와 경찰의 만행을 성토했다. 1980년대 제5공화국은 중고등학생들이 정치적 참여를 할 수 없게 진학과 입시에만 전념하도록 하는 사회적 여건을 조성했다.

2.　5·18의 세계적 보편성

　　4·19와 5·18은 한국만의 특수한 봉기가 아니라 세계적인 보편성을 갖춘 중요한 사건이다. 현대 세계사를 돌아보면, 역사가들이 손에 꼽는 주요 혁명은 1789년 프랑스혁명, 1917년 러시아혁명, 그리고 비교적 최근의 1968년 혁명이다. 이 세 개의 혁명은 4·19와 5·18처럼 평범한 사람들이 어떻게 봉기하는지를 잘 보여준다. 흔히 대중들이 혁명적 이념을 갖고 봉기를 일으킨다고 생각하기 쉽지만 사실은 그렇지 않다. 대중들은 지배 이데올로기와 대립하는 대항

이지도르 스타니슬라스 헬만의 <루이16세의 처형>(1794).
한 시민이 단두대에서 처형된 국왕의 목을 높이 들고 있다.

이데올로기를 획득한 후에 봉기하는 것이 아니다. 오히려 자유, 평등, 인권 등의 보편적 이상(ideal)을 현실에서 온전히 실현하고자 할 때 봉기가 일어나며, 이 과정에서 대중들의 힘이 조직될 때 혁명으로 나아간다.

1789년 프랑스혁명

1789년 프랑스혁명 당시 주요 구호는 '국왕 폐하 만세, 빵값 인하'라는 역설적인 것이었다. '공정한 빵값'이 농민과 도시 빈민이 원하는 전부였고, 이것을 국왕 폐하가 해결해주기를 바랐다. 1789

년 5월 베르사유에서 삼부회(귀족, 성직자, 평민)를 소집한다는 국왕의 소집장은 농민과 도시 빈민에게 빈곤에서 벗어날 수 있다는 커다란 희망을 던져주었다. 하지만 국왕이나 귀족과 토지 소유자 등 부유층은 빈곤 문제를 해결하는 데 관심이 없었다. 국왕과 귀족은 군대를 동원해 탄압했고 농민, 도시 빈민, 평민은 그에 맞서 대규모 시위와 전투를 벌였다. 결국 1793년 1월 21일 국왕 루이16세는 단두대에서 처형되었다. '국왕 폐하 만세, 빵값 인하'라는 구호가 국왕의 머리를 베는 결과를 빚은 것이다.

1917년 러시아혁명

러시아혁명은 1917년 2월 '세계 여성의 날'에 식량 부족에 분노한 여성들이 거리 시위를 전개하면서 시작되었다. 차르 정부는 군대를 투입해 진압하라는 명령을 내렸다. 하지만 군인들도 배가 고픈 상태였고, 여성들의 정당한 요구를 짓밟지 못하고 오히려 시위에 가담했다. 일부 군대가 발포하라는 명령을 거부하고 시위에 참여해 관공서를 점령하면서 결국 3월 차르가 퇴위하고 임시정부가 발족했다. 당시 스위스 취리히에 망명해 있던 레닌은 전혀 혁명을 예상하지 못하고 있다가 러시아에서 혁명이 일어났다는 소식을 듣고 급하게 귀국했다. 레닌은 볼셰비키를 조직해 10월 사회주의 혁명을 일으킨다. 하지만 식량 문제를 해결해달라는 여성들의 시위가 없었다면 러시아혁명은 존재하지 않았을 것이다.

1968년 혁명

프랑스에서 1968년 혁명의 주체는 대학생과 노동자였다. 대

1917년 러시아 여성들의 세계 여성의 날 시위. 식량 문제를 해결해달라는
여성들의 시위가 없었다면 러시아혁명은 일어나지 않았을지 모른다.

학생들은 강압적인 학칙과 교육 환경에 대한 불만을 쏟아냈고 기성
세대의 불합리한 생활 태도에 분노했다. 1968년 3월 파리 근교 빈
민가에 졸속으로 만들어진 낭테르대학(소르본대학의 분교)의 학생들
이 기숙사 개방과 교육 개혁을 요구하며 대학본부를 점거한 사건이
1968년 혁명의 발단이었다. 하지만 5월 11일~12일 학생들 중심의
'바리케이드의 밤' 이후에는 노동자들의 자발적인 총파업이 상황
을 주도했다. 특히 5월 15일 르노자동차 공장의 파업과 점거를 거쳐
5월 23일에 이르면 전국 파업 인구는 1,000만 명을 넘어섰고, 곳곳
에서 자율행동위원회가 조직되었다. 그러나 드골 대통령은 5월 30
일 대국민 연설에서 공산주의 책동에 대한 무력 진압의 가능성을

1968년 5월 13일 파리에서 시위를 벌이고 있는 학생과 노동자들.

암시하면서, 국민의회 해산과 총선 실시를 대안으로 제시했다. 선거 국면을 조성해 정치적 위기를 무마시킨 것이다. 비록 드골 대통령을 몰아내지는 못했지만, 체제 위기를 만들어낸 노동자들의 파업을 가능케 했던 것은 대학생들의 문화적 반란이었다.

역사의 진보가 굽어지는 모퉁이에서 억압과 폭력에 맞서 싸우는 사람들은 언제나 평범한 사람들이었고, 세상을 변화시키는 시초는 시시한 사람들의 평범하고 상식적인 요구였다. 1789년 프랑스혁명, 1917년 러시아혁명, 1968년 혁명 등 세계사적인 보편적 혁명들처럼 5·18도 평범하고 시시한 사람들의 봉기였으며, 그곳에는 자유와 평등을 누리는 국민다운 국민, 시민다운 시민이 되고자 하는 열망이 있었다.

3부. 해석과 실천

3. 국경을 횡단하는 봉기의 계승

한 국가의 사회운동과 대중봉기는 인접 국가, 또는 멀리 떨어져 있더라도 다른 국가의 사회운동에 커다란 영향력을 행사할 수 있다. 그 이유는 무엇보다 절박하게 싸우는 사람들이 보고 듣고 배우려고 하기 때문이다. 다른 국가의 운동 경험은 매우 소중한 자원이다.

필리핀의 피플 파워와 한국의 전민항쟁

1980년대 중반 한국 정치 상황에 대한 미국 중앙정보국(CIA)의 주요 관심사는 필리핀의 민주화운동이 한국에서 반복될 것인가의 여부였다. 실제로 1980년대 중반 국내 재야 지식인들이나 대학생들은 필리핀의 '피플 파워(People Power)'를 매우 유심히 지켜보며 한국에서 반독재운동이 성공할 수 있는 방법을 모색했다.

필리핀의 마르코스 대통령은 1961년 선거에서 당선된 후 계엄령을 선포하고 장기 집권을 위해 대대적인 인권 탄압을 자행하고 있었다. 그에 저항했던 베니그노 아키노 상원위원은 반역 혐의로 사형 선고를 받았다가 미국으로 망명한 상황이었다. 1983년 8월 베니그노 아키노가 위험을 무릅쓰고 미국 망명에서 돌아와 비행기에서 내리자마자 암살당하는 사건이 벌어졌고, 그 배후에 마르코스 정부가 있다는 것은 공공연한 사실이었다. 아키노 암살에 분노하여 필리핀 전역에서 마르코스의 사임을 요구하는 대규모 시위가 계속되었다. 결국 마르코스는 정권 유지를 위해 대통령 선거를 조기에 실시하는 방안을 제시했고, 1986년 2월 7일 대통령 선거에서 베니그노 아키노의 아내인 코라손 아키노는 압도적인 지지를 받았

1986년 2월 필리핀의 피플 파워. 이 운동은 한국의 민주화운동에도 큰 영향을 미쳤다.

file

Central Intelligence Agency

DATE 4/3/86   file

Washington, D.C. 20505

DOC NO EA M 86-20044

OCR 3   DIRECTORATE OF INTELLIGENCE

P&PD 1
                         31 March 1986

25X1

South Korea: Reenacting the Philippine Drama?

Summary

The collapse of the Marcos government has captured the attention of South Korean government and opposition leaders and has generated speculation on both sides of the Pacific about whether a political crisis in Seoul could follow the pattern set in Manila. Discussions with analysts who have followed developments in the Philippines provided the basis for our own comparison by identifying the preconditions for the crisis in Manila and delineating key elements to look for in South Korea.   25X1

Apparent parallels abound: South Korean President Chun Doo Hwan is deeply unpopular; in the past year he has returned to the hardline approach of his first year in power to cope with increasingly open challenges to his authority; the political opposition, student activists, and other dissidents

This memorandum was prepared by [   ] Office of East   25X1
Asian Analysis. Information available as of 31 March 1986 was
used in its preparation. Comments and queries are welcome and
may be directed to the Chief, Korea Branch, Northeast Asia
Division, OEA [   ]   25X1

EA M 86-20044

25X1

CIA 기밀 보고서 <남한: 필리핀 드라마를 재연하는가?>.
출처: cia.gov/library/readingroom

다. 그럼에도 불구하고 대대적인 부정선거와 개표 조작으로 마르코스가 대통령에 당선되자 코라손 아키노가 이끄는 반정부운동은 더욱 광범위하게 전개되었다. 마르코스는 계엄령을 다시 선포하고 무력으로 진압하려 했지만, 군부 내의 젊은 개혁파 장교들은 마르코스에게 등을 돌려 시민의 편에 섰다. 2월 26일 마르코스는 결국 대통령직을 사임하고 하와이로 망명했다. 이것이 필리핀의 피플 파워 운동이었다.

1986년 3월 31일 자 CIA 기밀 보고서 〈남한: 필리핀 드라마를 재연하는가?〉는 마르코스 정부의 붕괴처럼 한국에서 전두환 정부의 위기가 필리핀의 양상을 따를 것인지를 분석하고 있다. 마르코스 정부처럼 전두환 정부가 점증하는 공개적 도전에 대처하기 위해 강경 노선으로 회귀하고 있으며, 향후 정치적 위기를 극복할지 여부를 지켜봐야 한다는 것이다. 물론 필리핀과 달리 전두환 정부는 군부 관료들의 충성을 유지하고 있고 북한의 위협 때문에 정부 권위에 대한 도전이 한계에 직면할 것이라고 판단하고 있지만, 필리핀의 피플 파워가 한국의 민주화운동에 미칠 영향력을 우려하고 있었다. 그리고 실제로 피플 파워는 1987년 6월항쟁으로 재현되었다. 전국의 수많은 사람들의 압도적인 항쟁으로 전두환은 계엄령을 선포하거나 군대를 동원하지도 못하고 직선제 개헌을 받아들여야 했다. 민주화운동이 국경을 넘어 전파될지 모른다는 CIA의 우려가 현실이 된 것이다.

1980년의 광주와 1989년의 베이징

필리핀의 피플 파워가 한국의 6월항쟁으로 재현된 것처럼, 5·18광주항쟁은 1989년의 중국으로 계승되었다. 물론 중국의 대학

1989년 5월 톈안먼 광장에서 단식농성하는 대학생들.

생들이나 주민들이 5·18에 대해 잘 알고 있었던 것은 아니다. 하지
만 한국이 자본주의 체제이고 중국은 사회주의 체제임에도 불구하
고, 서로 상이한 체제에서 일어난 봉기는 매우 닮아 있었다. 1980년
5월의 광주와 1989년 5월의 베이징은 서로 역사가 다르고 체제도
달랐지만 평범한 사람들이 싸우는 방법은 동일했다.

  톈안먼항쟁은 1989년 4월 15일 후야오방(당시 73세, 전 공산당
총서기)의 죽음에 대한 추모 시위로 시작되었다. 개혁 개방을 추진했
던 후야오방은 학생운동에 우호적이라는 이유로 1987년에 자기 비
판서를 제출하고 퇴임함으로써 정치 개혁의 상징적인 인물로 받아
들여졌고, 추모 시위는 죽은 자를 애도하는 전통을 정치적 저항의
기회로 삼을 수 있는 계기였다.

  4월 16일부터 추모 시위에 참여한 학생들의 요구는 관료들

의 부정부패를 척결하려 했던 후야오방에 대한 재평가, 정치 억압의 구실로 기능하는 반정신 오염·반부르주아 캠페인 철회, 언론 자유, 지도부 재산 공개, 교육 예산 증액 등이었으며, 대체로 평화적이고 비폭력적인 시위와 행진을 전개했다.[1] 당시 학생운동의 목적에 관한 설문조사 결과는 학생들의 경우 부패 종식(71%), 정확한 뉴스 보도(69%), 표현의 자유(51%) 등이었고, 주민들의 경우 부패 종식(82%), 관료 부당 이득 종식(59%), 정확한 뉴스 보도(50%) 순으로 응답했다.[2]

그러나 4월 22일 후야오방 장례식에 5만 명 이상의 대학생들이 톈안먼 광장에 집결해 인민대회당 앞에서 시위를 벌이고, 4월 24일 수업 거부와 동맹 휴업을 결의하는 등 대학생들의 시위가 계속되자 위기감을 느낀 중국 정부는 4월 26일《인민일보》사설을 통해 학생운동을 심각하게 비판하는 사설을 내보낸다. 공산당과 사회주의 체제를 부정하는 정치적 동란(動亂)이며, 중국 사회주의를 파괴하려는 계획적인 음모라는 것이다. 이와 같은 정부의 강경 대응은 학생 시위를 격화시키는 역효과를 초래했다. 4월 27일에는 10만에서 20만 명에 이르는 학생들이 톈안먼 광장으로 행진했고, 50만에서 100만 명으로 추정되는 사람들이 거리 시위를 전개했다. 5월 4일 5·4운동 70주년 기념일에는 6만여 명의 학생들이 톈안먼 광장으로 평화행진을 했고, 주민들도 참여하여 30만여 명이 톈안먼 광장에 모여 기념식을 진행했다.

이 국면에서 급진파 학생들이 계획한 단식농성은 톈안먼항쟁을 확산시키는 결정적인 계기였다. 단식 또는 절식(節食)은 유교를 신봉하는 이들이 명분을 취하기 위해 사용하던 방법으로서 대중들에게 스스로 희생하는 모습을 통해 정당성을 보여주려는 것이었다. 이는 톈안먼 운동의 가장 중요한 실천 형식이었고, 학생운동

3부. 해석과 실천

1989년 5월 톈안먼 광장에서 단식농성하는 대학생들.

1989년 5월 18일 트럭과 버스를 동원해 시위하는 주민들.

이 베이징 전체 주민의 항쟁으로, 나아가 전국적인 항쟁으로 확대될 수 있도록 하는 중심적인 기능을 수행했다. 5월 13일부터 톈안먼 광장의 인민영웅기념비 앞에서 300여 명의 대학생들이 단식농성을 시작했고, 이와 더불어 수많은 대학생들과 주민들이 톈안먼 광장을 점거해 천막을 치고 단식농성자들을 지원했다.

　　1980년 신군부 세력이 시민군을 친공, 친북 세력이라고 강변했지만 시민들은 자신들도 대한민국의 국민이라고 외쳤던 것처럼, 1989년 중국 공산당은 학생운동을 반공, 반체제적인 동란이라고 규정했지만, 학생들과 주민들은 자신들이 제대로 된 사회주의를 요구한다고 주장했다. 5·18 광주에서 〈애국가〉를 불렀던 것처럼, 톈안먼

　　　　　　　　　　　　　　　　　　　3부. 해석과 실천

항쟁에서 대학생들이 즐겨 불렀던 노래는 중국 국가인 〈의용군행진곡(義勇軍進行曲)〉이었다.

5월 13일에 시작된 대학생들의 단식농성은 5월 16일 3,000여 명으로 늘어났고, 5월 16일부터 5월 18일까지 100만 명이 베이징 시내를 행진하고 톈안먼 광장에 운집하는 장관을 연출했다. 톈안먼 광장은 수천 명의 단식농성자들과 수만 명의 대학생들, 수백만 명의 베이징 주민들, 외지에서 온 수십만 명의 사람들, 관광객들이 뒤얽힌 거대한 야영장이 되었다. 또한 음식물 공급, 쓰레기 처리, 의료 지원과 긴급 후송 등 여러 공적 업무를 수행하는 체계가 마련되었다. 단식농성은 점차 학생들의 건강을 우려하는 베이징 주민들의 마음을 움직였고, 아무 해결책도 제시하지 못하는 정부를 비판하는 여론이 형성되었다. 학생뿐만이 아니라 교사, 노동자, 언론인, 당 간부, 정부의 중하위 관료에 이르기까지 정부와 학생의 협상을 촉구했다.

하지만 리펑 총리는 결코 이 시위가 동란이라고 한 것을 공식적으로 철회할 수 없었다. 학생들의 요구를 수용하면 당과 정부의 권위가 무너질 것을 염려했고, 더 중요하게는 학생운동을 동란으로 규정한 덩샤오핑의 결정을 따르지 않을 수 없었기 때문이다. 역사적인 중소 정상회담이 끝난 직후 리펑 총리는 5월 20일 0시 30분에 계엄령 발동을 공표했으며, 5월 20일 오전 10시 베이징 전역에 계엄령을 발효하고 20만 군대를 배치했다. 하지만 당과 정부가 전혀 예상하지 못한 상황이 일어났다. 5월 19일에 이미 소문으로 널리 퍼져 있는 계엄령 공표를 염려한 학생들은 잠시 단식을 중지했지만, 격렬한 논쟁을 거치며 톈안먼 광장 점거와 단식투쟁을 지속하기로 했다. 더구나 5월 21일과 23일 계엄령에 항의하고 철회를 요구하는 100만 명이 넘는 베이징 주민들의 대규모 행진과 시위가 일어났으며, 군대의 진입을 막기 위해 곳곳에 바리케이드가 설치되었다.

학생과 주민들은 군인들과 몸싸움을 벌이며 베이징을 떠나라고 요구하면서도 음식과 음료를 건네며 상황을 알리고 설득하려고 노력했다. 하지만 5월 21일 밤과 22일 아침 사이에 곳곳에서 폭력적인 사태가 일어났고, 예상하지 못한 베이징 주민들의 격렬한 저항에 군인들과 주민들이 서로 중경상을 입으며 심각한 교착 상태에 빠지자 5월 22일 오전 군대는 일단 베이징 외곽으로 철수했다. 학생과 주민들의 저항이 일시적으로 성공한 것이다.[3] 이 성공적인 저항은 어떤 항쟁지도부의 조율도 없이 이루어진 것이었다. 단식농성자들이 점거한 톈안먼 광장에는 중국 전역에서 사람들이 몰려들었다. 5월 16일과 5월 26일 사이에 수십만 명의 외지 대학생들이 기차와 도보로 베이징으로 들어왔다.

이와 같이 계엄군을 물리치고 해방구를 이룬 톈안먼 광장은 수많은 사람들이 모여 즉흥 연설과 격렬한 정치 토론을 벌이고 의사 결정 과정에서 직접민주주의를 실험하는 장이었으며, 또한 젊은 이들이 대항문화를 창출하고 축제를 여는 공간이기도 했다. 록 음악을 연주하거나 결혼식을 개최하고, 자유의 여신상을 본떠서 '민주주의 여신상' 같은 조형물을 설치하는 등 해방광장에서는 문화적 반란 또한 진행되고 있었다.

그럼에도 톈안먼항쟁의 여러 요구들은 모두 '애국주의'와 '민주주의'라는 두 가지 주제에 집중되어 있었다. 학생과 지식인에게는 '더 나은 사회주의'로 나아가야 한다는 엘리트주의와 국가 진흥에 대한 요청이 지배적이었고, 그 연장선에서 애국주의와 민주주의에 대한 요구가 결합하고 있었다. 학생들과 주민들의 가장 직접적인 관심사였던 부패에 대한 비판도 그저 공직자들의 부패와 개인적

1989년 5월 29일
학생들이 만든 '민주주의
여신상'. 광장은 젊은이들이
대항문화를 창출하고 축제를
여는 공간이기도 했다.

도덕성에 국한된 문제가 아니라 국가적 자긍심에 대한 요청과 밀접
하게 맞닿아 있었다.

　　그러나 정부와 공산당의 강경 진압 방침은 바뀌지 않았다.
6월 4일 계엄군은 톈안먼광장에 재진입하여 수많은 사람들을 학살
했고, 대학생과 주민들의 자유와 평등에 대한 열망은 무참히 진압
되었다. 비공식적인 집계로는 민간인 사망자가 800~900여 명에 이
르는 것으로 알려져 있다.

　　오늘날까지도 중국에서 톈안먼항쟁에 관해 이야기하는 것은
금지되어 있고 정치적 검열 대상으로 철저히 통제되고 있다. 국내
에서 널리 흥행한, 5·18을 다룬 〈택시 운전사〉는 중국에서 톈안먼항

1989년 6월 4일 계엄군이 텐안먼 광장을 진압하고 있다. 비공식적인
집계로는 민간인 사망자가 800~900여 명에 이르는 것으로 알려져 있다.

쟁을 연상시킨다는 이유로 상영이 금지되었다. 이런 조치가 오히려
1980년의 광주와 1989년의 텐안먼이 얼마나 유사한 항쟁인가를 역
설하고 있다.

4. 5·18의 세계 유산

5·18민주화운동 기록물은 2011년 유네스코 세계기록유산
(memory of world)으로 등재되었다. 이는 5·18의 역사적 가치와 유
산을 세계적으로 인정받은 결과였다. 5·18기념재단은 세계 기록유
산 등재의 의의를 다음과 같이 밝히고 있다. "5·18민주화운동 기록

물 유네스코 세계기록유산 등재는 자신과 가족의 생명을 지키기 위해 불의한 국가권력에 저항했던 광주 시민들의 고귀한 희생정신을 인권과 민주주의에 대한 확고한 신념으로 이를 국제사회가 공인한 것이며, 5·18민주화운동에서 나타난 인류의 보편적 가치인 인권, 민주, 평화의 정신을 지구촌 모든 사람들과 공유할 수 있다는 데 큰 의의가 있다." 오늘날 5·18의 저항 정신은 국경을 횡단하여 자유와 평등을 열망하는 사람들에게 많은 교훈을 주고 있으며, 특히 동아시아 국가들의 평범한 사람들은 더 나은 민주화를 성취하기 위해 5·18이 무엇인지를 배우려 하고 있다.

주요 용어 해설

지배 이데올로기와 대항 이데올로기

한 사회의 지배 이데올로기는 현실의 모순을 은폐하고 계급 차별을 정당화하는 지배계급의 이데올로기에 불과하다는 주장이 1980년대 급진적 사회과학에서는 상식처럼 받아들여졌다. 따라서 지배 이데올로기의 허구성을 폭로하기 위해서는 피지배계급의 생활조건에 뿌리를 두고, 있는 그대로의 현실을 드러냄으로써 피지배계급을 각성시키는 대항 이데올로기가 필수적이라고 생각했다. 대항 이데올로기가 제대로 형성될 때 피지배계급이 효과적으로 저항하고 투쟁할 것이라고 판단했던 것이다. 그러나 이런 생각의 얼개는 지배 이데올로기와 대항 이데올로기를 이분법적으로 갈라놓은 한계가 있다. 실제로 피지배계급은 오늘날 지배 이데올로기라고 할 수 있는 자유민주주의에 담겨 있는 자유, 평등, 정의 등과 같은 것을 현실에서 '있는 그대로' 실현시키기 위해 투쟁하는 경우가 대부분이다. 한 사회의 지배 이데올로기는 지배계급의 이익에 봉사하는 것만이 아니라, 지배계급과 피지배계급 간에 오랫동안 전개된 대립과 타협의 역사적 산물이기 때문이다.

더 생각해보기

2014년 세월호 참사를 지켜보며 많은 시민들이 국가와 정부에 대해 분노한 이유는 무엇일까?

깊이 생각해보기

5·18광주항쟁이 유네스코 세계기록유산으로 등재된 이유는 무엇일까? 5·18의 세계적 보편성은 무엇일까?

참고문헌

김정한, 〈5·18광주항쟁 전후 사회운동의 이데올로기 변화〉,《1980 대중봉기의 민주주의》, 소명출판, 2013.

김정한, 〈대중봉기의 이데올로기와 민주화〉,《1980 대중봉기의 민주주의》, 소명출판, 2013.

자오쯔양,《국가의 죄수》, 장윤미·이종화 옮김, 에버리치홀딩스, 2010.

Craig Calhoun, *Neither Gods nor Emperors: Students and the Struggle for Democracy in China*, Standford University Press, 1994.

Nan Lin, *The Struggle for Tiananmen: Anatomy of the 1989 Mass Movement*, Praeger, 1992.

Dingxin Zhao, *The Power of Tiananmen: State-Society Relations and the 1989 Beijing Student Movement*, University of Chicago Press, 2001.

MIinzhu Han ed., *Cries for Democracy: Writings and Speeches from the 1989 Chinese Democracy Movement*, Princeton University Press, 1990.

미주

1 Nan Lin, *The Struggle for Tiananmen: Anatomy of the 1989 Mass Movement*, Praeger, 1992.

2 Craig Calhoun, *Neither Gods nor Emperors: Students and the Struggle for Democracy in China*, Standford University Press, 1994, p.246, 248.

3 Dingxin Zhao, *The Power of Tiananmen: State-Society Relations and the 1989 Beijing Student Movement*, p.185.

9장

저항하는 사람들의 윤리

김정한

1. 광주 시민이 국군에게 보낸 편지

　계엄군이 광주 시민을 대하는 태도와 광주 시민이 군인을 대하는 자세는 기본적으로 달랐다. 공수부대에게 광주 시민들은 적이었지만 시민들에게 군인은 적이 아니었다. 공수부대의 존재 목적은 모든 수단을 동원해 적을 제압하고 정복하는 것이고, 군대의 작전은 민간인을 대상으로 하더라도 기본적으로 적으로 간주하고 임무를 수행하도록 되어 있다. 이와 달리 5·18의 시민군들은 "우리나라 군인들이 어떻게 우리를 죽이려 한단 말인가?"라는 마음으로 저항했을 뿐이다.[1] 결코 군대 전체를 적으로 간주하지도 않았고, 계엄군을 절멸시켜야 할 대상으로 여기지도 않았다. 5월 26일 자 유인물로 남아 있는 〈대한민국 국군에게 보내는 글〉에서 광주 시민은 "우리들은 국군을 상대로 싸우고 있지 않습니다. 우리가 힘을 합하여 민주주의를 수호하고 민주 사회를 건설하기 위해 투쟁하고 있는 것이 아닙니까?"라고 호소했다.

> 국군은 국민을 위해 있는 것이고 군대는 국민의 군대 아닙니까? 몇 사람의 절대적 권력자의 사병은 결코 아닌 것입니다. 그런데 불행하게도 부산·마산 사태와 광주사태는 군인이 국민의 군인이 아니라 몇 사람의 절대적 권력자의 사병으로 전락해버렸습니다. 민족 반역자 전두환의 권력의 욕망을 채우기 위해서 군인이 민간을 학살하고 탄압하는 것은 국가적 비극이요 민족의 비극이 아니겠습니까?

　광주 시민들이 식사를 하지 못한 군인들에게 빵과 우유를 나눠준 이유도 마찬가지였다. 당시 고등학생이었던 김행주(당시 16세,

대한민국 국군에게 보내는 글

우리의 형제자매들을 무자비하게 학살한 계엄군에게, 그리고 타도에서 또 다른 어떤 만행을 저지르고 있을 지 모를 계엄군에게, 그리고 전방에서 수고하는 우리의 국군에게 이 글을 전합니다.
작금에 일어난 광주사태는 정말로 경악을 금할 수 없는 비극입니다.

국군 여러분!
국토방위를 전담해야 할 군인이 시민을, 인간으로서는 상상할 수 없게끔 학살을 자행하고 우리의 고향을 짓밟을 수 있단 말입니까? 그것도 일반부대가 아닌 공수특전단을 민간인에게 투여하여 남녀노소를 불문하고 차마 이루 말할 수 없는 만행을 저질러 우리 시민은 군인만 봐도 치를 떨 정도가 되어 버렸습니다.

국군 여러분, 국군은 왜 있습니까?
국군은 국민을 위해 있는 것이고 군대는 국민의 군대 아닙니까? 몇 사람의 절대적 권력자의 사병은 결코 아닌 것입니다. 그런데 불행하게도 부산·마산 사태와 광주사태는 군인이 국민의 군인이 아니라 몇 사람의 절대적 권력자의 사병으로 전락해 버렸습니다. 민족 반역자 전두환의 권력의 욕망을 채우기 위해서 군인이 민간을 학살하고 탄압하는 것은 국가적 비극이요 민족의 비극이 아니겠습니까?

여러분!
후방에는 여러분들의 형제자매, 어버이들이 살고 있습니다. 여러분들도 후방에 있는 여러 분들의 안녕과 신변보장을 위해 궂은 비, 찬 눈보라를 개의치 않고 아니, 목숨을 바치면서까지 견디어 내고 봉사하고 있는 것이 아니겠습니까? 그런데 우리 국민의 군대를, 적과 대치하기에도 숨가쁜 우리나라의 전방군대를 빼서 후방에 있는 국민을 탄압하고 잔악한 살상을 자행함으로써, 국토방위의 문제뿐 아니라 국민이 군을 믿을 수 없게 되어 민족의 비극으로 변해 버렸던 것입니다.

친애하는 국군 여러분!
국민과 군은 결코 원수일 수 없습니다. 우리는 사랑하는 한 형제요 자매인 것입니다.

국군 여러분!
우리들은 국군을 상대로 싸우고 있지 않습니다. 우리가 힘을 합하여 민주주의를 수호하고 민주사회를 건설하기 위해 투쟁하고 있는 것이 아닙니까?
이제 국군 여러분께 다시 한 번 전하오니, 더이상 군사독재에 눈깔이 뒤집힌 살인마 전두환의 시녀가 되지 말고 다같이 민족의 역적 살인마 전두환 놈에게 총부리를 겨누십시오!

1980년 5월 26일

광주시민 일동

광주 시민이 1980면 5월 26일에 발표한 성명서 <대한민국
국군에게 보내는 글>. 광주 시민은 군대 전체를 적으로 간주하지
않았고, 계엄군을 절멸시켜야 할 대상으로 여기지도 않았다.

고등학생)는 군인들이 측은해 보여 사람들과 돈을 모아 빵과 우유를 사서 나눠줬다고 했다.

> 사람의 마음이란 참 이상한 것이다. 요 며칠간 군인이라면 이가 갈리고 죽여도 시원찮을 것 같더니, 며칠 동안 식사도 못하고 쭈그리고 있는 것을 보니 무섭고 미운 생각보다 안쓰럽다는 생각이 더 들었다. 그 자리에서 자연스럽게 돈이 거뒤졌다. 당시 군인들에게는 가게에서조차 물건을 팔지 않을 때였다. 광주 시민 전체가 군인이나 경찰을 죽일 놈들로 생각하며 똘똘 뭉쳤다는 생각이 든다. 모아진 돈으로 빵과 우유를 구해 나눠주었다.[2]

시민들은 계엄군과 공방전을 벌이던 중 고립된 사병들을 사로잡아 도청으로 끌고 가기도 했다. 학생과 시민에게 곤봉을 휘두르고 총칼로 위협하고 발포까지 하는 공수부대원들에게 분노를 느끼는 것은 당연한 일이었다. 도청에 끌려온 공수부대원들에게 '돌로 쳐 죽이자' '총살시키자'라고 말하기도 했다. 하지만 분노에 차서 실제로 보복하는 경우는 없었다. 당시 상황실장이었던 박남선(당시 26세, 골재차량 운전사)은 시민들을 설득해 조건 없이 풀어주었다.

> 사람들이 몰려들어 상황실 안팎이 소란스러워졌다. "트럭 뒤에 매달고 다니면서 돌로 쳐 죽여야 해!" "분수대 앞으로 끌어내 공개적으로 총살시킵시다!" 무릎이 꿇려진 공수부대원들의 얼굴은 백지장처럼 하얗게 질려 몸을 부들부들 떨고 있었다. 그들은 자신들이 자행한 일을 익히 알고 있었으므로 만일 죽게 된다면 더없이 처참하게 살해될 것이라고 생각했기 때문이었을 것이다. 얼굴이 새하얗게 변하면서 떨고 있는 그들이 갑자기 불쌍하

다는 생각이 들었다. …… 갑자기 상황실이 조용해졌다. 즉석에서 그들을 처형할 것이라고 생각한 모양이었다. 그러나 그곳에 모인 사람들의 기대와는 달리 나는, "서로가 교전 중에 상대방을 죽일 수 있으나 포로로 잡힌 사람은 즉흥적으로 죽일 수는 없오. 만일 우리가 차오르는 분노로 이들을 절차도 없이 죽인다면 우리도 그들과 꼭 같이 되는 것이오. 그러니 이들의 처리는 나에게 맡겨두고 모두 제자리도 돌아가주시요"라고 결연히 말했다.[3]

공수부대의 만행에 분노하고 때로는 원한의 감정으로 복수심을 갖기도 했지만 포로로 잡혀온 병사들을 죽이거나 상해를 입히지 않고 풀어주었다. 임영상(당시 18세, 고등학생)도 같은 취지의 이야기를 전하고 있다.

수백 명이던 시위 군중은 어느새 수천 명으로 불어나 있었다. …… 군 지프와 시민들의 간격이 30여 미터까지 가까워졌다. 군인들은 시민들이 가까이 다가가는데도 거총 자세로만 있었다. "저놈들 총알이 없다!" 한 청년이 외쳤다. …… 시민들은 함성을 지르고 각목, 돌멩이를 던지며 순식간에 군 지프를 덮쳤다. 예상대로 군인들은 실탄이 없었다. 미처 도망가지 못한 두 명의 군인은 시민들에게 실컷 맞았다. 얼마나 맞았는지 온몸이 피로 물들었다. 군복이 찢어져 속살이 보였다. 시민들의 분노는 가라앉을 줄 몰랐다. 이렇게 놔두었다가는 군인들이 죽을 수도 있는 상황이었다. 시민들도 의견이 분분했다.[4]

시민들은 '죽여야 한다' '살려주자'는 등의 논의 끝에 두 군인을 인근 개인병원으로 옮기는 조치를 취했다. 이처럼 군인들을 붙

3부. 해석과 실천

우리는 왜 총을 들 수 밖에 없었는가?

3次 5.25   ── 시민군대표

먼저 이 고장과 민주주의를 수호하기 위해 피를 흘리며
싸우다, 목숨을 바친 시민 ~~학생~~들의 명복을 빕니다.
우리는 왜 총을 들 수 밖에 없었는가?
그 대답은 너무나 간단합니다.
너무나 무자비한 만행을 더이상 보고있을 수만
없어서 너도 나도 총을 들고 나섰던 것입니다.

본인이 알기로는 우리학생들과 시민들은 과도정부의
3·3 발내 중대발표와, 또 자제하고 관망하라는
말을 믿고, 학생들은 17일 부터 학업에, 시민들은
생업에 종사하고 있었읍니다.
그러나 정부당국에서는 17日 야간에 계엄령을 확대선포하고,
일부 학생과 민주인사, 정치인을, 도무지 믿을 수 없는
구실로 불법 연행하였읍니다. 이에 우리 시민 모두는
의아해 했읍니다.
또한 18일 아침에 각학교에 공수부대를 두입하고, 이에
반발하는 학생들에게, "대검을 꽂고 "돌격앞으로"를
감행하였고, 이에 우리의 학생들은 다시 거리로 뛰쳐나와
정부당국의 불법처사을 규탄하였던 것입니다.

시민군의 성명서 <우리는 왜 총을 들 수밖에 없었는가?>.
시민들에게 총은 두려움의 대상이기도 했지만, 동시에
공수부대의 만행에 맞서 자신과 '우리'의 생명을 지켜줄 수
있는 귀중한 생존 도구이기도 했다.

잡아 일부 구타가 있을지라도 즉석에서 토론을 하여 병원에서 치료를 받도록 했다. 이는 시민들이 증오와 원한으로 상대를 살해하려고 하지 않았으며 절멸적 폭력을 행사하지도 않았다는 것을 잘 보여준다.

2. 왜 총을 들었는가?

5·18광주항쟁 이후 당시 시민들의 저항을 해석하고 재현하는 과정에서 중요한 논쟁점들 가운데 하나는 무장투쟁을 어떻게 이해할 것인가 하는 것이다. 오늘날 돌이켜보면 체계적인 군사훈련을 받지 못한 학생과 시민들이 총을 들고 공수부대와 맞선다는 것은 엄두를 낼 수 없는 불가능한 일이었다. 하지만 계엄군이 발포하여 수많은 사람들이 죽임을 당한 상황에서 총을 드는 것은 어려운 선택이 아니라 당연한 선택이었다. "우리는 왜 총을 들 수밖에 없었는가? 그 대답은 너무나 간단합니다. 너무나 무자비한 만행을 더 이상 보고만 있을 수 없어서 너도나도 총을 들고 나섰던 것입니다." 시민들에게 총은 타인을 살상할 수 있는 무기로서 두려움의 대상이었지만, 동시에 공수부대의 만행에 맞서 자신과 '우리'의 생명을 지켜줄 수 있는 무기로서 귀중한 생존 도구라고 여겨졌다.

시민들의 무장을 설명하는 하나의 방식은 '정당방위'로 보는 것이다. 분명히 시민들이 총을 든 것은 공수부대와 계엄군의 잔인한 폭력과 총칼에 맞서 시민들이 자신의 생명을 지키기 위한 행위였다. 하지만 법적으로는 '정당방위'에 대해서 "자기 또는 타인의 법익에 대한 현재의 부당한 침해를 방위하기 위한 행위는 상당한 이유가 있는 때에는 벌하지 아니한다"(형법 제21조 1항)라고 되어 있다.

금남로에 모인 시민들 위로 날고 있는 헬기들. 최근 국방부는 당시 헬기 사격이 있었다고 공식적으로 조사 결과를 발표하고 사과했다.
© 나경택 촬영, 5·18기념재단 제공

"현재의 부당한 침해"에 대한 것이어야 하며, '과거의 침해'나 '미래의 침해'는 해당하지 않는다. 그에 따르면, 5월 21일 시민들이 총을 탈취해 무장한 것은 계엄군의 집단 발포에 대응하는 행위였으므로 정당방위라고 할 것이지만, 반면에 계엄군이 퇴각한 이후에도 총을 들고 있는 것은 법적으로는 정당방위가 아닐 수 있다. '침해의 현재성'이 성립하지 않으면 정당방위의 요건이 갖춰지지 않는 것이다. 이처럼 법적인 정당방위 개념으로는 시민들의 무장을 적절히 설명하는 데 한계가 있다.

오히려 쿠데타와 내란을 일으킨 신군부와 전두환 정부는 공수부대의 집단 발포를 '자위권' 발동이라고 주장해왔다. 시민들의 공격에 위협을 느낀 군인들이 스스로를 보호하기 위해 어쩔 수 없이 발포했다는 것이다. 하지만 최근 국방부는 당시 헬기 사격이 있었다고 공식적으로 조사 결과를 발표하고 사과했다. 헬기 사격이 있었다는 것은 군부에서 사전에 계획적으로 헬기를 투입해 시민들을 향해 공중에서 무차별 사격을 했다는 의미이며, 이는 그동안 주장해온 자위권 논리가 허구에 불과하다는 것을 밝혀준다.

무장투쟁을 이해하는 또 다른 방식은 '혁명론'에 입각해서 해석하는 것이다. 1980년대에는 무장투쟁을 혁명의 요체로 인식하는 것이 일반적이었다. 기존의 사회질서를 변혁하려는 지배자와 피지배자의 대립은 필연적으로 무력 충돌로 발전할 수밖에 없으며, 국가폭력에 맞서기 위해서는 경찰과 군대를 패퇴시킬 수 있는 대항폭력(counter violence)이 필수적이라는 논리이다. 그에 따라서 국가와 시민의 '내전'으로 5·18광주항쟁을 설명하고, 전쟁에서 승리하고 혁명을 성공으로 이끌기 위해서는 무장이 불가피하다고 주장했다. 하지만 '폭력에 대항하는 폭력의 경쟁'에서 대중 봉기는 역사적으로 필패할 수밖에 없었다. 실제로 체계적인 훈련을 받고 조직적으로 동원되는 경찰과 군대를 상대로 전투를 벌여 승리한다는 것은 불가능에 가깝다.

과연 5·18은 국군과 시민군의 전쟁이었을까? 오히려 광주 시민을 적으로 상정하고 전쟁을 벌이는 군대에 맞서서 시민들이 요구한 것은 전쟁에 반대하는 것이 아니었을까? 왜 같은 국민인 우리에게 총부리를 겨누는 것이냐고, 왜 우리를 상대로 전쟁을 하느냐고 비판했던 것이 아니었을까? 그렇다면 그것은 전쟁이 아니라 반(反)전쟁이 아닐까? 총을 들고 무장을 했음에도 불구하고 시민들에게 군인들은 적이 아니었다. 물론 총을 들고 무장했다는 사실 자체를 부정할 수는 없다. 하지만 그것은 "강요된 자구 행위"였다.[5] 시민들이 진정으로 원했던 것은 전쟁을 하려는 것이 아니라 전쟁에 반대하는 것이었다.

이와 같이 무장투쟁을 인식하는 새로운 방식을 반폭력(anti-violence)이라고 명명할 수 있다. 이것은 무장투쟁이 곧 반폭력이었다는 것이 아니라, 무장투쟁에도 불구하고 시민들이 견지하려고 했던 윤리적 관점과 태도를 가리킨다. 대항폭력이 두 적대 세력 중 어느 한쪽이 제거되어야 한다는 절멸의 논리를 함축하고 있다면, 반폭력은 저항 세력이라고 할지라도 절멸적 폭력 사용에는 반대한다. 또한 비폭력이 모든 폭력 사용에 반대하는 것과는 달리, 공수부대와 계엄군의 잔혹한 폭력과 같은 극단적 폭력을 소멸시키기 위해 방어적 폭력을 사용하는 것은 불가피하다고 본다. 더 나아가 반폭력 정치는 경찰과 군대의 절멸이나 물리적 패퇴가 아니라 그 명령 체계를 마비시키는 것을 지향한다. 예컨대 1987년 6월항쟁에서 제5공화국 정부가 군대를 동원하지 못한 이유는 5·18의 학살에 대한 전두환 정권의 정치적 부담감 외에도, 대중들의 전국적인 항쟁이 대의의 정당성을 확보한 상황에서 진압에 동원된 군대가 '하극상'

을 일으킬 수 있다는 두려움 때문이었다. 이는 더 많은 사람들과 소통하고 대중 봉기가 갖는 대의의 상징적 정당성을 확산시키는 것이 대중 봉기의 힘이라는 것을 시사한다.[6]

<표> 대항폭력, 비폭력, 반폭력 비교

	대항폭력	비폭력	반폭력
사상	무장혁명론	종교적 도덕론	저항권
방법	공격적 폭력 사용	모든 폭력 사용 배척	방어적 폭력 사용
목표	국가 장악	자기 수양	극단적 폭력의 소멸

3. 5·18의 반폭력 정치

1980년대 사회운동에서는 5월 광주에서 국가폭력의 잔혹성이 적나라하게 드러났다는 이유로 대항폭력이나 폭력적 저항이 정당화되고 용인되는 분위기가 만연했고, 이는 특히 대학생 활동가들 사이에서 대항폭력을 당연시하는 관습과 문화를 창출했다. 하지만 시민들의 무장투쟁에도 불구하고 5·18에서 반폭력의 정치를 필사적으로 추구했던 계기들을 찾아볼 수 있다.

우선 많은 이들이 증언하듯이 당시 시민들의 무장은 공격적인 것이 아니라 방어적인 것이었다. 5월 18일 이후 처음에는 공수부대의 잔혹한 폭력에 맨몸으로 맞섰고, 다음에는 무기가 될 만한 각목, 쇠파이프, 돌, 식칼, 화염병 등을 이용했으며, 5월 21일 오후에 계엄군의 무차별 발포에 대응해 더 이상의 희생을 막기 위한 수단으로 총을 들었던 것이다. 시민들의 무장은 일차적으로 자신과 이웃의 생명을 지키려는 데 있었으며 계엄군에 대한 공격은 부차적인 것이었다. 예컨대 당시 배포된 유인물 가운데 《투사회보》 6호(1980년 5월 23일)에는 "계엄군이 발포하지 않는 한 우리가 먼저 발포하지 않는다"라는 행동 강령이 적시되어 있었다.

사실 시민군은 무장했다고는 하지만 화력에서 엄청난 열세에 있었고, 실제로 총을 제대로 쏠 수 있도록 훈련이 되어 있지도 않았으며, 나중에 일정한 조직체계를 갖추기는 했지만 군대 조직과 비견될 수는 없었다. 당시 광주에 동원된 계엄군은 2만여 명(공수여단 3,405명, 20사단 4,946명, 전교사 31사단 외 12,002명)이었다.[7] "광주 시민군에게 군사적 조직이라는 것은 없었다. 도청에 일정 정도의 상황실이 있었다고 하지만 군사 무기로 무장한 시민군을 이끌기 위한 체계를 갖춘 지휘부는 없었다고 보는 것이 정확하다. 시민군이 사용했던 무기도 보잘것없는 것들이었다. 계엄군의 최신식 무장과 시민군의 원시적 무기는 애초에 경쟁의 대상이 아니었다."[8] 공수부대는 최신 무기인 M16으로 무장했고, 시민군이 탈취한 M1과 카빈소총은 제2차 세계대전 이후 세계적으로 거의 사용되지 않는 유물이었다.

이런 점들을 고려할 때 공수부대와 시민군이 치열한 시가전을 벌였다는 것이 '신화'에 불과하다는 주장은 타당성이 있다. 5월 21일 계엄군의 집단 발포 이후 시민들이 광주시 외곽에서 무기고를 탈취하여 광주로 돌아와 대응 발사를 했지만, "시가전이나 교전이라기보다는 목표 지점도 없는 대응 발사"였으며, 여러 증언들을 살펴보면 시민군이 공격하려고 하다가 "일방적으로 공수부대에게 당하고 물러나는 모습이지, 치열한 총격전이나 교전으로 볼 수는 없다"는 것이다. 또한 같은 날 계엄군이 도청에서 철수한 이유도 시민군의 무력 공격 때문이었다고 보기는 어렵다고 주장한다. 일단 화력과 군사력에 엄청난 차이가 있었고, 탈취한 다이너마이트와 TNT

투사회보 제6호 1980. 5. 23 (금)

광주시민의 민주화 투쟁 드디어 전국적으로 확산되다

광주시민은 하나로 뭉쳐 더욱 힘을 내어 싸웁시다 !
계엄당국의 끝없는 억압과 허위사실 날조에도 불구하고
민주화 투쟁의 열기는 전국적으로 확산되고 있다.

전남도민은 분연히 일어섰다.

민주화 투쟁은 광주, 목포, 담양, 장성, 나주, 보성등 16개 시군으로
확산되어 유신잔당의 반민주 억압에 항거 더욱 열기를 더해가고 있다.

세계각지의 언론기관은 광주사태의 진상을 대대적으로 보도하고
있으며 한국기자 협의회의 기자들은 광주에 잠입하여 진상취재에
앞장서고 있다

◦ 우리의 행동강령 ◦

첫째, 광주시민은 최규하 정부가 총사퇴할때까지 끝까지 싸운다.
둘째, 광주시민은 우리의 요구가 관철될때까지 투쟁을 강화한다.
셋째, 중고등학생의 무기소지를 금한다.
넷째, 계엄군이 발포하지 않은 한 우리가 먼저 발포하지 않는다.
다섯째, 광주시민은 대학생들의 질서 있는 투쟁에 전적으로 협력한다.

민주시민들이여 ! 서로 힘을 합 (合)합시다

광주시민 민주 투쟁 협의회

1980년 5월 23일 배포된 《투사회보》 6호. "계엄군이 발포하지 않는 한
우리가 먼저 발포하지 않는다"라는 행동 강령이 적시되어 있다.

로 도청을 폭파하겠다고 위협하기는 했지만 여기에 공수부대가 겁을 먹고 후퇴할 이유가 없으며, 도청 인근 건물에 기관총을 설치하기는 했지만 "맹렬히 사격"했다는 일부 기록과는 달리 실제로는 한 발도 발사되지 않았다.[9] 오히려 공수부대의 도청 철수는 5월 21일 오전에 계엄사령부가 재진압 소탕작전을 수립하면서 계엄군의 외곽 재배치를 결정한 사전 작전에 따른 것일 가능성이 높다.[10] 물론 이와 같은 결정에는 5월 20일에 일어난 시민들의 전혀 예상하지 못한 강력한 저항이 크게 작용했을 것이다.

이런 맥락에서 볼 때 시민군의 무장투쟁이 방어적 성격이었다는 점은 더 분명해진다. 시민군은 전체적으로 공격적인 전투를 수행할 수 있는 능력이나 체계도 없었을 뿐 아니라, 공수부대를 물리쳐 시민들의 생명을 지키고 희생을 막으려는 것이 총을 든 이유이자 목표였다. "그들[시민군]의 무장은 직접적인 교전보다는 저항의 의지를 표출하는 상징적 의미가 더욱 컸다. 시민군의 무장의 의미가 바로 여기에 있었다. 그 입증은 LMG 기관총을 발사하지 않았고 끝내 다이너마이트나 TNT를 폭파하지 않은 데서도 나타났다."[11] 이처럼 무기를 탈취하고 서로 나눴지만 공격적으로 사용하지 않았기 때문에 시민군은 '실적'이랄 것이 거의 없었다. 국방부과거사진상규명위원회의 《12·12, 5·17, 5·18사건 조사결과보고서》(2007년 7월 24일)에 따르면, 5·18 당시 확인된 사망자는 민간인 166명, 군인 23명, 경찰 4명이며, 계엄군 사망자 중에서 "광주 시민들의 총격이나 공격 행위로 인한 사망자는 8명(차량 사고 3명, 5.22 2명, 5.23 1명, 5.27 2명)이었고, 오인 사격 13명, 오발 사고 1명"이었다.[12] 여기서 "오인 사격 13명"은 5월 24일 공수부대와 전교사 병력 간에 서로 시민군으로 오인하고 교전하여 사망한 것을 가리킨다. 그 외 경찰 4명은 5월 20일 밤 시위대의 버스 차량에 치어 사망했다.

더구나 시민군이라는 명칭에도 불구하고 민간인은 군인이 아니었고, 시민군은 무조건 명령을 이행하며 죽음조차 불사하는 군대와는 거리가 멀었다. 누구든 총을 갖고자 한다면 가질 수 있는 상황이었지만, 또한 총을 내려놓고(때로는 총을 갖고) 집에 가고 싶으면 언제든 자유롭게 갈 수 있었고, 실제로 많은 시민들이 가족의 권유를 뿌리치지 못해 집으로 돌아가거나, 개인적인 볼일이 있어서 다녀오거나, 고된 싸움과 작업에 지쳐 잠을 자거나 밥을 먹으러 마음대로 오고갔다. 시민군은 군대식 명령이 아니라, 잔혹한 계엄군을 몰아내려는 욕망과 자신의 정당성에 대한 믿음에 근거해서 자율적으로 판단하고 토론하고 행동했던 것이다. 다만 중요한 하나의 정치적 목표가 있었다. "시민군들에게 행동의 동기를 부여했던 것은 폭압적이고 잔인무도한 계엄군을 물리친다는 소박한 목표였다."[13] 이와 같이 시민군은 평화와 안전이라는 '대의'를 견지했고, 이것은 시민군이 극단적 폭력으로 나아가지 않도록 하는 중심축이었다. 소박한 방어적 목표를 갖고 움직였던 시민군이, 1980년대에 일부 민중권력론이나 프롤레타리아혁명론에서 제기했듯이 스스로 국가권력을 자임하거나 장악하려고 했다고 보기도 어렵다.

　　요컨대 계엄군과 시민군의 대결은 무장력, 조직체계, 정체성, 이데올로기 등에서 모두 비대칭적이었다. 계엄군은 시민을 적으로 간주하고 명령에 따라 절멸적 폭력을 휘둘렀지만, 시민군은 적과 동지의 이분법적 정체성에 고착되어 있지 않았고, 계엄군에 대한 증오와 원한을 가라앉히려고 노력했으며, 누군가의 명령이 아니라 자신의 믿음과 욕망에 따라 행위했고, 그 결과 절멸적 폭력은 커녕 공격적인 무력 사용을 집단적으로 제어하면서 방어적 폭력(defensive violence)을 유지했다. 5·18 무장투쟁은 절대 전쟁(absolute war)이 아니라 반(反)전쟁을 목적으로 한 것이었다. 물론 당시에 계

트럭과 버스를 타고 있는 시민군. 시민군은 평화와
안전이라는 '대의'를 견지했고, 이것은 시민군이 극단적
폭력으로 나아가지 않도록 하는 중심축이었다. ⓒ 경향신문

5월 27일 광주
시내로 진입하는
계엄군 장갑차.
ⓒ 나경택 촬영,
5·18기념재단 제공

엄군을 '악마'나 '마귀' '경상도 군인' 등으로 지칭하며 증오를 이상화하는 양상이 전혀 없지 않았고, 국가권력을 찬탈하려는 신군부와의 참혹한 사생결단의 상황에서 대항폭력이 전혀 부재했다고 주장하기는 어려울 것이다. 그러나 국가폭력과 대결하는 대항폭력에 매몰된 것이 아니라, 그 속에 반(反)폭력 정치의 계기들을 함축하고 있었다.

4. 저항의 윤리

> 나는 광주의 도청 기자회견실 탁자에 앉아 그를 정면으로 바라보며 이 젊은이가 곧 죽게 될 것이란 예감을 받았다. …… 그는 한국인으로 흔치않은 곱슬머리였다. 그의 행동에는 자신보다 훨씬 어려 보이는 무장한 동료들의 허둥거림과는 극명하게 대조되는 침착함이 있었다. 나에게 강한 충격을 준 것은 바로 그의 두 눈이었다. 바로 코앞에 임박한 죽음을 분명히 인식하면서도 부드러움과 상냥함을 잃지 않는 그의 눈길이 인상적이었다.[14]

5월 26일 마지막 시민궐기대회에서 계엄군의 진입이 예상된다는 사실을 시민들에게 알리고 윤상원은 도청에서 최초이자 마지막 외신 기자회견을 열고 시민군의 입장을 이렇게 대변했다. 윤상원의 이야기는 저항의 윤리가 무엇인지를 잘 보여준다.

> 여러분들이 광주에 와서 직접 그 참상을 목격했듯이 계엄군부의 하수인인 살인 공수부대에 의해 수많은 학생 시민들이 참혹하게 학살당하고 병원이란 병원은 모두 부상자들로 초만원을

이루었습니다. 그러고도 많은 사람들이 군인들에게 끌려가 생사조차 확인할 길이 없습니다. 광주 시민 그리고 전남 도민이 바로 이 같은 살인 군부의 만행에 맞서 봉기한 것입니다. 그들 공수부대를 몰아내기 위해 우리 스스로가 무장을 한 것입니다. 누가 강요를 해서 무장을 한 것이 아닙니다. 시민들 스스로 생명을 지키고 또 이웃의 생명을 지키기 위해 무장을 한 것입니다. 군부 쿠데타에 의한 권력 찬탈의 음모를 분쇄하고 이 나라의 민주주의를 지키기 위해 봉기한 것입니다. 우리들 시민 모두는 평화롭게 이 사태가 수습되기를 바랍니다. 그러기 위해서는 계엄 해체, 살인 군부쿠데타의 주역 전두환 퇴진, 구속자의 석방, 대시민 사과, 피해 진상규명, 과도 민주 정부 수립 등의 조치가 반드시 이루어져야 합니다. 그렇지 않을 때 우리는 최후의 일인까지 투쟁할 것입니다. …… 우리는 무한정으로 피를 흘리기를 원치 않습니다. 평화적으로 이 사태가 해결되기를 희망합니다. 그러기 위해서 현 정부가 결단을 내려야 하며 피맺힌 광주 시민들뿐만 아니라 전 국민의 요구를 수렴해야 합니다. 탱크를 동원해 진압하겠다면 이 싸움에서 어차피 질 수밖에 없지만, 그 같은 진압이 오늘의 사태를 해결하리라고는 생각지 않습니다.[15]

윤상원이 궁극적으로 원한 것은 피를 흘리지 않는 평화적인 수습과 해결이었다. 최후의 항전은 5·18의 평화적인 해결의 길이 불가능한 상황에서 불가피한 선택일 뿐이었다. 시민군은 계엄군의 잔혹한 폭력에 맞서는 극히 어려운 상황과 국면에서도 자신과 이웃의 생명을 지키기 위한 반폭력 정치의 계기들을 만들어내려고 노력했다. 오늘날 5·18의 무장투쟁을 재성찰할 때 부각되어야 하는 것은 불가피하게 무장투쟁이 벌어진 상황에서도 항쟁지도부와 시민군이 필사적으로 견지하려고 했던 반폭력의 정치이다. 오늘날에도 정치적 실천 과정에서 '대항폭력이냐 비폭력이냐' 하는 논쟁은 수시로 벌어지고 있다. 하지만 중요한 것은 비폭력이나 대항폭력에 선행하는 새로운 정치의 가능성이다. 폭력이 만연한 곳에서 정치가 소멸한다면, 폭력에 대항하는 저항의 윤리는 대항폭력이나 비폭력이 아니라, 자유와 평등을 시민권으로 확립하는 정치적이고 윤리적인 반폭력이 되어야 한다.

주요 용어 해설

반폭력과 저항권

반폭력의 관점과 윤리는 국민·시민의 저항권을 전제로 한다. 저항권이 없다면 반폭력이란 애초에 가능하지 않다. 국가인권위원회는 저항권을 이렇게 설명하고 있다. "저항권(抵抗權)이라 함은 불법적인 국가권력의 행사에 대하여 저항할 수 있는 권리로서, 입헌주의적 헌법 질서를 침해하거나 파괴하려는 국가기관이나 공권력 담당자에 대하여 주권자로서 개개국민 또는 그 집단이 헌법 질서를 유지 회복시키기 위하여 최후의 무기로서 행사할 수 있는 헌법 보장 수단이다. 즉 저항권은 국가권력에 의하여 헌법의 기본 원리에 대한 중대한 침해가 행하여지고 그 침해가 헌법의 존재 자체를 부인하는 것으로 다른 합법적인 구제 수단으로는 목적을 달성할 수 없을 때에 국민이 자기의 권리, 자유를 지키기 위하여 실력으로 저항하는 권리이다."

하지만 대한민국 헌법에는 저항권이 명문화되어 있지 않다. 다만 헌정 유린 상황에서는 저항권이 헌정 질서를 수호하는 주권자 국민의 당연한 권리라고 유추해석되고 있다.

최근 헌법재판소에서는 저항권을 다음과 같이 규정한 바 있다. "저항권은 공권력의 행사자가 민주적 기본 질서를 침해하거나 파괴하려는 경우 이를 회복하기 위하여 국민이 공권력에 대하여 폭력·비폭력, 적극적·소극적으로 저항할 수 있다는 국민의 권리이자 헌법 수호 제도를 의미한다. 하지만 저항권은 공권력의 행사에 대한 '실력적' 저항이어서 그 본질상 질서 교란의 위험이 수반되므로, 저항권의 행사에는 개별 헌법 조항에 대한 단순한 위반이 아닌 민주적 기본 질서라는 전체적 질서에 대한 중대한 침해가 있거나 이를 파괴하려는 시도가 있어야 하고, 이미 유효한 구제 수단이 남아 있지 않아야 한다는 보충성의 요건이 적용된다. 또한 그 행사는 민주적 기본 질서의 유지, 회복이라는 소극적인 목적에 그쳐야 하고 정치적, 사회적, 경제적 체제를 개혁하기 위한 수단으로 이용될 수 없다." 그러나 이와 같은 규정은 저항권을 최소주의적으로 축소시키는 판단이다. 향후 헌법 개정을 통해 저항권을 명문으로 적시할 필요가 있고, 저항권을 해석하는 과정에서 5·18항쟁의 성찰을 반영해야 할 것이다.

더 생각해보기

2017년 11월과 12월 박근혜 대통령의 탄핵을 요구하는 대중 시위가 평화적으로 진행된 이유는 무엇이며 이를 어떻게 평가할 수 있을까?

깊이 생각해보기

1789년 프랑스혁명의 〈인간과 시민의 권리 선언〉(1789년 8월 26일) 제2조는 "모든 정치적 결사의 목적은 인간의 자연적이고 소멸될 수 없는 권리를 보전함에 있다. 그 권리란 자유, 재산, 안전, 그리고 압제에의 저항 등이다"라고 하여, '압제에 대한 저항'을 인권과 시민권으로 명시하고 있다. 하지만 이와 같은 저항권을 행사하는 행위가 실정법을 위반하는 경우에 저항권은 용인될 수 있을까? 실정법과 저항권이 충돌한다면 실정법을 준수해야 할까, 아니면 실정법에 불복종해야 할까?

참고문헌

국방부과거사진상규명위원회, 《12·12, 5·17, 5·18사건 조사결과보고서》, 2007.

김영택, 《5월 18일, 광주》, 역사공간, 2010.

김정한, 〈5·18광주항쟁에서 시민군의 주체성〉, 《1980 대중 봉기의 민주주의》, 소명출판, 2013.

김정한, 〈5·18 무장투쟁과 1980년대 사회운동: 대항폭력의 과잉과 반폭력의 소실〉, 《1980 대중 봉기의 민주주의》, 소명출판, 2013.

김정한, 〈폭력과 저항〉, 《1980 대중 봉기의 민주주의》, 소명출판, 2013.

김정한, 〈5·18광주항쟁의 신화를 넘어서〉, 《주간 경향》 1127호, 2015.

민주화운동기념사업회, 《한국민주화운동사 3》, 돌베개, 2010.

박현채, 〈80년대 민족민중운동에서 5·18민중항쟁의 의의와 역할〉, 5·18기넴재단 편,《5·18민중항쟁과 정치, 역사, 사회》1권, 2007.

박호재·임낙평,《윤상원 평전》, 풀빛, 2007.

안종철, 〈광주민주화운동과 무장투쟁〉,《한국동북아논총》vol.18. no.3, 2001.

임영상,《부끄러운 탈출》, 푸른미디어, 2009.

한국기자협회 외,《5·18특파원 리포트》, 풀빛, 1997.

한국현대사사료연구소 편,《광주오월민중항쟁사료전집》, 풀빛, 1990.

미주

1 이지형(18세, 고등학생)의 증언, 한국현대사사료연구소 편, 《광주오월민중항쟁사료전집》, 풀빛, 1990, 679쪽.

2 김행주(17세, 고등학생)의 증언, 같은 책, 464쪽.

3 박남선,《오월 그날: 시민군 상황실장 광주 상황 보고서》, 샘물, 1988.

4 임영상,《부끄러운 탈출》, 푸른미디어, 2009, 68쪽.

5 박현채, 〈80년대 민족민중운동에서 5·18민중항쟁의 의의와 역할〉, 5·18기념재단 편,《5·18민중항쟁과 정치, 역사, 사회》1권, 2007, 45쪽.

6 김정한, 〈5·18광주항쟁의 신화를 넘어서〉,《주간 경향》1127호, 2015.

7 민주화운동기념사업회,《한국민주화운동사 3》, 돌베개, 2010, 121쪽.

8 안종철, 〈광주민주화운동과 무장투쟁〉,《한국동북아논총》vol.18. no.3, 2001, 298쪽.

9 김영택,《5월 18일, 광주》, 역사공간, 2010, 380~383쪽.

10 같은 책, 395쪽.

11 같은 책, 389쪽.

12 국방부과거사진상규명위원회,《12·12, 5·17, 5·18사건 조사결과보고서》, 2007, 125쪽.

13 안종철, 〈광주민주화운동과 무장투쟁〉, 앞의 책, 298쪽.

14 블레들리 마틴(당시《볼티모어 선》서울 특파원), 〈윤상원 그의 눈길에 담긴 체념과 죽음의 결단〉, 한국기자협회 외,《5·18특파원 리포트》, 풀빛, 1997, 133쪽.

15 박호재·임낙평,《윤상원 평전》, 풀빛, 2007, 394~395쪽.

10장

5·18 공동체:
부끄러운 자들을 위한 연대

은우근

1. 부끄러움의 의미

많은 사람들이 5·18과 관련하여 수많은 증언과 고백에서 부끄러움을 표현하고 있다. 5월 민중에게 5·18은 야수적 폭력에 대한 공포와 분노의 체험이었고, 공포를 물리치고 하나가 되었지만 끝까지 함께하지 못한 부끄러움의 체험이었다. 이 부끄러움의 정서는 민주화운동에 대한 참여 등 어떤 계기를 통해 자부심과 긍지로 전화(轉化)하기도 했다. 공포와 분노, 부끄러움, 죄책감, 부채의식과 자부심·긍지 등 서로 모순되면서도 연관된 심리와 정서가 5·18을 이해하는 데 중요한 요소이다. 이런 정서적 체험 안에 5·18의 또 다른 진실이 있다.

부끄러움은 5·18과 그 이후 실천에서 민중의 공통된 도덕적 정서와 도덕적 실천의 열쇠말이다. 부끄러움은 5월 민중 누구나 지위의 높낮이에 상관없이 체험한 정서였다. 그것은 오랫동안 부채의식으로 공유되었다.

> "광주의 진실은 저에게 외면할 수 없는 분노(밑줄 필자)였고, 아픔을 함께 나누지 못했다는 크나큰 부채감이었습니다. 그 부채감이 민주화운동에 나설 용기를 주었습니다. 그 것이 저를 오늘 이 자리에 서기까지 성장시켜준 힘이 됐습니다." (문재인 대통령, 5·18 37주년 기념사)

문재인 대통령도 5·18의 진실에 대한 분노와 부채의식이 성장의 힘으로 작용했다고 고백하고 있다. 부끄러움은 현재 살아가고 있는 삶의 정당성에 대한 자기 질문이기도 하다. 5·18과 연관된 부끄러움은 역사 앞에 선 인간의 자기의식이자 하나의 깨달음이었다. 이 부끄러움은 도덕적 염치·반성 능력을 강화시킴으로써 역사 주체의 성숙과 교양화를 가능케 했다. 5월 민중은 5·18이라는 역사적 고난에서 부끄러움의 체험을 통해 역사의식을 가진 인간으로 거듭났다. 5·18은 우리 역사에서 이루어진 변혁적 실천 가운데 민중의 공감 능력이 가장 극대화한 사건이었다. 도덕적 성숙을 이룬 민중의 힘은 5·18 이후 역사의 진보를 가능케 했다.

1980년 5월 민중의 실천은 갑오농민혁명이 동학사상에 그리고 프랑스혁명이 계몽주의에 영향을 받은 것과 달리, 어떤 사상의 영향을 받은 것이 아니었다. 5월 민중 대다수는 특별한 변혁적 사상, 이념의 체계를 가지고 있지 않았다. 5·18 정신에 대한 논의가 아주 추상적인 언급에 그치는 것은 여기에서 기인한다. 하지만 5월 민중의 위대한 항쟁은 인간이 다른 인간의 슬픔, 고통, 절망을 깊게, 함께 느끼고 끝까지 끌어안으려고 노력할 때 역사를 앞으로 가게 할 수 있다는 것을 증명했다.

여러 학자들은 집단적 도덕감정, 즉 집단 정서로서 부끄러움을 통해 5·18을 설명했다. 최정운은 5·18 당시 '절대공동체'의 형성 과정과 모습 그리고 그 의미와 한계에 초점을 맞추고 있다. 그는 부끄러움과 수치심 등의 집단 정서가 민중의 자기 존엄을 위한 적극적인 투쟁의 동인으로 작용했음을 밝히고 있다. 최정운의 연구가 절대공동체의 성격과 그 공동체 형성의 주체인 5월 민중의 정서에 대해 탁월한 설명을 하고 있지만 그 범위는 5·18 당시로 한정되어 있다.[1] 신진욱과 조대엽의 연구도 5월 민중의 집단 정서를 고찰하고 있다. 신진욱은 5·18이 "1980년대에 걸쳐 민주화운동 참여자들의 죄의식의 원천이자 도덕적 정당성의 근거"라고 말한다. 그는 도덕적 감정이 '감정공동체' 형성에서 가장 결정적 의미를 갖는 감정 유형이며, 5월 민중을 하나로 묶었던 감정은 분노, 부끄러움, 희생과 성스러움의 감정이라고 논증한다.[2] 조대엽은 5월 민중의 집단적 체험의 핵심이 폭력과 강렬한 감정공동체의 체험에 있으며, '역사적 트라우마티즘'으로서 광주의 상처가 "80년대 민주화운동을 지속적으로 자극하여 '집합적 신념(collective beliefs)'을 형성"시킨 "가장 중요한 요인"이라고 말한다. 그는 5·18을 배제하고는 1980년대 민주화운동의 격렬성의 원인을 설명하기 어렵다고 단정한다.[3] 그가 말하는 '살아남은 자의 자괴감'은 곧 이 글에서의 부끄러움이나 죄책감의 개념과 다르지 않다.

이 글은 5월 민중이 공유한 부끄러움의 집단 정서를 역사 주체의 변화·성숙을 초래한 각성, 즉 역사의식으로 간주한다. 5·18은 역사의 진전에서 일어나는 민중의 집단적 각성이 실행된 매우 특별한 사회적 변화이다. 아래에서부터 시작된 역사적 변혁은 변화 주체의 각성, 곧 인간 내면의 변화를 수반한다. 역사의 주체는 이 각성을 통해 지배 이데올로기의 패러다임에 갇힌 고정관념에서 스스로를 해방시킨다. 이 글은 5·18민주화운동의 의의와 가치를 역사 주체의 형성·교양화[4]를 통해 설명할 것이다.

2.   5·18 공동체와 집단 정서의 형성

영화 〈택시 운전사〉의 실제 주인공인 위르겐 힌츠페터는 다음과 같이 5·18 당시의 참상을 전한다.

나는 치밀어 오르는 울음을 간신히 참으면서 이 비참한 광경을 필름에 담았다. 내 생애에서 한 번도 이런 비슷한 상황을 목격한 적이 없었다. 심지어 베트남전쟁에서 종군기자로 활동할 때도

이렇듯 비참한 광경은 본 적이 없다.[5]

5·18은 당시 물리적으로 고립되었을 뿐 아니라, 진압된 이후에도 언급해서는 안 되는 금기가 되었다. 5·18 이후 광주 바깥에 있었던 사람들은 물론, 광주에 있었던 사람들조차도 그 잔혹한 현장을 보지 않았다면 공수부대의 만행을 믿기 어려웠을 것이다.

민중은 고립 상태에서 생명을 걸고 싸웠고 일시적으로 승리했지만 결국 패배했다. 고립이 10년 이상 유지되면서 민중에게 가해진 만행과 처절한 항쟁, 그 과정에서 이룩한 공동체의 진실은 철저하게 은폐되었다. 최윤의 소설 〈저기 소리 없이 한 점 꽃잎이 지고〉는 5·18 당시 시위에 나선 어머니를 따라갔다가 어머니를 잃고 미쳐버린 소녀의 슬픔을 통해 아무도 이해하기 어려운 고립 상황에 처한 5월 민중의 정서를 극한적으로 묘사하고 있다. 이런 고립 상황이 집단 정서가 형성될 수 있는 지형을 마련했다.

먼저 5·18 기간에 공포, 분노, 부끄러움의 감정을 중심으로 집단 정서가 형성되는 과정을 참여자와 목격자의 증언을 중심으로 살펴보겠다.[6]

폭력에 대한 공포와 분노:
부끄러움과 국가에 대한 의문(5월 18일~5월 19일)

미친 폭력에 대한 공포를 체험한 민중은 분노와 부끄러움을 느끼고 국가에 대해 의문을 품기 시작했다.

이건 진압이 아니다. 아마 전쟁터에서 적군을 잡아 죽이고 족치는, 그 이상이었을 거예요. 인간이면 저렇게 할 수 있을까. (윤광

여학생 한 사람을 공수부대들이 희롱을 하더라고요. 대검을 뽑아 들고 교복 가슴께를 대검으로, 이렇게 푹푹 찌르면서 희롱을 하니까. 어떤 할머니 한 분이, 아이고 내 새끼야 왜 그러냐고, 그걸 말리려고 보니까, 그 할머니를 군인들이 워커 발로 차가지고, 땅바닥에 쓰러트리고, 다음에 지근지근 밟는다고 그러죠. 그걸 보고 있던 시민들이 저를 포함해서 돌을 던지면서 물러서라고 했죠. 그러니까 이 공수부대원이 여학생 가슴을 대검으로 찔러 버리더라고요. (박남선, 당시 건설업, 시민군 상황실장)

[5월 19일] 월요일 날이라 학교에 갔습니다. 학교에 가니까 벌써 선생님들도 마찬가지지만 학생들 분위기가 달라요. 완전히 분위기가 달라요. 공부할 분위기도 아니고 시민들은 다 죽어가고 젊은 놈들은 다 죽어가는데. 우리가 공부만 하고 있어야 되냐는, 그런 그 불평들. …… 그렇지만은 내보낼 수 없었어요. 그때 상황에서는 나가면은 다 죽을 것 같으니까. (윤광장)

윤공희 대주교는 19일 가톨릭센터 6층 집무실에서 사제와 직원들, 인근 빌딩의 시민들과 함께 아비규환 지경의 금남로를 내려다보고 있었다.[7] 인근 골목에 한 사람이 피를 흘리며 쓰러져 있었다. 그는 빨리 병원에 데려가서 응급 치료를 받도록 해야겠다고 생각했다. 그 와중에 그 사람은 일어나려고 비틀거리다 다시 쓰러졌다. 윤 대주교는 착한 사마리아 사람에 대한 성경 비유를 떠올리며 "저걸 보고도 내려가지 못하니 내가 강도당한 동족을 외면하는 제관이 아닌가"라고 자책했다. 후일 윤 대주교는 "나 자신 무서움이

들어 감히 쫓아 내려가 만류하지 못했어요. …… 성직자로서 지금도 가슴 아프고…… 나는 그때의 일을 두고 수없이 참회하고 하느님께 용서를 빌었습니다"[8] 하고 술회한다. 정규완 당시 북동성당 주임신부는 자신이 없는 사이에 군인들이 성당까지 쫓아와 학생들을 찾으려고 뒤졌다는 보고를 받고 "내가 만약 [그 시간에] 그 자리에 있었다면 [두려움을 이기고] 앞장서서 그 사람들을 막을 수 있었을까, 혹시 아무 말도 못하고 안에 들어가서 구경이나 하고 있지 않았을까"[9] 하고 반성한다.

김성용 당시 남동성당 주임신부는 "이제 우리는 네 발로 기어다녀야 하며 개나 도야지와 같이 입을 먹이그릇에 처박아 먹어야 하며 …… 폭력과 살인을 일삼는 유신잔당이 우리를 짐승같이 취급, 때리고 개를 죽이듯이 끌고 가고, 찌르고 쏘았기 때문이다"[10]라고 강론에서 절규했다.

18일과 19일 사이 공수부대의 만행을 목격한 민중은 도저히 참을 수 없는 분노를 표현했다. 그러한 광경을 보고도 겁에 질려 도망친 "자신의 모습이 한없이 초라하게" 느껴졌다.[11] 인간성을 완전히 부인하는 공수부대의 미친 폭력에 대해 분노와 공포를 체험한 5월 민중들은 동시에 자신에 대해서도 모멸감과 부끄러움을 느꼈다. 그 부끄러움은 공동체의 구성원으로서 최소한의 책임감의 표현이었다.

"6·25 때도 이러지 않다" "이북 사람들이 내려온다고 해도 그 정도는 안 할 것이다"[12] 등의 증언은 곧 '국가가 이래도 되는 거야?'라는, 국가의 역할에 대한 의문을 나타낸다.

19일 광주 시민들의 얼굴에는 분노가 가득 차 있었다. 시민들은 공포를 이기고 시위에 참여했다. 그들은 완강했지만 외로운 싸움을 했다.

덤프트럭이 모래나 자갈을 싣고 오고 골재를 싣고 오고 다니거든요. 그런 차들이 …… 자갈 한 차를 [한자리에] 퍼준 게 아니라, 적재함[을 내린 상태에서] …… 쭉 가요. 그러면 [길게] 많이 쏟아지잖아요. 그걸 가지고 던지고, 또 [택시] 기사들이 나부터도 그랬으니까. 문 열어놓고 있다가 …… [시위대를] 군인들이 쫓아오면은 급하면 빨리 차 타요. 그러면은 100m, 200m만 차로 붕 가버려도 안 잡히잖아요. (이행기, 당시 택시 기사)

시민들은 "군인들을 어떻게든지. 하여튼 광주 시내에서 더러운 피 묻히지 않고, 저 군인들을 내몰아야 된다"(심인식, 당시 작곡가)는 각오로 싸웠다.

목숨을 건 투쟁을 통해 공포를 극복: '생명공동체'의 연대감(5월 20일~5월 21일)

20일 아침밥을 식당에서 먹고 있는데, 옆 자리의 한 시민이 술을 한잔 들이켠 후 '공수부대 죽여버린다'고 했다.

그는 가슴에 품었던 칼(과도)을 탁자에 꽂았다. 나도 식당 아주머니에게 식칼을 달라고 해서 함께한다는 뜻으로 탁자에 칼을 꽂았다. 우리가 마지막 잔을 비우고 일어서는데 밖에서 시위대의 차가 지나갔다. 시위대는 '지금 대인시장에서 공수들과 싸우고 있으니 함께 참여하자'고 시민들에게 호소하고 다녔다. 우리는 그 소리를 듣고 무모한 싸움을 하느니보다는 시민들과 함께하기로 하고 대인시장으로 갔다. (김상집, 당시 노동자)

쓰러지면 싹 순간 흩어져요. 순간 흩어졌다가, 자연 다큐멘터리에서 보니까. 큰 고래라든가, 이런 게 나오면 그 떼 지어 다니는 물고기들이 싹 흩어졌다가, 또 이렇게 모여 가는 모습처럼 한 분이 쓰러지면 순간적으로 싹 흩어졌다가, 사람들은 모여서 시신을 떠밀고 가는 분들도 있고, 그 뒤로 또 웅성웅성 또다시 모여요. 그러다가 또 '땅', 하고 갈기면 흩어지고. (곽형렬, 당시 전남경찰국 제2기동대 경찰)

놀랍게도 그 수많은 사람들의 얼굴엔 공포의 흔적은 거의 보이지 않았다. 구호를 따라 외치고, 손뼉을 치고, 노래를 부르고. …… '그것이 무엇일까. 그 힘은 어디서 온 것인가. 무엇이 하룻밤 사이에 이 수많은 시민들을 전혀 달라 보이게 만들고 있는 것인가.' 무석에게 그것은 수수께끼만 같았다.[13]

2시 30분경 서방삼거리에서 공수부대는 화염방사기를 쏘았다. 여러 명의 시민들이 그 자리에서 타 죽었다. …… 그러자 누군가 모두가 다 아는 〈애국가〉와 〈아리랑〉을 부르자고 했다. 〈아리랑〉을 부를 때는 모두 울음바다가 되었다. 누군가 큰 소리로 외쳤다. "우리 가신 님들을 따라 다 같이 죽읍시다!" 이제 시위대의 구호는 "전두환을 찢어 죽이자!"는 식의 적대적인 구호에서 누군가에 의해 "우리를 다 죽여라!" "우리 다 같이 죽읍시다!" 등의 오히려 내면적인 비감한 구호로 바뀌었다. 시위가 시작되자 청년들은 각목 등의 무기를 들고 앞에 서고, 여자들은 최루탄에 견딜 수 있도록 물수건과 치약을 나눠주고 물을 떠다주었다.[14]

20일 오후부터 공동체적 투쟁이 본격화되었다. 날이 어두워오고 팔다리에 힘이 빠질 무렵이었다. 갑자기 유동삼거리 쪽에서 수많은 차량의 불빛이 도로 가득 밀려오고 있었다. 시민들은 공수부대 증원군이 온다고 여기고 순간 공포에 휩싸였다. 그러나 그것은 공수부대가 아니라 기사들, 시민들의 차량시위대였다. 대형 트럭과 버스들을 앞세우고 수백 대의 택시들이 전조등을 켜고 경적을 울리며 서서히 도청 쪽으로 밀려들어오고 있었다. "만세!" 소리가 지축을 흔들고 시민들은 환호하며 서로 껴안고 눈물을 흘렸다. 이제 시민들의 힘은 노도와 같이 공수부대를 곧 쓸어버릴 것만 같았다. 공수부대는 공포에 질렸고 길가의 공중전화 박스, 대형 화분 등을 부숴 바리케이드를 쌓았다. 어제만 해도 시민들이 바리케이드를 쌓았지만 오늘은 공수부대 차례였다.[15] 20일 밤 시위에 영업용 택시와 버스, 트럭 등 약 200대의 차량과 20만 명의 민중이 참여했다. 당시 광주 공식 통계 인구가 73만 명이었으니 집 보는 사람, 노약자 등을 제외하면 거의 모든 시민이 거리에 쏟아져 나온 셈이다.

20일 야간 시위를 도청 옥상에서 목격한 동아일보 김충근 기자의 취재기는 당시 상황과 5월 민중의 정서를 생생하게 표현하고 있다.

나는 우리의 대표적 민요 〈아리랑〉이 갖는 그토록 피 끓는 전율을 광주에서 처음 느꼈다. 단전단수로 광주 전역이 암흑천지로 변하고 방송국, 파출소 등이 불타 시내 곳곳에서 검은 연기가 치솟는 가운데 광주 외곽으로부터 도청 앞 광장으로 손에 손에 태극기를 흔들며 모여드는 군중들이 부르는 〈아리랑〉 가락을 깜깜한 도청 옥상에서 혼자 들으며 바라보는 순간, 나는 내 피 속에 무엇인가 격렬히 움직이는 전율을 느끼며 얼마나 하염없이 눈물을 흘렸는지 모른다. 〈아리랑〉은 애잔한 음률이 전하는 서정보다 더 강렬한 욕구와 울분, 그리고 불타는 전의를 함축하고 있음을 처음 느꼈다.[16]

20일 밤 5월 민중은 신비스런 '공동체의 잔치'에 초대되었다. 그 잔치는 민중 스스로 목숨을 바쳐 준비한 것이었다. 5월 민중은 자신을 "개나 도야지"로 만든 원시적 공포에 처절하게 맞섰다. 5월 민중은 공포에 결코 완전히 굴복한 것은 아니었다. 그들은 인간이 되기 위해, 스스로에게 인간임을 인정받기 위해 연대하여 싸웠다. 1980년 5월 25일, 김성용 신부는 다음처럼 강론했다. "이제야말로 우리는 결단의 때를 맞았다. 비굴해져서 짐승같이 천한 생명을 유지할 것인가, 그렇지 않으면 인간다운 민주시민으로서 살기 위하여 생명을 걸고 싸워야 할 것이다."[17] 이날 시위는 밤을 새우며 계속되었다.

20일 오후, 꿈같은 일이 일어났다. 금남로에서 또 시내의 다른 곳에서도 시민들 간에 구체적인 공동체가 이루어졌다. 남녀노소, 각계각층, 특히 예상치 못했던 계층의 사람들, 예를 들어 황금동 술집 아가씨들, 대인동 사창가 여인들이 공동체에 합류했다. 어두워질 무렵 어디에선가 하얀 한복 차림의 농민들 50여 명이 쇠스랑, 괭이, 죽창을 들고 타임머신에서 나온 동학농민전쟁 용사들처럼 금남로에 출현했다. 시민들은 필요시 모금을 벌이곤 했고 그때마다 삽시간에 놀랄 만한 액수가 걷혔다.[18] 그것은 전통적 공동체와는 다른 '절대공동체'였다. '절대공동체'에서 시민들은 인간으로서 정체성을 찾았고 그들은 다시 태어난 것이다.[19]

대자보를 읽고 있던 시민 중 누군가가 〈우리의 소원은 통일〉을 부르기 시작했다. 노래가 〈아리랑〉으로 이어지자 울먹이며 시작한 시민들은 오열과 함께 통곡들을 거리에 쏟아놓기 시작했다. 거리는 순식간에 울음바다가 되었다. …… "살인마 전두환은 물러가라!" "군은 38선으로 복귀하라!" "내 자식을 살려내라!" 통곡소리와 함께 구호가 거리를 뒤덮기 시작하자 …… (박남선)

황금동으로 갔더니 술집 여자들이 세숫대야에 물을 담아가지고 길거리에 늘어서 있었다. 시위에 참가한 사람들에게 물을 나눠주는 그 여자들을 보니 광주 시내 사람들이 한마음이 된 것 같았다. 평소에는 술집 여자들이 낯설고 불결하게 생각되었는데 그렇게 작으나마 성의를 다해 마음을 나누는 그 사람들을 보니 가슴이 뭉클하기도 하고 따뜻한 이웃이라는 생각이 들었다. (김행주, 당시 고등학생)

많은 시민들은 혼자 나왔지만 밤새 싸웠다. 또 친구들과 나온 사람들도 뛰어다니다 곧 서로 헤어졌지만 홀로 싸웠다. 그러나 당시 외로움을 느꼈던 사람은 없었다. 모든 시민들은 죽마고우처럼 얘기하고 도와줬다.

시민들은 밤이 늦어도 차마 혼자 집에 돌아갈 수 없었다. 그들은 시간 가는 줄 모르고 밤을 새우며 싸웠다.[20] 20일 저녁부터 공수부대는 시위대에 기가 질려 공포에 떨며 생존을 위해 싸워야 했다. 또한 자정이 지나면서부터 해산 종용의 선무방송은 조금 전까지의 협박조에서 이제 사정조로 바뀌었고 존댓말을 쓰기 시작했다. 집에서 식구들이 걱정하며 기다리고 있으니 빨리 귀가해달라는 내용이었다.[21]

투쟁으로 공포와 자기 모멸감을 극복하다(5월 21일)

5월 21일 아침 도시 외곽에서 골목별, 동네별로 시민군에 대한 지원이 활성화되면서, 시위는 광주 전역에서 전 민중이 참여하는 항쟁으로 발전되었다. 20일 저녁부터 눈에 띄던 음식 제공은 21일 아침에는 전 광주 시민으로 파급되었고 기존 반상회 조직은 돈이나 쌀 등을 갹출하는 조직으로 활용되었다. 시내 전역에서 주부들은 시위대 차량에 음식을 제공했다. 어떤 아주머니들은 자기 동네 이름을 큰 소리로 외치며 올려주었다. 우리는 동네 이름을 외치는 행위의 의미를 우리도 공동체 안에서의 의무를 기꺼이 다했다는 선언으로 이해해야 할 것이다.[22]

아침 내내 시 외곽에서 금남로로 끝없는 군중들이 모여들었고 시위대는 트럭, 버스를 타고 각목으로 차체를 두드리며 노래를 부르며 시민들을 수송했다. 아침 10시를 전후하여 금남로 시위대는 공수부대의 철수를 위해 협상을 벌이며 공수부대와 근거리에서 긴장 속에 대치했고 시 외곽에는 축제 분위기로 가득 찼다. 금남로를 꽉 채우고 도청을 포위한 시위대는 무려 30만 명을 육박했다. 한 도시 인구 전체가 거의 빠짐없이 시위에 참가한 동서고금의 유례없는 장관이었다.[23]

부끄러움과 무력감으로 고뇌하던 천주교 사제들도 21일 행진을 계획했다. 윤공희 대주교를 포함한 광주대교구 사제들이 맨 앞에 서서 폭력적 공방의 중단을 호소하면서 공수부대의 만행에 대한 사과를 요구할 작정이었다. 분노한 민중과 공수부대 사이를 중재하는 역할을 자임했지만 사실상 시위를 기도한 셈이다. 이 시위

는 계엄군에 의한 헬기에서의 기총 사격과 도청 앞 공개 발포로 무
산되고 말았다.[24]

분노가 고조되다: 계엄군의 집단 발포와 무장(5월 21일)

21일 오후 1시경, 계엄군은 금남로 도청 앞에서 시위 군중을
향해 집단 발포했다. 5월 민중은 군용 장갑차, 무기, 다이너마이트
등을 탈취하여 계엄군에 맞섰다. 대치선에서 민중은 계엄군과 백병
전과 다름없는 시가전을 벌였다.

> 내가 지금 군인들 상대로 하고 있는 일[총으로 군대에 대항하는
> 것]이 잘한 일인가라는 의심이 있었다. 내가 해도 되는 일인가
> 하는 꺼리는 마음이 있었다. [시민들이] 자발적으로 지원, 호응
> 하는 모습을 보며 그 [꺼리는] 마음이 사라졌다. 우리가 지금 이
> 렇게 하는 일이 나쁜 일은 아니구나, 정확히 무엇인지는 몰라도
> …… 시민들이 박수를 보내오고 함성을 보내줄 때마다 우리는
> 가슴이 벅찼다. 커다란 힘이 되어주었다. 가는 곳마다 아주머니
> 들이 힘내서 싸우라며 김밥과 주먹밥을 차에 올려주었다. 물수
> 건으로 최루탄 가스에 뒤덮인 얼굴을 닦아주기도 했다. 동네별
> 로 아주머니들이 먹을 것을 장만해 나누어주었고 이 가게 저 가
> 게에서 음료수와 빵을 던져주었다. …… 가는 곳마다 넘치는 시
> 민들의 격려와 보살핌은 어느새 나의 두 눈에 눈물이 고이게 했
> 다. 아무리 눈물을 흘리지 않으려고 애를 써도 그러면 그럴수록
> 가슴은 뜨거워졌고 눈시울은 젖어 마침내 눈물은 볼을 타고 흘
> 러내리기 시작했다. 아무런 의미도 부여할 필요가 없었다. 나는
> 자연스럽게 죽음마저도 각오하고 있었다. (이세영, 당시 시민군)

계엄군의 끔찍한 폭력을 겪으며 형성된 '국가가 우리에게 이래도 되는 거야?'라는 의문은 무장을 계기로 '우리가 국가에 대해 이래도 되는 거야?'라는 의문으로 전환되었다. 이세영의 증언은 시민들의 인정을 통해 이 두 번째 의문이 확신과 긍지로 바뀌고 있음을 보여준다. 5월 민중은 투쟁을 통해 공포와 자기 모멸감을 극복하게 된 것이다.

해방과 평등한 세상을 깨닫다(5월 22일)

공수부대가 물러간 '해방 광주'에서 시민 자치가 구현되었다.

인제 고등학생들, 저희들이 이제 완장을 차고. '질서 유지, 질서 유지' 함성을 지르면 사람들이 다 거기에 따라주고. (김향득, 당시 광주대동고생, 시민군)

아주 분위기들이랑은 아주 뭐 무진 평화롭고요. 우리가 가면 광주 시민들 계속, 그냥 박수 치고, 양동의 아줌마들이고 대인동 아줌마들이나. 으미, 할 것 없이 그냥 밖에 나와 있는 사람들처럼 고생한다고, 그냥 거기서 인자 물 같은 것도, 막 그냥 바가지고 뭐이고, 막 그렇게 막 퍼서 주고 막 밥이고, 퍼가지고 먹고잉, 활동을 해야 한다고. 그렇게 주고. (이성전, 당시 페인트공)

뭐 아까운 것이 없었어. 그때 아까운 것 없이, 그냥 있으면 다 주고 싶었어. (유복남, 당시 대인시장 상인)

시위 차를 타고 다니면은 고생한다고 밥 올려주고, 박수 쳐주고,

얼라들 손 잡아주고, 근디 신이 났다는 거보다, 마음이 가득 뿌듯했어요. 이 세상에 태어나서 진짜 국민을 위해서, 시, 광주 시민을 위해서, 진짜 나라를 위해서, 진짜 무언가 하고 있나 보다. 긍께 굉장히 내가 진짜, 장한 일을 하고 있구나. 그래서 마음이 뿌듯한 것이죠. (양인화, 당시 요리사, 시민군)

그냥 신나죠. 엄청 신이 났었죠. 우리가 진짜 무슨 국가를 위해서, 우리 민주주의를 위해서, 뭔가를 하고 있다는 뿌듯한 느낌이 대단했었죠. 정신없이 한 거니까. 만약에 그런 새로운 몸에서 느껴지는 그런 것들이 없었으면, 이런 일을 한다는 것이 어렵죠. (이홍재, 당시 광주제일고생, 유인물 제작 배포)

나는 지난 25년 동안의 기자 생활 중 소련의 아프가니스탄 침공, 중화인민공화국의 장칭 등 사인방 재판, 그리고 인도의 인디라 간디 수상 암살 이후 폭동과 살인사건 등을 취재해왔다. …… 폭압에 맞서 투쟁했던 용감한 광주 시민들의 모습이 나의 뇌리 속에서 지워지지 않는다. 광주야말로 나의 기자로서의 경력 중 가장 감동적인 경험을 제공해준 곳이었다.[25]

목숨을 바쳐 이룩한 공동체를 자기 자신으로 체험하다
(5월 22~5월 26일)

정말 다들 울고 그러죠. 저도 많이 무진장 울고, 굉장히 그 평상시 [〈애국가〉를] 부를 때, 느낌하고는 완전히 다르죠. 그게 자기 감정들이 들어가면서, 그 말 한마디 한마디가. 굉장히 그냥 절실하게 느껴지고, 의미가 다시 생각이 되고. (이재의, 당시 전남대생)

병원 문이 미어지게 사람들이 모여드는 거예요. 우리가 보기에 노인이고, 또 병약한 사람들, 이런. 안 되겠어서 하고, 저기 [헌혈하지 말고] 들어가셔야겠다고, 하면 내가 무슨 소리냐, 내가 피라도 내가 이렇게 빼서 부상자들을 치료해줘야지. 내가 광주 시민이고, 인류 도덕에 맞는 행위지. (안성례, 당시 광주기독병원 간호감독)

아주 자연스럽게 일어난, 누가 너는 뭘 해라, 누가 넌 뭘 해라, 이렇게 지정을 해서 누가 시킨 일이 아니고. 그 상황에서 보고, 내가 광주 시민을 위해서, 할 수 있는 일이 무엇인가. 해야 될 일이 무엇인가를 느끼면 그대로 행동을 했습니다. …… 누가 누구에게 지시를 하거나 부탁한 사실도 없는데, 어디선가 관이 오고 어디선가 태극기가 오고, 누군가 그 시민 돌아가신 분들에 대한 염을 하고, 입관을 하고 이런 것들이 아주 자연스럽게 이루어진 겁니다. (박남선)

인간이, 인간에 대한 배려를 이렇게, 이렇게까지 이렇게 깊고 넓게 할 수 있겠구나. 이런 것들이[을] 전부 그 우리 모두 공유하게 된 겁니다. (정현애, 당시 삼계중학교 교사, 시민궐기대회 집행부)

또 무엇을 이렇게, 사람이 생각으로 하는 것이 아니라, 신이 움직이는 것처럼 그렇게 움직여진 것 같았어요. (정영동, 당시 택시기사)

그 일을 할 때는, 내가 왜 이래야 하는지, 내가 왜 이렇게까지 돌아다녀야 하는지, 그리고 내가 또 왜 밤에 이런 창고 같은 강당에서 등 붙이고 있는지를, 목적이 없어져버린 거예요. 내가 의식을 못해요. 왜 있는지를. 시간 가는 줄도 모르고. 그 흥분 속에서 그리고 좌절감 속에서. (이광호, 당시 전남대생)

이 절대공동체의 핵심은 사랑, 즉 고결한 존재에 대한 인간의 반응이었다. 다시 인간이 되기 위해서라면 나중에라도 다른 동료 시민이 유사한 위기에 빠졌을 때 목숨을 걸고 싸워야 했고, 목숨을 걸고 싸우는 모습을 나 자신과 동료 시민들에게 인정받아야 했다.[26] 시민들은 이 과정에서 '대단한 인간', 인간 이상의 느낌[27]을 가졌음을 고백한다.

5월 민중은 목숨을 바치는 결단을 통해 이룩한 공동체를 자기 자신으로 체험했다. 자기중심적으로 타자화된 일상의 삶을 사는 평범한 민중은 국가폭력이 강요한 부조리한 현실에 대한 전면적 투신·투쟁을 통해 절대적인 국가폭력을 물리칠 능력이 있음을 인식했다. 5월 민중은 하나 됨의 신비와 자신이 그 일부가 된 공동체의 힘을 깨달았다.[28] 이것은 민중 자신의 전 존재를 건 투신 곧 죽음의 공포를 극복하는 성스러운 노동과 투쟁을 통해 도달한 "해방과 평등한 세상에 대한 깨달음"[29]이었다. 민중이 죽음의 공포 앞에서 느낀 자기 모멸감과 부끄러움은 목숨을 건 투쟁 과정에서 이룬 공동체적 환희의 체험을 통해 긍지로 전환되었다.

목숨 바쳐 이룬 생명공동체의 환희는 오래가지 못했다. 죽음의 공포가 지배하는 현실에서 5월 민중은 무장과 최후의 결전을 선택하면서 다시 분열을 경험했다. 무장을 계기로 총기를 나누고 그 사용법을 가르치는 사람들에게 지금까지 보지 못했던 다른 모습이 나타났다. 무장이 시작되자 이전에 이 도시의 주인이라 느꼈던 계급은 주춤거렸다. 무장한 민중은 대부분 항쟁 이전에 이 도시에서 언제나 주변으로 밀려나 있던 노동자계급에 속했다. 일부 자산계급은 위협을 느끼고 자신들의 재산을 보호하는 일에 급급한 경우도 있었다.[30] 이 분열의 과정에서 부끄러움은 죄책감과 부채의식으로 심화되었다.

광주는 갇혀 있었다. 유일한 방법은 외부의 지원, 즉 타 지역의 봉기와 미국의 지원이었다. 광주 시민들은 고독했고 그들은 미국의 지원과 미국 대사의 중재를 너무나 간절히 바랐다. 당시 아일랜드 출신의 신부는 시민들과 대화할 때면 늘 '미국 대통령에게 연락해달라'는 부탁을 받곤 했다.[31] "광주는 대한민국이라는 바다에 외로이 떠있는 고도"[32]였다.

살아남은 자들의 부끄러움:
마지막 가두방송과 최후의 저항(5월 26일~5월 27일)

5월 26일 오후, 마지막 협상이 실패했다. 이 협상 결렬로 중재 노력은 파국을 맞았다. 계엄군을 설득하러 갔던 사제들을 포함한 수습위원들은 되돌아와 무기 회수를 위해 시민군을 설득하러 나서게 되었다. 계엄군은 처음부터 수습위원회의 중재 노력을 인정할 의도가 전혀 없었다. 반란 세력은 시간을 끌면서 공포 분위기를 조성하여 시민과 시민군을 분리시키는 한편, 시민군의 저항의지를 약화시키고 시민군 내부의 분열과 이탈을 기다리고 있었다.

5월 26일 17시, 시민군 대변인 윤상원은 외신 기자들과 마지막 인터뷰에서 침착하게 말했다. "우리는 최후까지 싸울 것입니다." 그는 죽음을 각오하고 있었다. 19시 10분 시민군은 계엄군이 당일 밤 침공할 가능성이 크다고 공식 발표하고 어린 학생과 여성들을 귀가시켰다.

그 당시에 [집에] 들어가는 사람들을 나는 비겁하다고 생각하지 않습니다. 들어가라고 했으니까. 살고자 하면 들어가시오. 부끄럽게 생각하지 말고. 우리는 여기 남아 있으면, 오늘 저녁에 여기가 [우리의] 무덤이 될 것이니까. 그런 생각이었어요. (오기철, 당시 자개공예업, 시민군)

원망스럽다, 이런 것들은 별로 없었어요. 기왕에 나는 죽겠다, 라고 생각을 했고. …… 당신들은 살아서 다음에 제대로 이야기해주겠지. …… 그렇게 생각을 했죠. (양인화)

그런데 5월 26일 귀가했다가 다시 총을 잡은 사람도 있었다. 한신대 신학생 류동운(1961~1980)이다. 경북 포항 출신인 류동운은 친구의 형이 비참하게 죽는 현장을 목도하고 시민군에 참여했다. 광주 시내 교회의 목사인 아버지가 26일 도청에 찾아 와서 그를 귀가시켰지만, 그는 목욕 후 집을 나와 최후의 항전에 참여했다. 그는 만류하는 아버지에게 말했다. '다른 집 자녀는 다 희생당하고 있는데, 왜 저만 보호하려고 하십니까? 역사가 병들었을 때, 누군가 역사를 위해 십자가를 져야만 큰 생명으로 부활한다고 하지 않았습니까?' 그는 5월 27일 복부 관통상을 입고 도청에서 최후를 마쳤다.[33]

이날 밤 24시, 광주 시내의 전화가 일제히 두절되었다.

5월 27일 새벽, 아무도 잠들지 못했다

아니, 차라리 잠들고자 했다. 죽음도 어차피 잠자는 것이니까.[34] 도청 앞으로 모여주기를 호소하는 여성의 애끓는 가두방송은 칠흑 같은 어둠이 뒤덮은 거리에서 메아리쳤다.

갑자기 여자의 목소리가 정적을 깨뜨렸다. …… 그녀의 목소리는 캄캄한 도시에 울려 퍼지고 있었다. 이 아가씨가 앳된 목청으로 소리치는 동안 울려나온 말들은 동일하게 반복되면서 하나의 비명, 하나의 부르짖음이 되어 …… 끊임없이 이어졌다. 무슨 말일까? 지금이 마지막이다! 골자는 틀림없이 이것이었다. …… 시민들에게 …… 합류하라고 호소하는 내용이 …… 아닐까? …… 나는 귀를 기울였다. 그리고 기다렸다. 열리는 문소리, 길거리를 내닫는 발소리는 전혀 들리지 않았다. 광주 사람들은 다 어디로 간 것일까? 집 안에 들어앉아 문을 걸어 잠그고 있었다. 문고리를 푸는 소리, 거리에 걷는 발자국 소리는 어디에서도 들리지 않았다.[35]

그 가냘프게, 그 어둠을 뚫고 흘러오는 그, '시민 여러분 우리 다 죽습니다. 공수부대가 오늘 밤 도청을 함락합니다. 여러분 도와주십시오' 하고 외치고 다니는. 그 소리를 광주 시민들이, 들은 사람마다 전부 가슴이 찢어졌을 것입니다. (박행삼, 당시 광주대동고 교사)

기절할 정도로 가슴이 찢어질라고 하더라고. 그 말소리, 음성 소리가, 여자 소린디. 여자가 세상에 이 폭탄 속에 그 방송을 하고 갈 때에. '너는 영웅이다, 너는 어찌게든 죽지 말고 살아남으라'는 생각이 들더란께. (유복남)

잠을 들지 못했다. …… 도청 쪽에서 방송이 들려왔다. '시민들
은 나와달라! 계엄군이 광주 시내로 진입하고 있다'는 말을 들
을 때 뛰어나갈 용기가 나지 않아……[36] (박상수 신부, 당시 광주대
교구 관리국장)

'도청 청년들 최후다. 그들은 모두 죽는다' 엉엉 울었다. 신자도
울고 나도 울고 …… 탈진하여 사제관에서 잠이 들었다 다시 깼
고, 마지막 가두방송을 들었다. '시민 여러분! 계엄군이 탱크를
앞세우고 광주에 진입하고 있습니다. 시민 여러분은 도청으로
모여주십시오. 어서 도청으로 모여 총을 나눠서 도청을 사수합
시다……'[37] (조철현 신부/당시 계림동성당 주임)

5월 27일 새벽 가두방송이 거리에 울려 퍼질 때, 대다수 시
민들은 문을 걸어 잠그고 이불을 뒤집어쓰고 어둠 속에서 숨죽이고
있었다. 계엄사는 새벽 3시 30분 군 병력을 광주 전역에 투입하여
5시 10분경 시내 일원을 완전히 장악했다. 만일 20만 명의 시민이
10일간 금남로에 계속 모일 수 있었다면, 5·18의 결과가 바뀌었을지
도 모른다. 하지만 시민들은 '도청에 나가야 하는데, 그 사람들 지금
죽어가고 있을 텐데, 내가 나가야 하는데……'라고 마음속에서 외
쳤을 뿐 집을 나설 수는 없었다.

살아남은 자들은 부끄러워 고개를 들지 못했다[38]

순수하고 순결했던 생명공동체, 하지만 그것은 결코 완전하
거나 영원한 것이 아니었다. 5·18 초기인 5월 18일 이후 며칠 동안,
5월 민중은 공수부대의 압도적 폭력이 유발한 죽음의 공포라는 절

대적 한계를 넘어서 생명공동체를 이룩했다. 5월 민중이 1980년 5월 22일 공수부대를 몰아내고 공유했던 해방감과 환희는 죄책감으로 변화되었다. 5월 26일 밤~27일 새벽 사이의 시민군 가두방송은 5월 민중의 집단 정서로서 죄책감의 형성에 아주 커다란 영향을 미쳤다. 5월 27일 새벽, 어둠 속에 울리는 마지막 가두방송을 들으면서도 집 밖으로 나갈 엄두를 내지 못한 5월 민중은 공포라는 한계 안에 갇힌 자신을 다시금 발견했다. 5월 민중은 목숨을 건 투쟁을 통해 공포를 극복하고 하나 됨의 신비와 환희를 체험했지만 죽음의 두려움을 완전히 극복하지는 못했다. 생명공동체적 연대의 감격과 환희가 강렬했던 만큼 부끄러움과 죄책감, 부채의식도 더 강하게 자각되었다.

5월 27일 해방광주의 마지막 새벽, 5월 민중 모두가 함께 지켜야 할 가치를 위해 죽음을 불사한 사람들, 그들은 대부분 노동자 계급에 속했다. 이 도시에서 단 한 번도 주인으로 행세하지 못했던 사람들이 주인으로서 마지막 의무를 다한 셈이다.

3. 부끄러움의 힘

부끄러움-역사의식

마지막까지 저항을 포기하지 않은 사람들은 죽음을 통해 5·18의 가치를 지켰으며 그 죽음에 대한 부끄러움은 죄책감과 부채의식으로 남았다. 김준태 시인은 5·18이 진압된 이후 살아남은 자들의 죄책감을 다음과 같이 표현했다. "……아아, 우리들의 피와 살덩이를/ 삼키고 불어오는 바람이여/ 속절없는 세월의 흐름이여/ 아아, 살아남은 사람들은/ 모두가 죄인처럼 고개를 숙이고 있구나/ 살아남은 사람들은 모두가/ 넋을 잃고 밥그릇조차 대하기/ 어렵구나 무섭구나" 부끄러움과 부채의식, 죄책감을 지녔더라도 꾸역꾸역 밥은 먹어야 한다. 살아가야 하니까. 산다는 것은 당연한 권리이고 신성한 것이니까.

앞서 언급한 최윤의 소설은 5월 민중의 마음의 상처로서 죄책감 또는 부채의식을 그리고 있다. 아무도 주인공 소녀의 절망을 이해하지 못한다. 그녀는 단지 미친 사람으로 간주될 뿐이다. 소녀는 바로 5월 민중이다. 죄책감과 부채의식을 계속 지니고 있다면 삶을 지속할 수 없다. 그 죄책감이 직접적이라면 소녀처럼 미칠 수도 있다. 현실의 민중은 미치지 않았지만 부끄러움과 죄책감이 가슴 깊이 자리 잡았다.

김성용 신부는 신학생들에게 강론하며 "그때 살아남은 부끄러움 때문에 죄인의 심정"[39]이라고 표현했다(1985년 5월 18일). 1980년 가을 필자는 광주 지역에서 동원예비군 훈련에 참여했다. 첫날 자기소개 시간에 한 예비군이 30여 명의 소대원들 모두에게 대뜸 큰 소리로 "비겁한 사람들! 살아 있으니까 만나네요"라고 말했다. 그는 공수부대 하사관 출신으로 30대 초반으로 보였다.

5월 민중은 배움의 길고 짧음, 재산의 많고 적음을 떠나 죽은 자에 대한 죄책감을 공유하고 있었다. 그들이 서로의 부끄러움을 고백했을 때, 살아 있는 자들은 죽어간 자들과 그리고 그것을 함께 간직한 다른 살아 있는 자들과 서로 연결되었다. 서로의 죄책감을 확인함으로써 다시 일어설 용기를 갖게 되었고 죄책감을 긍지로 전환시킬 연대를 형성했다. 5월 민중의 장엄한 싸움은 일단 패배했으나 완전히 패배한 것은 아니었다. 우리와 함께 싸우다 우리를 대신해 죽은 열사들에 대한 하나 된 부끄러움과 죄책감 그리고 부채의식으로, 또 함께 투쟁했던 긍지 안에서 이미 싸움을 계속하고 있었기 때문이다. 5월 27일 새벽 가두방송의 애절한 호소를 듣고도 집 밖으로 나올 수 없었던 5월 민중은 함께 간직한 죄책감 안에서 다시 하나가 되었다.

5월 민중은 국가폭력의 잔인성을 목격하며, 역사를 정면으로 마주하고 있었다. 그리고 역사의 질문을 스스로에게 던지고 있었다. 그것은 '지금 어떻게 행할 것인가?'라는 물음이었다. 1980년 5월 19일, 가톨릭센터 6층 집무실에서 윤공희 대주교가 느낀 가책은 미친 폭력의 만행에 대한 공포와 무력한 자신에 대한 역사 앞에서의 부끄러움이었다. 그것은 자신에 대한 질문이면서 동시에 신과 역사가 던지는 질문이었다. 그 질문은 삶 전체로, 때로는 김의기(1959~1980), 박관현(1953~1982), 김태훈(1959~1981), 표정두(1963~1987), 조성만(1964~1988), 박래전(1963~1988), 신영일(1958~1988)[40] 등에서 보듯이 생명을 바쳐 응답할 것을 요구했다.

1980년 5월 30일 서강대생 김의기는 5월 학살 만행을 규탄하고 봉기를 호소하는 〈동포에게 드리는 글〉을 서울 종로5가 기독교회관에서 뿌리다 추락하여 사망했다.

동포여 우리는 지금 무엇을 하고 있는가. 무참한 살육으로 수많은 선량한 민주시민들의 뜨거운 피를 뜨거운 5월의 하늘 아래 뿌리게 한 남도의 봉기가 유신 잔당들의 악랄한 언론 탄압으로 왜곡과 거짓과 악의에 찬 허위 선전으로 분칠해지고 있는 것을 보는 동포여, 우리는 지금 무엇을 하고 있는가![41]

김의기의 친구 하종강의 다음과 같은 고백은 부끄러움, 부채감이 응답을 요구하는 역사의 질문임을 보여준다.

내가 (김의기의: 추가) 그 질문에 뭐라고 답할 수 있을까? 나는 원미동 골목의 석유가게에 잘 숨어 있었다. …… 나는 그렇게 대답할 수밖에 없는 내가 한없이 부끄러워 울었다. …… 그것이 80년대 십 년 동안 나의 가슴속에 살아 있던 화두였다. …… 나는 무엇을 하고 있었는가. …… 그 부채감이 80년대 10년 세월 동안 나를 비롯한 많은 운동권 학생들을 가위눌리게 했다. 수만 명의 학생들이 붙들려 고문을 당하고 징역을 가면서도 학생운동에 매진할 수밖에 없었던 이유의 최소값은 그 부채감이었다. …… 인간이라면 그 부채감에 답할 수 있는 삶을 살아야 한다는 것……[42]

대학가에서는 1980년 6월 한신대의 류동운 열사 추모식 시위를 시작으로 용기 있는 저항들이 다시 나타났다. 1980년대에서 1990년대 초 사이 민주화운동의 수많은 성명들에서 5·18은 죄책감과 때로는 긍지와 자부심 그리고 비장한 다짐의 표현과 함께 언급되었다.

1981년 5월 27일에는 서울대학생 김태훈이 "내 작은 몸뚱이를 불 싸질러 광주 시민들과 학생들의 외로운 넋을 위로해드리고 싶습니다" "전두환 물러가라"를 세 번 외친 후 도서관 5층에서 몸에 불을 붙이고 뛰어내렸다.

1981년 5·18 구속자 가족들이 외쳤다. "광주사태는 결코 끝나지 않았다. …… 이 나라에 진정한 양심과 정의가 살아 있는 양심의 공화국이 세워지지 않는 한 양심과 정의, 자유와 민주주의가 제도와 권력의 폭압 밑에서 공공연하게 살해당하고 있는 한 광주사태는 아직도 계속되고 있는 것이다."[43] 1982년 5·18을 맞아 천주교 광주대교구 사제단도 "광주사태는 아직 끝나지 않았다"고 선언했다. 더

3부. 해석과 실천

나아가 함세웅 신부는 1985년 "광주는 끝난 것이 아니라, 이제 새로 시작되어야 한다"고 주장했다.[44] 1980년 전남대 총학생회장이었던 박관현은 부끄러움의 고통을 거듭해서 토로하고 있다.

> "그날 …… 거리에 있지 못하고 광주에서 빠져나가, 나 혼자만 살고자 했다는 사실을 학생들의 부름을 받은 총학생회장으로서 심히 부끄럽게 생각하며 …… 죽어간 영령들에게, 또 죄 없이 끌려가 고문을 겪은 선배·동료·후배들에게 부끄러운 마음으로 책임을 다하지 못한 총학생회장으로서 참회하는 마음으로 ……" "항쟁의 거리를 빠져나간 부끄러움을 간직한 제가" "구천으로 떠나가 아직도 너무 원통해 두 눈을 감지 못하고 있을 내 동포, 내 형제들의 영령들에게 부끄럽지 않게 ……" (박관현의 법정 최후진술).[45]

박관현은 자신과 함께 들불야학에 참여했던 동지 윤상원(1950~1980), 박용준(1956~1980)이 5월 27일 새벽 도청과 YWCA에서 산화했기 때문에 훨씬 강한 죄책감을 느꼈을 것이다. 1983년 천주교 광주대교구 정의평화위원회는 다음과 같이 '죄인'으로서의 '부끄러움'을 고백한다.

> 가신 님 앞에선 모두 죄인인 우리들은 오늘 명복을 비는 추념의 자리를 빌려서 …… 그날의 사태를 유발한 장본인들에게 속죄를 촉구하며 …… 이런 기본적인 문제가 해결된 다음이라야 명복을 빌 수도 있고 위로도 할 수 있고 추모의 기도도 올릴 수 있을 것입니다. …… 위대한 광주의 정든 거리를 지키고자 싸우다 가신 꽃다운 혼들이시여! 지금 우리는 부끄럽게 살아남아 ……

이 자리에 모여 고개 숙여 추모의 미사나마 올리고 있습니다. …… 광주는 …… 세계의 것이며, 인류의 것이며, 양심과 정의의 본향이며, 위대한 민족의 성지임을 자부합니다. …… 이 미사나 마 겨우 갖게 됨을 무한히 부끄럽게 생각하며 ……[46]

1984년 김근태와 민주화운동청년연합은 "5월의 참담했던 패배는 그 이전까지 우리가 쌓아올렸던 역량의 한계를 일깨워 줌과 동시에 민주화 운동에 보다 넓은 지평을 열어 주는 계기"이며 "광주는 죽지 않았다. …… 우리는 80년 5월의 불꽃 속에서 투혼을 안고 태어난 광주의 아들딸들이어야 한다"고 주장했다.[47]

매년 5월, 부끄러움을 통한 역사의 질문을 확인하고자 수많은 사람들이 망월동을 찾았다. 짓밟혀도 일어설 줄 모르는 국민, 억압당하면서도 분노할 줄 모르는 국민에게 민주주의는 없다. 5월 민중은 그냥 당하지 않았다. 5월 민중은 군부독재의 폭력을 몸과 몸의 부딪힘, 몸의 으깨어짐을 통해 거부했다. 이것이 5·18의 진리다. "폭력 앞에 놓인 자가 죽음을 두려워하지 않는다면 폭력수단의 보유자는 그를 죽일 수는 있을지언정 그에 대해 권력을 행사할 수는 없다."[48]

1980년대 민주화운동에 참여한 사람들은 5월 민중에게 빚을 졌고 그 정신을 계승해야 한다고 생각했다. 매년 5월 수만 명이 광주를 찾았으며, 매년 수십만 명이 5·18을 기억하기 위해 전국에서 투쟁했다. 민주화운동은 한층 치열해졌고, 과감해졌다. 5·18은 1987년 민주주의 체제를 만드는 데 결정적인 밑불이자 거름으로 작용했다. 죄책감과 부채의식을 간직하고 5·18이 계속되고 있다고 외치는 민중 안에서 5월 민중의 항쟁은 언제나 아직 끝나지 않은 현재였다. 따라서 5·18은 미완의 혁명이다. 5월 민중은 비록 패배했지만 처절하게 끝까지 싸운 그 정신으로 6월항쟁을 비롯한 그 이후 민주화운동의 동력을 마련했다.

　가공할 국가폭력의 공포와 그것을 이기려는 투쟁 안에서 공유된 부채의식과 죄책감은 민중을 역사 앞에 깨어 있게 만들었다. 5월 민중의 역사의식은 역사를 바꾸는 실천으로 발전했다. 부끄러움과 죄책감조차도 역사를 밀고 나가는 힘이 된다. 부끄러움의 힘은 인간을 변화시킴으로써 역사도 변하게 만들었다. 1980년대 민주화운동의 동력은 바로 5·18에서 비롯한 이런 역사의식이었다.

부끄러움-집단적 도덕감정

　5월 민중에게 나타난 부끄러움은 단순하고 일시적인 느낌(feeling)이 아니었다. 감정과 이성의 전통적 이분법을 따를 때 감정은 도덕적 판단과 아무런 상관이 없는 것으로 간주된다. 하지만 감정·정서는 이성의 표현이다. 도덕 판단에서 감정이입은 매우 중요하다. 감정이입은 단순한 느낌이 아니라 도덕적 판단 능력을 구성하는 본질적인 능력, 곧 "감정이입적 이해력(empathic understanding)"이다.[49] 이 점에서 부끄러움은 도덕의식을 반영한다. 감정이입적 이해력은 타자의 고통을 나의 고통으로 받아들일 수 있는 능력으로서 공동체적 연대·사랑의 능력과 직결된다.[50]

　부끄러움은 심리적으로는 우리의 자아를 반성하는 의식으로서 하나의 자기의식, 자기에 대한 의식이다. 자기를 객관화·대상화시킨, 자기를 되돌아보고 반성하는 의식이다. 자기를 반성하는 의식은 곧 자신의 현재 삶의 정당성에 대한 자기 질문이기도 하다. 이 질문 자체는 외부의 권력으로부터 강요된 것이 아니므로 자발적인 것이다. 부끄러움을 지니게 된 계기는 외적 조건, 곧 국가폭력과 같은 외적 강제에 의해 마련될 수 있겠지만, 부끄러움이라는 질문 그 자체는 외적 권력에 의해 강요될 수 없다. 이것은 인간의 가장 근본적이고 본질적인 반성 능력에 속하기 때문이다.

현실에서 대개 우리는 분열되어 있고 분열 속에서 나를 인식한다. 참혹한 역사의 현장에서 민중의 부끄러움은 공포로 인해 공동체와 유대가 단절된 스스로를 발견함으로써 생기는 '집단적' 자의식이다. 공포로 인해 타자의 절박한 호소를 외면함으로써, 공동체와의 유대가 단절된 것에 대한 반성이다. 이 부끄러움은 "사회의 도덕적 규범이 훼손됨으로써 고통을 받고 있는 자가 나의 연대적 행동을 필요로 했으나 그러한 요청에 부응하지 못한 그런 상황"에서 생기는 것이다.[51]

부끄러움과 죄책감 그리고 부채의식의 공통점은 5월 민중이 공동체와의 분열을 경험하는 가운데 느낀 집단적인 도덕감정이라는 것이다. 이 집단 정서는 역사의식으로 역할했다. 역사의식이란 어떤 사회적 변화를 역사적 관점에 따라 파악하고, 그 변화 과정에 주체적으로 관계하려는 의식, 곧 역사적 변화에 대해 주체적 실천으로 관계하려는 의식이라고 정의할 수 있다. 당대의 시대적 과제인 민주주의 실현에 대한 민중의 염원, 타자의 고통과 함께하고자 한 역사의식이 부끄러움, 죄책감, 부채의식 등으로 발현한 것이다.

5월 민중의 집단 정서로서 부끄러움은 다음의 몇 가지 점에서 의미 있는 자기의식이라고 할 수 있다. 첫째, 우연적인 것이 아니고 5·18에서 국가폭력의 폭압적인 행사를 겪으면서 특정 시기에 집단 정서로 형성되었다. 둘째, 일시적인 것이 아니고 10여 년 이상 장기간 지속되었다. 셋째, 억압에 대한 저항과 좌절, 고립이라는 민중의 체험 과정에서 부채의식, 죄책감 같은 연관된 집단 정서로, 한편 자부심과 긍지 같은 일견 모순된 집단 정서로 표현되었다. 넷째, 한

3부. 해석과 실천

국 민주주의의 주체로서 도덕적으로 성숙한 인간 집단의 출현을 가능케 했다. 5월 민중의 부끄러움은 역사적, 집단적, 지속적인 자기의식이었다.

5·18 공동체의 특징

1) 생명공동체의 깨달음과 실천

5·18 당시 가장 처참한 상황에서 가장 많이 외친 구호는 '죽여라! 모두 같이 죽자!'였다. 5월 민중은 피와 밥을 함께 나누었다. 피와 밥은 성서적 의미에서 생명의 상징이다. 민중은 헌혈에 기꺼이 참여했고, 골목마다 자진하여 김밥과 주먹밥을 만들어 시민군에 전했으며 함께 나누었다. 많은 택시 기사들이 공수부대의 공격으로 자신의 전 재산, 곧 '밥줄'인 택시가 망가지는 것을 두려워하지 않고 시동을 걸고 대기하다가 도망치는 시위대를 도왔다. 많은 5월 민중이 총격에 쓰러진 생면부지의 타인을 구하려다 재차 가해진 총격에 스러지기도 했다. 여고생 박금희 양은 농성동 집 부근에서 헌혈 가두방송을 듣고 수킬로미터 떨어진 양림동 기독병원까지 가서 헌혈하고 귀가하다 잠복 중인 공수부대의 총격에 절명했다. "헌혈을 하고 간 그 애가 다시 이렇게 시체로 돌아오니까. …… 진짜 그 어린 여학생의 시체를 보면서 또 한 번 모두가 울었죠. …… 어떤 사람들은 부상자를 살리기 위해서 자기는 정말 죽어도 좋다, 그러니까 피를 더 많이 빼라. …… 그때 인간으로 태어나서 가장 슬펐고, 또 가장 인간으로서 감동적인 순간들을 너무 많이 체험을 한 거죠."[52] 이밖에도 생명을 걸고 타자의 목숨을 구하려고 노력한 많은 사례가 있다.

이처럼 5월 민중은 피와 밥뿐 아니라 실제로 생명을 나누었다. 자신의 전 존재를 위협하고 인간성을 송두리째 부인당한 모욕과 공포를 극복하는 과정에서 생명을 건 위대한 사랑을 실천했다. 이러한 근거에서 이 공동체를 '생명공동체'로 명명한다. 5월 민중이 목숨 바쳐 이룩한 공동체를 다양한 시각에서 정의하고 해석함으로써 5·18의 더 깊고 다양한 의미가 드러날 수 있을 것이다. 절대적 사랑의 순간에 자기와 타자는 구분되지 않았다. 5월 민중이 이룩한 생명공동체 안에서 자신의 인간성에 대한 긍정은 동시에 타자에 대한 사랑과 통일되었다. 이 위대한 사랑의 실천은 고도의 도덕적 수련, 높은 학력을 가진 특별한 사람들이 이룬 것이 아니었다. 평범한 일상의 시민들이 그 실천에 참여했고 공동체의 환희와 신비를 체험했다.

공수부대의 잔인한 폭력이 인간성을 부정했지만 5월 민중은 무지막지한 폭력에 대한 공포와 그 공포로 말미암은 부끄러움을 극복하는 과정에서 가장 순수한 공동체를 함께 체험했다. 민중은 자신을 공동체의 일부로 재정의했다. 5월 민중의 공동체는 하나밖에 없는 목숨, 자신의 전 존재를 걸고 자기 인정과 타자에 대한 인정을 위한 투쟁과 사랑을 통해 이룩한 것이었다. 이 공동체의 깨달음과 실천을 인권 개념으로 설명하기에는 구체적이지 않을 뿐 아니라 불충분하다.[53]

이것은 불가해(不可解)한 체험이었다. 김준태 시인은 5·18의 투쟁과 공동체에서의 환희의 체험과 그 체험 속에서 발견한 희망을 "나는 하느님을 보았다"고 썼다.[54] 황지우 시인은 이 체험을 "시인의 접신(接神)!"이라고 발문에서 규정했다. 시인은 신에 접속(access)했다. 그러나 김 시인만 하느님을 본 것이 아니었다. 5월 민중이 함께 접신했다. 이것이 5·18의 비의(秘意)다.[55] 5월 민중은 죽음을 무릅쓴 비장한 실천 속에서 하나 됨의 신비한 환희를 체험했다. 이 체험은 곧 하나의 깨달음으로서 인간을 변화시켰다. 이 변화된 인간이 역사를 밀고 갔다.

5월 민중은 목숨 바친 실천으로 사랑을 다시 정의했다. 이 사랑은 너를 나로 간주하는 것, 네가 가장 사랑하는 네 목숨을 함께 사랑하는 것, 그처럼 소중한 내 목숨을 걸고 너를 사랑하는 것이었다. 생명공동체는 압도적 폭력 앞에서 죽음의 공포를 물리치고 이룩한 신비하고 위대한 사랑의 공동체, "살과 뼈로 응어리진 깃발"(김준태, 〈아, 아 광주여 우리나라의 십자가여〉)이었다.

2) 생명공동체의 덕: 참여, 나눔, 연대

5·18 공동체는 사람다운 삶을 위해 피와 밥, 생명을 함께 나누었던 아름다운 공동체였다. 5월 민중은 무지막지한 국가폭력에 대한 공포와 그 공포로 말미암은 부끄러움을 극복하는 과정에서 가장 순수한 공동체를 실현했다. 5월 공동체는 압도적 화력과 병력을 가진 계엄군의 반격 때문에 파리코뮌보다 훨씬 짧은 기간 유지되었다. 하지만 5·18은 독재와 분단체제에 맞서 민중의 자치 능력이 공동체적으로 발현되었다는 점에서 4·19, 6월항쟁 등과 구분된다. 5월 민중은 하나밖에 없는 목숨, 자신의 전 존재를 걸고 자기 인정과 타자에 대한 인정을 위한 투쟁과 사랑을 통해 생명공동체를 이루었다. 이 과정에서 5월 민중은 자신을 공동체의 일부로 재정의했다. 참여, 나눔, 연대가 생명공동체이며 핵심 덕목에 해당한다.

• 참여의 공동체–5월 민중은 5·18 기간 동안 재산, 지위, 성별, 출신, 직업을 초월한 자발적 저항과 참여를 통해 수준 높은 시민자치의 공동체를 이룩했다. 참여는 민주주의의 가장 핵심 요소이다. 참여를 통해 국민은 민주주의의 주체로 자리매김된다. 무엇보다 불의한 권력에 대한 죽음을 무릅쓴 저항은 최선의 참여였다. 5월 민

중은 생명을 걸고 참여를 실천했다.

• 나눔의 공동체-5월 민중은 5·18 기간 동안 모든 것을 나누었다. 헌혈을 실천하고 김밥과 주먹밥을 만들었으며 재산을 공유했다. 나아가 가장 소중한 생명을 이웃과 나눔으로써 생명공동체를 실현했다.

• 연대의 공동체-5월 민중은 극한의 공포 속에서 생명을 걸고 연대를 실현했다. 자신과 이웃의 생명을 함께 지키고자 노력했다. 광주에서 시작된 저항은 인근 시·군으로 삽시간에 확산되었다. 5월 민중이 간절히 바랐던 연대의 전국적 확산은 신군부의 고립화 작전에 의해 차단되었다. 하지만 5·18 이후 민주주의를 위한 국민의 연대로 부활했다. 마침내 1987년 6월항쟁을 통해 대통령직선제 개헌 쟁취라는 성과를 이룩했다.

4.   질문은 계속되어야 한다

1980년 5·18민주화운동에서 공수부대의 잔혹하고 끔찍한 몽둥이 찜질과 대검 난자질이 유발시킨 민중의 공포와 자기 모멸감은 부끄러움, 죄책감, 부채의식으로 발전했고 이것은 하나의 역사의식을 형성했다. 5월 민중은 부끄러움을 계기로 역사 주체로서 집단적·공동체적 깨달음에 도달했다. 이 부끄러움은 개인의 일시적 감정이 아니라, 역사적 주체의 자기 반성 의식이며, 주체의 성숙·교양화를 가능케 한 집단적 역사의식이었다.

5월 민중은 국가폭력의 만행에 짓밟히며 지배구조에 대한 역사적 깨달음에 이르렀고, 목숨을 건 저항의 과정에서 타자에 대한 절대적 사랑을 실현하고 자신들의 내부에 잠재한 신비로운 공동체의 힘을 확인했다. 5월 민중은 국가, 군대, 미국 등 분단체제를 작동시키는 기제를 단번에 깨달았다. 야수적인 국가폭력은 민중의 어깨에 잔혹하게 내리꽂힌 죽비였던 셈이다. 민중이 이런 집단적 깨달음에 도달할 때 역사가 변화한다. 이런 깨달음과 그것의 확산은 지배구조를 위협한다. 그 위험성 때문에 신군부는 5·18의 진실을 철저히 은폐하고 호남을 고립시켰다.

5·18은 타자에 대한 감정이입적 이해 능력·공감 능력이 대중들 사이에 최고로 고조된 공동체의 체험이었다. 이 공동체적 결속은 신군부의 폭압을 일시적으로 극복했다. 그것이 신비로운 공동체의 실현, 곧 해방광주다. 해방광주에서 민중은 잠재된 능력을 스스로 확인했다. 따라서 해방광주는 하나의 깨달음이자 깨달음의 실천이었다.

하지만 죽음의 공포 때문에 그 실천은 오래가지 못했다. 부끄러움은 죄책감, 부채의식으로 남았다. 하지만 죄책감과 부채의식이라는 역사의식을 지닌 민중은 다시 하나가 되었다. 민중은 한덩어리로 싸우면서 긍지와 자부심을 형성했다. 그 근거는 역설적이게도 부끄러움이었다. 부끄러움은 1980년대 민주화운동의 동력이었다. 5·18 이후 10년이 지난 1990년까지도 부채의식이 살아 있는 한, 5·18은 계속되는 현재였다.

5월 민중은 5·18의 고난을 통해 역사 앞에서 부끄러움을 가진 인간, 반성적 성찰이 가능한 인간, 역사의식을 가진 인간으로 거듭났다. 그 민중 대다수는 특별한 변혁적 사상, 이념의 체계로 무장한 것이 아니었다. 인간이 다른 인간의 슬픔, 고통, 절망을 깊게, 함께 느낄 때 역사는 전진한다. 타자의 고통을 함께 느낄 수 있는 인간, 그 고통을 끝까지 끌어안으려는 실천이 역사를 앞으로 가게 만들 수 있다. 5월 민중의 위대한 항쟁은 그것을 증명했다.

신군부는 억압할 수 있었으나 지배하지는 못했다. 억압당하는 민중이 자신의 내면에서 자신의 삶과 자신이 속한 공동체에 긍지와 자부심을 가졌기 때문이었다. 부끄러움, 죄책감, 부채 의식이라는 오래 유지된 역사의 질문이 인간을 변화시켰고, 우리 사회를 민주주의로 이끈 것이다. 역사의 변화와 인간의 변화는 상호 규정한다. 민주주의는 민주주의를 누리는 주체의 각성과 그에 따른 실천의 수준만큼 전진한다. 역사의 발전은 인간의 성숙이라는 변화를 동반해야 한다. 각성된 새로운 인간형이 역사 발전의 주체이다.

5·18 공동체는 역사의 부름에 어떻게 응답할 것인가라는 질문, 즉 우리 모두의 삶이 어떻게 나아가야 할 것인가에 대한 질문이 살아 있는 공동체였다. 그런데 지금 우리가 가진 질문은 무엇인가?

더 생각해보기

5·18에서 기층민중의 주도성이 부각된 시기는 언제인가? 그 이유는 무엇인가?

깊이 생각해보기

2016~2017년 촛불혁명에서 제시된 질문은 무엇인가? 이 글이 제시하는 5월 민중이 가진 질문과 촛불 시민이 가진 질문의 공통점은 무엇인가?

참고문헌

5·18기념재단 편, 《구술생애사를 통해 본 5·18의 기억과 역사 2》, 5·18기념 재단, 2007.

광주사태 구속자 가족 일동, 〈광주사태 구속자의 구명과 석방을 위하여〉, 광주광역시 5·18사료 편찬위원회, 《광주민주화운동자료총서2》, 1997.

김근태 창간사, 〈민주화운동의 깃발을 들며〉, 민주화운동청년연합, 《민주 화의 길》 창간호, 1984.

김두식, 〈5·18에 관한 의미구성의 변화과정과 지역사회의 변화〉, 5·18기념 재단 편, 《5·18민중항쟁과 정치·역사·사회 1: 5·18민중항쟁의 의의》, 5·18기념재단, 2007.

김두식, 〈광주항쟁, 5월운동, 다중적 집단정체성〉, 《민주주의와 인권》 제3 권 1호, 전남대학교5·18연구소, 2003.

김의기, 〈김의기, 동포에게 드리는 글〉, 김의기열사추모사업회 편, 《동포 여! 우리는 지금 무엇을 하고 있는가》, 김의기열사추모사업회, 1985.

김준태, 〈아아 광주여! 우리나라의 십자가여〉, 《광주의거자료집 1》, 빛고을 출판사, 1988.

김준태, 《金準泰 제2詩集: 나는 하느님을 보았다》, 한마당출판사, 1981.

민주화운동청년연합, 〈5·18 추모성명〉, 《민주화의 길》, 1984.

신 고르넬리오, 〈나도 광주 사람입니다〉, 윤공희, 외, 《저항과 명상》, 빛고
    을출판사, 1989.

신진욱, 〈사회운동의 연대 형성과 프레이밍에서 도덕감정의 역할: 5·18 광
    주항쟁 팸플릿에 대한 내용 분석〉, 《경제와 사회》, 2007.

윌리엄 J. 탤벗, 《인권의 발견: 어떤 인권이 보편적인가 도덕적 제국주의와
    도덕적 상대주의 넘어서기》, 은우근 옮김, 한길사, 2011.

임철우, 《봄날》 전5권, 문학과지성사, 1997.

은우근, 〈부끄러움 또는 질문하는 역사의식〉, 《신학전망》, 2012.

정규완, 〈큰 아픔에 작은 참여〉, 윤공희 외, 《저항과 명상》, 121쪽.

조대엽, 〈광주항쟁과 80년대의 사회운동문화: 이념 및 가치를 중심으로〉,
    《민주주의와 인권》 제3권 1호, 전남대학교5·18연구소, 2003.

천주교 광주대교구 정의평화위원회 편, 천주교 광주대교구 정의평화위원
    회, 〈광주의거 3주기에 부쳐: 영원히 살아 있는 혼들에게〉, 《광주여
    우리나라의 십자가여: 천주교회의 활동을 중심으로》(광주의거자료집
    1), 빛고을출판사, 1988.

최윤, 《저기 소리없이 한 점 꽃잎이 지고》, 문학과지성사, 1992.

최정운, 《오월의 사회과학》, 오월의봄, 2012.

최정운, 〈폭력과 사랑의 변증법: 5·18민중항쟁과 절대공동체의 등장〉, 5·18
    기념재단 편, 《5·18민중항쟁과 정치·역사·사회 3: 5월민중항쟁의 전
    개 과정》, 5·18기념재단, 2007.

한국기자협회 외, 《518특파원 리포트》, 풀빛, 1997.

함세웅, 〈5·18광주의거 5주기 추도미사 강론〉, 천주교 광주대교구 정의평
    화위원회 편, 《광주여 우리나라의 십자가여: 천주교회의 활동을 중심
    으로》(광주의거자료집 1), 빛고을출판사, 1988.

현대사사료연구소, 《5·18민중항쟁사료전집》, 풀빛출판사, 1990.

영화 및 다큐멘터리

양선희, 〈기억을 기억하라: 5·18민중항쟁 그 10일간의 기록〉, 5·18기념재
단, 다큐 코리아, 5·18기념재단, 2005.

웹사이트

하종강, 〈김의기에 대한 나의 특별한 부채감〉, 2007. http://www.
hadream.com(검색일: 2012.6.5).

홍인기, 〈탄압받는 민중과 함께한 한신대학교 수유캠퍼스〉, http://www.
kdemo.or.kr(검색일: 2012.6.6))

미주

1   최정운, 《오월의 사회과학》, 오월의봄, 2012.
2   신진욱, 〈사회운동의 연대 형성과 프레이밍에서 도덕감정의 역할: 5·18 광주항쟁
    팸플릿에 대한 내용 분석〉, 《경제와 사회》, 2007.
3   조대엽, 〈광주항쟁과 80년대의 사회운동문화: 이념 및 가치를 중심으로〉,
    《민주주의와 인권》 제3권 1호, 전남대학교5·18연구소, 2003.
4   교양사상은 특히 독일 문학과 철학에서 나타난다. 주지하다시피 독일 문학에서
    교양소설은 주인공의 심리적·도덕적 성장을 묘사한 소설로 성장소설이라고도
    한다. 헤겔은 《정신현상학》에서 주관정신-객관정신-절대정신이라는 체계를 통해
    정신의 성장과 자기 발견 과정을 그리고 있다. 헤겔의 역사철학은 역사의 진행과
    발전을 역사 주체의 자기 교양화의 과정으로 설명한다. 그에 의하면, 세계사는
    절대정신에 이르기까지 정신의 교양화·발전·성숙의 과정이다. 필자는 독일 문학과
    헤겔 철학에 나타난 이런 교양의 개념을 참고했다. 5·18에서 형성된 집단 정서인
    부끄러움을 통해 역사 주체의 교양화가 이루어졌다고 간주한다.
5   위르겐 힌츠페터, 〈카메라에 담은 5·18 광주 현장〉, 한국기자협회 외,
    《5·18특파원 리포트》, 풀빛, 1997. 경향신문, 2017년 8월 17일 자에 전재됨.
6   최정운의 《오월의 사회과학》, 양선희의 2005년 다큐멘터리 〈기억을 기억하라〉,
    필자의 논문 〈부끄러움 또는 질문하는 역사의식〉(《신학전망》 제179호, 2012)의

내용을 주로 참조했다. 이 글에서 별도로 출처를 밝히지 않은 인용문들은 모두 다큐멘터리 <기억을 기억하라>에서 인용한 것이다.

7 금남로에서 벌어지는 공수부대원의 인간 사냥과 그에 저항하는 시민들의 공방을 목격하기에 가톨릭센터보다 더 적합한 장소는 없었다. 당시 가톨릭센터는 금남로에서 가장 높은 빌딩 중 하나였으므로 유동삼거리까지의 상황을 관찰할 수 있었다.

8 현대사사료연구소, 《5·18민중항쟁사료전집》, 풀빛, 1990, 386쪽.

9 정규완, <큰 아픔에 작은 참여>, 윤공희 외, 《저항과 명상》, 빛고을출판사, 1989, 121쪽.

10 김성용, <분노보다는 슬픔이>, 같은 책, 57쪽.

11 "자신의 목숨을 위해 그토록 끔찍한 광경을 숨어서 엿보던 자신이 부끄러워지기 시작했다. 이러한 일에 항거할 수 없는 자신을 생각하고 말할 수 없는 자기 모멸감을 느꼈다. 배가 갈라져서 죽어가는 그 여인을 보았기 때문이 아니라, 나 자신의 비겁하고 용렬한 모습에서 최초로 자기 증오의 감정을 경험했기 때문이다." 최정운, 《오월의 사회과학》, 159쪽, 그리고 광주광역시 5·18사료편찬위원회(광주광역시), 《5·18광주민주화운동자료총서 제2권》, 1997, 123쪽 참조.

12 신고르넬리오 신부가 광주의 상인들로부터 들었던 표현이다. 신고르넬리오 신부, <나도 광주 사람입니다>, 윤공희 외, 《저항과 명상》, 112쪽.

13 임철우, 《봄날 3》, 문학과지성사, 1997, 134, 137~138쪽.

14 최정운, 《오월의 사회과학》, 169쪽.

15 같은 책, 170쪽.

16 한국기자협회 외, 《5·18특파원 리포트》, 215~216쪽.

17 김성용, <분노보다는 슬픔이>, 윤공희 외, 《저항과 명상》, 57쪽.

18 최정운, 《오월의 사회과학》, 174쪽.

19 같은 책, 171쪽.

20 같은 책, 176쪽.

21 같은 책, 176쪽; 5·18광주민중항쟁유족회 편, 《광주민중항쟁비망록》, 도서출판 남풍, 1989. 83쪽.

22 최정운, 《오월의 사회과학》, 181쪽, 주석 64 참조.

23 최정운, 《오월의 사회과학》, 182쪽.

24 군사반란 세력의 의도대로 사태를 통제할 수 없게 될 상황이 임박한 만큼, 천주교 사제들의 시위를 무산시키려고 헬기 사격을 했을 가능성도 있다. 은우근, <부끄러움 또는 질문하는 역사의식>, 앞의 책, 209쪽.

25 블레들리 마틴(당시 《볼티모어 선》 서울 특파원), <윤상원 그의 눈길에 담긴

체념과 죽음의 결단〉, 한국기자협회 외, 《5·18특파원 리포트》, 232쪽.

26 최정운, 《오월의 사회과학》, 196쪽.

27 같은 책, 198쪽.

28 은우근, 〈부끄러움 또는 질문하는 역사의식〉, 앞의 책.

29 김두식, 〈5·18에 관한 의미 구성의 변화과정과 지역사회의 변화〉, 5·18기념재단 편, 《5·18민중항쟁과 정치·역사·사회 1: 5·18민중항쟁의 의의》, 5·18기념재단, 2007, 504쪽. "진정 나와 함께 모든 것을 나눌 수 있는 나와 전혀 다를 바 없는 진짜 인간들이 모여 사는 높낮이 없는 세상을 보았던 것이다. 이 얼마나 신명나는 세상인가? 그들이 언제 한 번 이렇게 박수받고 환영받으며 살아본 적이 있었던가?"

30 최정운, 《오월의 사회과학》, 187쪽.

31 신고르넬리오, 〈나도 광주 사람입니다〉, 윤공희 외, 《저항과 명상》, 112쪽.

32 심재훈(당시 《뉴욕타임스》 서울 주재기자), 〈광주 사건은 폭동이 아니라 봉기였다〉, 한국기자협회 외, 《5·18특파원 리포트》, 67쪽.

33 홍인기, 〈탄압받는 민중과 함께한 한신대학교 수유캠퍼스〉, 민주화운동기념사업회, https://iminju.tistory.com/533(검색일: 2019.1.22).

34 일부 시민군들은 총을 들고 전투를 기다릴 때 "도저히 견딜 수 없는 졸음"이 쏟아졌다고 한다. 거의 일주일 동안 잠을 제대로 자지 못한 시민군들은 매우 지쳐 있었다. 한편 이길 수 없는 전투를 목전에 두고 엄청난 공포에 직면한 상황에서 잠 속으로 도피하고 싶은 심리도 작용했을 것이다. 양선희, 〈기억을 기억하라: 5·18민중항쟁 그 10일간의 기록〉, 김태종·김효석의 증언 종합.

35 헨리 스코트 스톡스(당시 《뉴욕타임스》 서울 특파원), 〈기자 사명과 외교 요청의 갈등 속에서〉, 한국기자협회 외, 《5·18특파원 리포트》, 43~44쪽.

36 박상수, 〈가톨릭센타 앞의 공방전〉, 윤공희 외, 《저항과 명상》, 140쪽.

37 천주교 광주대교구 정의평화위원회, 5·18기념재단 편, 《5·18민중항쟁 구술자료집1》, 2006.

38 김준태의 시 〈아아, 광주여! 우리나라의 십자가여!〉 참조. 이 시는 5·18이 진압된 직후인 6월 2일에 쓰였다.

39 윤공희 외, 《저항과 명상》, 67쪽.

40 신영일은 노동운동가이며 전남대 학생운동 지도자이다. 박관현과 같은 시기에 광주교도소에서 함께 단식투쟁을 하다 건강이 극도로 쇠약해져 출옥한 후 사망했다.

41 김의기, 〈김의기, 동포에게 드리는 글〉, 김의기열사추모사업회 편, 《동포여! 우리는 지금 무엇을 하고 있는가》, 김의기열사추모사업회, 1985.

42 하종강, 〈김의기에 대한 나의 특별한 부채감〉, 2007. http://

www.hadream.com(검색일: 2012.6.5).

43 광주사태 구속자 가족 일동, <광주사태 구속자의 구명과 석방을 위하여>,
1981.1.

44 함세웅, <5·18 광주의거 5주기 추도미사 강론>, 천주교 광주대교구
정의평화위원회 편,《광주여 우리나라의 십자가여: 천주교회의 활동을
중심으로》(광주의거자료집 1), 빛고을출판사, 1988, 52쪽.

45 임낙평, 고 박관현열사 추모사업회 편,《광주의 넋, 박관현: 그의 삶과 죽음》,
사계절, 1987, 151쪽, 153~154쪽.

46 천주교 광주대교구 정의평화위원회 성명서, <광주의거 3주기에 부쳐: 영원히 살아
있는 혼들에게>, 천주교 광주대교구 정의평화위원회 편, 앞의 책, 85쪽.

47 김근태, <창간사: 민주화운동의 깃발을 들며>, 민주화운동청년연합,《민주화의
길》창간호·2호 합본, 1984, 2쪽.

48 신진욱, <사회운동의 연대 형성과 프레이밍에서 도덕감정의 역할: 5·18 광주항쟁
팸플릿에 대한 내용 분석>, 앞의 책, 224쪽.

49 은우근, <부끄러움 또는 질문하는 역사의식>, 앞의 책, 216쪽; 윌리엄 J. 탤벗,
《인권의 발견: 어떤 인권이 보편적인가, 도덕적 제국주의와 도덕적 상대주의
넘어서기》, 은우근 옮김, 한길사, 2011, 324~325쪽 참조.

50 은우근, <부끄러움 또는 질문하는 역사의식>, 앞의 책, 218쪽. 신진욱은 찰스
테일러의 연구를 토대로 도덕감정이 "강한 도덕적 가치판단", 곧 고도의 도덕적
의식의 산물이고, "성찰성" "심층성" "사회적 배태성(胚胎性)"이라는 세 가지
특성을 지니고 있다고 한다. 성찰성은 반성 능력과, 심층성은 개인 및 집단의
정체성과, 사회적 배태성은 사회·문화적 자산과 연계되어 있다고 할 수 있다.
5월 민중이 함께 지녔던 부끄러움과 죄책감은 바로 이런 종류의 것이다. 신진욱,
<사회운동의 연대 형성과 프레이밍에서 도덕감정의 역할: 5·18 광주항쟁
팸플릿에 대한 내용 분석>, 앞의 책 236~237 참조.

51 신진욱, 같은 책, 225쪽.

52 안성례, <그 말이 너무 쟁쟁해 눈물이 나더라고>, 5·18기념재단 편,
《구술생애사를 통해 본 5·18의 기억과 역사 2》, 5·18기념재단, 123쪽 참조.

53 인권 개념이 역사적으로 계속 발전하고 있지만, 원래 서구적 인권 개념은 자유롭고
행복할 개인적 권리를 중심으로 구성된 것이다. 따라서 일부 공동체주의자는
정의를 주장하면서도 인권 개념을 거의 주목하지 않는다. 일부 마르크스주의자나
우리나라 독자들의 주목을 끌었던 대표적인 공동체주의자, 마이클 샌델의 경우가
바로 그렇다.

54 "1980년 7월 31일/ 저물어가는 오후 5시/ 동녘 하늘 뭉게구름 위에/ 그 무어라고
말할 수 없이/ 앉아 계시는 하느님을/ 나는 광주의 신안동에서 보았다/ …… /나는

정말 하느님을 보았다/ 나는 정말 하느님을 느꼈다/ …… / 그런 뒤로 가슴이 터질 듯 부풀었고/ 세상 사람들 누구나가 좋아졌다/ 내 몸뚱이가 능금처럼 붉어지고/ 사람들이 이쁘고 환장하게 좋았다/ 이 숨길 수 없는 환희의 순간/ …… / 아아 나는 절망하지 않으려다/ 아아 나는 미워하거나 울어버리거나/ 넋마저 놓고 헤매이지 않으려다/ …… / 사람이 만든 것이라면 하찮은 물건이라도/ 입맞추고 입맞추고 또 입맞추고 살아가리라"(김준태, <나는 하느님을 보았다>, 《나는 하느님을 보았다》, 한마당, 1981). 이 시를 쓰던 당시 김준태 시인은 종교를 갖고 있지 않았다. 이 시에서 시인이 인식한 하느님은 사람들에 대한 희망과 분리되지 않는다.

55 5월 22일 "공수부대가 물러가자 첨예한 문제는 그 투쟁의 날들을 체험해보지 않은 사람들, 집에서 숨어 지내던 사람들, 광주가 해방되자 그제야 도청에 나온 사람들, 그들은 그 투쟁, 그 절대공동체를 겪어온 사람들을 결코 이해할 수 없었다는 것이다. …… 용사들 또한 그날의 그 체험을 다른 사람들에게 말로 전달해줄 수도 없었고, 무엇을 위해 왜 다시 목숨을 바쳐 광주를 지켜야 하는지 결코 설득시키지 못했다". 최정운, 《오월의 사회과학》, 284~285쪽.

4부

기억,
증언,
예술

11장

공감과 연대:
"내 속의 이 큰 슬픔을 누구에게 말할까?"

한순미

1.   분노와 저항의 물결

1960년대 이후, 4·19에서 5·18로 이어진 흐름은 사회 체제 전반에 맞선 분노와 저항의 물결로 기억된다. 4월혁명 1주년을 맞이하여 시인 김수영은 "4·19 당시나 지금이나 우두머리에 앉아 있는 놈들에 대한 증오심은 매일반이다"라고 말하면서, 혁명이 일어난 후에도 변하지 않은 현실에 대해 깊은 우려를 표현한 바 있다.[1] 김수영의 예감처럼 4월혁명 다음 해에 5·16쿠데타가 일어났다.

1970년 11월, 공장 노동자 전태일의 분신은 널리 퍼져 있던 저항의 불길을 점화한 "인간 불꽃"이었다. 전태일은 도시 중심의 근대화가 오히려 빈민층을 생산하는 결과를 초래했고 사회가 노동자와 빈민들의 소외와 박탈을 근거로 어떻게 인간 자체를 말살시켰는지를 스스로의 몸을 불살라 증언했다. 당시 전태일이 구상한 소설 〈현실에 반항하는 청년의 몸부림〉의 초고와 죽음 직전에 남긴 유서에서, 우리는 절망적인 현실을 견뎌야 했던 한 인간의 절절한 호소를 들을 수 있다.

> 여기 본능을 모르는 인간이 있습니다. 그저 빨리 고통을 느끼지 않고 죽기를 기다리는 생명체가 있습니다. 그리고 죽어가고 있습니다. 그것도 미생물이 아닌, 짐승이 아닌, 인간이 있습니다. 인간, 부한 환경에서 거부당하고, 사회라는 기구는 그들 연소자를 사회의 거름으로 쓰고 있습니다. 부한 자의 더 비대해지기 위한 거름으로.
> 선생님, 그들도 인간인 고로 빵과 시간, 자유를 갈망합니다.[2]

> 잠시 다니러 간다네. 잠시 쉬러 간다네.

어쩌면 반지의 무게와 총칼의 질타에 구애되지 않을지도 모르
는, 않기를 바라는, 이 순간 이후의 세계에서,
내 생애 다 못 굴린 덩이를, 덩이를, 목적지까지 굴리려 하네.
이 순간 이후의 세계에서 또다시 추방당한다 하더라도, 굴리는
데, 굴리는 데, 도울 수만 있다면,
이룰 수만 있다면.[3]

전태일은 "미생물이 아닌, 짐승이 아닌, 인간"으로서 최소한
의 생존 조건인 "빵과 시간, 자유"를 원했다. 그러나 사회는 "생명
체"로서 인간의 기본적인 요구조차 거부했다. 그에게 죽음이란 "이
후의 세계"로 잠시 몸을 옮기는 것에 불과했다. 그는 "이후의 세계"
에서 또다시 "추방"된다 하더라도 자신의 몸을 굴리는 일을 멈추지
않겠노라고 다짐한다. 우리는 전태일의 마지막 목소리에서 1970년
대 한국 사회가 더 이상 인간이 살 수 있는 곳이 아니라는 깊은 절망
감과 추방당한 자의 절규를 듣는다. 이후의 세계에서도 이 생애에
서 못다 한 일들을 계속할 것이라는 저항의 몸짓이 함께 살아 움직
인다.
1972년 박정희 정권은 유신독재 체제를 구축했다. 박정희는
민족의 수난과 안보 위험의 상황을 강조했다. 그러면서 이런 국내
외의 상황을 독재 기반을 강화하는 데 이용했다. 다음에서 보듯이
문화공보부에서 간행한 10월 유신 홍보 자료에는 역사적인 수난에
대처할 의지와 노력을 부추기는 문장들이 눈에 띈다.

개인이나 국가가 그의 생존과 발전을 위해서 스스로의 활로를
개척하려는 노력을 기울이는 것은 지극히 당연한 일 …… 내외
적 위협 요인을 극복할 수 없게 될 경우 …… 역량의 배양과 태

세 정비를 서두르는 것 …… 할 수 없을 때 그 결과는 오직 죽음과 멸망이 있을 뿐이다. …… 우리의 태세가 잘 갖추어져 있고 힘이 있을 때는 어떠한 외난도 능히 물리치고 생존권을 유지하고 민족적 발전을 견지하였지마는 우리의 힘이 약하고 대비가 소홀할 때는 갖은 민족적 수난을 면할 수 없었다. 이것은 우리가 역사를 통해 얻은 값진 교훈이다. …… 날이 갈수록 더욱 세차게 또한 급격하게 우리를 위협하는 작용을 더해 가고 있다. …… 10월 유신—이것은 바로 이러한 판단 아래 민족의 활로를 개척하기 위한 노력으로서 취해진 민족 지도자의 영단인 것이다.[4]

이와 같이 유신체제는 생존권 유지와 민족 발전을 위해서 노력하지 않을 때에는 "오직 죽음과 멸망이 있을 뿐"이라는 논리를 통치 이념의 기반으로 삼았다. 이 시기 노동자·농민을 중심으로 한 민중운동이 성장하면서 저항의 물결은 널리 퍼져나갔다.[5] 1979년 10월에는 부산, 마산, 창원 등 여러 지역에서 유신체제에 반대하는 대규모 시위가 일어났다. 마침내 1979년 10월 26일, 박정희의 독재 정권은 붕괴되었다.

하지만 같은 해 12월 12일, 전두환과 노태우를 중심으로 한 신군부가 쿠데타를 일으켰다. 신군부의 폭력에 항거한 민중들은 조속한 민주화의 이행을 요구하면서 거리로 터져나왔다. "당시 공수부대원들에게 광주 시민들은 '국민'이 아니었으며 '적' 이상도 이하도 아닌 존재였던 것이다. 그렇기에 무자비하고 야만적인 행위가 가능했던 것이다."[6] 1980년 5월 광주는 무자비한 국가폭력과 야만적인 학살에 대항한 시민들의 함성이 응어리진 연대의 장이었다.

민중들의 분노와 저항은 연극과 마당극을 중심으로 한 예술운동으로 표출되었다. 5월항쟁이 일어나기 전, 1980년 3월 15일에

민중문화연구회 《광주문화》 창간호 표지.

열린 광주YWCA 극회 '광대 창립 기념 문화제'의 창립 취지문에서
당시 문화예술운동의 취지를 확인할 수 있다.

> 첫째: 민족문화 유산의 발굴·조사 및 그 현대적 수용
> 둘째: 민족문화의 독창적 전승과 그 보급
> 셋째: 민속극의 발전을 위한 정기공연과 민중 의식화운동을 위
> 한 현장공연
> 넷째: 공동창작을 통한 이상적 문화예술 인구의 저변 확대

창립 취지문에서 읽을 수 있듯이 극회 광대의 마당극운동은
민족문화 유산을 전승 보급하는 것을 비롯해 "민중 의식화운동"을

전개하려는 의지를 담아 출발했다. 5월항쟁 동안 광대의 단원들은 거리로 나가 싸웠고 그 와중에 극회 광대는 해체되었다. 1984년 12월 20일, '민중문화연구회' 창간사와 창립 선언문에서도 현대사의 아픔을 극복하기 위해 민중이 주체가 되는 '민중문화'의 실현을 강조하고 있다.

> 우리는 오늘로써 민중문화 발현의 새로운 국면을 맞이하였다. 우리는 이 땅의 살아 있는 문화를 우리 세대가 끝나기 전에 반드시 실현하기 위해 맡은 바 임무를 성실히 해나갈 것이다. 또한 구체적인 삶의 현장에서 들려주는 올바른 비판은 겸허하고 진지한 자세로 받아들여 연구와 실천의 과제로 삼을 것이다. 우리는 아픈 현대사가 우리에게 준 뼈아픈 교훈을 잊지 않고 있다. 이 땅의 주인이 바로 우리 자신이요 이 땅에 뿌리를 내려 민족 실체로 생동하는 민중임을 우리는 잘 안다. 이 민족 실체의 많은 사람들이 주체가 되는 문화를 이룸이 우리 최대의 소망이며 이를 위해 온 힘을 기울일 것이다.[8]

시인 문병란은 이 민중문화운동의 목표와 방향을 다음과 같이 요약한다. "제국주의에 의해 길들여진 식민지적 이식문화, 매판문화, 외세의 종속문화를 극복하고 전통에 뿌리를 두고 창조된 민족문화를 바탕으로 한 민중문화 건설에 우리의 모든 역량을 발휘할 것이다."(문병란, 《광주문화》 창간호, 1985.3.) 민중문화연구회는 문학, 미술, 연행예술, 출판, 사진영화, 사회교육 등으로 분과를 나누어 민중문화운동을 개진했다.[9]

전남대학교 연극반 출신인 박효선(1954~1998)은 1978년에 설립된 광주 광천동 '들불야학'에서 활동했고 1979년 극회 광대를 창단했다. 또한 마당극〈돼지풀이〉등을 공동 연출했으며, 1980년 5월항쟁 당시 광대 단원들과 함께《투사회보》를 제작하는 등 시민 군 항쟁지도부의 홍보부장을 맡았다. 1983년 극단 토박이를 창단 해〈금희의 오월〉〈모란꽃〉〈청실홍실〉등을 창작하고, 공연했다. 박효선이 대본을 쓰고 연출한 오월극〈금희의 오월〉(1988)은〈모란꽃〉(1993)과 함께 5월 광주를 알리는 데 기여한 작품으로 잘 알려져 있다.

1982년에 결성된 놀이패 신명은 전남대 탈춤반과 연극반, 국악반, 조선대 탈반이 주축이 되어 광대의 맥을 이었다. 놀이패 신명은 1983년 YMCA 다락원 마당에서〈넋풀이〉를 올린 이후 1988년 오월 마당굿〈일어서는 사람들〉을 초연했다. 오월 마당굿〈일어서는 사람들〉은 김정희 연출로 초연된 이래 1997년 이후 박강의에 의해 개작·연출돼 공연되고 있다. 네 마당으로 구성된 이 마당굿에는 민중의 전형인 꼽추와 곰배팔이 부부, 그 아들인 오일팔, 해방광주의 시민들이 등장한다.[10]

1980년 초중반의 연극과 마당극운동은 5·18의 아픔을 직시하는 가운데 민중들의 오랜 분노와 저항을 표출하는 매개였다. 민족문화의 양식인 마당극을 중심으로 전개된 극단 활동은 전라도의 지역성을 바탕으로 역사의식을 성취했다는 점에서도 의미가 크다. 다시 말해 "놀이패 신명, 극단 갯돌, 극단 토박이는 단체가 위치하는 공간의 지역성과 역사성을 바탕으로 위상과 성격을 분명히 하고 있으며, 지역의 소재에서부터 전체적인 사회문제에 이르기까지 담론의 생산과 동시대의 사회적 일체감을 형성하는 데 역할을 하였다"[11] 고 할 수 있다.

4부. 기억, 증언, 예술

2.　불꽃처럼 살다간 사람들: 사라지지 않는 기억

그날이 남겨준 슬픔과 분노, 쓸쓸함과 무력감을 온전하게 담아낼 수 있는 '말'이 있을 수 있을까? 5월항쟁이 끝난 지 다섯 해가 지난 후 작가 황석영은 "'광주'를 말하지 않고는 다시는 글을 쓸 수가 없을 것 같았다"고 하면서 열흘간의 항쟁을 기록했다. 그 가운데 한 대목을 옮겨본다.

> 어느 할아버지는 "저럴 수가 있단 말이냐. 나는 일제 때에도 무서운 순사들도 많이 보고, 6·25 때 공산당도 겪었지만 저렇게 잔인하게 죽이는 놈들은 처음 보았다. 학생들이 무슨 죄가 있길래 저러는가. 죄가 있다고 해도 저럴 수는 없다. 저놈들은 국군이 아니라 사람의 탈을 쓴 악귀들이야" 하면서 통곡했다. 어느 중년의 사내는 "나는 월남전에 참전해서 베트콩도 죽여봤지만, 저렇게 잔인하지는 않았다. 저런 식으로 죽일 바엔 그냥 총으로 쏴 죽이지. 저놈들을 죽여버려야 해" 하면서 오열을 터뜨렸다. 온 거리는 피의 강, 울음의 바다가 되었다.[12]

위의 기록에서 읽을 수 있듯이 광주에서 일어난 학살은 한국전쟁과 베트남전쟁을 경험했던 사람들에게조차 어떤 말로도 표현할 수 없을 정도로 잔인한 죽음의 현장으로 다가왔다. 시인 김남주는 5월 그날을 "피와 눈물 분노와 치떨림 이 모든 인간의 감정이/ 사랑으로 응어리져 증오로 터진 다이너마이트의 폭발이었다"고 기록했다. 그리고 그는 "적어도 적어도 오월의 광주에는" "서정이 들어설 자리가 없다 자격도 없다"[13]고 외쳤다. 김남주의 시 〈학살 1〉은 그날의 참혹한 장면을 다시 떠올려보길 주문한다.

보아다오, 너희들이 팔아먹은 탄환으로
벌집투성이가 된 내 조국의 심장을
보아다오, 살해된 처녀의 피묻은 머리카락을
보아다오, 대검에 찔린 아이 밴 어머니의 배를
보아다오, 학살된 아이들의 청량한 눈동자를.[14]

거리에서 처참하게 학살된 평범한 사람들. 학살 장면을 목격한 수많은 사람들은 그 애통한 죽음들을 뒤따랐다. 그들의 죽음은 살아남은 사람들에게 지울 수 없는 죄책감을 남겨주었다. 김준태의 시 〈너〉에서 읽을 수 있듯이 '너의 죽음'들은 매 순간 '나'의 일상에서 되살아나곤 했다.

내가 밥을 먹을 때 너는 죽었다
내가 술을 마실 때 너는 죽었다
내가 돈을 셀 때 너는 죽었다
내가 거짓말을 할 때 너는 죽었다
내가 아내와 단잠을 잘 때 너는 죽었다
내가 목욕탕에서 몸무게를 잴 때 너는 죽었다
내가 눈물을 흘릴 때 그러나
너는 하늘로 올라갔다[15]

처참하게 학살당한 사람들, 불꽃처럼 사라진 사람들은 살아남은 자들의 삶 속에 깊게 자리했다. 희곡 〈금희의 오월〉은 5월 당시 전남도청에서 산화한 전남대생 이정연의 여동생 금희의 눈을 통해 기록한 광주 이야기다. 이 희곡의 마지막 부분에서는 죽은 오빠에게 보내는 금희의 소리를 이렇게 들려준다.

4부. 기억, 증언, 예술

홍성담의 판화 <나의 이름은>.

넋이여,
망월동에 잠든 넋이여
하늘이 푸르러 눈물이 나네
산꽃 들꽃 피어나니 눈물이 나네

누가 그날을 잊었다 말하리
누가 그날을 모른다 말하리
가슴과 가슴에서 되살아나는 넋
칼바람 세월 속에 우뚝 솟은 너

진달래 온 산에 붉게 물들어
그날의 피눈물 산천에 물들어
꽃울음 가슴에 문지르는 어머니
그대 이름 호명하며 눈물이 나네

목숨 바친 역사 뒤에 자유는 남는 것
시대는 사라져도 민주꽃 만발하리
너 떠난 길 위에 통일의 바람 부니
겨레해방 봄소식 눈물이 나네[16]

금희의 소리: 묘지 번호 69번! 역사의 부름에 화살로 날아간 오빠! 온몸이 부풀어 썩어들고 확인 사살까지 당한 총흔이 이마에 뚫려 있던, 아, 너무나 참혹한 모습을 남기고 간 오빠! 망월동에 오빠를 묻고 돌아온 엄마는 몸져누우셨고 찢긴 가슴의 피멍을 날이면 날마다 눈물로 씻어내셨지요. 아빠는 오빠 생각이 날 때마다 오빠 방에서 혼자서 소리 죽여 우셨어요. 하지만 오빠, 우

리 가족은 더 이상 슬픔에 젖어 있지만은 않았어요. 엄마와 아빠는 다른 유가족과 함께 5·18 광주의거유족회를 결성하여 민주화 투쟁에 참여하셨지요. 그 핏빛 오월에 산화하신 영령들의 정신을 잇는 것이 살아 있는 사람들의 역할이란 걸 깨달았던 거예요. 오빠는 돌아가신 게 아니에요. 지금은 망월동 차디찬 땅에 누워 있지만 오빠는 우리 가슴마다에 진달래 꽃불이 되어 살아 계세요./ 사랑하는 오빠, 한 줌 흙과 나뭇잎, 풀벌레 울음소리도 이 땅에서는 모두 오빠와 한 몸입니다.[17]

금희는 오빠 정연의 죽음 이후에 가족들이 이어나갈 투쟁의 길을 다짐한다. 오빠의 죽음으로 모든 것이 끝난 것이 아니라 오빠의 죽은 몸은 이 땅의 모든 것들과 함께하고 있는 것이라고 말한다. 〈금희의 오월〉은 금희의 가족뿐만 아니라 나주댁, 함평댁, 무안댁, 장성댁, 보성댁, 시민군, 공수특전단원 등 여러 사람들의 목소리를 통해 시민들이 당시 학살의 현장과 어떻게 마주했는지를 보여준다. 이처럼 〈금희의 오월〉〈일어서는 사람들〉 등 오월 희곡 속의 몸의 형상들은 치유되지 않은 고통과 더불어 "민중적 생명력"과 "공동체 의식"을 구현한다.[18]

비통하게 죽은 자들에 대한 애도는 시간이 흐른다고 해서 종결될 수 있는 일이 아니다. 시간이 지날수록 점점 희미해지는 기억들을 잊지 않기 위해서는 더 많은 증언이 필요하다. 5·18의 참모습은 "증언을 통해 시민들이 당시 가졌던 생각, 감정 상태 등을 감정이입을 통해 재구성하는 것"[19]을 통해서 드러날 수 있을 것이다. 그날 이후 오랜 침묵은 그저 말없음이거나 말하지 않음이 아니라 오히려 "증언의 본성과 말함의 (불)가능성이 문제가 되고 있"[20]는 지점을 드러낸다. 즉 광주 오월의 죽음은 몇 마디 말로 간단하게 증언할 수 없는 사건인 것이다.

한 장의 사진을 보자. 길 위에 놓인 저 신발들은 어느 누구의 것이었는지를 분별할 수 없을 정도로 어지럽게 흩어져 있다. 누군가의 발을 따뜻하게 감싸고 있었을 고무신, 슬리퍼, 운동화, 구두는 몇 마디 말로 요약할 수 없는 더 많은 말들을 들려준다. 계엄군의 무차별적인 진압에 맞서 맨몸으로 싸웠던 사람들, 희뿌연 먼지에 가려진 무장한 군인들, 주인을 잃은 신발들, 그 이름 붙일 수 없는 것들은 간결하게 치장한 추모와 애도를 거절한다.

말이 되지 못한 고통과 상처는 반복되는 기억 속에서 영원한 삶을 살아간다. 사라지지 않은 기억의 파편들은 세월이 갈수록 끈질긴 생명력으로 되살아난다. 죽은 자들의 시간은 그렇게 살아남은 자들의 삶 속에 스며들어 다른 세계를 살아가고 있는 것이다.

다음의 증언들은 5월 광주에서 터져나온 분노와 그 비참한 죽음의 현장을 간결하게 말할 수 없다는 것을 다시 한 번 확인해 준다.

(그러고 보니) 제가 시체 염도 다 했어요. 내 손으로 15구 시체를 싸서 줬는데, 어떤 사람은 완전히 이렇게 걸럭지(걸레)가 돼갖고, 정말로 걸럭지예요. 다리 따로, 귀 따로, 뭐 따로, 그것을 모으는데 정말 분하죠.[21]

저녁에는 총소리 나고 이러니까 무서웠죠. 근데 사람들한테 그냥 무서움보다는 분노 같은 게 더 심했던 것 같아요. 누군가한테 알려야 한다, 이건 정말 전쟁이다, 막 이래 가지고. 뭉치자, 막 이런 것도 아니에요. 여기만 딱 고립돼서 언제 죽어도 아무도 모를 거라는 위기의식 같은 거였지. 이 나라에서 누가 죽어도 아무도

5월 21일 집단 발포 뒤의 금남로 풍경. 희뿌연 먼지에
가려진 무장한 군인들, 주인을 잃은 신발들, 그 이름 붙일
수 없는 것들은 간결하게 치장한 추모와 애도를 거절한다.
ⓒ 나경택 촬영, 5·18기념재단 제공

모르고 딱 통제된다는 걸 느낀 거잖아요. 그래서 그런 분노가 있었던 것 같아. 딱 여기만 단절되고 우리만 죽을 수도 있다. 그래서 아무도 기억하지 못할 수 있다, 라는 것.[22]

저 증언들은 산산이 흩어져버린 몸의 조각들을 모으면서 느꼈던 분함과 우리만 죽을 것 같고 아무도 기억하지 못할 것 같은 고립감을 표현한다. 걸레처럼 찢긴 몸의 조각들을 주워 모으면서 느낀 분노는 어떤 말로도 그런 광경을 표현할 수 없다는 절망감과 다름없다.

3. 말을 잃어버린 도시: 소문과 유언비어

민주투사들이여! 더욱 더 힘을 내자!
승리의 날은 오고야 만다.
광주 시민의 민주 봉기의 함성은 전국으로 메아리쳐 각지에서 민주의 성전에 동참해오고 있다. 21일에는 장성에서, 화순에서 나주에서 다수의 차량과 무기가 반입되었다. 전주에서는 도청을 완전히 장악하였다. 이제 승리의 날은 머지않았다. 승리의 날까지 전 시민이 단결하여 싸우자! 이기자! 민주의 만세를 부르자!
—《투사회보》제2호, 1980년 5월 22일.

1980년 5월항쟁 동안에는 다른 지역과 단절된 광주의 상황을 알리기 위한 매체 제작 및 배포 작업이 활발하게 이루어졌다. 학생, 지식인, 노동자들이 다 함께 참여했다. 윤상원의 지도하에《투사회보》로 통일하여 편집 방향을 정하고 작업을 분담했다. 들불야학 회원들은 광천동에 있는 야학에서 수동식 등사기로 유인물을 제작했고 계엄군의 눈을 피하기 위해 주로 여공들이 유인물을 시내로 배포했다.

《투사회보》는 《민주시민회보》로 제목을 변경하여 발간했으나 10호를 미처 배포하지 못하고 중단되고 말았다. 그러나 제도 언론마저 완전히 차단된 상태에서 민중 언론의 활동은 "격문이나 플래카드, 가두방송이 지니는 일시적인 성격"을 극복하고 변두리 지역까지 광주의 소식을 전달할 수 있는 역할을 담당했는데, 이는 "매체 자체를 투쟁의 무기로 사용했다는 점에서 특기할 만하다".[23] 민중들이 주도한 언론 매체들은 광주와 타 지역에 광주의 소식을 전달하여 시민들을 하나로 결집하는 역할을 담당했던 것이다.

폭력이 휩쓸고 간 후 텅 빈 광장을 채운 것은 어딘가에서 쏟아져 나온 무수한 말들이었다. 그날 이후에 유포된 소문과 유언비어 중에서 어느 것이 사실인지 아닌지를 분별하는 일은 그리 간단하지 않는 문제였다. 우리가 주의 깊게 봐야 할 것은 '소문과 유언비어'와 같이 떠도는 말들 속에 있는 진실이다. 이 점에서 소문과 유언비어는 5월 광주의 진실과 왜곡의 경계를 가르는 예민한 지점이라고 할 수 있다. 5·18의 진실이 은폐되는 동안 그것은 유언비어의 주제였다.[24] 또한 당시 유포된 소문의 일부는 사실과 관련되어 있었다.[25] 달리 말해 소문은 사실과 무관한 것이 아니라 드러나지 않는 역사적 진실의 국면에 닿아 있는 것이기도 하다.

임철우의 소설 〈사산하는 여름〉(1985)에서 주인공 K는 "그 수원지 밑바닥에 가라앉아 있었다는 소문 속의 시신들"에 관한 이야기가 떠도는 상황과 이유에 대해 생각한다.

그것은 어쩌면 오래 굶주린 자의 맹렬한 허기(虛氣)와도 같은 것이 아닐까 하고 K는 생각한다. 그들 스스로도 미처 깨닫지 못하고 있는 깊은 분노와 증오의 흔적이 그들의 눈빛과 상기된 뺨, 그리고 들뜬 듯한 음성에도 눅진하게 묻어 있음을 K는 보았다. …… 투명하여 보이지는 않으나 분명히 존재하는 두꺼운 유리벽처럼 도시의 출구는 여전히 봉쇄되어 있는 채로, 그 막혀버린 통로의 안쪽에서 사람들의 언어는 유독한 기포가 되어 수면을 향하고 끊임없이 부글부글 피어오르고 있는 것이었다. 공기를 찾아 수면으로 일제히 떠올라 주둥이를 뻐끔거려대는 물고기처럼 모두들 허기진 배를 움켜쥔 채 미친 듯 무엇인가를 지금 갈망하고 있었다. 그렇다면 무엇일까. 그 어떤 힘이 이 도시 사람들을 한꺼번에 굶주리게 하고, 스스로도 이해할 수 없는 적의와 분노에 가득찬 유독한 언어들과 때로는 허망한 소문들까지도 게걸스럽게 먹어치우도록 만들고 있는 것일까. K는 그런 갖가지 상념들 때문에 머릿속이 온통 뒤죽박죽이 되어버린 느낌이다.[26]

소설 속의 K가 묻고 있는 것처럼 그 '어떤 힘'이 그해 5월 광주에서 뚜렷한 형상이 없는 소문과 유언비어를 그토록 널리 퍼지게 한 것일까. 그것은 "그 무엇인가에 대한 팽팽한 적의와 분노, 그리고 미처 풀리지 못한 서슬 시퍼런 원한과 슬픔의 덩어리가 빚어낸 최소한의 보상 심리 같은 것"이거나 "오래 굶주린 자의 맹렬한 허기(虛氣)와도 같은 것", 그리고 "그들 스스로도 미처 깨닫지 못하고 있는 깊은 분노와 증오의 흔적"과 같은 것일지도 모른다. 소문과 유언비어가 사실이냐 아니냐를 가리는 것보다 더 중요한 문제는 그때 그 사람들이 왜 그런 "신화를 만들어내는 공통의 작업에 참으로 적극적이고도 진지하게 참여"했는지에 관한 것이다.

소문과 유언비어는 외롭게 갇힌 광주 사람들에게 울분을 토로할 수 있는 유일한 구멍과 같은 것이었다. 그것은 사실 그대로 표출할 수 없었던 적의, 분노, 원한, 슬픔, 허기, 증오, 이 모든 것들이 한꺼번에 터져나온 응어리진 말이었다. 외부와의 소통이 단절된 광주에서 확산된 유언비어와 소문은 쉽게 말할 수 없었던 역사의 진실을 거느린다.

형이 없어졌지만 그때 나는 그렇게 심각한 상황이라고는 생각을 안 했어요. 사람이 죽기도 했지만 그때는 유언비어도 심했거든요. 예를 들어 시민군 중에 유명한 사람들이 있었어요. 연설을 잘한다든지 아주 구슬프게 방송을 하는 사람. 영화에서 마지막에 방송하던 그 여자처럼요. 누군지는 몰라도 사람들이 그 사람의 목소리나 감정들을 기억하고 있었는데 다음 날 헬기에서 뿌려대는 찌라시에는 그 사람들이 간첩이라고 쓰여 있었어요. 그럼 사람들은 잘 모르니까 "그 사람이 간첩이었대"라며 혼란스러워했어요. 언론이고 뭐고 다 차단되어 있었으니까 무지했죠. 그저 '간첩이구나!' 하고 생각했어요. 그러면서도 어른들은 심적으로는 동지라는 의식이 있었던 것 같아요. 동네 아주머니들이 너나 할 것 없이 뭘 만들어서 그 사람들이 오면 퍼주고 작은 상점을 하던 분들은 음료수 같은 걸 올려주었으니까요.[27]

1980년 당시 열 살이었던 한 소년이 본 그날의 광경은 혼란스러운 기억으로 남아 있다. 연설과 방송을 하던 사람들을 "간첩"이라고 부르는 사람들도 있었고 시민군들에게 먹거리를 제공해주는 아주머니들에게 "동지라는 의식"을 느끼는 사람들도 있었다. 소년의 눈에 비친 사람들은 적과 동지로 선명하게 구분되지 않았다.

"용공 분자" "빨갱이" "내란음모자" 등은 해방 이후 제주 4·3
과 여순사건, 한국전쟁, 유신독재, 1980년 광주 5월을 거치는 동안
수없이 반복된 말들이다. 분단 트라우마는 사라진 것이 아니라 시
공간을 달리하면서 다른 모습으로 변형되어 우리의 일상에 늘 잠복
해 있었던 것이다. 이제 그 말들은 뚜렷한 지시 대상과 분리된 채,
기회가 있을 때마다 모종의 위험을 내포한 자들을 지칭하는 용어로
재활용되고 있다.

> 5·18 이후 서울 가서 많이 싸웠제. 주로 택시 기사들하고. "평화
> 시장에 갑시다." 내가 그랬어. 긍께 "어디서 왔어요?" 하고 물어.
> "전라도 광주에서 왔소." 긍께 "전라도 광주는 왜 그랬대요?" 그
> 래. 다 용공 분자라고 그러는 거야. 그래서 내가 "여보시오. 글믄
> 당신은 자식이 나가서 앞에서 총 맞아 죽고, 동생이 가서 맞아
> 죽고. 그래도 이불만 둘러쓰고 있겠소? 다 이유가 있으니까 나
> 가지" 그랬지. 아, 그러고서는 "아저씨, 우리가 그렇게 다 빨갱이
> 로 보여요?"[28]

위의 증언은 당시 고립된 상황에 있었던 광주 사람들이 어떻
게 지역적인 차별 대상으로 인식되었는지를 보여준다. 5·18 이후 광
주 사람들은 폭도 혹은 빨갱이라는 말로 낙인이 찍혔다. 그런 표현
들은 "전라도 광주"에 대한 적대감이 담긴 지역 차별 감정으로 확산
되기도 했다.

4.   산 자여 따르라

1980년 5월 학생과 시민이 합류한 시위대는 다양한 노래들을 부르면서 거리를 행진했다. 시위에 참가한 사람들은 〈봉선화〉 〈애국가〉 〈아리랑〉 〈우리의 소원은 통일〉 등을 따라 부르면서 "전두환 물러가라" "계엄령 해제하라"라는 구호를 외쳤다. 〈아리랑〉을 부를 때에는 거리가 눈물바다가 되었다고 한다. 당시 금남로 시위 현장을 떠올려보자.

금남로는 순식간에 아수라장이 됐다. 여기저기서 피를 흘리며 사람들이 쓰러졌다. 10분쯤 지난 뒤 다시 1천여 명의 군중들이 한국은행 광주지점과 금남로3가 양쪽 보도에 슬금슬금 모여들었다. 지하상가 공사장 위 인도에 모여든 젊은이들은 대형 태극기를 흔들며 구호를 외치기 시작했다. 그리고 볼멘소리로 애국가를 불렀다. 숙연하고 비장했다. 이때 5~6명의 젊은이가 갑자기 큰길 한복판으로 뛰쳐나갔다. 그 가운데 한명이 태극기를 흔들며 '전두환 물러가라' '계엄령 해제하라'는 구호를 외쳤다. 도청 광장으로부터 3백여 미터 떨어진 금남로 한복판이었다. 시민들의 긴장된 시선이 그 광경을 지켜보고 있었다. 그때였다. 요란한 총성이 잇따라 울렸다. 태극기를 흔들던 청년의 머리, 가슴, 다리에서 붉은 피가 쏟아졌다. 태극기에도 피가 흥건하게 젖어들었다. 총탄은 주변 건물 옥상에서 날아오고 있었다. 저격수들이 조준사격을 하고 있었다. 공수대원들은 3~4명씩 조를 편성해서 수협 건물, 전일빌딩, 관광호텔 등 금남로 주변의 높은 건물 옥상에 올려 보내졌다. 그들은 시위대의 앞쪽에 나서서 선동하는 사람들을 조준하여 저격했다.[29]

광주의 거리를 가득 메운 그 노래들, 공수대원들이 쏘는 총에 맞서 태극기를 흔들며 부르던 〈애국가〉는 어떤 힘을 지니고 있었던 것일까. 처참한 학살의 거리에서 울려 퍼진 노래들은 새로운 의미를 만들어냈다. "광주 시민들은 〈홀라송〉 〈우리의 소원은 통일〉 〈투사의 노래〉 등을 부르면서 투쟁의 의지를 불태우거나 애국심을 노래"[30]했다. 〈애국가〉와 〈아리랑〉은 민중을 버린 국가권력에 대한 저항의 표출이자 총과 칼로 무장한 공수부대원들에 대한 공포와 두려움을 견딜 수 있는 힘이었다.

항쟁이 끝난 후, 많은 사람들은 살아남은 자로서 부채감을 느꼈다. 〈임을 위한 행진곡〉[31]은 죽은 자와 살아남은 자들 간의 연대를 불러일으킨 노래이다. 죽은 자들의 넋에게 바치는 헌사인 이 추모곡에는 새로운 날들을 꿈꾸고 기다리는 이들의 간절한 마음이 담겨 있다. 노래의 가사를 보면 이미 죽은 자들이 살아 있는 자들에게 호소하는 형식으로 되어 있다. 죽은 자들의 목소리는 이 뜨거운 저항을 지속하길 요청한다. 〈임을 위한 행진곡〉은 항쟁 직후 시민들의 마음과 의지를 하나로 엮는 힘으로 자리했다. 다시 말해 "항쟁 직후의 패배감과 좌절감은 1980년대 중반을 넘어서면서까지 양심적인 학생과 시민들을 짓누르고 있을 정도로 엄청난 것이었다. 그런 그들에게 〈임을 위한 행진곡〉은 패배감과 자괴감을 극복하고 민주주의를 향한 의지를 일으켜 세우는 원동력이었"[32]던 것이다. 미래의 '새날'을 준비하자는 굳은 '맹세'는 지금까지도 많은 사람들의 마음속에서 울리고 있다.

사랑도 명예도 이름도 남김없이
한평생 나가자던 뜨거운 맹세
동지는 간데없고 깃발만 나부껴

새날이 올 때까지 흔들리지 말자

세월은 흘러가도 산천은 안다

깨어나서 외치는 뜨거운 함성

앞서서 나가니 산 자여 따르라

앞서서 나가니 산 자여 따르라

—〈임을 위한 행진곡〉(1982)

5월항쟁 당시에 시민들이 부른 노래들은 문화운동을 주도하는 중요한 매개체 중 하나였다. 노래들은 5월의 기억을 새겨 민주주의를 앞당기고자 하는 의지를 표현하고 있다. '해방과 실천을 위한 노래모음집'《그날이 오면》과 전남대학교 총학생회와 노래패 햇소리가 엮은 '노래모음 제1집'《님을 위한 행진곡》에서도 노래의 중요성을 강조하고 있는 대목을 읽을 수 있다.

> 노래는 인간이 살아가기에는 가장 커다란 문화양식이고 생활이다. …… 이제 노래라는 것은 민중의 삶 속에서 지배 ideology의 하수인인 대중가요에 맞서서 진정한 민중의 생활과 한 그리고 민중의 해방을 위하여 나타나야만 한다. 그리고 노래는 민중해방을 위하여 투쟁하고 있는 모든 운동과 함께 진정으로 살아 숨쉬는 민중의 대변인이 되어야 한다.[33]

> 이제 우리에게 바람직한 노래는 우리의 정서와 우리의 선을 그러면서도 현대적 리듬 감각을 살리면서 자기 현실을 바탕으로 한 곡들이 필요하지 않을까. 이것이야말로 현대의 가장 바람직한 민요가 아니겠는가.[34]

<임을 위한 행진곡> 악보,
5·18민주화운동기록관, 5·18기념재단 제공

노래모음집 《그날이 오면》은 총 4부로 기획되었다. 전래민요와 독립군가, 노동운동가, 노동현장, 어두운 시대의 노래와 함께 민중의 해방과 민족의 통일을 염원하는 노래 등으로 분류해 구성했다. 또한 '노래모음 제1집' 《님을 위한 행진곡》에는 〈광복군 아리랑〉〈진도 아리랑〉〈호남 농민가〉 등 다양한 장르의 곡들이 실렸다.

2015년에 나온 〈오월 May〉(5·18 정신계승 기념 음반-1)에는 노래에 얽힌 구술 증언이 담겨 있다. 다음은 놀이패 신명이 마당극 〈일어서는 사람들〉(대본 김정희, 극회 광대의 초대 회장) 다섯째 마당에 삽입된 노래 〈꽃아 꽃아〉의 일부이다.

> 꼽추: 아이고 아가 아가 불쌍한 놈아! 아이고 내 새끼야~! 가난한 집에 태어난 어릴 적부터 공장에만 공장에만 댕기고 못 배운 거시 한이 되어 밤에는 야학 댕긴다고 좋아라고 해싼 놈이⋯⋯ 이놈아! 이놈아~~!
>
> 곰배팔이: 마누라, 인자 그만 정신 좀 차리소. 우리 일팔이가 도청에서 우리한테 뭐라고 글든가? 자네가 계속 이라믄 저승에서 우리 일팔이가 얼매나 가슴이 아플 것인가?
>
> 꼽추: (울음을 멈추고 뭔가를 결심한 듯) 내 자식 죽인 놈들 이 세상천지를 뒤져서라도 잡아낼 것이구만이라. 하믄이라 잡아내고 말고라.
>
> 곰배팔이: 인자 우리 두 목구녁 걱정일랑은 아예 허들 말고 죽은 놈 원한이나 풀어줘야제 그것이 애미 애비 헐 일인 것이여!

꼽추와 곰배팔이 뭔가를 결심한 듯 한쪽을 바라보고 있으면 〈꽃아 꽃아〉 노래가 나오며 5월 영령들이 등장하기 시작한다. 두 부부 영령들 사이를 스치듯 지나며 퇴장한다.[35]

곱추: 꽃아 꽃아 아들꽃아 오월의 꽃아

꽃아 꽃아 아들꽃아 다시 피어라

모진 칼에 너의 넋이 쓰러졌어도

무등벌에 꽃이 되어 피고 지고 피고 지네

일동: 꽃아 꽃아 아들꽃아 오월의 꽃아

꽃아 꽃아 아들꽃아 다시 피어라

곰배팔이: 금남로에 너의 넋이 쓰러졌어도

무등벌에 꽃이 되어 피고 지고 피고 지네

일동: 꽃아 꽃아 아들꽃아 오월의 꽃아

꽃아 꽃아 아들꽃아 다시 피어라.[36]

　　5월의 기억을 담은 노래들에는 '님' '꽃' '들불' 이미지가 자주
등장한다. "아아아 그대 가신 길 불 지르고 꽃피는 산천에 다시 살
아서/ 그대여 그날까지 피어오라 살아오라."(노래패 친구, 〈들불〉, 〈오
월 May〉, 2015, 29) 꽃과 불의 이미지는 패배와 절망을 표현하고 있
는 것이 아니다. 그것은 청년 노동자 전태일의 삶을 재현한 음악극
에 삽입된 노래 〈그날이 오면〉에서 볼 수 있듯이 앞으로 다가올 새
로운 '그날'을 기다리면서 저항과 연대를 약속하는 '꿈'을 의미한다.
"그날이 오면 그날이 오면/ 내 형제 그리운 얼굴들 그 아픈 추억도/
아 아 피맺힌 그 기다림도 헛된 꿈이 아니었으리/ 그날이 오면/ 그
날이 오면."[37]

5.　평범한 위대함의 순간들

5월 광주 거리에 모여든 사람들은 투철한 이념으로 무장한 사람들이 아니었다. 그들은 지극히 평범한 사람들이었다. 무장한 군인들은 그 평범한 시민들을 폭도와 빨갱이로 규정하고 무차별적으로 구타하고 총으로 학살했다. 5월항쟁이 끝난 후 작가들은 항쟁의 기억을 다채로운 방식으로 형상화하는 작업을 전개했다. 그림, 판화 등과 같은 시각적 이미지로 그날의 비참한 광경을 사실적으로 재현하는 작업이 꾸준하게 이어졌다. 홍성담의 연작판화 〈혈루〉 〈대동세상〉 〈칼춤〉 〈낫춤〉 등은 5월 광주에서 일어난 일들을 사실 그대로 재현한 작품들이다.

그러나 우리여 우리 사람들이여
우리들은 혼자서 혼자서 간다지만
노래와 울음소리 속으로 바라보면
결국 우리들은 함께 가는 것입니다
결국 우리들은 함께 가는 것입니다
결국 우리들은 이 세상 어딘가에서
함께 만나고 함께 보듬고 가는 것입니다.
─김준태, 〈함께 가는 길〉[38]

1980년 5월 당시 해외에서 광주의 소식을 접한 작가들이 광주의 학살을 기록한 작품들을 제작하기도 했다. 도미야마 다에코(富山妙子)의 판화 〈광주 피에타〉(1980)에서 두 어머니들은 서로 다른 표정과 몸짓을 보여준다. 죽은 자식을 껴안고 눈물을 떨구고 있는 어머니와 두 손을 하늘을 향해 높이 들고서 절규하는 어머니의 모

홍성담의 판화 〈헌혈 행진〉.

습이 교차한다. 두 어머니의 얼굴은 말로 표현할 수 없는 비탄의 정
조를 드러낸다. 광주가 겪은 아픔은 그렇듯 슬픔과 저항이 포개진
표정 속에 있다. 도미야마 다에코의 판화 〈자유광주〉(1980)에서는
'자유 민주' '민주주의 만세' '비상계엄 해제'를, 〈시민의 힘〉(1980)에
서는 '같이 죽고 같이 살자'고 외치는 사람들의 모습이 새겨져 있다.
이외에 파리에서 활동하고 있던 이응로의 〈군상〉(1982, 1986) 시리
즈와 재일동포 작가인 송영옥의 〈5·18 광주〉(1982) 등을 들 수 있다.
　　　작가들의 작업과 더불어 1983년부터 1992년까지 개설된 광
주시민미술학교를 중심으로 한 일반 시민들의 활동 또한 빼놓을 수
없다. 홍성담은 광주시민미술학교에서 대중교육의 매개로 판화라
는 장르를 활용한 이유를 다음과 같이 설명한다.

4부. 기억, 증언, 예술

도미야마 다에코의 판화 <광주 피에타>.
광주시립미술관 하정웅 컬렉션 소장.

송영옥의 <5·18 광주>.

판화는 그 장르의 성격이 반독점적이면서 어린아이들의 표현처럼 순수함을 얻을 수 있는 반기능적인 측면을 가지고 있습니다. 그리고, 깎고, 파고, 찍어서 자신의 기쁨과 아픔의 체험을 남에게 전하고 받을 수가 있습니다. 누구든지 일의 즐거움과 창작의 충족감을 남에게 줄 수 있다는 이 순수한 체험은 오늘과 같은 일 그러지고 찢겨진 수많은 '익명의 개인들'의 시대에 꼭 필요한 체험입니다. 이 체험은 대중이 스스로의 메시지를 획득한다는 의미이며, 바야흐로 정직하고 튼튼한 민중예술이 그 형체를 드러내게 되는 것입니다.[39]

광주항쟁의 기억을 말하는 것이 쉽지 않던 시기에 평범한 사람들이 겪은 고통을 직접적으로 표현한 작품들은 드문 편이었다. 시민들은 〈지게꾼〉 〈근로자〉 〈배관공〉 〈행상 아줌마〉 〈소외된 인간〉 등의 제목이 붙은 판화에 광인, 노동자, 부랑자, 불구자 등 민중들의 맨 얼굴들을 새겼다. 판화라는 장르를 통해 광주 체험 이후의 '체념'과 '절규'를 사회 현실에 빗대 표현한 작품들은 일반 시민들에게 많은 공감을 얻었다. "문화적 재현을 통해 구체적인 이미지로 광주가 부활하는 순간, 오월항쟁은 더 이상 지나간 과거일 수가 없었다. 광주시민미술학교는 오월항쟁의 대항 기억이 형성되는 문화적 자양분이었다."[40]

이태호는 1980년대와 1990년대 민중미술의 방향을 다음과 같이 비교한다. "1980년대 대중운동 속의 선전미술이나 목판화, 회화나 조각 등의 5월 관련 작업이 좌절감을 딛고 투쟁성을 강조한 호소력이나 시적 감수성이 두드러진 데 비하여, 1990년대 5월 미술은 민주화의 진전에 따라 '죽은 자'의 넋에 대한 해원(解冤)이나 기록화적 방향으로 긴 호흡의 소설적 형상화를 이루어낸 편이다."[41] 저항과 상처의 해원은 5월 문화예술운동의 중심 주제였다.

예를 들어, 문학작품 속에서 전라남도 화순에 있는 운주사는 그 신비한 모습 때문에 다양한 의미로 채색되었다. 운주사가 한국 현대문학의 상상력을 일구는 근원지로서 자리하게 된 것은 1980년 5월의 경험이 크게 영향을 끼쳤다. 송기숙은 운주사의 와불을 민중들의 실패와 좌절이 아니라 민중 주체의 변혁성을 새롭게 요청하는 상징으로 해석한다. 운주사 천불천탑 설화를 통해 지금 여기가 와불이 아직 일어설 수 없는 현실이라는 비극적 인식을 드러낸다.[42]

임동확의 연작시집 《운주사 가는 길》(1992)에서, 운주사는 "끊임없이 슬픔의 항해를 재촉하던 아흔 굽이 죽음의 기항지"(〈첫닭 우는 소리-운주사 가는 길 1〉)였으며 "어딜 가도 환영받지 못한 열망들이 드디어 찾아낸 스스로들의 유배지" "유일한 임시 망명 정부"로 호출된다. 시의 한 부분을 읽어보자.

> 그 시절 거칠게 활활 타올랐던
> 너와 나의 모든 숨구멍이여
> 비록 버림받은 저주의 세월이었을지라도
> 한때나마 부끄러운 영혼들을 의탁하며
> 몸 숨길 수 있었던 은신처였으므로
> 우린 어디서든 향기로울 수 있었다
> 비록 잘못 든 길인 줄 알면서도
> 못내 견디지 못해 이탈을 노래하고
> 잠시나마 어떤 맹세에도 구속되지 않은 채
> 끝내 자유로울 수 있었던 우리는[43]

시인은 운주사라는 공간을 "그 시절 거칠게 활활 타올랐던/

너와 나의 모든 숨구멍" "기억만으로 행복한"(〈기억만으로 행복한-운주사 가는 길 5〉) 장소로 노래한다. 이렇듯 운주사는 상처로 얼룩진 과거 속의 공간으로 끝나지 않고 다시 반복하여 새겨야 할 고통의 자리이자 미래의 희망이 살고 있는 기다림의 자리로 다시 태어난다. 5월항쟁 이후 운주사는 비극적인 역사적 기억을 넘어 새로운 세상을 향한 갈망을 품은 생성의 장소이자 새로운 역사를 여는 기다림의 공간으로 자리한 것이다.

위에서 본 것처럼 운주사는 5월의 비극을 끊임없이 기억하면서 새로운 세상을 꿈꾸는 장소로 문학작품 속에 형상화되었다. 송필용의 〈꽃잎〉(1985), 홍성담의 〈천인〉(1995), 최진우의 〈천불천탑〉(1995), 이준석의 〈화엄광주〉(2008) 등에서 "운주사 천불천탑의 훼손된 모습에 직접 80년 광주의 모습을 투영한" 것은 "참혹하게 상처 입은 광주에 집중하기보다는, 주로 제의적 형식과 결합되어 있다. 이른바 살아남은 자와 떠난 자들 모두를 위한 치유로서의 해원 의식이 그것이다".[44]

더 생각해보기

황지우의 두 편의 시는 오월 광주의 아픔을 독특한 기법으로 표현하고 있다. 이 시들을 읽어보며 떠오르는 것들을 정리해보자.

김종수 80년 5월 이후 가출
소식 두절 11월 3일 입대 영장 나왔음
귀가 요 아는 분 연락 바람 누나
829-1551

이광필 광필아 모든 것을 묻지 않겠다
돌아와서 이야기하자
어머니가 위독하시다

조순혜 21세 아버지가
기다리니 집으로 속히 돌아와라
내가 잘못했다

나는 쭈그리고 앉아
똥을 눈다
—황지우, 〈심인(尋人)〉

—황지우, 〈묵념, 5분 27초〉

깊이 생각해보기

임진택은 광주항쟁 10주년을 맞이하여 1990년 5월 2일, 서울 혜화동 예술극장에서 창작판소리 〈오월 광주〉를 두 시간 동안 완창했다. 판소리라는 전통 소리 양식으로 5·18의 고통을 어떻게 재현하고 있는지에 대해 말해보고 소설, 연극, 영화 등 다른 예술작품들의 재현 방식을 비교해보자.

아니리: 이때가 새벽 4시라. 신역 전투렷다.
이날 새벽부터 광주로 통하는 시외통화가 완전히 끊기고, 고속
버스 열차도 통행이 막히고, 방송과 신문의 편집이 중단이 되었
는데, 그날사 계엄사는 "광주에 폭동이 일어났다!"하고 발표를
했것다. 허나 광주시는 이미 계엄군의 통제를 벗어나 시민 공동
체를 이루어내고 있었으니.

[평중모리]: 아침부터 주민들이 주먹밥을 만들어서
시위차량 지나가면 한 함지씩 실어주고
양동시장 대인시장 학동시장 산수시장
서방시장 아줌마들 길목마다 조를 짜서
김밥에다가 주먹밥, 김치에다 계란에다, 음료수에 빵에다가
갖가지 음식을 길바닥에 늘어놓니
한 청년 주먹밥을 두 손에 받아들고 한 입에 먹더니만
"아짐씨, 고맙소 잉. 내가 저 상녀러 공수놈들
그냥 싹 몰아낼 텡께 염려놓으쇼 잉." 다짐하니
한솥밥에 한 식구라.
—임진택, 판소리 〈오월 광주〉

참고문헌

광주민주화운동기념사업회 엮음, 황석영·이재의·전용호 기록, 《죽음을
    넘어 시대의 어둠을 넘어》, 창비, 2017.
광주전남여성단체연합 기획, 《광주, 여성: 그녀들의 가슴에 묻어둔 5·18 이
    야기》, 후마니타스, 2012.
고정희, 〈넋이여, 망월동에 잠든 넋이여〉, 고은·문병란·김준태·김남
    주·박노해 외, 5·18광주민중항쟁10주년 기념시집 《하늘이여 땅이여

아아, 광주여〉, 황토, 1990.

공종구, 〈임철우 소설의 트라우마: 광주 서사체〉, 《현대문학이론연구》 제11집, 현대문학이론학회, 1999.

극회 광대 창립 기념 문화제 팜플렛.

김남주, 〈바람에 지는 풀잎으로 오월을 노래하지 말아라〉, 백낙청·염무웅·황석영 엮음, 《조국은 하나다》, 도서출판 남풍, 1988.

김도일, 〈마당극운동〉, 《민주장정 100년, 광주·전남지역 사회운동 연구-문화예술운동·시민운동》, 광주광역시·전라남도, 2016.

김선출, 《5월의 문화예술: 기원에서 5·18기념사업까지》, 도서출판 샘물, 2001.

김성례, 〈근대성과 폭력: 제주 4·3의 담론정치〉, 윤해동·천정환·허수·황병주·이용기·윤대석 엮음, 《근대를 다시 읽는다 2》, 역사비평사, 2006.

김수영, 《김수영 전집 2-산문》, 민음사, 1981/2000.

김영학, 〈오월희곡에 나타난 몸-〈금희의 오월〉 〈일어서는 사람들〉 〈오월의 신부〉 〈푸르른 날에〉를 중심으로〉, 《드라마연구》 44권, 한국드라마학회, 2014.

김원, 〈한국 현대사와 르포: 망각된 목소리와 공감하다〉(해설), 박태순·황석영 외, 《민중을 기록하라: 작가들이 발로 쓴 한국 현대사: 전태일에서 세월호까지》, 실천문학사, 2015.

김준태·홍성담, 판화시집 《오월에서 통일로》(오월민중항쟁자료집 5), 빛고을출판사, 1989.

김행선, 《박정희와 유신체제》, 선인, 2006.

나경택, 《앵글과 눈동자》, 사진예술사, 2007.

노영기, 〈5·18항쟁 초기 군부의 대응: 학생 시위의 시민항쟁으로의 전환 배경과 관련하여〉, 《한국문화》 62집, 서울대학교 규장각 한국학연구원, 2013.

문병란, 〈민중문화의 청신호〉, 《광주문화》 창간호, 1985.3.

문선희 찍고 엮음, 《묻고, 묻지 못한 이야기》, 난다, 2016.

민주화운동기념사업회 연구소, 〈총론: 유신체제하 반독재민주화투쟁의 전개와 그 성격〉,《한국민주화운동사 2-유신체제기》, 돌베개, 2009.

민중문화연구회,《광주문화》 창간호, 1985.3.

배종민, 〈미술운동-제5장. 5·18광주민중항쟁과 민족민중미술운동(1980-2002)〉,《민주장정 100년, 광주·전남지역 사회운동 연구-문화예술운동·시민운동》, 광주광역시·전라남도, 2016.

서영채,《죄의식과 부끄러움》, 나무나무출판사, 2017.

송기숙, 〈운주사 천불천탑 설화와 변혁사상〉,《실천문학》 여름호, 실천문학사, 1991.

심영의, 〈5·18소설의 '기억공간' 연구-문순태의 소설을 중심으로〉,《호남문화연구》 43집, 전남대학교 호남학연구원, 2008.

오승용·한선·유경남, 〈5·18항쟁 당시의 유언비어와 실제〉,《5·18 왜곡의 기원과 진실》, 심미안, 2012/2015.

이태호, 〈5월 미술운동의 회고와 반성〉,《민주주의와 인권》 3권 2호, 전남대학교 5·18연구소, 2003.

임철우, 〈봄날〉,《그리운 남쪽》, 문학과지성사, 1985.

전남사회운동협의회 엮음, 황석영 기록,《죽음을 넘어 시대의 어둠을 넘어》, 풀빛, 1985.

전흥남, 〈'5·18광주민주화운동'과 '기억'의 방식〉,《현대소설연구》 58집, 한국현대소설학회, 2015.

정경운, 〈"문화적 기억"으로서의 운주사-예술적 관습을 중심으로〉,《호남문화연구》 55집, 전남대학교 호남학연구원, 2014.

정근식, 〈'임을 위한 행진곡'을 위하여〉,《임을 위한 행진곡 학술세미나》, 광주시민단체협의회·5·18기념재단, 2014.

정문영, 〈침묵의 고고학, 혹은 '유언비어'에 관하여〉,《민주주의와 인권》 14권 1호, 전남대학교 5·18연구소, 2014.

정유하,《그래도 우리는 노래한다: 민중가요와 5월운동 이야기》(5·18연구소 학술총서), 한울, 2017.

조영래,《전태일 평전》, 돌베개, 1991/2005.

최정운,《오월의 사회과학》, 오월의봄, 2012.

5월문학총서간행위원회 엮음,《희곡》(5월문학총서 3), 5·18기념재단, 2013,

문학들.

〈오월 May〉(5·18 정신계승 기념 음반-1), 오월음악, 5·18기념재단, 2015.

'해방과 실천을 위한 노래모음집'《그날이 오면》, 연도미상.

전남대학교 총학생회와 노래패 〈햇소리〉 엮음, '노래모음 제1집'《님을 위한 행진곡》, 연도미상.

한국현대사사료연구소 엮음,《광주5월민중항쟁사료전집》, 풀빛, 1990.

홍성담, 〈시민 미술학교 보고서〉, 천주교 광주대교구 정의평화위원회 편, 시민판화집/광주시민미술학교《나누어진 빵》, 1986.

미주

1   김수영,《김수영 전집 2-산문》, 민음사, 1981.

2   조영래,《전태일 평전》, 돌베개, 1991, 215쪽.

3   같은 책, 303~304쪽.

4   김행선,《박정희와 유신체제》, 선인, 2006, 24쪽에서 재인용.

5   민주화운동기념사업회, 〈총론: 유신체제하 반독재민주화투쟁의 전개와 그 성격〉, 《한국민주화운동사 2》, 돌베개, 2009, 29쪽.

6   노영기, 〈5·18항쟁 초기 군부의 대응: 학생 시위의 시민항쟁으로의 전환 배경과 관련하여〉,《한국문화》 62집, 서울대학교 규장각 한국학연구원, 2013, 305쪽.

7   이 행사에는 박효선이 취지문을 낭독하고 황석영의 축사에 이어 임진택의 판소리, 양희은의 노래, 광태팀의 마당굿 〈돼지풀이〉 공연이 마련되었다. 극회 광대가 공연한 〈돼지풀이〉는 "이른바 돼지값 파동이라는 사태를 피해 농민의 현장에서 직접 공동 조사, 연구하고 공동창작과 연출을 통해 농민의 한과 그 극복의지를 생동감 있게 표현"(김선출,《5월의 문화예술: 기원에서 5·18기념사업까지》, 도서출판 샘물, 2001, 119쪽)한 것으로 평가받아왔다.

8   〈민중문화연구회 창립 선언문〉,《광주문화》 창간호, 1983.5.

9   《광주문화》창간호에는 특집글 〈현 단계 문화운동의 반성과 전망〉(김진경)을 비롯해 〈80년대 문학운동의 점검과 전망〉(문학 분과 임동확), 〈민중미술의 당면과제〉(미술 분과 김경주), 〈현재의 출판 상황과 앞날〉(출판 분과 고규태) 등 분과별로 문화운동의 현재를 진단하고 지역문화운동이 나아갈 길을 전망하는 글들이 게재되었다.

10 5월문학총서간행위원회 엮음,《희곡》(5월문학총서 3), 문학들, 2013.

11 김도일, <마당극운동>, 《민주장정 100년, 광주·전남지역 사회운동 연구-
문화예술운동·시민운동》, 광주광역시·전라남도, 2016.

12 전남사회운동협의회 엮음, 황석영 기록, 《죽음을 넘어 시대의 어둠을 넘어》, 풀빛,
1985, 51쪽.

13 김남주, <바람에 지는 풀잎으로 오월을 노래하지 말아라>, 백낙청·염무웅·황석영
엮음, 《조국은 하나다》, 도서출판 남풍, 1988, 161~162쪽.

14 같은 책, 288쪽.

15 김준태·홍성담, 판화시집 《오월에서 통일로》(오월민중항쟁자료집 5),
빛고을출판사, 1989, 16~17쪽.

16 고정희, <넋이여, 망월동에 잠든 넋이여>, 고은·문병란·김준태·김남주·박노해
외, 5·18광주민중항쟁10주년 기념시집 《하늘이여 땅이여 아아, 광주여》, 황토,
1990.

17 5월문학총서간행위원회 엮음, 《희곡》(5월문학총서 3), 57~58쪽.

18 김영학, <오월 희곡에 나타난 몸-<금희의 오월> <일어서는 사람들> <오월의
신부> <푸르른 날에>를 중심으로>, 《드라마연구》 44권, 한국드라마학회, 2014,
129쪽.

19 최정운, 《오월의 사회과학》, 오월의봄, 2012, 25쪽.

20 정문영, <침묵의 고고학, 혹은 '유언비어'에 관하여>, 《민주주의와 인권》 14권
1호, 전남대학교 5·18연구소, 2014, 19쪽.

21 박수복 구술, 광주전남여성단체연합 기획, 《광주, 여성: 그녀들의 가슴에 묻어둔
5·18 이야기》, 후마니타스, 2012, 187쪽.

22 정미례 구술, 같은 책, 322~323쪽.

23 전남사회운동협의회 엮음, 황석영 기록, 《죽음을 넘어 시대의 어둠을 넘어》,
153~154쪽.

24 최정운, 《오월의 사회과학》, 86~88쪽.

25 오승용·한선·유경남, <5·18항쟁 당시의 유언비어와 실제>, 《5·18 왜곡의 기원과
진실》, 심미안, 2012, 165~225쪽.

26 임철우, <사산하는 여름>, 《그리운 남쪽》, 문학과지성사, 1985, 253~254쪽.

27 조승기 구술, 문선희 찍고 엮음, 《묻고, 묻지 못한 이야기》, 난다, 2016.

28 박수복 구술, 광주전남여성단체연합 기획, 《광주, 여성: 그녀들의 가슴에 묻어둔
5·18 이야기》, 63쪽.

29 광주민주화운동기념사업회 엮음, 황석영·이재의·전용호 기록, 《죽음을 넘어
시대의 어둠을 넘어》, 창비, 2017, 201쪽.

30 정유하, 《그래도 우리는 노래한다: 민중가요와 5월운동 이야기》(5·18연구소
학술총서), 한울, 2017, 115쪽.

31 이 노래는 노래극 <넋풀이>의 마지막 부분에 삽입된 곡이다. <넋풀이>는 당시
시민군 대변인으로 활동하며 도청을 사수하다가 계엄군에 의해 희생된 윤상원과
들불야학을 운영하다 연탄가스 중독으로 사망한 노동운동가 박기순 씨의 영혼
결혼식(1981)에 헌정하기 위해 만들어졌다. <임을 위한 행진곡>은 소설가
황석영이 백기완의 옥중지 <뭇비나리>의 일부를 빌려 가사를 썼고 전남대
재학생이던 김종률이 작곡했다.(구술자: 김종률. <오월 May>, 2015, 34)

32 정근식, <'임을 위한 행진곡'을 위하여>, 《임을 위한 행진곡 학술세미나》,
광주시민단체협의회·5·18기념재단, 2014, 49쪽.

33 해방과 실천을 위한 노래모음집, 《그날이 오면》, 3쪽.

34 노래모음 제1집, 《님을 위한 행진곡》, 1987, 9쪽.

35 놀이패 신명, <일어서는 사람들>, 5월문학총서간행위원회 엮음,
《희곡》(5월문학총서 3), 383쪽.

36 "온전하지 못한 곰배팔이와 곱추가 부부의 연을 맺고 음력 5월 18일에 사지
멀쩡한 아들 오일팔을 낳았다. 세월이 흘러 오일팔은 청년이 되었고 광주항쟁
동안 대장으로서 동지들을 이끌고 항쟁을 이끌다 죽음을 맞이했다." 곱추와
곰배팔이는 <꽃아 꽃아>를 부르면서 "유가족과 이웃들의 힘을 결집하는 '끈' 춤을
춘다. 그리고 유가족 전부가 합류하면 천을 나누어 가지면서 굿거리 장단에 맞추어
춤추고 노래한다." "아들 오일팔은 죽었고 당장은 공권력에 무릎을 꿇었으나 다시
피어 뜻을 이루자는 희망을 담았다. 이들의 소원인 민주주의를, 아들의 뜻을 위해
미래로 진군하겠다는 것이다."(구술자: 김태종, 전영규, <오월 May>, 2015, 45)

37 <그날이 오면>, <오월 May>, 2015, 24.

38 김준태·홍성담, 판화시집 《오월에서 통일로》(오월민중항쟁자료집 5), 146쪽.

39 홍성담, <시민 미술학교 보고서>, 천주교 광주대교구 정의평화위원회 편,
시민판화집/광주시민미술학교 《나누어진 빵》, 1986, 31쪽.

40 배종민, <미술운동-제5장. 5.18광주민중항쟁과
민족민중미술운동(1980-2002)>, 《민주장정 100년, 광주·전남지역 사회운동
연구-문화예술운동·시민운동》, 광주광역시·전라남도, 2016, 236쪽.

41 이태호, <5월 미술운동의 회고와 반성>, 《민주주의와 인권》 3권 2호, 전남대학교
5·18연구소, 2003, 3쪽.

42 송기숙, <운주사 천불천탑 설화와 변혁사상>, 《실천문학》 여름호, 실천문학사,
1991.

43 임동확, <기억만으로 행복한-운주사 가는 길 5>, 《운주사 가는 길》,
문학과지성사, 1992, 70~71쪽.

44 정경운, <"문화적 기억"으로서의 운주사-예술적 관습을 중심으로>,
《호남문화연구》 55집, 전남대학교 호남학연구원, 2014, 286쪽.

12장

물음과 선택:
"우리는 왜 총을 들 수밖에 없었는가?

한순미

1.   어쩌다 총을 들게 되었을까?

다음은 1980년 5월 25일 오후 3시, 제3차 민주수호 범시민궐기대회에서 시민군이 낭독한 성명서 〈우리는 왜 총을 들 수밖에 없었는가?〉의 일부이다.

> 우리는 왜 총을 들 수밖에 없었는가? 그 대답은 너무나 간단합니다. 너무나 무자비한 만행을 더 이상 보고 있을 수만 없어서 너도 나도 총을 들고 나섰던 것입니다. …… 너무나 경악스러운 또 하나의 사실은, 20일 밤부터 계엄 당국은 발포 명령을 내려 무차별 발포를 시작했다는 것입니다.
> 이 고장을 지키고자 이 자리에 모이신 민주시민 여러분! 그런 상황에서 우리가 할 수 있는 일이 무엇이겠습니까? 우리가 어떻게 해야 하겠습니까? 묻고 싶습니다. 우리는 더 이상 당할 수만은 없었습니다. 그래서 우리는 이 고장을 지키고 우리 부모 형제를 지키고자 손에 손에 총을 들었던 것입니다. 그런데도 정부와 언론에서는 계속 불순배, 폭도로 몰고 있습니다.

시민들은 '우리는 왜 총을 들 수밖에 없었는가?'라는 물음에 대해 무차별 발포와 무자비한 만행을 그저 보고만 있을 수 없어서 총을 들었다고 답한다. 시민들이 그날 손에 손에 총을 든 것은 가족과 이웃의 생명, 그리고 광주를 지키기 위한 정당한 방어 행위였던 것이다. 그런데 정부와 언론은 그들을 "불순배" "폭도"로 규정했다. 위와 같은 물음은 임철우의 장편소설 《봄날》에서도 만날 수 있다. 이 소설의 주요 인물인 무석, 명치, 명기는 각각 일반 시민, 계엄군, 대학생의 입장에서 광주 5월의 현장을 다르게 경험한다. 인용한 부분에서 세 인물의 내면을 읽을 수 있다.

내가 어쩌다가 이렇게 총을 들게 되었을까. …… 민주주의니, 자유니, 정의니 하는 거창한 주제 따위를 생각해본 적은 별로 없어. 난 다만 이 추한 현실을 용서할 수 없었을 뿐이야. 인간이 인간에게 이렇게까지 할 수는 없다는 것. 사람이 이렇게 개나 돼지처럼 처참하고 비루하게 죽임을 당할 수는 없다는 것. 그래서 나도 모르게, 정말 어쩌다가 보니까 총을 들게 되었을 뿐이지.[1]

적은 정작 다른 곳에 있을 터였다. 병사들을 일순간에 맹목적인 증오와 폭력과 광기의 노리개로 만들어서 동족을 처참하게 살육하도록 만들고 마침내는 형제와 친구끼리 서로 총구를 맞대도록 만들고 있는 자들, 이 추악한 범죄를 처음부터 음모하고, 조종하고, 관리하고 있는 자들. 바로 그들이었다, 적은.[2]

불현듯 그날 밤 광장에서의 횃불 시위의 광경이 눈앞에 떠올랐다. …… 그 이름 모를 수많은 얼굴들. …… 그 평화롭고 아름다운 행렬. 수천수만의 목소리를 한데 모아 부르던 노래 …… 윤상현, 무석형, 칠수, 순임이, 민태, 민호…… 친구들, 선배들, 그리고 이름 모를 수많은 사람들의 얼굴, 얼굴들. 그 하나하나는 저마다 작은 불꽃으로 변해 어느덧 작은 개울을 이루고, 강을 이루고, 마침내 바다를 향해 뜨겁게 굽이쳐 흘러가고 있었다. 명기는 조용히 두 눈을 감았다. 목 안에서 울컥 솟구치는 불덩이 하나를 명기는 아프게 되삼켰다. 뜨거운 눈물이 뺨 위로 흘러내렸다.[3]

"내가 어쩌다가 이렇게 총을 들게 되었을까"라고 묻고 있는

4부. 기억, 증언, 예술

무석의 얼굴에서 우리는 결연한 의지에 찬 저항적 투사의 모습이 아니라 인간이 인간을 살해하는 "이 추한 현실을 용서할 수 없었을 뿐"이라는 지극히 당연한 분노를 읽을 수 있다. 다시 말해 그날 시민들이 총을 든 이유는 윤리적 자각에 의한 행동이거나 거대한 이념으로 무장한 결과가 아니라 살육의 현장을 견딜 수 없는 생명들의 격렬한 몸부림이었던 것이다.

한편 계엄군 명치는 자신을 "맹목적인 증오와 폭력과 광기의 노리개"로 만든 사람들, 바로 학살을 주도한 그들이 광주 바깥에 있다는 사실을 깨닫는다. 그들이 바로 형제와 친구를 서로의 적으로 만들어 총구를 들이대게 한 "추악한 범죄"를 음모한 사람들이었다.

명기는 도청을 떠난 후 살아남은 자로서의 죄책감과 부끄러움으로 괴로워한다. 광주 얘기만 들어도 "형언할 수 없는 분노와 절망, 증오와 슬픔" "뜨거운 분노와 슬픔의 불덩어리"가 온몸에 전해지는 것을 느낀다. 하지만 명기는 광주의 거리에서 "수천수만의 서로 다른 개체들이 모여 하나가 되는 기적을, 그 놀라운 일치와 화해의 신화"가 펼쳐진 순간을 떠올린다. "저마다의 작은 불꽃"이 이룬 5월의 "바다"는 "뜨거운 눈물"들이 모였던 장소로 기억된다.

임철우의 소설 속 세 인물은 저마다의 상처를 다른 각도에서 증언한다. 그들은 살아남은 자로서의 아픔과 분노, 그리고 연대의 경험을 떠올린다. 각기 다른 입장들은 5월 광주에서 대치한 공수부대원들과 시민들을 단순하게 가해자와 피해자로 나눌 수 없다는 점을 보여준다.

2. 명령의 꼭두각시:
무엇이 우리를 이렇게 만든 것일까?

1980년 당시 열 살이었던 한 소년의 눈에 비친 그날의 광경은 도무지 이해할 수 없는 혼란스러움 그 자체였다.

농장다리에서 장동로터리 가는 길 중간에 보면 골목길이 있어요. 외고모할머니가 거기에 사셨어요. 학교에 안 가니까 하루는 할머니 댁으로 놀러갔어요. 할머니 댁에서 놀다가 문을 열고 나가려는데 총소리가 탕! 하고 나는 거예요. 그러고 나서 아랫집에서 학생들이 막 뛰쳐나왔어요. 문으로 나왔는지 담을 넘어 나왔는지는 모르겠는데 여하튼 학생들이 길가로 나오고 다시 탕! 소리가 나니까 어떤 학생 한 명이 그 자리에서 팍 꼬꾸라지더라고요. 그리고 바로 옆에 있던 학생 하나가 쓰러진 학생을 부축하려는데 다시 탕! 소리가 나더니, 그 학생도 쓰러졌어요. 두 명이 꼬꾸라지고 바로 공수부대원들이 뛰어왔어요. 공수부대원들이 발로 쓰러진 학생을 툭툭 건들면서 살았는지 확인을 했어요. 그때 할머니가 저를 집안으로 끌어당기셨어요. 그 장면을 목격하고 저는 진짜 놀랐어요. '어? 군인은 원래 우리 편인데?' 좋은 사람인 줄로만 알았던 군인들이 무서운 사람들이라는 생각이 들었어요.
조대 정문 쪽에서 시민들이 데모를 했어요. 시민들이 군인들에게 막 돌을 던졌고요. 그래서 저도 같이 던졌어요. 학교에서 배울 때는 군인은 우리나라를 지켜주는 좋은 사람이었는데 할머니 댁 앞에서 그 장면을 목격하고는 그게 아니라는 생각이 들었거든요. 그날 집에 가서 엄마한테 엄청 혼났죠. 하나밖에 없는

아들이 총 맞고 죽으면 어쩌려고 그런 짓을 했느냐고요.[4]

아이의 눈에는 "좋은 사람인 줄로만 알았던 군인들이 무서운 사람들"로도 보였다. "우리 편"이라고 생각했던 군인들이 왜 시민들을 향해 총을 쏘는지 그 이유를 알 수 없었다. 아이의 눈에 비친 혼란스러운 풍경은 그날 그 거리에서 시민들과 군인들이 왜 서로 적이 되어야 했는지에 대해 다시 생각해보게 한다. "우리나라를 지켜주는 좋은 사람"인 군인들은 왜 무고한 시민들을 잔인하게 학살한 것일까. 그들을 그렇게 만든 것은 대체 무엇이었을까.

한승원의 소설 〈어둠꽃〉(1985)에서는 이렇게 되묻는다. "우리를 이렇게 만든 것은 누구일까. 그의 눈앞에서는 어둠이 술렁거리고 있을 뿐이었다. 어둠이 우리를 이렇게 만들었다. 이 어둠을 누가 만들고 있는가."[5] 이어서 이 소설은 당시 공수부대원이었던 한 남자의 고통스러운 삶을 들려준다.

그가 그때 광주 안에 얼룩무늬 옷을 입고 나타났고, 그날 광장을 향해 총알을 날렸고, 방망이를 휘둘러대던 사람이라는 것을 아는 사람은 아무도 없었다. 중매를 선 사촌누님이나 취직 자리를 알선한 매부인 고근홍 상무까지도 그 사실을 알지 못했다. 공수부대에 몸을 담고 있기는 했지만, 자기가 소속되어 있는 부대는 그 무렵에 부산에 있었다고 거짓말을 했다. 서울에 살고 있는 그의 아버지나 어머니나 동생들까지도 그렇게 알고 있었다. 자기 가족들에게도 그는 사실대로 말을 할 수가 없었다.

제대를 한 다음 고근홍 상무 밑에서 일을 하면서부터 그는 자기를 비롯한 수많은 군인들이 누군가에게 이용을 당했다는 것을 깨닫기 시작했다. 그러나 그 깨달음마저도 발설을 할 수가 없었다. 자기가 그때 그렇게 그 도회에 투입되어 총칼을 휘둘렀다는 사실을 참회하는 투로 털어놓는다 할지라도 자기는 사람들한테 밟혀 죽게 될 것 같았다. 그 비밀은 응어리가 되어 그를 자나 깨나 아프게 고문을 하곤 하였다.[6]

〈어둠꽃〉의 주인공 종남은 공수부대원으로 참여한 자신의 과거를 누구에게도 말하지 못했다. 그 사실을 혼자만의 비밀로 간직한 채 어둠 속에서 숨어 지내야만 했다. 종남은 차츰 그날 수많은 군인들이 누군가에게 이용당했다는 사실을 깨닫기 시작한다. 그러나 그런 깨달음마저도 말할 수 없었다. 종남은 정신분열증을 앓고 있는 아내 순애를 만나게 된 것이 자신이 저지른 죄를 속죄하는 길이라고 생각한다.

정찬의 〈새〉(1995)는 당시 계엄군과 시민군으로 참여한 인물들의 트라우마를 그린 작품이다. 아래에 인용한 소설 속 한 장면은 진압군 김장수가 시민군 박영일과 만나게 된 후 자신의 심경을 토로하는 대목이다.

그는 누구인가. 누구이길래 나를 이토록 곤경 속으로 몰아넣는가. 그는 수많은 희생자 중의 한 사람일 뿐이다. 게다가 그는 죽지 않고 살아 있다. 그가 만약 나의 정체를 안다면 나를 증오할까? 그가 증오한다면 그것은 지극히 부당한 일이다. 그와 나는 명령의 공간 속에서 우연히 만났을 뿐이다. 그들은 폭도였고, 우리들은 폭도들을 진압하는 군인이었다. 진압은 명령에 의해 이루어졌다. 군인에게 있어서 명령이란 절대적 목소리다. 그 도시는 명령의 도시였고, 우리들은 명령의 꼭두각시였다. 우리들의 손은 단지 명령의 근육에 의해 휘둘러졌을 뿐이다. 그 속에서 나는 결코 존재하지 않았다. 나에게 있어서 그 도시는 가상의 도시일 뿐이다. 그런데 왜 그 가상의 도시에 있었던 한 사람이 불쑥나타나 나를 괴롭히는가. 이것은 도저히 있을 수 없는 일이다. 꿈속에서 굴러다니는 돌멩이 한 개를 주머니 속에 무심코 집어넣었다고 해서 그것이 꿈 밖으로까지 빠져나올 수 있는가.

김장수는 고개를 설레설레 흔들었다.

그에게 증오의 대상이 필요하다면 그 대상은 명령을 내린 자들, 혹은 운명이어야 한다. 시위대 속의 수많은 사람들 중에 그의 얼굴이 내 눈 속으로 들어온 것은 운명이었다. 누구라도 그 속에 있을 수 있었다. 햇빛 가득한 그 속에. 그가 선택된 것은 운명이었다.[7]

김장수는 박영일을 만난 이후 그날 광주에서 일어난 피의 기억을 떠올린다. 하지만 김장수는 만약 박영일이 진압군이었던 자신을 증오한다면 부당한 일이라고 생각한다. 그 도시에서 자신은 폭도를 진압해야 한다는 "명령의 꼭두각시"에 불과했다고 판단하기때문이다. 그러므로 박영일이 진정 증오해야 할 대상은 진압군이아니라 "명령을 내린 자들, 혹은 운명이어야 한다"라고 말한다. 김장수의 독백은 독일 나치스 친위대원으로 제2차 세계대전 중 유대인을 학살한 전범 오토 아돌프 아이히만을 떠올리게 한다.[8]

그동안 5·18 희생자와 관련한 논의에서 계엄군들의 정신적피해에 대해서는 별로 주목하지 않았다. "5·18항쟁의 진압 직후, 피해 입은 계엄군에 대한 물질적 보상은 있었지만 정신적 상처는 치유되지 못했다. 이들도 '국가폭력'의 또 다른 희생자일 수 있다. 그들은 1989년 청문회 이후 자신들이 광주에서 겪었던 일을 가족들에게 떳떳하게 말하지 못했을 것이다."[9] 나아가 계엄군들의 트라우마에도 관심을 가져야 하는 이유는 그러한 진압 형태가 "5월이라는 특수한 역사적 맥락에만 존재하는 것"이 아닐 수 있기 때문이다. "증오의 메커니즘에 의해 형성된 이 진압기계의 강렬함과 지배적인 힘은 언제든 그리고 어디서든 그 형태를 달리하여 출현할 수 있다."[10]

앞서 읽은 한승원과 정찬의 소설들은 피해자와 가해자의 트라우마에 동시에 관심을 가져야 한다는 점을 일깨워준다. 그것은 학살에 가담한 가해자에 대한 정당한 처벌이 필요 없다고 말하려는 것이 아니다. 피해자와 가해자 모두의 고통스러운 내면을 살피는 작업은 우리 모두가 가해자이면서 피해자일 수 있다는 반성적 태도를 요청한다.

3.   가해자이면서 피해자: 똑같이 아픈 사람들

광주 5월이 남긴 희생은 피해자와 가해자로 나누어 접근할 수 있는 문제가 아니다. 비극적인 역사 속에서 누가 가해자이고 피해자인가. 가해자와 피해자를 분별하는 일이 가능하긴 할까. 역사 속의 가해자와 피해자를 구분하는 일이 쉽지 않다면 진정한 용서와 화해의 자리가 과연 가능할 수 있을까. 여기에서 역사적 고통과 기억을 진정으로 치유해나가기 위해서 우리가 감당해야 할 일들이 무엇인지를 다시 한 번 상기해보자.

임철우의 소설은 야만적인 범죄가 일어난 광주에서 외롭게 죽은 사람들을 그저 지켜만 봤던 다수의 사람들을 향해 우리 모두가 바로 그 학살에 암묵적으로 동조하고 협력한 '공범'이라고 말한다.

그녀는 공범이었다. 남편도, 다섯 살 난 아들도, 자취하는 계집애들도, 한결같이 공범자들이었다. 그들이 자신에게 닥칠지도 모를 위험을 회피하기 위해 스스로 방임해두고 있는 완충지대에서 그 끔찍한 범죄는 독버섯처럼 자라나고 있었고, 그 독버섯을 키우고 있는 사람들은 다름 아닌 바로 그들 자신이었다. 분명히 그녀들은 어떤 음모를 묵인하고 있었고 그 범죄에 결과적으로 협력하고 있는 셈이었다.[11]

"너희들이야. 너희들이 바로 아이들을 죽인 거야! 거짓말하지 마. 너희들은 모두 알고 있어. 더 이상 속이려 들지 마! 너희들이야. 아이들을 죽인 것은 너희들이란 말야! 너나없이 우리는 공범이야! 모두가 똑같은 공범이라구!"[12]

보고 있다
거리가 도살장으로 변해버린 것은
순식간이었다

그리고 저들이 일제히,
일제히 총검을 빼들어
우리들 목줄기를 겨누고 있는 모습을

벽 너머에 몸을 숨기고
사람의 목숨이
일순간에
파리목숨으로 변하는 것을
보고 있었다.[13]

홍성담의 판화 <구경꾼들>.

그때 광주에 갇힌 사람들은 광주 바깥에서 구원자가 와주길 애타게 기다리고 있었다. 죽음의 광경을 그저 구경만 하고 있던 사람들은 학살을 자행했던 가해자들과 똑같은 공범인 것이다. 임철우는 광주 밖에서 학살의 현장을 지켜봤던 방관자들과 싸움의 뒤편에서 명령을 내린 사람들이 결국 공범이라는 인식에 도달한다.

홍성담의 판화 〈구경꾼들〉에는 처참한 학살의 광경을 두 눈으로 지켜봤던 사람들의 얼굴이 새겨져 있다. 경악과 공포, 분노로 감싸인 얼굴 표정은 무엇을 말하고 있는가. 우리는 광주의 거리에 있었던 사람들이 단순하게 가해자, 피해자, 방관자로 나뉘는 것이 아니라 그들이 똑같이 아픈 사람들이라는 것을 읽을 수 있다.

공선옥의 《그 노래는 어디서 왔을까》에서는 이렇게 묻고 답한다. "왜 지금 맞은 사람이나 때리고 몹쓸 짓을 한 사람이나 똑같이 아픈 것일까." 소설은 5월을 겪은 사람들 중 누가 좋은 사람인지 나쁜 사람인지는 알 수 없어도 "다만 그가 아픈 사람이라는 것만"은 분명하다고 말한다.

> 그는 군인들에게 맞았다는데, 혹시 용순의 남편이 그를 때린 것일까. 그를 군홧발로 짓밟고 총개머리로 두들기고 칼로 찌른 것일까. 그래놓고는 또 끌고 가서 감옥에 처넣고 삼청교육대에 집어넣었던 것일까. 뿐만 아니라, 정애한테 몹쓸 짓을 한 것도 용순의 남편일까. 그런데 왜 지금 맞은 사람이나 때리고 몹쓸 짓을 한 사람이나 똑같이 아픈 것일까. …… 용순의 남편 오만수가 나쁜 사람인지, 훌륭한 사람인지를 나는 알 수가 없었다. 다만 그가 아픈 사람이라는 것만을 알아볼 수 있을 뿐.[14]

그날 그 거리에서 어느 편에 속해 있었든지 간에 그날 이후 사람들은 모두 미쳐버렸거나 여전히 아파하고 있었다. 그러므로 그 사람들을 학살자, 저항의 주체 혹은 희생자, 도망자, 가해자로 분류하는 것만으로는 아픔의 내면을 제대로 들여다볼 수 없다. 기억의 상속자들이 앓고 있는 다층의 트라우마는 결코 동일한 방식으로 치유할 수도 없다. 지금 우리에게 남은 문제는 "살아남은 자들"을 가해자와 피해자의 대결 구도로 파악하지 않으면서 다양한 사람들이 겪은 아픔을 응시하는 일이다. 간결한 언어로 설명할 수 없는 아픔들, 그 혼돈의 영역을 사유하는 것은 상처의 지층을 더욱 면밀하게 살피도록 한다.

　　이인휘의 소설집 《폐허를 보다》(2016)에 실린 소설 〈시인, 강이산〉에서 '나'는 강이산이 죽기 전까지 살았던 가리봉 오거리 벌통집으로 찾아간다. 강이산은 광주항쟁 이후 학교를 포기하고 공장으로 들어간 후 군사쿠데타, 계엄령 선포로 이어지는 격동기에 공단의 노동활동가로 지냈다. 강이산과 함께한 노동자 박영진이 분신자살을 하면서 이 땅의 노동자들에게 마지막으로 남긴 말은 "끝까지 투쟁하라!"였다. 그러나 국가는 그들을 국가 전복의 위험을 내포한 자들로 규정했다. '나'의 괴로움은 강이산이 세상을 떠났다는 슬픔 때문만이 아니다. '나'는 강이산의 장례식에 간 후에야 그가 견뎌왔던 고통스러운 경험을 듣게 된다. 강이산은 왜 광주항쟁 당시 도청에 있었고 그 후 어떤 길을 걸었을까?

　　80년 광주항쟁이 일어났을 때 강이산은 전남대 기숙사에서 생활하던 형의 소식을 찾아 거리로 나왔다가 사흘 후 도청 앞에 늘어놓은 시신 속에서 총알이 복부를 관통한 형의 죽음을 보았다고 합니다. 그 순간 그는 험난한 역사의 소용돌이 속으로 빠져들고 말았습니다. 견딜 수 없는 슬픔과 분노로 총을 쏘는 법도 배였습니다. 5월 27일 탱크를 앞세운 계엄군이 금남로를 포위할 때도 도청에 남아 총을 들었습니다. 새벽 네 시, 군인들이 소나기처럼 총탄을 퍼붓자 도청은 순식간에 피바다가 됐습니다. 강이산은 모래주머니로 겹겹이 쌓아놓은 엄호 안에서 단 한 발의 총을 쏘고 웅크리고 있다가 체포됐습니다.

상무대로 끌려가서 짐승처럼 학대받다가 고등학생이라는 이유로 석 달 후 풀려났습니다. 강이산이 집으로 돌아왔을 때 어머니는 아무런 말도 없이 아들을 껴안고 먼 산을 쳐다만 봤습니다. 그는 며칠 동안 집 안에 박혀 있다가 광주로 나섰습니다. 시위 현장에서 접한 '들불야학' 사람들의 말과 그들의 소식지를 본 기억 때문입니다. 그는 꿈처럼 펼쳐진 잔혹한 현실의 내막을 알고 싶어 그들을 찾아 나섰습니다. 그들로부터 노동운동이라는 낯선 말을 접하면서 일 년 후 인천 주안공단으로 들어섰습니다.[15]

강이산은 광주에서 학교를 다니던 형이 총에 맞아 죽은 것을 본 후 광주항쟁의 마지막 격전지 전남도청에 남아 총을 들었다. 이후 그는 들불야학을 찾았고 노동 현장으로 들어서게 되었다. '나'는 오랫동안 강이산을 만나왔는데도 그가 직면했을 힘겨운 물음과 선택에 관해서는 아무것도 묻지 않았다. 광주의 상처에서 벗어나지 못한 강이산이 무등산 자락에서, 채석강에서 자신을 불러내 망월동과 어머니에 관한 이야기를 시원하게 털어놓지 않은 이유를 묻지 못했던 것이다.

살아남은 자들이 느낀 죄책감과 부끄러움은 타인의 고통에 대한 공감과 연민의 감정을 넘어선 것이다. 그 감정은 살아남은 자들에게 새로운 책임과 의무를 부과한다. 다시 말해 "타인의 고통에 나의 행복이 빚지고 있음을 깨달을 때, 우리가 느끼는 가책과 부끄러움이야말로 우리에게 그 빚을 갚으라는 의무를 부과하는 것이다".[16] 이 부끄러움은 자발적인 민중의식으로 성장하고 지속적인 집단 정서로 자리해 역사적 실천을 이끌어내는 힘이 된다. "인간이 다른 인간의 슬픔, 고통, 절망을 깊게, 함께 느낄 때 역사는 전진한다. 타자의 고통을 함께 느낄 수 있는 인간, 그 고통을 끝까지 끌어안으려는 실천이 역사를 앞으로 가게 만들 수 있다. 5월 민중의 위대한 항쟁은 그것을 증명했다."[17]

5월 광주에서 정점에 달한 저항과 분노, 슬픔과 고통, 억울함과 서러움, 증오와 복수, 저주와 원한은 우리 곁에 여전히 살아 있는 역사적 현실이다. 5월의 거리로 모여든 평범한 사람들의 저항과 죽음을 떠올리기 위해서 지금 우리에게 필요한 것은 시공간의 격차를 넘어서 공감과 연대할 수 있는 능력이다. 가해자와 피해자의 이분법적 대립 구도를 벗어나 모두가 평범한 사람들이라는 인식이 필요하다.

4. 부끄러움과 죄의식

5·18은 분단 이후 우리의 삶에 내장된 아픔들이 한꺼번에 터져나온 사건이었다. 그날을 통과하면서 이전에 통용되었던 단어들은 단일한 의미로 규정할 수 없을 만큼 중층적인 성격을 지니게 되었다. 가령, 1980년 5월 27일 숨어 있던 시민군을 발견한 계엄군은 "지가 뭔데 태극기를 품고 있어. 이 새끼 간첩이 아닌가. 빨갱이 아냐"[18]라고 말했다. 여기서 우리는 광장에서 휘날리던 "태극기"가 "간첩"과 "빨갱이"를 식별하는 표지가 되고 있는 장면을 볼 수 있다. 태극기로 시체들을 감싸고 "애국가"를 부르던 사람들은 불과 며칠 만

에 "폭도" "불순분자" "극렬분자"로 내몰린 것이다.

5·18을 경험한 작가들은 한국 근현대사의 비극적인 역사 기억을 새로운 각도에서 성찰하기 시작한다. 송기숙, 한승원, 문순태, 임철우 등 많은 작가들은 5·18의 직간접적인 경험을 바탕으로 제주 4·3, 여순사건, 한국전쟁, 4월혁명, 유신독재로 이어진 역사적 트라우마를 서사화한다.

임철우의 소설은 분단과 전쟁을 직접 체험한 세대의 작가들과 다른 방식으로 역사적 트라우마를 서사화한다. 임철우의 소설 쓰기는 5월 광주의 직접적인 체험에서 비롯된 실천적 행위이자 살아남은 자의 의무감으로 시작된 중대한 작업이다. 그의 소설들은 광주의 트라우마를 서사적 근원으로 하여 그 체험의 강도를 한국 현대사 전체로 확장한다.[19] 임철우는 1980년 5월과 마주친 순간을 이렇게 기억한다. 그에게 소설 쓰기란 결코 망각되어서는 안 될 역사적 폭력의 기원을 더듬는 일과 다르지 않다.

한 사람의 생애에서 더러는, 저 혼자 힘으로는 결코 건널 수 없는, 운명과도 같은 거대한 강물과 맞닥뜨리기도 하는 법이다. 그해 5월, 그 도시에서 바로 그 강과 마주쳤을 때 나는 스물여섯 살의 대학 4년생이었다. …… 어느 사이엔가 내 두 손이 누군가가 흘린 붉은 피로 흥건히 젖어 있음을 난 깨달았다. 한동안 그 불길한 핏자국을 지워내려고 몸부림쳤지만, 그것은 끝끝내 내게 낙인처럼 남아 있었다. 결국 그것은 내 몸의 일부가 되었고, 조금씩 흐릿해지기는 할망정 그것과 함께 앞으로도 평생 보내게 되리라는 것을 이제 나는 안다. …… 고백건대, 그 열흘 동안 나는 아무 일도 하지 못했다. 몇 개의 돌멩이를 던졌을 뿐, 개처럼 쫓겨 다니거나, 겁에 질려 도시를 빠져나가려고 했거나, 마지막엔 이불을 뒤집어쓰고 떨기만 했을 뿐이다. 그 때문에 나는 5월을 생각할 때마다 내내 부끄러움과 죄책감에 짓눌려야 했고, 무엇보다 내 자신에게 '화해'도 '용서'도 해줄 수가 없었다.[20]

임철우에게 5·18의 "붉은 피" "그 불길한 핏자국"은 평생 잊지 못할 저주의 "낙인"을 "몸의 일부"에 각인시켜주었다. 그래서 그는 광주의 5월을 생각할 때마다 "부끄러움과 죄책감"에 짓눌려 살아야 했고 "내 자신에게" 아직까지 그 어떤 "화해"나 "용서"도 해줄 수 없다고 단호하게 고백한다. 임철우의 소설에서 5·18이라는 사건은 그와 같은 역사적 폭력과 희생이 더 이상 반복되지 않도록 폭력의 근원을 추적하는 출발점이다. 광주의 5월은 종결된 과거가 아니라 분단 이후의 역사적 상처를 구체적으로 확인하게 하는 비극의 정점이며, 그와 같은 역사적 폭력과 희생이 더 이상 반복되지 않도록 그 폭력의 근원을 추적해야 할 성찰의 시작점인 것이다.

광주를 체험한 작가들은 5월 광주에서 직면한 폭력의 역사적 기원을 추적한다. 5월 광주는 분단 트라우마가 여전히 지속되고 있는 현재형이라는 사실을 뚜렷하게 확인시켜주었다. 그날이 남긴 통증은 부끄러움, 빼앗김, 억울함, 증오, 복수 등 여러 감정들과 함께 회귀한다. 일제 강점기, 한국전쟁, 4·19와 5·16, 유신독재, 광주항쟁, 세월호를 겪으면서 한국의 마음에 자리한 '부끄러움과 죄의식'의 감정을 읽는 것은 겉으로 드러나지 않은 다른 역사를 보게 한다.

1980년대 한국문학이라 통칭할 수 있는 문학작품들 모두에 스며 있는 것이 바로 그 부채의식이라 해도 지나친 말이 아니다. 그 부채의식의 스펙트럼은 넓어서, 극단적인 죄의식에서부터 부끄러움과 복수심, 그리고 그것들에 대한 반발로서의 냉소주의에 이르기까지 매우 다양하지만 그로부터 자유롭기는 힘들었다. 그것은 문학으로 표현된 1980년대적 정신의 핵자를 이루고 있었기 때문이다.[21]

폭력으로 인해 언어를 박탈당한 자들은 더 이상 이전과 똑같은 언어로 말할 수 없다. 이것이 바로 지금 우리가 지속되는 분단 트라우마를 형상화한 문학예술에서 읽어야 할 침묵의 자리가 아닐까? 또한 5·18의 기억이 또 다른 역사적 기억들과 연대하기 위해서는 "입이 없는 이들을 오감(五感)을 통해서 만나"고 "문자로 회귀되지 않는 재현의 형태"들에도 관심을 기울여야 한다.[22] 투명하게 재현할 수 없는 침묵의 공간을, 뼈와 살과 피로 얼룩진 상처 자국들을 상상하는 태도가 필요하다.

5. 발언과 실천: 너는 결코 죽지 않았다

5·18에 관한 사실을 규명하는 작업과 더불어 다수의 증언집이 나왔다고 해서 5·18이라는 사건이 마무리된 것은 아니다. 이제 5·18에 관한 증언들은 다만 고통의 기억을 정리한 것에 그치지 않고 어떤 생각들을 개시하고 고통과 연대하는 매개로서 의미를 획득한다. 5·18 이전과 그 이후에 지속된 역사 폭력을 생각한다는 것은 궁극적으로 분단 이후 국가폭력의 실체가 무엇인지를 묻는 일이다.

"말은 실천을 위해 있을 때 말이지 말은 말을 위해 있을 때는 말이 아니다."[23] 이것은 어떤 발언의 시작이다. 다시 말해 5·18이 요구하는 증언이란 단지 사실을 말하는 것만으로 끝나지 않는 말들의 행렬이며 이전의 말들을 회복하기 위한 움직임이다. 5월을 말하고 쓰기 위해서는 마지막까지 도청에 남아 있었던 그들의 눈빛에 가장 마지막으로 찍힌 것들이 무엇이었는지를 떠올리지 않으면 안 된다. 마지막 날 밤에 그들은 무슨 생각을 하고 있었는지, 그때 그들의 마음속에는 어떤 음악이 흐르고 있었는지, 죽음 직전에 그들은 무슨 이야기들을 함께 나누었는지를 생각해야 한다. 다시, 이제 막 총을 맞고 숨을 거둔 '너'의 몸을 읽어본다.

누가 너를 보고 죽었다 하랴. 네 무덤 앞에서 사람들은 분향을 하고 술을 따르고 꽃다발을 바치며 말했었다. 망자의 뼈가 삭아 스며든 한줌 진흙에 언젠가는 한 알의 작은 풀씨가 날아와 뿌리를 내리리라고, 그 뿌리는 다시 뿌리를 뻗고 그 뿌리는 또 다른 뿌리를 낳아서 더 굵고 더 억센 풀뿌리가 이윽고는 들판을 덮고 산을 덮고 온 땅을 가득히 덮으리라고. 하지만 열에 떠 읊조리고 있는 그들 곁에서 나는 홀로 그들을 비웃었다. 너는 결코 죽지 않았다. 겨우 지게 두 짐만큼의 진흙더미를 가슴 위에 올려놓고 일어서지 못하는 한줌 삭아빠진 시신을, 그리고 흙 묻은 뼈다귀와 부패한 살점의 악취와 흐물거리는 오장의 어디쯤에 틀어박혀 있을 종류 미상의 녹슨 쇠붙이 파편 몇 개를 어떻게 너의 전부라고 할 수 있을 것이냐. 어찌 한 인간의 생명이 고작 육신의 죽음과 함께 끝나버리고 마는 것이랴. 살덩이를 흙 속에 묻고 나서 너는 나의 기억 속으로 살아 걸어들어왔다. 그리고 너는 이제 내가 죽는 날까지 나와 함께 살아갈 것이다. 그것은 참으로 완전한 저주였다. 이제 영영 네 손아귀로부터 벗어나지 못할 것임을, 너로 하여 내 발에 채워진 족쇄로부터 영원히 자유롭지 못할 것임을 나는 알았다. 너는 밤마다 방문을 잡아 흔들며 문을 열어달라고 애원한다. —어디에 있었느냐, 그 새벽 네 이름을 불

러 찾았을 때 너는 어디서 무얼 하고 있었더냐······ 하고.[24]

　살아 있는 '나'는 '너'의 몸을 흙 속에 묻는 것만으로 '너'가 죽었다고 말할 수 없다. 흙 속에 시체를 묻었다고 해서 한 생명의 죽음이 완성될 수 있는 것은 아니다. 시체는 나무의 뿌리로 변형되어 언젠가 온 땅을 덮을 것이다. '너'의 죽음을 애써 망각하려 하면 할수록 기억은 더욱 선명한 빛으로 되살아난다. 자신의 죽은 몸을 보지 못하고 말하지 못하는 '너'를 대신해 살아 있는 '나'는 매일 밤 찾아오는 '너'를 맞이할 것이다. 당신들이 우리와 함께 "영원히" 살아가게 되리라는 사실을 알고 있다. 그러니까, "너는 결코 죽지 않았다".
　위에서 읽은 문장들은 5월의 넋들에게 바치는 추모나 애도의 글이 아니다. 이것은 죽은 자들이 살아남은 자들에게 남겨준 "저주"이다. 그것은 살아남은 자들이 벗어날 수 없는 저주의 경험을 상기하면서 이후의 삶을 어떻게 살아가야 할 것인지를 생각하게 한다. 도대체 그날 '너'에게 무슨 일이 일어났는지, 그리고 그날 이후부터 '너'는 어떻게 살아왔는지, 그날 이후 우리의 몸과 마음은 어떻게 달라졌는지, 그리고 앞으로 우리가 어떻게 살아가야 할 것인지를 생각하게 하는 혼돈의 진원지이다.

　　살아 있는 몸을 의지로 바꾼 남자가 죽었다.
　　육체로 얻을 수밖에 없는
　　단 하나의 요구로 살았기 때문이다.
　　죽음 말고는 더 이상 잃을 것도 없는 사람에게
　　죽음은 죽음을 죽음답게 하는 산 증거의 전부였다.
　　제압은 평온을 의미하지 않는다.
　　악랄한 폭력은 기억까지 깨부수지는 못한다.

광주는 요구이고
거절이고
회생이다.
하나로 합쳐진 복합적인 의미를
그 어떤 힘이 으스러뜨린다는 것인가.
끊을수록
선명해져가는 것은 새로운 단면이다.
살아가야 할 인생을 걸고
남자는 벽 속의 평온을 끊었다.[25]

　다음에 인용한 증언은 문장과 문장 사이에 침묵하면서 꿈틀거리고 있는 몸짓을 상상하지 않고서는 단 한 줄도 제대로 읽을 수 없을 정도로 복잡한 기억들이 얽혀 있다.

　어쩌다 정신이 돌아올 때 어머니가 그녀를 통해 확인한 내용은 이러했다. 1980년 5월 19일 오전 10시경, 외삼촌 집을 나와 광주역으로 가던 중 전일빌딩 뒤편 골목에서 공수부대원들에게 붙잡혀 두들겨 맞아 그 자리에서 정신을 잃었는데 나중에 정신을 차리고 보니 전남 무안의 정신질환자 수용소였던 애중원이었다. 그곳에서 지내다가 탈출하여 집으로 돌아왔다고 했다. 실제 애중원의 기록도 그녀의 이야기를 뒷받침하고 있다. '80년 6월 22일 정신질환자로서 목포시 동명동 부근을 배회하며 행패를 부리고 거리 질서를 어지럽히는 등 주민의 불안 심리를 유발하여 목포시 사회과에서 단속, 당시 정신증이 심해 정상적인 언어소통이 불가능하여 연고 관계 파악이 전혀 불가능한 상태여서 수용 지시에 의거 수용. 83년 12월 18일 무단이탈 퇴소'라고

기록되어 있다.[26]

이 증언의 주인공 장복순은 5·18 당시 부상을 입고 정신질환을 앓아오던 끝에 스스로 목숨을 끊었다. 장복순은 1980년 5월 서울에서 광주 외삼촌 집에 내려왔다가 어머니가 계시는 나주로 간 후 소식이 끊겼다. 3년 동안 소식이 없던 장복순은 1983년 10월 갑자기 집에 나타났고 정신분열 증세가 심각한 상태였다. 그 후 장복순은 주영국 씨와 1985년 결혼했고 1993년 10월 24일에 사망했다. 어머니도 돌아가시고 가족들도 흩어져 살고 있어서 아무도 그녀의 삶에 관해 증언해줄 사람이 없었다. 이 증언 내용은 남편 주영국 씨의 구술을 토대로 작성된 것이다.

이 여자의 삶과 죽음에 대한 증언은 몇 겹의 시간과 여러 사람들의 이야기로 이루어져 있다. 그녀가 간혹 정신이 들 때마다 했던 구술과 그녀의 말을 듣고 기억한 어머니의 이야기, 그녀가 정신병원에 수용되었던 기록, 그리고 그 모든 것들을 전해 듣고 진술하고 있는 남편의 말들이 겹쳐 있는 것이다. 이 증언은 여자가 공수부대원들에게 두들겨 맞고 정신을 잃기까지의 일들, 정신질환자 수용소였던 애중원에서 지냈던 일들, 도시의 거리를 배회하며 행패를 부리고 거리 질서를 어지럽히고 돌아다녔던 일들에 이르기까지 그녀 자신에 의해서 말해질 수 없었던 이야기들이 망각된 채 스며들어 있다. 이 여자의 삶과 죽음은 살아남은 사람들의 몸을 빌려서 또다시 증언되길 기다리고 있는 것이다.

우리는 여러 사람들의 기억과 이야기가 덧붙여진 증언에 의지해 그날 그 거리에 있었던 사람들의 마음을 상상하고 생각할 수 있다. 사건의 진상을 규명하는 작업과 함께 중요한 과제 중 하나는 그들의 경험과 기억, 마음과 생각들을 펼치는 이야기의 공간을 열어가는 일이다. 이종범은 일찍이 5·18항쟁 참가자나 목격자의 구술 증언을 바탕으로 기층민중의 경험과 생활에 대한 '미시적 사회사' 연구가 필요하다고 지적한다. "아직도 '그들은 어떻게 살았으며, 무슨 생각을 하고 있었는가?'에 대한 분석은 없다"는 그의 진단은 앞으로 해결할 과제를 제시해준다.[27]

증언한다는 것은 거리를 휩쓸고 지나간 모든 것들, 구호, 전단지, 신문 방송 보도, 함성, 숨결, 불꽃, 신음, 마음, 몸짓, 풍경들을 다시 기억하고 생각하는 것이다. "이야기와 기억을 통해 타자의 '고통'에 끝없이 응답하는 것"이 4·3과 5·18의 상흔을 진정으로 보상할 수 있는 방법이다. 박구용은 5·18 담론을 비판적으로 성찰하면서 문화예술을 매개로 한 '소통(관계)으로서의 역사'를 딛고서 '우리 안의 타자'를 발견하는 '바깥으로(에서)의 역사'를 제안한다. 여기서 바깥으로(에서)의 역사는 단순하게 과거의 역사적 사실을 규명하고, 이념을 발견하는 것에 머물거나 역사적 사건을 문화예술적으로 재현하는 작업에 머물지 않고 그 모든 것을 넘어서 새로운 역사를 다시 쓰는 작업이다.[28]

이와 같은 점에서 '5·18민주화운동'이라는 공식 명칭에서, '운동'은 단지 '정지'와 반대되는 말이 아니다. 그것은 어떤 움직임이 머물러 있는 상태를 가리키는 명사형이 아니라 어딘가로 흘러갈 것인지 도무지 예측할 수 없는 저항의 몸짓이자 꿈틀거리는 생각을 뜻하는 현재진행형 동사로 새겨 읽어야 한다. 애도는 끝없이 계속될 때에만 진정 애도다.

4부. 기억, 증언, 예술

더 생각해보기

⚙

1) 임철우는 《봄날》의 마지막 장면을 쓰면서 도청에서 마지막까지 남아 있었던 그들을 도저히 떠올릴 수 없다는 것이 그의 괴로움이었다고 말한다. 그들의 마음과 생각을 상상해보고 그들이 왜 죽음을 예감하면서도 끝까지 도청에 남아 있는 길을 선택했는지에 대해 토론해보자.

> 윤상원 선배가 총을 맞고 숨을 거두는 부분인데, 그날 도청에서의 마지막 순간 그 형은 무슨 생각을 했을까. 무슨 얘기를 나누고, 어떤 마음으로 죽음을 준비했을까. 눈을 감기 전, 그 최후의 순간에 형의 시야에 무엇이 보였을까. 그런 장면들을 눈앞에 떠올리려고, 그의 마음을 읽고, 그의 몸 안으로 들어가 느껴야 한다고 애를 쓰는데, 정말이지 너무나 힘들고 고통스러운 겁니다. 울음부터 터지고 그냥 가슴이 터질 것만 같았습니다.[29]

2) 홍성담은 그의 작품집 《불편한 진실에 맞서 길 위에 서다》(2017)에서 제주 4·3, 광주 5·18, 유신독재, 세월호, 위안부 문제, 촛불집회 등을 그림으로 이야기한다. 홍성담의 작업에서는 국가폭력에 저항해온 민중들의 얼굴이 잘 드러난다. 1980년 광주 5월에서 시작된 그의 붓길은 과거와 현재의 고통을 잇는다. 예술은 사회를 변혁하는 저항적인 "무기"가 될 수 있을까? 예술의 사회적 역할에 대해 토론해보자.

> 그림은 나에게 '도구'다. 가난하게나마 나를 먹고살게 만드는 직업이다. 또한 내가 기어코 하고 싶은 말을 대신 표현하는 도구다. 그림은 나에게 '무기'다. 저 무참한 권력들은 항상 법을 앞세우고 뒤에서 우리 등에 총과 칼을 박았다. 그림은 그들의 음모를 폭로하고, 그들의 민낯을 드러내게 만드는 무기다. 그림은 진실을 파괴하는 온갖 야만에 저항하는 지극히 단순한 내 언어일 뿐이다.[30]

3) 5·18 유적지, 망월동, 5·18민주화운동기록관 등 관련 장소를 답사한 후 5월의 기억을 증언할 수 있는 기록과 자료들의 중요성에 대해 이야기해 보자.

> 계엄군은 환자와 의사밖에 없는 병원을 향해 총을 난사했다. 정문 쪽 1층에 있는 정형외과는 캐비닛은 물론이고 모든 기기가 총구멍이 숭숭 뚫려버렸다. 계엄군은 시민군이 병원에는 총을 쏘지 않을 것을 계산하고 숨어들었을 수도 있다는 가정하에 퇴진하면서 총질을 했던 거 같다. 계엄군에 실망하지 않을 수 없었다. 아무리 적군이라 하더라도 병원에 총질할 수 있다는 그 생각 자체가 비인도적인 행위가 아닌가!
> 한참 뒤 정신 차리고 정형외과가 있는 1층으로 내려갔다. 총으로 난사당한 물건들이 여기저기 흩어져 있었다. 그중에 가장 기억에 남는 것은 총구멍이 난 가운이었다. 캐비닛 안에는 이름표가 있는 가운도 있고, 이름표가 없는 가운도 있었다. 캐비닛을 뚫고 들어간 총알은 그 안에 있는 가운에 모두 총상을 남겼다.[31]

참고문헌

공선옥, 《그 노래는 어디서 왔을까》, 창비, 2013.

광주시립미술관 소장 작품 도록 《광주의 피에타》, 광주민주화운동 25주년 기념전, 광주시립미술관, 2005.

김경욱, 《개와 늑대의 시간》, 문학과지성사, 2016.

김상봉, 〈귀향, 혁명의 시원을 찾아서: 부끄러움에 대하여〉, 《부마민주항쟁의 역사적 재조명》, (사)부산민주항쟁기념사업회 부설 민주주의 사회 연구소, 도서출판 대성, 2009.

김상봉, 〈항쟁공동체와 지양된 국가〉, 《철학의 헌정: 5·18을 생각함》, 길, 2015.

김준태·홍성담, 판화시집 《오월에서 통일로》(오월민중항쟁자료집 5), 빛고

4부. 기억, 증언, 예술

출판사, 1989.

노성만, 〈삶과 죽음의 틈새에서 '절망' 그리고 '희망'을 보았다〉, 《5·18 10일 간의 야전병원》, 전남대학교병원, 2017.

노영기, 〈5·18항쟁기 민간인 희생자들을 위한 진혼곡〉, 《역사비평》 90호, 역사비평사, 2010.

박구용, 《부정의 역사철학: 역사상실에 맞선 철학적 도전》, 한길사, 2012.

박준상, 〈무상(無想) 무상(無償): 5·18이라는 사건〉, 《빈 중심》, 그린비, 2008.

박호재·임낙평, 《들불의 초상》, 1991; 《윤상원 평전》, 풀빛, 2007.

배종민, 〈미술운동-제5장. 5·18광주민중항쟁과 민족민중미술운동(1980-2002)〉, 《민주장정 100년, 광주·전남 지역 사회운동 연구-문화예술운동·시민운동》, 광주광역시·전라남도, 2016.

송기숙, 〈운주사 천불천탑 설화와 변혁사상〉, 《실천문학》 여름호, 실천문학사, 1991.

은우근, 〈부끄러움 또는 질문하는 역사의식〉, 《가톨릭과 5·18》, 5·18기념재단, 2015.

이수인·전원하, 〈광주5월민중항쟁 전후의 국제 정세와 미국의 대한 정책〉, 한국현대사사료연구소, 《광주5월민중항쟁》, 한길사, 1990.

이인휘, 《폐허를 보다》, 실천문학, 2016.

이종범, 〈'5·18항쟁'에 나타난 '기층민중'의 경험과 생활〉, 《한국근현대사연구》 29집, 한국근현대사학회, 2004.

이준석, 〈운주사 불두 앞에서 오월 도청을 떠올리다〉, 《전라도닷컴》, 2009.5.21.

이태호, 〈5월 미술운동의 회고와 반성〉, 《민주주의와 인권》 3권 2호, 전남대학교 5·18연구소, 2003.

임동확, 《운주사 가는 길》, 문학과지성사, 1992.

임철우, 《봄날》 전5권, 문학과지성사, 1997-1998.

임철우·김정한 대담, 〈역사의 비극에 맞서는 문학의 소명〉, 《실천문학》 112호, 실천문학사, 2013.

정경운, 〈"문화적 기억"으로서의 운주사-예술적 관습을 중심으로〉, 《호남

문화연구》55집, 전남대학교 호남학연구원, 2014.

정과리, 〈신부(神父)에서 신부(新婦)로 가는 길〉(해설), 황지우,《오월의 신
    부》, 문학과지성사, 2000.

정명중, 〈증오에서 분노로: 임철우의《봄날》읽기〉,《민주주의와 인권》13
    권 2호, 전남대학교 5·18연구소, 2013.

정찬,《아늑한 길》, 문학과지성사, 1995.

한승원,《해변의 길손》, 문이당, 1999.

한나 아렌트,《예루살렘의 아이히만》, 김선욱 옮김, 한길사, 2009.

황지우,《오월의 신부》, 문학과지성사, 2000.

홍성담, 〈시민 미술학교 보고서〉, 천주교 광주대교구 정의평화위원회 편,
    시민판화집/광주시민미술학교《나누어진 빵》, 1986.

洪成潭,《光州〈五月連作版畵-夜明け〉》, 徐勝·尹浚 옮김, 五月版畵刊行委
    員會, 2012.

홍성담,《불편한 진실에 맞서 길 위에 서다: 민중의 카타르시스를 붓 끝에
    담아내는 화가 홍성담》, 나비의활주로, 2017.

미주

1   임철우,《봄날 5》, 문학과지성사, 1997, 404쪽.
2   같은 책, 178쪽.
3   같은 책, 436쪽.
4   정재명 증언, 문선희 찍고 엮음,《묻고, 묻지 못한 이야기》, 난다, 2016, 68쪽.
5   한승원, 〈어둠꽃〉,《해변의 길손》, 문이당, 1999, 340쪽.
6   같은 책, 325~326쪽.
7   정찬, 〈새〉,《아늑한 길》, 문학과지성사, 1995, 133~134쪽.
8   한나 아렌트,《예루살렘의 아이히만》, 김선욱 옮김, 한길사, 2009.
9   노영기, 〈5·18항쟁 기 민간인 희생자들을 위한 진혼곡〉,《역사비평》90호,
    역사비평사, 2010, 233쪽.
10 정명중, 〈증오에서 분노로: 임철우의《봄날》읽기〉,《민주주의와 인권》13권 2호,
    전남대학교 5·18연구소, 2013, 164쪽.
11 임철우, 〈그들의 새벽〉,《아버지의 땅》, 문학과지성사, 1997, 60쪽.

12 임철우, <불임기>, 《그리운 남쪽》, 문학과지성사, 1985, 206쪽.

13 홍성담, <구경꾼들>, 김준태·홍성담, 판화시집 《오월에서 통일로》, 빛고을출판사, 1989, 161쪽.

14 공선옥, 《그 노래는 어디서 왔을까》, 창비, 2013, 144~146쪽.

15 이인휘, <시인, 강이산>, 《폐허를 보다》, 실천문학사, 2016, 197~198쪽.

16 김상봉, <귀향, 혁명의 시원을 찾아서: 부끄러움에 대하여>, (사)부산민주항쟁기념사업회 부설 민주주의 사회연구소, 《부마민주항쟁의 역사적 재조명》, 도서출판 대성, 2009, 102쪽.

17 은우근, <부끄러움 또는 질문하는 역사의식>, 《가톨릭과 5·18》, 5·18기념재단, 2015, 163쪽.

18 이수인·전원하, <광주5월민중항쟁 전후의 국제 정세와 미국의 대한 정책>, 한국현대사사료연구소, 《광주5월민중항쟁》, 한길사, 1990, 838쪽.

19 공종구, <임철우 소설의 트라우마: 광주 서사체>, 《현대문학이론연구》 제11집, 현대문학이론학회, 1999.

20 임철우, <작가의 말>, 《봄날 1》, 9~11쪽.

21 서영채, 《죄의식과 부끄러움》, 나무나무출판사, 2017, 321~322쪽.

22 김원, <한국 현대사와 르포: 망각된 목소리와 공감하다>(해설), 박태순·황석영 외, 《민중을 기록하라: 작가들이 발로 쓴 한국 현대사: 전태일에서 세월호까지》, 실천문학사, 2015, 559~560쪽.

23 문병란, <그대의 무덤 앞에 서면-다시 불러 보는 부활의 노래>, 박호재·임낙평, 《들불의 초상》, 1991; 박호재·임낙평, 《윤상원 평전》, 풀빛, 2007, 5~6쪽.

24 임철우, <봄날>, 《그리운 남쪽》, 162~162쪽.

25 김시종, <입 다문 말-박관현에게>, 김시종, 《광주시편》, 김성례 옮김, 푸른역사, 2014.

26 5.18민주유공자유족회 엮음, 《꽃만 봐도 서럽고 그리운 날들 4: 5.18민중항쟁 증언록-상이 후 사망자편》, 5.18기념재단, 2008, 142~143쪽.

27 이종범, <'5.18항쟁'에 나타난 '기층민중'의 경험과 생활>, 《한국근현대사연구》 29집, 한국근현대사학회, 2004, 205쪽.

28 박구용, 《부정의 역사철학: 역사상실에 맞선 철학적 도전》, 한길사, 2012, 387~426쪽.

29 임철우·김정한 대담, <역사의 비극에 맞서는 문학의 소명>, 《실천문학》 112호, 실천문학사, 2013, 92~93쪽.

30 홍성담, 《불편한 진실에 맞서 길 위에 서다》, 나비의활주로, 2017.

31 노성만, <삶과 죽음의 틈새에서 '절망' 그리고 '희망'을 보았다>, 《5·18 10일간의 야전병원》, 전남대학교병원, 2017, 31~32쪽.

13장

인간의 존엄성과 공동체:

"인간이 무엇이지 않기 위해
우리는 무엇을 해야 하는가"

한순미

1. 누구에게 말할 것인가?

아조 옛날 이야기여. 순자가 방죽굴 우리 앞집서 살었드란다. 살었는디, 즈그 아부지가 지 앞에서 총 맞아 죽어부렀어. 즈그 아부지, 시앙굴 양반 피가 순자한티로 홈빡 쏟아져붓제. 그래 농게로 야가 그때부텀 농해져분 거여. 시앙굴 양반이 산사람들한테 깡냉이 몇 알 준 것이 죄가 된 것이여. 그것이 큰 죄가 되야부렀어. 사람의 자식들이 밤에 불쑥 와서는 배고파 죽겄소, 암거나 묵을 것 좀 주씨요, 허먼 짐승한티도 그럴란지거나 사람이 묵을 것 달라는디 있음사 주제 한 주던 못헌디 그것이 죄가 되야부렀어. 징헌 놈의 시상. ……

거센 비가 한바탕 쏟아지고 난 고요한 저녁 위로 묘자 할머니가 피우는 담배 연기가 한숨처럼 날아갔다. 나는 아무 말도 않기로 했다. 돼지 새끼를 박샌이 먹어버린 것도, 우물가에서 부로꾸 찍는 남자가 나에게 몹쓸 짓을 한 것도, 김주사가 순애 혼을 뺏어간 것도 다 말하지 않기로 했다. 왜냐하면 말하고 나면 나도 엄마처럼 농해져버릴 것 같았기 때문이다. 나는 그것이 겁났다. 나는 내 속에다 용을 한 마리 키우기로 했다. 그 용이 자라서 승천할 때 나는 세상을 향해 말하리라. 내 말이 빗물을 타고 내려서 세상을 적시리라. 그러면 세상 사람들이 나 때문에 울 것이다. 나한테 미안해서 울 것이다. 나한테 잘해주지 못해서 울 것이다. 그러나 나는 아직 용이 되지 못하고 용이 아닌 내 말을 듣고 울어줄 사람은 없다. 그러니까 나는 말하지 않을 것이다. 내 말을 들어주는 사람도 없고 내 말을 듣고 울어주는 사람이 없어서 나도 엄마처럼 우는 병에 걸리면 안 되기 때문이다. 내가 울면 엄마는 울지 못한다. 엄마는 울어야 살고 엄마를 살게 하려면 내가

울지 말아야 하는 것이다.¹

묘자 할머니에 따르면 순자 아버지는 배고픈 사람들에게 먹을 것을 준 죄로 총에 맞아 죽었고 그때 순자는 아버지의 피가 자신의 몸에 쏟아진 뒤로 정신이 이상해져버렸다고 한다. 묘자 할머니의 이야기는 죽은 순자 아버지와 아버지의 죽음을 목격한 다음에 미쳐버린 순자를 대신해 말하고 있는 것이다. 정애는 묘자 할머니의 이야기를 듣고 난 후 자신과 가족들이 겪은 억울한 일들을 누군가에게 말해야겠다고 생각하지만 쉽게 말이 되어 나오지 않는다. 그래서 정애는 "아무 말도 않기로 했다". "말하고 나면" 엄마처럼 미쳐버릴 수 있기 때문이다. 정애는 몸 안에 용을 키워서 용이 승천할 때 말하면 사람들이 자기에게 미안해서 울 것이라고 상상하기도 한다. 하지만 다시 "내 말을 들어주는 사람도 없고 내 말을 듣고 울어주는 사람이 없"기 때문에 "말하지 않을 것"이라고 다짐한다.

공선옥의 장편《그 노래는 어디서 왔을까》는 전쟁, 학살, 유신독재를 경험한 사람들이 5월 광주의 상처를 겪게 된 후 어떻게 살아왔고 살아가고 있는지를 그린 작품이다. 작가는 이 소설을 "하고 싶은 말은 많으나 들어주는 사람 없어 혼자 울어야 했던 그대, '광주'에 바친다"라고 말한다. 작가의 말에 따르면 이 소설은 그동안 누구에게도 말할 수 없었던 광주 사람들에게서 터져나온 울음이며 깊은 슬픔을 오직 혼자서 달랠 수밖에 없었던 사람들이 부르는 노래이다.

그 슬프고 억울한 노래는 단지 5월 광주에서만 흘러나온 것이 아니다. 이 작품에서 '광주'는 오래전의 아픔들을 한꺼번에 말하기 시작하는 장소라고 할 수 있다. 한국전쟁 전후 변두리 마을 사람들이 겪은 학살의 기억과 유신체제하의 새마을운동 시기부터 광주

4부. 기억, 증언, 예술

5월까지의 현재적 시간이 겹쳐 있다. 아래에 인용한 부분에서는 좌우 이데올로기 대립 상황에서 일어난 민간인 학살 장면과 묘자 할머니의 이야기를 듣고 난 후 정애의 내적 방황을 읽을 수 있다. 이 장면은 증언에 대한 몇 가지 질문들을 함축적으로 제기한다.

정애는 "난 살아 있고 순애는 죽었기 때문에" 살아 있는 '나'는 이미 죽은 순애를 대신해서 말해야 한다고 고쳐 생각한다. 그런 정애는 가죽나무, 뜸부기, 구렁이, 제비를 차례대로 찾아가 가족들에게 무슨 일이 일어난 것인지를 물어본다. "우리 집에 무슨 일이 있었던 거니?" 물론 정애는 아무런 대답을 듣지 못한다. 박샌댁은 "미친 세상에서 미친 사람만이 미치지 않은 거여"라고 말한다. 아버지의 죽음 이후에 정신이 이상하게 된 순자와 5월 어느 날 밤거리를 헤맨 후 미쳐버린 정애가 바로 그 광기의 시대를 증언할 수 있는 사람들인 것이다. 미치지 않고서는 부를 수 없는 노래가 여기에 있다.

전남북계엄분소에서어시민여러분께에알려드립니이다본의아니게에폭도들로부우터무기를획득하안시민으은무기를잘보관하였다가아군에서별도에지시가있을때반납하여주시기바랍니다아폭도들에합류한선량한시민이나학생은즉시귀가하십시요오불법무기를자진반납하거나자수한시민느은신분을절대로보장합니다아주변에불법으로무기를소지한자나난동을주동한자르을눈여겨보았다가사태가정상화되며는군부대에신고하여주시기바랍니다아오후여덟시이후밤거리를방황하는자느은무조건폭도로간주하겠으니밤에는일체외출을하지마십시요오두두두두두두두두두폭도들에게알린다폭도들은즉시자수하라자수한자는생명을보장한다.[2]

5월 당시 공수부대 특전사 무전병이었던 오만수가 가락을 넣어서 잇고 있는 이 말에는 "폭도들에합류한선량한시민이나학생"들에게 자진해서 무기를 반납할 것을 지시하고 "밤거리를방황하는자느은무조건폭도로간주하겠으니" 서둘러 귀가하길 촉구하는 내용이 담겨 있다. 파열된 음절들 사이에서, 그날 광장에 모여든 사람들을 "폭도"와 "시민"으로 구별짓고 "선량한 시민이나 학생"들을 위해 "폭도들"을 학살하겠다는 공수부대의 논리가 그대로 드러난다. 용순은 "대한민국의 군인"이었던 남편 만수가 왜 그렇게 되어버렸는지 도무지 이해할 수 없다. 이 미친 노랫가락은 폭도들을 진압하기 위해서 거리에 있었던 군인들마저도 결국 희생자일 뿐이라는 것을 보여준다.

소설의 마지막 부분에서 묘자는 "아이 같기도 하고 노인 같기도" 한 목소리를, 정애가 사라진 그 자리에서 "울음인지, 웃음인지 알 수 없는 노래"를 듣는다. "아아아아아이이이잉리리리리리링이이이이오오오이이이리리리리……" 울음도 웃음도 아닌 그 노래는 문자로 전달할 수 없는 고통의 흔적이며 그날 이후 그침 없이 전염되고 있는 슬픔의 가락이다. 그날을 아직 잊지 못하는 한, 우리는 그 노래를 계속 들어야 한다.

최윤의 소설 〈저기 소리 없이 한 점 꽃잎이 지고〉를 원작으로 한 영화 〈꽃잎〉(장선우 감독, 1996)은 떠도는 한 소녀를 통해 광주의 아픔을 그려냈다. 다음은 원작 소설에서 인용한 문단이다.

내가 엄마 손아귀의 뼈마디를 느꼈을 때 구멍은 이미 콸콸 흐르는 피에 엉겨 보이지도 않았어. 엄마가 내 손에 얼마나 힘을 주었을까. 아니 내가 엄마 몸에 구멍이 나는 걸 봤다고 생각하는 그때에 시커먼 휘장이 펄럭거리고 다가와 나를 덮쳤고 내 손을

영화 <꽃잎>.

영화 <박하사탕>.

영화 <화려한 휴가>.

움켜쥔 엄마와 같이…… 그냥 엎어졌나? 벌써 수천 번이나 생각해봤잖아. 그 휘장 다음은 아무것도 없어.[3]

소녀의 망막에는 구멍 난 엄마의 몸이 찍혀 있다. 그것은 영영 잊지 못할 원죄의식으로 자리한다. 소녀와 우연히 만나 함께 살게 된 '장'은 총에 맞아 죽어가는 어머니를 보았던 충격으로 미쳐버린 소녀의 아픔을 차츰 알게 된다. 고립된 광주에서 처참한 죽음들을 봐버린 사람들은 미치지 않고서 살아갈 수 없었다.

끔찍한 기억들은 쉽게 말이 되지 못한다. 말 없는 아픔은 소리 없는 소리를 낸다. 설령 말한다 해도 말을 들어주는 사람이 없을 때 그 말들은 증언이 될 수 없다. 영화 〈박하사탕〉(이창동 감독, 2000)에서 광주에 투입된 신병 김영호가 "나 돌아갈래"라고 절규하는 모습에서 우리는 그날 이후 모든 것을 잃어버린 한 사람의 절망을 읽는다. 여학생을 사살한 영호의 외침은 회복할 수 없는 5월의 깊은 상처와 접속한다. 5월을 겪은 자들은 5월 이전으로 다시 돌아갈 수 없다.

계엄군의 총과 칼 앞에서 무참히 쓰러진 평범한 사람들. 영화 〈화려한 휴가〉(김지훈 감독, 2007)는 도무지 이해할 수 없고 말로 표현할 수 없는 광경을 다시 펼친다. 계엄군의 만행에 하나둘 시위에 참여한 사람들의 저항과 죽음, 도청에서 최후의 순간을 맞이한 시민군의 표정이 생생하게 그려진다. "우리를 기억해주세요"라고 외치는 여자의 목소리가 울려 퍼진다. 도청에서 산화한 시민군의 영혼결혼식이 열리는 장면으로 이 영화는 끝이 난다. 활짝 미소를 띤 죽은 자들의 얼굴과 무겁게 침묵하고 있는 살아남은 자의 표정을 담은 결혼식 장면을 배경으로 〈임을 위한 행진곡〉이 느리게 연주된다. 살아남은 자들은 죽은 자들이 겪은 시간을 잊지 못한다.

4부. 기억, 증언, 예술

1980년 5월, 광주로 간 택시운전사

택시운전사

2017.08.02

송강호 토마스 크레취만 유해진 류준열 박혁권 최귀화 장훈 감독

영화 〈택시 운전사〉.

　　여기에서 우리는 누가 증언할 수 있고 증언해야 하는 것이며, 대체 증언이란 무엇이며 어떻게 가능한 것인가라는 질문을 다시 던지게 된다. 산 자는 죽은 자에게 일어난 일을 죽은 자를 대신해 말해야 한다. 증언은 살아 있는 사람들에게 남겨진 몫이다. 끔찍한 기억들은 쉽게 말이 되지 못한다. 증언은 당사자들과 목격자들을 포함해 살아남은 자들에게 요청되는 것이지만 들어주는 사람이 있을 때에 가능하다. 설령 무엇인가를 말한다 해도 말들을 들어주는 사람이 없을 때 그 말들은 증언이 될 수 없다.

　　앞서 예로 든 〈꽃잎〉〈박하사탕〉〈화려한 휴가〉에서는 5월 광주의 아픔을 말할 수 없었던 사람들의 비극적인 삶을 재현하는 데에 초점을 맞추고 있다.

영화 〈택시 운전사〉(장훈 감독, 2017)는 5월 광주의 거리를 다시 재현한다. 영화는 택시 운전사 만섭이 독일 기자 피터와 함께 광주로 오는 장면에서 시작한다. 이 영화 속 주요 인물인 독일 기자 위르겐 힌츠페터와 그를 태우고 광주로 온 택시 운전사 김사복은 실존 인물이다. 이 영화에서 가장 인상적인 장면은 독일 기자가 현장을 찍은 카메라 필름을 빼앗기려는 순간 광주의 진실을 알려달라고 호소하며 죽어가는 대학생의 모습이다. 피터와 김사복은 대학생의 마지막 말을 지키고자 한다. 그들은 계엄군의 감시망을 피해 광주를 탈출하는 데 성공한다. 우연히 광주로 들어온 두 사람에 의해 영원히 침묵 속으로 사라졌을 일들이 세상에 알려지게 된다.

《죽음을 넘어 시대의 어둠을 넘어》에서는 당시 광주의 실상을 카메라에 담은 '푸른 눈의 목격자'들의 역할을 다음과 같이 기록하고 있다.

> 만약 외신 기자들의 노력과 기록이 없었다면, 광주 시민의 억울한 희생과 장렬한 투쟁은 '존재하지조차 않은 사건'이 되었을지도 모른다. 이들이 진실을 외면하였다면, 광주항쟁은 말 그대로 '북한의 사주를 받은 용공분자들의 폭동'으로 기억되고 있을지 모른다.[4]

누군가 꽃잎처럼 죽어간 거리의 풍경을 광주 바깥으로 알리지 않았더라면 많은 사람들은 광주에서의 처참한 학살을 알지 못했을 것이다. 영화 〈택시 운전사〉는 그동안 5월을 다룬 영화들과 비교해볼 때 당시 고립된 광주에서 일어난 학살의 광경이 어떻게 다른 지역과 나라로 알려질 수 있었던가에 초점을 두고 있다. 광주의 진실이 어떻게 광주 바깥으로, 다른 지역과 세계로 널리 보도되었는지를 보여줌으로써 광주의 기억을 증언하는 것이 얼마나 소중한 일인지를 새삼 일깨워준다. 맨몸으로 폭력에 맞서 자유를 외쳤던 시민들이 꽃잎처럼 죽어간 거리의 풍경을 누군가 알리지 않았더라면 광주 밖의 사람들은 광주에서의 처참한 학살을 알지 못했을 것이다. 이 영화가 지금 우리에게 던져주고 있는 과제는 이미 죽은 자들과 온몸으로 겪은 자들을 대신해 그 외로웠던 항쟁을 잊지 않고 기억하는 것이며, 오랫동안 누구에게도 말할 수 없었던 고통의 세월을 증언하는 일이다.

2. 유령들의 증언

섬뜩한 폭력의 기억들은 사라지지 않고 여기로 되돌아온다. 말이 되지 못한 소리들, 고통스러운 파열음들은 이곳으로 귀환하면서 듣는 자를 요청한다. 증언은 이미 죽은 자, 미쳐버린 자, 추방된 자들에 의해 지속되고 있는 행위이다. 증언의 목록에는 죽은 자와 산 자의 경계에 거주하고 있는 소리, 노래, 광기가 포함된다. 증언은 살아남은 자들에게 부여된 몫이다. 하지만 산 자들은 이미 죽은 자들을 증언할 수 있는가? 죽은 자를 대신해 산 자가 증언한다는 것은 과연 가능한 일인가?

임철우는 《봄날》 이후에 출간한 《백년여관》에서 역사적 폭력으로 인해 희생된 사람들과 저주의 기억에서 아직 벗어나지 못한 채 고통받고 있는 사람들의 이야기를 반복한다. 《백년여관》의 배경인 영도(影島)는 "산 사람이 딱 절반, 원통한 귀신들이 딱 절반"인 "중음(中陰)의 영토"다. 그 섬에는 "육신은 살아 있으되, 사실은 한이 맺혀 벌써 죽은 지 오랜 사람들"이 살고 있다. 제주 4·3의 아픔을 겪은 조천댁, 강복수 등과 광주 5·18을 겪은 케이, 진우, 순옥 등이 중심인물이다. 백년여관에는 제주 4·3 당시 온 가족을 잃고 영도로 건너온 여관집 주인 강복수, 6·25전쟁 때 보도연맹 학살 사건 당시 어머니의 죽음을 경험한 후 기억상실증에 걸린 재미교포 요안, 베트남전에서 민간인을 학살하고 외팔이로 돌아온 문태, 5·18의 상처를 안고 사는 은희와 순옥, 소설가 진우 등이 모여든다.

제주도 조천읍이 고향인 무당 조천댁은 가족이 원통한 죽음을 당한 후 고향에서 더 이상 살지 못하고 영도로 건너온다. 무당이 된 복수 또한 1945년부터 1949년까지 스물네 차례 가족들의 죽음을 치렀고, 지금은 혼령들과 같이 살아간다. 이들은 모두 "까닭 모를 증오와 분노 그리고 절망"을 느끼면서 여전히 그 기억에서 벗어나지 못한 사람들이다.

> "선생님을 그토록 집요하게 사로잡고 있는 것은 바로 엄청난 분노와 슬픔과 증오였어요. …… 지금껏 가슴속에 불덩이처럼 삼킨 채 간신히, 정말이지 필사적으로 견뎌내고 있는, 이 비정한 세상을 향한 분노와 슬픔을 대체 이제 와서 또 어쩌라는 건가 하고요……. 그러면서도 한편으로는 선생님에게 달려가 따뜻하게 안아드리고 싶었어요. 그 분노와 슬픔이 무엇인지, 그 고통의 무게가 어떤 것인가를 저 역시 조금은 알고 있으니까요."
> "그래. 난 이 세상을, 이 놀라운 망각과 배반을 용서할 수가 없어. 하지만, 사실은 꼭 그것뿐만은 아니야. 동시에 난, 난…… 내 자신을 결코 용서할 수가 없었어."[5]

5·18을 겪은 진우가 그러하듯이, 백년여관에 사는 사람들은 "슬픔과 분노와 증오"에 사로잡혀 있다. 그들은 아직까지도 "이 세

상을, 이 놀라운 망각과 배반을 용서할 수가 없"다. '백년' 동안 이어진 죽음의 기억에서 아직 벗어나지 못한 바다 밑의 '푸른손'들처럼, 그들은 살아 있지만 이미 오래전 죽은 자들이나 다름없다. 소설의 끝에서 진우는 고통스러운 기억에 갇혀 있는 백년여관 사람들의 상처를 기록하기 시작한다.

고통의 기억과 결별하지도 못하고 현실의 삶에도 완전히 귀속되지 못한 이 '멜랑콜리'한 감정[6]은 《봄날》 이전과 이후의 소설 전체에 흐르는 지배적인 정조라고 할 수 있다. 산 자들은 살아 있는 것도 죽은 것도 아닌 중음(中陰)의 유령들처럼 삶과 죽음의 경계 영역에 불안하게 거주한다. 그들은 늘 재앙의 위기에 처해 있다. 망각된 기억은 이들의 몸의 징후로 끊임없이 되살아난다. 광기에 찬 '복수'와 기억상실증에 걸린 '요안'(《백년여관》) 등은 4·3, 전쟁, 분단, 5·18의 역사적 고통을 몸 그 자체로 증언한다. 이들의 몸은 역사적 트라우마가 남긴 흔적을 광기, 외침, 침묵, 말더듬 등과 같은 비분절적 언어로 호소한다.

임철우의 소설에서 그려지고 있는 주변부 타자들의 '몸'은 역사적 고통을 말하기 위한 매개적 수단이 아니라 고통 그 자체를 '말하는 몸'이다. 몸의 징후는 "살아 있는 시체들" "입이 없는 것들"이 증언하는 고통이다. 역사적 희생으로 인한 고통 속에서 지금도 살아가고 있는 사람들에게 삶이란 죽은 것과 다름없는 지옥의 경험일 뿐이다. 임철우의 소설은 망각될 수 없는 역사적 트라우마에 갇힌 주변부적 존재들의 몸을 통해서 역사적 살해와 폭력이 아직 끝나지 않았다고 묵시적인 어조로 경고한다. 정체불명의 유령들은 "살아 있는 한, 고통이 여전히 지속되는 한, 그건 과거가 아니라 그들에겐 엄연한 현재"(《백년여관》, 21~22쪽)이며 악몽이나 몽상이 아니라고 강조한다.

그날의 기억들은 지금 우리의 곁으로 되돌아온다. 유령들의 회귀가 계속되는 한, 현재는 고통이 지속되는 과거이며 도래할 미래 역시 역사적 고통이 반복되는 과거의 연장일 뿐이다. 이름도 없이 사라진 사람들과 살아남은 자들에게서 흘러나온 노래는 인간의 삶을 무참하게 짓밟은 오랜 기억들을 되풀이한다. 흩날리는 그 잔해들은 쉽게 묻힐 수도 없고 묻혀서도 안 되는 역사의 진실일 것이며, 우리가 앞으로 영원히 부르게 될 분노의 노래일 것이다.

증언은 어떤 사건에 대한 사실 확인이 결여된 곳에서 자라난다. 말이 되지 못한 기억과 말하지 않은 이야기들이 너무 많은 까닭이다. 한강의 《소년이 온다》에서는 산 자와 죽은 자의 목소리를 교차시켜 차마 하지 못한 말들을 들려준다. 살아 있는 동호와 죽은 정대는 끊임없이 '혼'과 '몸'에 대해 질문하고 생각한다. 이 질문들은 죽음 이전과 이후, 산 자와 죽은 자의 기억을 연결한다. 동호는 친구 정대가 계엄군의 총에 맞아 죽는 장면을 목격했지만 그때 두려워서 달아났던 자기 자신에 대한 "죄의식"에 사로잡혀 있다. 그런 동호는 시체들의 이름과 번호를 적어 목록을 만드는 일을 거들면서 도청을 떠나지 않는다. 살아 있는 동호가 먼저 묻는다.

사람이 죽으면 빠져나가는 어린 새는, 살았을 땐 몸 어디에 있을까. 찌푸린 저 미간에, 후광처럼 정수리 뒤에, 아니면 심장 어디께에 있을까.[7]

혼은 자기 몸 곁에 얼마나 오래 머물러 있을까.
그게 무슨 날개같이 파닥이기도 할까. 촛불의 가장자릴 흔들리게 할까.[8]

4부. 기억, 증언, 예술

혼은 살아 있는 사람의 몸, 어디에 있었던 것일까? 혼은 얼마 동안 자기 몸 곁에 머물러 있는 것일까? 혼한테는 몸이 없는데 어떻게 살아 있는 우리를 지켜볼 수 있을까? 몸이 죽으면 혼은 어디로 가는 것일까? 동호가 던지는 그 물음들은 혼이 살아 있는 사람의 몸 어딘가에 머물러 있다가 어디로 가는 것인가라는 것, 즉 혼이 머물고 사라지는 시간과 장소에 관한 것이다. 그러나 동호는 "혼들은 어디에도 없다"고 생각한다. 그럼에도 혼에 대한 동호의 지속적인 물음이 말하고 있는 것은 몸의 물리적인 죽음을 죽음의 완성으로 받아들이지 않겠다는 의지의 표현이다. 그것은 시체로 남은 몸을 끝내 죽음이 완료되었다는 뜻으로 승인하지 않겠다는 말이다. 살아남은 동호가 정대와 정미 누나의 죽음을 증언하기 위해서는 먼저 서로를 확인해줄 수 있는 그들 중 한 사람이라도 살아 있어야 한다.

정대가 있어야 저 사람이 정미 누나가 아니란 걸 확인해줄 수 있다.
하지만 정대를 찾으려면 거꾸로 정미 누나가 있어야 한다.[9]

하지만 서로를 확인해줄 수 있는 정대와 정미 누나가 모두 사라지고 없다면 그들의 죽음을 증언할 수 있는 방법은 없다. 아무런 말도 하지 못하는 시체와 시체만이 서로의 존재를 확인해줄 수 있는 유일한 무엇이다. 서로의 존재를 확인해줄 수 있는 그들이 사라졌고 서로를 증언할 수 있는 시체들마저 찾을 수 없다면 누가 그들의 죽음을 증언할 수 있을 것인가? 모든 질문들은 그들의 죽음을 막지 못했던 살아남은 자들에게로 향한다. 이때, 용서라는 말은 가해자에게만 요구되는 말이 아니라 '나 자신까지도' 포함해서 살아 있는 모든 사람들에게 요구되는 것이다. "아무것도 용서하지 않을 거다. 나 자신까지도."

미처 하지 못한 증언은 죽은 자에게로 옮겨간다. 《소년이 온다》의 2장 〈검은 숨〉 전체는 죽음 이전과 이후를 기억하려고 애쓰는 죽은 정대의 목소리로 전개된다. 정대는 죽어가는 자신의 몸에서 혼에 대해 질문하고 생각한다. 그 "이상하고 격렬한 힘"은 "죽음 때문이 아니라 오직 멈추지 않는 생각들 때문에 생겨난"다. 혼은 "아직 몸을 가지고 있었던 그 밤의 모든 것"을 기억하려고 온 힘을 기울인다. 혼이 하는 생각은 자신을 죽인 그들에게로 다가간다. 여기에 아직 듣지 못한 말, 차마 하지 않은 말이 있다.

썩어가는 내 옆구리를 생각해.
거길 관통한 총알을 생각해.
처음엔 차디찬 몽둥이 같았던 그것,
순식간에 뱃속을 휘젓는 불덩어리가 된 그것,
그게 반대편 옆구리에 만들어놓은, 내 모든 따뜻한 피를 흘러나가게 한 구멍을 생각해.
그걸 쏘아 보낸 총구를 생각해.
차디찬 방아쇠를 생각해.
그걸 당긴 따뜻한 손가락을 생각해.
나를 조준한 눈을 생각해.
쏘라고 명령한 사람의 눈을 생각해.

그들의 얼굴을 보고 싶다, 잠든 그들의 눈꺼풀 위로 어른거리고 싶다, 꿈속으로 불쑥 들어가고 싶다, 그 이마, 그 눈꺼풀들을 밤새 건너다니며 어른거리고 싶다. 그들이 악몽 속에서 피 흐르는 내 눈을 볼 때까지. 내 목소리를 들을 때까지. 왜 나를 쐈지, 왜

나를 죽였지.[10]

죽은 정대의 생각은 "옆구리—총알—몽둥이—(구멍)—총
구—방아쇠—손가락—눈—(눈)"의 순서로 전개된다. 총알이 뚫고
지나간 구멍은 죽은 자와 산 자의 몸을 연결한다. 구멍을 중심으로
전개되는 생각은 비대칭적인 무늬로 접힌 한 장의 데칼코마니와 같
다. 자신의 몸에 난 '구멍'을 통과한 생각은 죽기 전의 몸으로 이동
한 후 그 구멍을 낸 사람의 '눈'을 겨냥한다. 총에 맞아 죽은 몸에서
시작된 생각은 보이지 않는 저편에 위치한 살아 있는 권력자의 눈
에 이른다. 이 자유로운 영혼은 몸마저도 버리고 어디든지 날아갈
수 있다. 혼은 총알이 관통한 몸의 구멍을 지나서 살아 있는 '너'와
'누나'를 찾고, 마지막으로 총을 쏘라고 명령한 '그들'에게로 간다.
그들을 향해 날아가서 묻고 싶다. "왜 나를 쐈지, 왜 나를 죽였지."
    아직 하지 못한 말, 차마 하지 못한 말들은 죽어가는 자들의
몸, 시체들에서 여전히 계속되고 있다. 이들의 소설에서 출몰하는
유령들을 단지 죽은 자들이 부활한 것이라고 여겨서는 안 된다. 유
령들은 전쟁과 학살, 고문의 기억을 상기시키면서 역사의 심연에
가라앉은 폭력의 흔적을 말하는 또 다른 증인들이다. 이 추방된 자
들의 목소리는 공식적인 역사 자료에 기록되지 않은 것들이다. 그
러나 권헌익은 산 자와 죽은 자의 관계를 주목한다. "산 자의 처지
와 죽은 자의 처지가 거울처럼 서로를 비추면서, 그때부터 혼령은
더 이상 어떤 곳에 두려움을 불러일으키는 이방의 존재가 아니라,
추방이라는 고난의 여정을 함께 나눌 수 있는 마음 맞는 동반자가
된다. …… 즉, 순전히 평범하게 머물다가 역사를 살아가는 존재들
이 추방이라는 삶의 처지를 공유하게 되는 그런 역사적 위기의 순
간에 온전히 스스로를 발현하는 능력이다."[11] 이와 같이 죽은 자들

은 죽음으로 끝나는 것이 아니라 산 자들이 희생과 추방의 위기에 직면할 때마다 산 자의 공간으로 지속적으로 회귀한다. 유령들은 산 자들과 '추방이라는 고난의 여정'을 함께하면서 친밀하게 교류하고 연대한다. 산 자들과 더불어 살아가고 있는 유령들은 삶과 죽음의 경계를 흔들고 역사가 남긴 아픔을 잊지 않고 계속 생각하게 된다.

3.   인간이란 무엇인가?

《소년이 온다》는 산 자가 죽은 자를 증언한다는 것이 결코 쉽지 않은 과제라는 것을 확인해준다. 이 소설에서 증언은 서로 다른 위치에 있었던 여러 사람들의 경험과 기억을 통해서 이루어진다. 그것은 더 많은 생각들을 이끌어내는 문제로 제출된다. 각 장에서는 중학생 동호와 정대, 여고생 김은숙과 미싱사 임선주, 대학생 김진수와 고문을 당했던 남자, 동호의 어머니 등의 목소리를 통해서 5월 전후에 일어난 학살과 고문의 기억, 죽은 자들과 살아남은 자들의 슬픔을 들려준다.

5·18에서의 학살은 단지 10일간으로 끝나지 않았다. 시위 현장에서 상무대로 끌려간 사람들은 말할 수 없는 고문과 학대를 당했다. 상무대는 인간의 존엄을 무너뜨리고 인간은 결국 짐승에 불과할 뿐이라는 것을 확인시켜준 수용소였다. 전남 도청에서 상무대 영창으로 끌려가 수감된 사람들은 모진 고문을 당했다. 다음 증언은 고문의 현장을 생생하게 기록하고 있다.

우리들을 폭도라며 부채꼴 영창 마룻바닥에 꿇어앉히고 두 팔을 앞으로 나란히 하는 꼴로 들고 있게 해 나는 긴 곡괭이자루로 맞은 온몸이 쑤시고 아파 나이 든 분들이 변두리에 앉아 계셔 그쪽으로 가 앉아 있었다. 박춘배 헌병장이 변두리에 앉아 있는 우리들을 연병장으로 끌어내더니만 꿇어앉게 해놓고 군홧발로 양 다리를 마구 밟아댔다. 한번은 나이 어린 한 청년이 환경 개선을 요구하자 박 헌병장은 그 청년을 쇠창살에 수갑으로 채우고 경봉으로 온몸을 갈겨댔다. 잠시면 몰라도 계속 매질했다. 우리들은 오열하며 이에 항의하자 우리들을 마구 매질했다. 곧 재 단식 투쟁에 임하였다.

천막집을 짓더니만 기동타격대원들을 갖가지 고문하기 시작했다. 내가 목격하지 못해 확실히는 모르지만 타격대원의 말에 의하면 거꾸로 매달아놓고 주전자 물로 코에 부어넣었으며 대형 주전자의 가득 찬 찬물을 강제로 다 마시게 했으며 수동식 전화기의 두 전깃줄로 전기고문을 당했고 어떤 청년은 무더운 날씨의 커다란 나무 옆에서 벌거벗게 하고 밑의 커다란 개미집을 건드려 개미들이 온몸을 타고 올라와 기어 다녀 고통스러운 개미 고문을 당했다고 했다.[12]

위의 증언에서 보듯이 상무대 영창에서 실제로 이뤄진 고문과 구타는 과연 인간이 하는 행위라고 할 수 없을 정도로 잔악했다. "인간으로서의 존엄성과 독립성과 주체성을 가져야 한다는 게 바로 광주가 우리에게 준 메시지요 교훈이요 진실일 것이다."[13] 우리가 이러한 메시지를 이미 알았고 더 이상 그런 일들이 일어나지 않도록 실천하지 않았다면 광주에서 직면한 아픔은 일어나지 않았을 것이다. 이들이 호소하는 고통은 유대인 학살 현장에서 살아남은 프리모 레비의 증언과 다르지 않게 들린다.

이성적으로는 그 끝을 가늠할 수 없을 정도로 긴, 다른 날과 똑같은 하루가 시작된다. 너무나 춥고 너무나 배고프고 너무나 힘이 들어 그 끝은 우리와 더 멀어진다. 그러므로 회색빛 빵 한 덩이에 우리의 관심과 욕망을 집중시키는 것이 더 낫다. 빵은 작지만 한 시간 후면 틀림없이 우리 것이 된다. 그것을 집어삼키기 전까지 5분 동안 그것은 이곳에서 우리가 합법적으로 소유할 수 있는 모든 것으로 변할 수 있다.[14]

이들이 살아가는 현실은 가해자와 피해자, 무고한 사람과 고문기술자를 모두 포함해서 사람이라고 부르는 것이 부끄러울 정도였다. 이미 인간이 살아갈 수 있는 곳이 아니었다. 여기에서 '인간이 아니었다'라는 말은 소극적인 기질을 가리키는 부끄러움이거나 도덕적인 기준에 비추어본 수치심을 의미하는 것이 아니라 "인간이라는 사실에 대한 부끄러움"을 의미한다. 다시 말해, 이들이 느낀 부끄러움은 추억으로서의 부끄러움이거나 살아남은 자로서 느끼는 부끄러움이 아니라 인간의 존엄성을 완전히 박탈당했을 때 느낄 수 있는 부끄러움인 것이다.

고문과 구타를 경험한 사람들은 다시 일상의 삶을 정상적으로 살아갈 수 있었을까. 《소년이 온다》의 4장 〈쇠와 피〉에서는 그렇게 고문과 학대를 당한 사람들이 이후 어떤 삶을 살아가고 있는지를 보여준다. 도청에 남아 있었던 김진수와 함께 수감된 후 고문을 당한 한 남자는 "왜 그는 죽었고, 아직 나는 살아 있는지"를 묻는다. 또 그는 김진수가 자살한 이유를 왜 자신이 증명해야 하는 것인지 그리고 김진수 자신에게 직접 듣지 않는 한 아무도 한 사람의 죽음을 증언할 수 없다고 말한다. 누가 자살한 김진수의 '마음'을 증언할 수 있을 것인가. 당사자가 아닌 그 누구도 한 사람의 고통을 말할 수 없는 것이며 그것은 심리적 부검을 통해서도 밝힐 수 없는 문제인 것이다. 그는 묻고 답한다.

> 그러니까 인간은, 근본적으로 잔인한 존재인 것입니까? 우리들은 단지 보편적인 경험을 한 것뿐입니까? 우리는 존엄하다는 착각 속에 살고 있을 뿐, 언제든 아무것도 아닌 것, 벌레, 짐승, 고름과 진물의 덩어리로 변할 수 있는 겁니까? 굴욕당하고 훼손되고 살해되는 것, 그것이 역사 속에서 증명된 인간의 본질입니까?[15]

무엇보다 인간 존재의 본질을 묻지 않고서는 인간들의 잔악한 행위에 대한 어떤 설명과 이해가 가능하지 않다. 지나간 역사를 향해 인간이란 무엇인가를 다시 질문하지 않을 수 없는 것이다. 그는 부마항쟁에 공수부대로 투입됐던 사람들과 베트남전에 파견됐던 어느 한국군 소대가 학살의 기억을 지니고 5월 광주로 투입된 것이라고 확신한다. "제주도에서, 관동과 난징에서, 보스니아에서, 모든 신대륙에서 그렇게 했던 것처럼, 유전자에 새겨진 듯 동일한 잔인성으로."(135쪽) 5·18에서 자행된 끔찍한 학살과 고문은 인간들이 지닌 "잔인성"이 표출된 것이 아니라면 도무지 이해할 수 없는 일이었다. 그 폭력의 경험은 "열흘이란 짧은 항쟁 기간으로 국한할 수 없"는 것이다. "체르노빌의 피폭이 지나간 것이 아니라 몇 십 년에 걸쳐 계속되고 있는 것"처럼 지속되고 있는 폭력을 몇 문장으로 압축해서 전달할 수는 없기 때문이다.

이를 통해 이 소설에서는 연약한 생명들을 잔인하게 학살하고 고문한 사람들과, 학살과 고문으로 인해 비참하게 부서져야 했던 사람들을 포함해서 대체 '인간이란 무엇인가'라는 물음을 궁극적으로 묻고 있다. 이것은 무자비한 폭력에 저항하지 않겠다는 뜻이 아니라 그런 무차별적인 죽음 앞에 선 인간의 존엄성에 대해 묻고 있는 것이다. 김은숙은 어렵게 검열을 통과한 번역서의 한 부분을 읽으면서 생각한다. "인간은 무엇인가. 인간이 무엇이지 않기 위해 우리는 무엇을 해야 하는가."

'인간이란 무엇인가'라는 물음은 곧 '증언이란 무엇인가'라는 물음과 맞닿아 있다. 시민군의 자살에 대한 심리 부검 연구논문을 준비하고 있는 '윤'이 그날의 기억을 증언해달라고 부탁하지만 선주는 그 요청을 쉽게 수락하지 못한다. 물론 선주는 "증언. 의미. 기억. 미래를 위해"와 같은 말들이 더없이 중요한 가치라는 것을 알고 있다. 하지만 선주에겐 한 사람의 기억을 온전히 증언한다는 것이 어떻게 가능하며 그 일이 미래를 위해 어떤 의미를 지니는가라는 물음이 증언을 하는 것보다 앞서 있는 문제다. 윤의 녹취록에서 읽은 한 증언자의 악몽과 달리 선주가 꾸는 "악몽은 차갑거나 고요하다". 동일한 사건에 대한 경험이 서로 다른 모습으로 변형되어 각자의 삶에 간직되는 것이라면 그날의 기억을 증언한다는 것은 오직 그날의 기억을 사실 그대로 말하는 것만으로는 불충분하다. 선주는 기억과 직면하고 이를 증언해주라는 윤을 향해 이렇게 반문한다. 여기에 증언하지 않는 증언이 있다.

삼십 센티 나무 자가 자궁 끝까지 수십 번 후벼들어왔다고 증언할 수 있는가? 소총 개머리판이 자궁 입구를 찢고 짓이겼다고 증언할 수 있는가? 하혈이 멈추지 않아 쇼크를 일으킨 당신을 그들이 통합병원에 데려가 수혈 받게 했다고 증언할 수 있는가? 이 년 동안 그 하혈이 계속되었다고, 혈전이 나팔관을 막아 영구히 아이를 가질 수 없게 되었다고 증언할 수 있는가? 타인과, 특

4부. 기억, 증언, 예술

히 남자와 접촉하는 일을 견딜 수 없게 됐다고 증언할 수 있는가? 짧은 입맞춤, 뺨을 어루만지는 손길, 여름에 팔과 종아리를 내놓아 누군가의 시선이 머무는 일조차 고통스러웠다고 증언할 수 있는가? 몸을 증오하게 되었다고, 모든 따뜻함과 지극한 사랑을 스스로 부숴뜨리며 도망쳤다고 증언할 수 있는가? 더 추운 곳, 더 안전한 곳으로. 오직 살아남기 위하여.[16]

이것은 그날을 말하지 않으면서 그날과 더불어 그날 이전과 이후의 폭력을 말하고 있다. 선주는 그날 이후부터 자신의 "몸을 증오하게 되었다고, 모든 따뜻함과 지극한 사랑을 스스로 부숴뜨리며 도망쳤다고" 증언할 수 있는가를 되물으면서 더 오래된 기억들을 떠올린다. 선주의 증언에는 5월 이전부터 준비된 국가권력의 각본에 의해 희생된 몸, 그리고 그날 이후에 몸 전체가 겪어야만 했던 위기 상황에 대한 상세한 보고가 담겨 있다.

"간첩 지령을 받아왔다는 각본을 완성하기 위해" 마련된 조사실에서 아무런 의미를 지닐 수 없었던 말들, 고문을 당할 때 자신의 이름 대신 "더러운 빨갱이년"으로 불리던 기억들, 그것들이 한 사람의 몸과 마음을 어떻게 완전히 훼손시켰는지를 말하지 않고서는, 다시 말해 그날 이전과 이후를 한꺼번에 증언하지 않고서는 그날을 증언했다고 말할 수 없는 것이다. 한 사람의 영혼을 서서히 파괴시킨 기억들을 사실대로 말할 수 없다면 증언을 거부하는 것 자체가 증언이 된다. 증언하는 것을 거부하는 몸짓이 바로 증언이다. "말이란 세 치 혓바닥으로만 하는 것이 아님을, 그것은 손짓과 발짓과 몸짓으로, 온몸으로 전해야만 하는 것임을, 마침내 너희 스스로 깨닫게 될 때까지."[17]

4.   거대하고 숭고한 심장

황지우의 희곡《오월의 신부》의 시간적 배경은 1980년 5월 15일부터 27일까지, 그리고 20년 뒤로 설정되어 있다. 항쟁에 참여한 사람들은 제각기 다른 곳에서 살다가 광주의 거리로 모여든 사람들이었다. 이 희곡의 〈18장. 주머니에 주민등록번호를 넣으며〉에는 그동안 서로의 얼굴을 감추고 가명을 쓰고 있던 시민군들이 자기 자신을 소개하는 장면이 등장한다.

시민군들:
"난 '망치'가 아니라 배준섭이라고 해. 자개공 하고 있어."
"스물일곱 살이구만. 주민등록번호 541207."
"저는 '싸무라이'가 아니라 김기택입니다. 재수생입니다."
"집은 장성이고요. 주민등록번호 601125."
"어이, 싸무라이. 난 스포츠가리 머리 보고 자네가 보안대 뿌락치 아닌가 은근히 의심했는데, 미안하시."
"나도 망치 아저씨가 혹시 간첩이면 어쩌나 속으로 겁먹었어라우."
"난 '무시'가 아니라 김윤식입니다. 요 옆에 황금동에서 우타 하고 있습다. 모다 살아나오면 내 술 한번 크게 사께라우." 모두 웃음
"웜메, 그라요? 우리 아부지뻘이네." 웃음
"저는 이용관이 아니구요, 유종열입니다. 서울서 신학대학 다니다 내려왔습니다. 반갑습니다."[18]

아무도 믿을 수 없는 긴장감 속에서 도청에 남아 있던 시민

군들은 서로의 이름을 밝히지 않았다. 그런데 재수생, 종업원, 신학대학생 등의 신분으로 시민군이 된 그들은 시간이 지나자 서로의 얼굴과 이름을 확인하기 시작한다. 어느 순간 낯선 장벽을 허물고 서로의 마음을 나누게 된 것이다. 무엇이 그들을 하나의 공동체로 만들어준 것일까. 그것을 가능케 한 것은 다름 아닌 "열흘간의 '광주'를 결속시켜주었던 '밥과 피의 공동체'"였다. "밥과 피의 공동체는, 그런데, 무엇인가? 그것은 태생의 공동체, 계급의 공동체가 아니다. 열흘간의 광주에서 밥은 바로 그들이 스스로 치른 고난, 즉 노동을 가리키며, 피는 그들이 흘린 피, 즉 상처를 가리킨다. 밥과 피의 공동체는 함(행위)과 상처의 공동체이다."[19]

한강의 《소년이 온다》에서는 무차별적인 학살과 고문을 당하는 순간에 인간의 존엄성을 지킨다는 것이 어떤 선택을 가져왔는지에 대해 질문한다. 김은숙은 도청에서의 마지막 날을 이렇게 기억한다. "죽어도 좋다고 생각했지만, 동시에 죽음을 피하고 싶었다. 죽은 사람들의 모습을 많이 봤기 때문에 둔감해졌다고 생각했지만, 그래서 더 두려웠다. 입을 벌리고 몸에 구멍이 뚫린 채, 반투명한 창자를 쏟아내며 숨이 끊어지고 싶지 않았다."(89쪽) 그날 거기에서 죽어도 좋다고 생각했지만 그 누구도 처참한 모습으로 죽음을 맞이하길 원하지는 않았다. 그토록 죽음의 공포가 바로 눈앞에 임박해 있다는 것을 예감했으면서도 그들은 왜 끝까지 거리에서 떠나지 않고 하나가 될 수 있었을까. 대체 무엇이 그들을 5월의 광장에 모여들게 했고 그곳에 끝까지 남아 있게 했던 것일까.

군인들이 쏘아 죽인 사람들의 시신을 리어카에 실어 앞세우고 수십만의 사람들과 함께 총구 앞에 섰던 날, 느닷없이 발견한 내 안의 깨끗한 무엇에 나는 놀랐습니다. 더 이상 두렵지 않다는 느낌, 지금 죽어도 좋다는 느낌, 수십만 사람들의 피가 모여 거대한 혈관을 이룬 것 같았던 생생한 느낌을 기억합니다. 그 혈관에 흐르며 고동치는, 세상에서 가장 거대하고 숭고한 심장의 맥박을 나는 느꼈습니다. 감히 내가 그것의 일부가 되었다고 느꼈습니다. …… 자신이 완전하게 깨끗하고 선한 존재가 되었다는 느낌이 얼마나 강렬한 것인지. 양심이라는 눈부시게 깨끗한 보석이 내 이마에 들어와 박힌 것 같은 순간의 광휘를.[20]

어딘가 흡사한 태도가 도청에 남은 시민군들에게도 있었다. 대부분의 사람들이 총을 받기만 했을 뿐 쏘지 못했다. 패배할 것을 알면서 왜 남았느냐는 질문에, 살아남은 증언자들은 모두 비슷하게 대답했다. 모르겠습니다. 그냥 그래야 할 것 같았습니다. 그들이 희생자라고 생각했던 것은 내 오해였다. 그들은 희생자가 되기를 원하지 않았기 때문에 거기 남았다.[21]

많은 사람들이 한 몸이 되었던 그 기적 같은 순간에 그는 "숭고한 심장의 맥박을" 느꼈으며 "내 안의 깨끗한 무엇" "양심"이라는 것이 있어서 거기에 있을 수 있었다고 말한다. 시민군들은 모두 "희생자가 되길 원하지 않았기 때문에" 끝까지 그곳에 남아 있었노라고 증언한다. 그들이 총을 들었던 것은 윤리적 자각에 의한 결연한 행동이거나 뚜렷한 이념체계에서 출발한 것이 아니라 지극히 약한 몸들의 호소에 지나지 않는 것이었다. 그들의 온몸을 감싸고 있던 격렬한 분노는 아무렇게 희생되지 않으려는 연약한 생명들의 간절한 몸부림이었다. 오히려 광주 바깥의 사람들에게는 광주의 거리를 채운 사람들이 광기로 가득 찬 '폭도'로 비춰졌다는 것 혹은 "한국인들은 들쥐와 같다"[22]는 부정적 표현들이 벌거벗은 생명들의 분

480

노를 적절하게 담은 말인지도 모른다.

정녕 80년 5월의 광주는 그 피투성이 울부짖음 속에서도, 한편으로 서로 나눠 먹고, 서로 나눠 울던 아름다움의 극치였습니다. 도시의 전역은 외부와 차단되고 심지어는 며칠간 시외 전화마저 불통되었던 절해고도와 같은 지경에 놓여 있었으나, 인심이 천심이요 천심이 인심이었습니다. 외부로 흘러나간 유언비어와는 달리, 시장 물가도 (일부 열렸던 가게들에서 보면) 평상시와 같았고 시민들끼리는 살인사건·강도사건 한 건 없었습니다. 더욱이나 일반 시중 은행에 쳐들어간 강도사건이 없었다니, 이것이야말로 인간성이 아름다움의 극치를 이룬 찬란한 눈물 그것이었습니다. 그러면서도 끊임없이 시민 투쟁을 통하여, 혹은 평화적인 수습 방법을 모색하던 광주 지도층들의 노력도 우리는 영원히 잊어서는 안 될 인간성 신뢰에 대한 참다운 표본이었습니다. 요컨대 그런 분위기 속에서 광주 시민 혹은 전남 도민의 공동 운명 대처 정신은 실로 눈뜨고는 볼 수 없는, 참담한 아름다움 그것이었습니다.[23]

처절한 생명들의 몸부림을 저항과 사랑으로 뭉친 '절대공동체'라고 이름 붙일 수 있을 것이다. 그러나 김상봉은 '절대공동체'라고 부르는 것이 "5·18민중항쟁이 뭐라 이름을 붙일 수 없는 공동체라는 바로 그 곤경을 정면으로 직시하고 명확하게 드러낸 데"에 의미가 있지만 "항쟁을 그 자체로서 파악하고 해명하려는 시도를 포기하지 않아야" 한다고 말한다.[24] 어떻게 해서 그런 평범한 사람들의 저항과 사랑이 응어리진 물결이 광주의 거리에서 일어날 수 있었던 것일까.

그러니까 그 여름에 넌 죽어 있었어. 내 몸이 끝없이 피를 쏟아 낼 때, 네 몸은 땅속에서 맹렬하게 썩어가고 있었어.

그 순간 네가 날 살렸어. 삽시간에 내 피를 끓게 해 펄펄 되살게 했어. 심장이 터질 것 같은 고통의 힘, 분노의 힘으로.[25]

고통의 힘과 분노의 힘은 바로 죽어가고 있는 '너'의 몸들에서 생겨난 것이다. 그 힘은 침묵하고 있는 시체들에 빙의된 또 다른 몸들에게서 촉발된 것이다. 널려 있는 시체들을 목도한 순간 생겨난 그 고통과 저항의 힘은 앞으로 또다시 마주하게 될지도 모를 학살과 폭력을 미리 거절하는 미래형을 뜻했다. 저항의 힘은 누워 있는 시체들의 고통에 몸을 기울여 그 고통을 자신의 것과 동일시하면서 분리하는 순간 생겨난 것이다. 그것은 고통과 연대해 더 큰 사랑의 힘으로 발산된 것이다. 인간 존재가 지닌 양심에 충실하고 다만 희생되지 않기 위해 거기에서 한 몸이 되었던 사람들에겐 고통과 분노, 저항과 두려움, 사랑과 죽음은 전혀 다른 의미를 지닌 말들이 아니었다.

5·18 광주가 남긴 사랑이란, 관 속에 드러누운 하나의 몸이 입고 있었을 '무색 꽃무늬' 상의와 '예비 군복' 하의가 전하는 말을 듣고 옮겨 적고 그들의 '선택과 물음'을 다시 생각해보는 것이다. 한 번도 마주친 적이 없던 사람들 사이에 자리한 격절한 시공간을 뛰어넘을 수 있는 마음의 공간, '사랑도 명예도 이름도 남김없이' 가버린 이들에게 온몸을 다해 달려가는 가쁜 숨결과 몸짓.

거리를 가득 채운 함성, 외침, 통곡, 신음소리는 숱한 생명들이 분분히 날리고 뭉개졌을 때 절제할 수 없이 흘러나온 어떤 분출물이었다. 그것은 우리의 몸을 다시 꿈틀거리게 하는 음악이 되어 지금의 우리를 만들었다. "그것이 묵언 가운데 있지만 우리의 내면

4부. 기억, 증언, 예술

광주가 남긴 사랑이란, 관 속에 드러누운 하나의 몸이 입고
있었을 '무색 꽃무늬' 상의와 '예비 군복' 하의가 전하는 말을
듣고 옮겨 적고 그들의 '선택과 물음'을 다시 생각해보는 것이다.
ⓒ 나경택 촬영. 5·18기념재단 제공

에서 가장 믿을 만한, 적어도 어떠한 관념보다도 믿을 만한 '음악'으로 울리고 있기 때문이다."²⁶ 우리는 아무런 말도 없이 누워 있는 시체들에서 전염되는 고통, 한없이 두렵고 연약한 몸짓에서 솟아난 불꽃같은 저항, 무참히 쓰러지는 사람들을 향해 타오르던 사랑의 눈빛들에서 잔인한 학살의 기억을 돌이키는 사유의 운동을 시작할 수 있다.

김경욱의 장편《개와 늑대의 시간》은 오직 총만을 믿었던 한 사내가 지나간 잔혹한 학살 현장을 눈앞에 재현한다. 1982년, 경상남도 의령군 궁지면에서 일어난 총살 살해 사건의 현장을 그린 이 소설의 각 장에서는 사건 당시에 죽어버린 자들과 살아남은 자들의 이야기를 흑백사진의 명암처럼 현상한다. 총 앞에서 사라지는 것은 한순간이었지만 죽기 전까지 그들이 살아온 역사는 결코 평범하지 않았다.

작가는 평범한 사람들이 지닌 저마다의 사연을 평범하지 않게 드러낸다. 그중에서 박만길(24·남)은 누군가 피해를 입거나 고통받는 것을 가장 두려워했던 사람이다. "모든 고통이 박만길의 귀로 통해서 타인의 고통은 박만길의 것이 되었다." 타인의 고통에 공감할 수 있는 능력을 지녔던 그는 그 "위대함 때문에 고독했고 위대함을 누구에게도 털어놓을 수 없어 더욱 고독했다". 성당 고해성사실을 찾은 박만길은 신부에게 호소한다. "넘의 고통이 똑 내 꺼 같은데 암것도 몬하니까 답답해 죽겠슴다." 박만길은 그 위대한 공감 능력을 지녀 광주의 고통 속으로 들어갈 수 있었다.

광주의 고통을 알게 된 것도 성당에서였다. 신부가 '광주사태'의 진실이 담긴 사진과 영상을 보여주었다. 서독 기자가 찍은 것이라고 했다. 정부의 발표, 국내 언론의 보도와 사뭇 달랐다. 얼룩무늬 제복의 군인들이 학생을, 시민을, 남자를, 여자를 찍고 찌르고 쐈다. 진압이 아니라 학살이었다. 전시 적국의 민간인에게도 허용될 수 없는 야만이었다. 어린 양들은 흐느껴 울었다. 박만길도 울었다.[27]

야만적인 학살 현장을 찍은 사진을 보면서 죄책감을 느낀 박만길은 광주의 진실을 세상에 알리는 일에 동참하기로 결정한다. 이 모임에는 "안녕하지 못한 세상 때문에 안녕하지 못한 사람들"이 모였다. 그들은 쿠데타를 묵인하고 광주에서의 학살을 방조한 미국에 항의하기 위해 미국문화원에 불을 지르기로 합의했다. 박만길은 유인물 살포조에 지원했다. 타인의 고통 앞에서 견딜 수 없어서 가만히 있지 못했던 박만길의 죽음은 아래와 같이 기록된다.

평범해지는 순간 위대함은 더욱 위대해진다. 흔적 없이 사라지는 것만큼 위대함을 위대하게 완성하는 길은 없다던 평소의 소신대로 박만길은 아무 말도 남기지 않았다. 그 누구한테도, 그 어떤 것에도 고통을 줄 수 없는 세상으로 건너갔다. 위대함을 파괴한 총알이 아니라 위대함을 완성한 총알이었다.[28]

박만길의 죽음에서 1980년 5월 광주에서 죽어간 평범한 사람들을 겹쳐 떠올리는 것은 어렵지 않다. 당시 무시무시한 총이 지배하는 그 길 위에서 떠나지 못했던 사람들이 위대했다고 말할 수 있는 것은 타인의 고통에 연루된 지극히 평범한 사람들이었기 때문이다. 그것은 한마디로 평범한 위대함이었다.

5. 또 다른 질문의 시작: May, 18th

영화 〈26년〉(조근현 감독, 2012)의 첫 장면은 충격적이다. 유리
창을 깨고 들어온 칼에 맞아 쓰러진 엄마의 등에 아이가 업혀 있다.
아이의 얼굴에는 엄마의 핏자국이 찍힌다. 소년은 고등학생 누나가
총에 맞는 모습을 지켜본다. 도청 안으로 옮겨간 카메라의 시선은
군인이 시민군을 죽이고 그 피가 군인의 몸에 쏟아지는 장면을 담
아낸다. 어딘가로 실려간 시신들이 썩어가고 있는 곳에서 통곡하는
울음소리가 화면을 가득 메운다. 애니메이션 기법으로 그날의 충격
을 완곡하게 재현한다. 이어서 전두환 대통령 취임 이후 광주 사람
들이 어떻게 살아가고 있는지를 보여준다. 억울한 마음을 그 누구
에게도 호소할 수 없었던 광주 사람들은 텔레비전에 전두환의 모습
이 나올 때마다 분노를 감추지 못한다. 시간이 흘러, 영화의 현재 시
간은 1980년 그날로부터 26년이 지난 2006년이다. 5·18 유족들은
도무지 용서할 수 없는 학살의 원흉을 살해하기 위한 계획을 세운
다. 전두환을 생포한 후 총으로 사살하는 것으로 영화는 끝이 난다.
그런데 학살자를 처단하는 것만으로 5월 광주의 비극적인 역사를
마무리할 수 있는 것일까. 진실규명이 이루어지지 않는 한 진정한
용서와 화해는 이루어질 수 없다.

손홍규의 '테러리스트' 연작은 5월의 아픔을 "저마다의 살아
가는 방식"으로 견디고 있는 사람들의 이야기다. 〈최후의 테러리스
트〉의 주인공은 광주항쟁 당시 아들 명수를 잃은 아버지 '박'이다.
그는 카빈총을 자진 신고하러 가는 아들의 친구 종관을 만난 순간
"자신을 사로잡은 게 무엇인지"를 알게 된다. 명수의 아버지 박이
종관을 찾아가서 하는 말,

영화 <26년>.

"자네, 총 있지?" "내게 그 총을 좀 빌려주게나. …… 복수하고 싶네."²⁹

박은 아들 친구를 대신해 복수를 감행하는 '테러리스트'의 길을 걷는다. 그는 공기총을 사격하는 방법을 배우는 등 여러 차례 복수를 시도하지만 매번 좌절하고 만다. 결국 광주를 떠나기로 작정한 박, "그러나 박의 내부에는 전보다 더 강렬한 복수심이 꿈틀거렸다". 뚜렷한 복수의 대상인 전두환이 바로 그의 눈앞에 살고 있었기 때문이다. 그는 백담사 주위를 돌며 암살을 시도하지만 이번에도 실패로 끝난다. 그러는 사이 스무 살의 명수가 사진 속에서 늙어갔고 "단 한 사람도 암살하지 못한 늙은 암살자는 자신이 이 시대 최후의 테러리스트였다는 사실도 깨닫지 못한 채" 숨을 거둔다.

적을 향한 복수를 다짐하던 '최후의 테러리스트'의 뒤를 이은 것은 〈최초의 테러리스트〉에서의 정수다. 죽은 명수의 형인 정수는 "광주를 겪은 사람들이 아니면 알 수 없는 고통"과 "무차별적 증오심이 치솟는 걸 느낀다". 5월의 기억이 남긴 '분별없는 증오심'은 1980년 5월 18일 미국 서부 워싱턴주에 있는 세인트헬렌스 화산 폭발 후 "성층권까지 올라간 화산재"와 접속한다. 정수의 아들 재호는 말한다. 화산재는 "아직도 세계를 떠다니"다가 "그 먼지들도 언젠가는 지상에 내려앉을 겁니다. 우리들처럼". 5월의 화산재는 세계 전체를 무차별적으로 증오하는 '최초의 테러리스트'를 잉태했고, 이후 '테러리스트들'을 낳은 것이다.

> "삶은 우리의 관자놀이에 총구를 들이대고 있는 암살자와 같은 거야. …… 우리는 끊임없이 살해의 위협에 시달리면서 암살자가 시키는 대로 하지 않을 수 없어. …… 그 공포를 견딜 수 없거나, 혹은 꼭두각시처럼 살기 싫어졌을 때, 우리는 방아쇠에 들어가 있는 암살자의 집게손가락에 자신의 집게손가락을 올려놓게 되지. 지금이 그 순간일지도 몰라."[30]

우리의 삶이 바로 '암살자'다. 우리는 언제든 살해할 것 같은 위협을 주는 삶을 견디지 못할 때마다 암살자가 될 준비가 되어 있었다. "간신히 혹은 겨우 스물하나의 사내들"은 "지금 막 암살자의 집게손가락 위에 자신들의 집게손가락을 올려놓았다."(〈테러리스트들〉) 우리 암살자들, "테러리스트들"은 5월의 화산재에서 잉태되어 암살자와 같은 세계에서 자랐고 아직 이곳에서 살아가고 있는 5월의 후예들이다.

5월의 그날은 겹치는 시공간에서 상기되지만 명확하게 번역되지 않는 외국어처럼 다가온다. 박솔뫼의 〈그럼 무얼 부르지〉에서 '나'는 버클리에 있는 한국어를 배우는 모임에서 한국인 어머니와 미국인 아버지 사이에서 태어난 해나를 만난다. 버클리에서 "내가 태어난 곳에서 30여 년 전에 있었던" "May, 18th"를 듣는 것은 "마치 영어가 사건에 객관을 주고 있기라도 한 것처럼" 낯선 경험이다. "massacre"가 "학살하다"로 번역될 때 주는 건조함처럼, 영어로 번역된 김남주의 〈학살2〉는 "거리에서 사람들이 사라지는 것을 보게 된 누군가 그 누군가가 쓴 것 같았다".

　　해나와 만나지 않은 3년 동안, '나'는 일본 교토로 여행을 갔고 거기에서 또 광주 이야기를 듣게 된다. 바의 주인인 60대 초반의 남자는 그의 친구가 만들었다는 〈교슈 시티〉라는 노래를 소개하면서 "光州 City"라고 적는다. 5월 광주 30주년에 해나를 다시 만난 '나'는 해나가 망월 묘역에서 받은 김남주의 〈학살2〉가 "60년대 후반 남미의 상황을 그린 시 같다"고 여긴다. 같은 시는 이전과 다른 느낌으로 해석된다. 마찬가지로 광주의 그날은 버클리와 교토에서 다른 언어로 번역되고 있었다. "그 사이로 몇 년의 시간이 흐르고 그 중간에 교토가 점처럼 찍혀 있지만 그 모든 것은 끊어지지 않고 하나의 공기로 흐르고 있었다." "겹쳐지는 밤이었다."

> "광주 1980년 오월 어느 날"에는 가닿지 않는다는 말인데 이건 좀 신기할 수도 있지만 실은 당연한 이야기다. 확실한 이야기다. 어떤 같은 밤들이 자꾸만 포개지는 나의 시간 속에서도 말이다. 몇 번의 5월의 밤이 포개지는 나의 시간 속에서 말이다. ……
> ####년 광주 시멘트 건물 회색 복도 오월 마지막 남은 며칠, 그것은 역시나 내가 모르는 시간으로 내가 더하거나 내게 겹쳐지지 않는 시간들이었다.[31]

그러나 1980년의 5월은, 그렇게 여러 밤과 5월이 겹쳐지고 포개지는 가운데도 겹쳐지지 않는 시간들이었다. 아무리 5월을 만나고 다시 만난다 해도 똑같은 5월에 다가갈 수 없고, 아무리 번역하고 또 번역한다 해도 실제 '그날'을 만날 수 없다. '나'는 "몇 개의 장막"을 거두고 "그 앞으로 직선으로 나아갈 수 없다는 것"을 안다. 박솔뫼 소설 속의 문장과 문장이 잘 연결되지 않는 이유는 거기에 5월의 기억이 자리해 있기 때문이다.

광주 5월을 기억함으로써 절대공동체의 경험을 이끌어내는 것은 우리의 과제 중 하나다. 요컨대 반성과 성찰을 위한 기억투쟁, 그리고 지속적인 상징화와 감각화를 통해 잊지 말아야 할 고통을 상기하고 절대공동체의 경험과 접속하는 길을 유도하는 것이 5월 광주를 비단 광주의 현장에만 구속하지 않고 진정 전국화와 세계화하는 방법이 될 수 있다.[32] 5월의 역사는 죽은 자들과 함께 지금 여기로 되돌아온다. 전쟁과 학살의 기억은 망각을 알지 못하고 되풀이된다. 지금 우리에게 5월 광주는 매순간 새로운 의미로 재해석되어야 할 '기호'이다.

그런데 아이러니하게도 절대공동체는 그것이 '절대적'인 것이라는 바로 그 이유 때문에, 또한 결코 오래가지 못한다. 유물론으로는 설명조차 할 수 없을 만큼의 강렬함, 그러나 다시 체험할 수 없는 우발성과 일회성, 그 사이에 이제 틈이 생긴다. 그리고 바로 그 틈, 짧은 충만과 그 후의 아주 긴 상실 사이에서 발생한 그 틈이 바로 1980년 이후 우리에게 전수된 기호로서의 '광주'일 것이다. 그런 의미에서 광주는 틈이다. 누군가 '광주란 무엇인가'라고 묻는다면, K로서는 그렇게 말할 수밖에 없다. 순간적이었던 절대공동체의 경험과 이후의 긴 상실감 사이에 벌어진

틈, 그것이 '광주'라는 기호의 의미라고……[33]

　위의 글에서는 지금 우리에게 다시 '광주란 무엇인가'라는 물음을 던지면서 진중한 성찰을 요청한다. 우리는 절대공동체의 순간을 펼친 그날의 광주를 떠올리고 그 이후 지속된 상실감 사이에 놓여 있다. 여기서 '광주'란 무엇인지를 묻고 생각한다. 그와 같은 뜨거운 함성과 연대의 물결로 가득 찬 거리를 다시 만날 수 있을까. 1980년 5월 광주는 지나간 역사의 한순간이 아니라 미래를 향해 새로운 물음들을 던지는 시작점으로서 의미가 있다. 광주란 무엇인가. 우리는 누구인가. 우리는 무엇을 할 수 있는가.

더 생각해보기 ⚙

1) 최근에 이르러 5·18 광주를 비롯해 일본군 위안부, 베트남전쟁, 용산 참사, 세월호 참사 등 대형 사건과 역사 기억을 다룬 증언문학들이 많이 출간되고 있다. 증언문학은 역사를 통해서 무엇을 더 생각하게 하는가. 다음에 인용한 소설 속 문장들을 읽고 문학의 역할에 대한 각자의 생각을 말해보자. 우리 시대에 문학은 무엇을 할 수 있고 또 무엇을 해야 할 것인가?

> 군중의 도덕성을 좌우하는 결정적인 요인이 무엇인지는 아직 밝혀지지 않았다. 흥미로운 사실은, 군중을 이루는 개개인의 도덕적 수준과 별개로 특정한 윤리적 파동이 현장에서 발생된다는 것이다. 어떤 군중은 상점의 약탈과 살인, 강간을 서슴지 않으며, 어떤 군중은 개인이었다면 다다르기 어려웠을 이타성과 용기를 획득한다. 후자의 개인들이 특별히 숭고했다기보다는 인간이 근본적으로 지닌 숭고함이 군중의 힘을 빌려 발현된 것이며, 전자의 개인들이 특별히 야만적이었던 것이 아니라 인간의 근원적인 야만이 군중의 힘을 빌려 극대화된 것이라고 저자는 말한다.
> 그다음 문단은 검열 때문에 온전히 책에 실리지 못했다. 그렇다면 우리에게 남는 질문은 이것이다. 인간은 무엇인가. 인간이 무엇이지 않기 위해 우리는 무엇을 해야 하는가.[34]

2) 영화 〈꽃잎〉 〈화려한 휴가〉 〈26년〉 〈택시 운전사〉 등 5·18민주화운동을 소재로 한 영화들 중에서 한 편을 감상한 후 인상적인 장면을 말해보자. 역사적 사실과 영화적 재현의 차이에 대해 토론해보자. 아울러 실제 역사 기록물인 《죽음을 넘어 시대의 어둠을 넘어》에서 읽은 부분과 영화 속 장면이 어떤 점에서 같고 다른지를 찾아서 이야기해보자.

3) 유대인 학살을 다룬 홀로코스트 영화들을 찾아서 감상한 후 5·18 광주를 영상으로 재현한 영화들과 비교해보자. 과거의 역사를 다룬 영화들은 우리 시대에 어떤 성찰점을 남겨주는가.

참고문헌

5·18민주유공자유족회 엮음,《꽃만 봐도 서럽고 그리운 날들 4: 5·18민중항
　　쟁 증언록—상이 후 사망자편》, 5·18기념재단, 2008.

강준만, 〈5·18 광주 학살의 진실 '악의 평범성'에 대하여〉,《인물과 사상》
　　62호, 인물과사상사, 2003.

공선옥,《그 노래는 어디서 왔을까》, 창비, 2013.

광주민주화운동기념사업회 엮음, 황석영·이재의·전용호 기록,《죽음을
　　넘어 시대의 어둠을 넘어》, 창비, 2017.

권헌익, 〈친근한 이방인〉,《귀신 간첩 할머니: 근대에 맞서는 근대》(SeMA
　　비엔날레 '미디어시티서울' 2014, 서울시립미술관, 2014.9.2.-11.23.), 현
　　실문화연구, 2014.

김병익, 〈고통의 아름다움 혹은 아름다움의 고통〉(작품 해설),《저기 소리
　　없이 한 점 꽃잎이 지고》, 문학과지성사, 1992.

김시종,《광주시편》, 김경례 옮김, 푸른역사, 1983/2014.

김영찬, 〈망각과 기억의 정치-임철우 장편소설《백년여관》(한겨레신문사,
　　2004)에 담긴 역사적 트라우마를 중심으로〉,《문화예술》306호, 한국
　　문화예술진흥원, 2005.

김영철, 열사 유고모음《못다 이룬 공동체의 꿈》, 5·18기념재단, 2015.

김준태,《5월과 문학》, 도서출판 남풍, 1988.

김형중, 〈세 겹의 저주—최윤, 〈저기 소리 없이 한 점 꽃잎이 지고〉 다시 읽
　　기〉,《문학동네》23, 문학동네, 2000.

김형중,《평론가 K는 광주에서만 살았다》, 난다, 2016.

문병란, 〈그대의 무덤 앞에 서면—다시 불러 보는 부활의 노래〉, 박호
　　재·임낙평,《들불의 초상》, 1991;《윤상원 평전》, 풀빛, 2007.

박구용,《부정의 역사철학: 역사상실에 맞선 철학적 도전》, 한길사, 2012.

박솔뫼, 〈그럼 무얼 부르지〉,《제2회 웹진문지문학상 수상작품집》, 문학과
　　지성사, 2012.

손홍규,《봉섭이 가라사대》, 창비, 2008.

이종범, 〈'5·18항쟁'에 나타난 '기층민중'의 경험과 생활〉,《한국근현대사연

구》29집, 한국근현대사학회, 2004.

임철우, 《그리운 남쪽》, 문학과지성사, 1985.

조진태, 〈절대공동체의 소환과 심미적 확장〉, 《문학들》 43호, 심미안, 2016.

프리모 레비, 이현경 역, 《이것이 인간인가: 아우슈비츠 생존 작가 프리모 레비의 기록》, 돌베개, 2007.

한강, 《소년이 온다》, 창비, 2014.

황지우, 《새들도 세상을 뜨는구나》, 문학과지성사, 1983/1992.

참고자료

영화 〈꽃잎〉(장선우 감독, 1996)

영화 〈박하사탕〉(이창동 감독, 2000)

영화 〈화려한 휴가〉(김지훈 감독, 2007)

영화 〈26년〉(조근현 감독, 2012)

영화 〈택시 운전사〉(장훈 감독, 2017)

미주

1   공선옥, 《그 노래는 어디서 왔을까》, 창비, 2013, 35~37쪽.

2   같은 책, 146쪽.

3   최윤, 〈저기 소리 없이 한 점 꽃잎이 지고〉, 《저기 소리 없이 한 점 꽃잎이 지고》, 문학과지성사, 1992, 217쪽.

4   광주민주화운동기념사업회 엮음, 황석영·이재의·전용호 기록, 《죽음을 넘어 시대의 어둠을 넘어》, 창비, 2017, 352쪽.

5   임철우, 《백년여관》, 한겨레신문사, 2004, 304~305쪽.

6   김영찬, 〈망각과 기억의 정치-임철우 장편소설 《백년여관》(한겨레신문사, 2004)에 담긴 역사적 트라우마를 중심으로〉, 《문화예술》 306호, 한국문화예술진흥원, 2005, 42~44쪽.

7   한강, 《소년이 온다》, 창비, 2014, 27쪽.

8   같은 책, 45쪽.

9   같은 책, 41쪽.

10 같은 책, 57~58쪽.

11 권헌익, <친근한 이방인>, 《귀신 간첩 할머니: 근대에 맞서는 근대》(SeMA
    비엔날레 '미디어시티서울' 2014, 서울시립미술관, 2014.9.2.~11.23.),
    현실문화연구, 2014, 49~53쪽.

12 김영철, 열사 유고 모음 《못다 이룬 공동체의 꿈》, 5·18기념재단, 2015, 127쪽.

13 강준만, <5·18 광주 학살의 진실 '악의 평범성'에 대하여>, 《인물과 사상》 62호,
    인물과사상사, 2003.

14 프리모 레비, 《이것이 인간인가: 아우슈비츠 생존 작가 프리모 레비의 기록》,
    이현경 옮김, 돌베개, 2007, 94쪽.

15 한강, 《소년이 온다》, 135쪽.

16 같은 책, 166~167쪽.

17 임철우, <봄날>, 앞의 책, 158쪽.

18 황지우, 《오월의 신부》, 문학과지성사, 2000, 164쪽.

19 정과리, <신부(神父)에서 신부(新婦)로 가는 길>(해설), 같은 책, 227쪽.

20 한강, 《소년이 온다》, 114~116쪽.

21 같은 책, 212~213쪽.

22 위컴, 《뉴욕타임스》, 1982년 7월 6일. 이수인·전원하, <광주5월민중항쟁 전후의
    국제 정세와 미국의 대한 정책>, 한국현대사사료연구소, 《광주5월민중항쟁》,
    한길사, 1990, 54쪽에서 재인용.

23 김준태, 《5월과 문학》, 도서출판 남풍, 1988, 19쪽.

24 김상봉, 《철학의 헌정: 5·18을 생각함》, 길, 2015, 97~133쪽.

25 한강, 《소년이 온다》, 173쪽.

26 박준상, <무상(無想) 무상(無償): 5·18이라는 사건>, 《빈 중심》, 그린비, 2008,
    206쪽.

27 김경욱, 《개와 늑대의 시간》, 문학과지성사, 2016, 45쪽.

28 같은 책, 58쪽.

29 손홍규, <최후의 테러리스트>, 《봉섭이 가라사대》, 창비, 2008, 227~228쪽.

30 같은 책, 288쪽.

31 박솔뫼, <그럼 무얼 부르지>, 《제2회 웹진문지문학상 수상작품집》, 문학과지성사,
    2012, 387쪽.

32 조진태, <절대공동체의 소환과 심미적 확장>, 《문학들》 43호, 심미안, 2016.

33 김형중, 《평론가 K는 광주에서만 살았다》, 난다, 2016, 52~53쪽.

34 한강, 《소년이 온다》, 95쪽.

너와 나의 5·18

초판 1쇄 펴낸날 2019년 3월 18일

기획	5·18기념재단
지은이	김정인, 김정한, 은우근, 정문영, 한순미
펴낸이	박재영
편집	임세현, 이정신
디자인	당나귀점프
제작	제이오

펴낸곳	도서출판 오월의봄
주소	경기 파주시 회동길 363-15 201호
등록	제406-2010-000111호
전화	070-7704-2131
팩스	0505-300-0518

이메일	maybook05@naver.com
트위터	@oohbom
블로그	blog.naver.com/maybook05
페이스북	facebook.com/maybook05

ISBN	979-11-87373-85-8 03300

이 도서의 국립중앙도서관 출판시도서목록(CIP)은 e-CIP홈페이지(http://nl.go.kr/
ecip)와 국가자료공동목록시스템(http://www.nl.go.kr/kolisnet)에서 이용하실 수
있습니다. (CIP 제어번호: CIP2019008179)

• 책값은 뒤표지에 있습니다. 잘못된 책은 바꾸어 드립니다